高等院校电子商务专业"互联网+"创新规划教材

# 电子商务概论
## （第2版）

主 编 苗 森 王 玲
副主编 舒建武 司 佳 薛 黎

## 内 容 简 介

本书将电子商务相关理论、实务与案例有机结合，详细介绍了电子商务的发展、战略及伴生的相关技术问题，进而探究电子商务的融合与创新发展。全书内容分为三篇：综合分析篇，主要对电子商务的定义、发展历程与趋势，互联网经济的技术基础，电子商务的商业模式等进行全面阐释；应用分析篇，主要对电子商务数字营销、电子商务客户关系管理、物流与供应链管理、电子商务支付与安全、电子商务发展环境、跨境电子商务等内容进行深入分析，在明确基本原理的基础上，重点阐释各应用环节的技术基础、操作流程和管理方法；前沿分析篇，主要从电子商务的融合与创新视角，介绍不同领域电子商务的发展。

本书可以作为高等院校电子商务、国际商务、国际经济与贸易、工商管理、物流管理等专业本科生教材，也可以作为电子商务相关从业人员的参考用书。

**图书在版编目(CIP)数据**

电子商务概论 / 苗森，王玲主编. -- 2版. -- 北京 : 北京大学出版社，2024.12.
(高等院校电子商务专业"互联网+"创新规划教材). -- ISBN 978-7-301-35529-9

Ⅰ. F713.36

中国国家版本馆 CIP 数据核字第 2024LC7810 号

| | |
|---|---|
| 书　　　名 | 电子商务概论（第 2 版） |
| | DIANZI SHANGWU GAILUN（DI-ER BAN） |
| 著作责任者 | 苗　森　王　玲　主编 |
| 策 划 编 辑 | 郑　双 |
| 责 任 编 辑 | 巨程晖　郑　双 |
| 数 字 编 辑 | 金常伟 |
| 标 准 书 号 | ISBN 978-7-301-35529-9 |
| 出 版 发 行 | 北京大学出版社 |
| 地　　　址 | 北京市海淀区成府路 205 号　100871 |
| 网　　　址 | http://www.pup.cn　新浪微博：@北京大学出版社 |
| 电 子 邮 箱 | 编辑部 pup6@pup.cn　总编室 zpup@pup.cn |
| 电　　　话 | 邮购部 010-62752015　发行部 010-62750672　编辑部 010-62750667 |
| 印 刷 者 | 河北文福旺印刷有限公司 |
| 经 销 者 | 新华书店 |
| | 787 毫米×1092 毫米　16 开本　18.25 印张　438 千字 |
| | 2012 年 8 月第 1 版 |
| | 2024 年 12 月第 2 版　2024 年 12 月第 1 次印刷 |
| 定　　　价 | 55.00 元 |

未经许可，不得以任何方式复制或抄袭本书之部分或全部内容。
**版权所有，侵权必究**
举报电话：010-62752024　电子邮箱：fd@pup.cn
图书如有印装质量问题，请与出版部联系，电话 010-62756370

# 第2版前言

随着互联网技术的不断进步，电子商务已成为人们生活中不可或缺的一部分，也是促进就业创业、培育新型消费、增加居民收入的重要来源。进入 21 世纪以来，全球范围内电子商务蓬勃兴起，中国电子商务经过近三十年的发展，成就显著，深刻影响了全球的商业格局，并保持不断创新和快速增长的态势。

电子商务是研究电子信息技术并促使商业过程发生深刻变革的学科，其应用范围十分广泛，不断涌现出许多新模式、新业态、新场景，移动电子商务快速普及、社交电子商务强劲增长、跨境电子商务步伐加快，推动了电子商务学科的发展和人才需求的增加。在数字经济蓬勃发展的今天，人工智能和大数据的应用深刻影响着行业生态，并将带来电子商务更大的变革和机遇。

本书定位为基础性专业课程教材，以高等院校电子商务、国际商务、国际经济与贸易、工商管理、物流管理等专业的学生为目标受众，详细介绍了电子商务的发展、战略以及与之伴生的相关技术问题，进而探究了电子商务的融合与创新发展。本书在第一版的基础上进行了大篇幅的补充、修改和更新，强调了数字经济背景下电子商务发展的最新理论和实务。这正符合党的二十大报告中提到的加快发展数字经济的要求。本书案例丰富、数据翔实，具有较强的应用性和实战性，能够使学生系统了解电子商务的相关理论，并将理论知识灵活运用于实践。

本书共 10 章，分为综合分析篇、应用分析篇和前沿分析篇。

综合分析篇由第 1 章至第 3 章构成。第 1 章主要介绍电子商务的概念与特征，全面阐释电子商务的发展历程与特点，说明电子商务的构成要素和主要类型，并对电子商务的最新发展趋势作出分析，使读者形成对电子商务的初步认识。第 2 章主要介绍互联网经济的技术基础，梳理互联网的起源、互联网和互联网经济的发展，阐释移动互联网和物联网的发展，并全面总结互联网新技术的特点和应用。第 3 章主要介绍不同类型电子商务的商业模式及其盈利模式。

应用分析篇由第 4 章至第 9 章构成。第 4 章主要阐释电子商务应用数字技术、数字媒体开展数字营销的特点、模式和策略等。第 5 章主要介绍电子商务客户关系管理的定义、作用和内容，客户满意度与忠诚度管理，以及客户信息管理与数据分析等。第 6 章主要介绍物流与供应链管理的相关内容，着重探讨物流和供应链面对的挑战和未来趋势。第 7 章是电子商务中的关键环节——支付，主要介绍电子商务支付的相关原理和技术、第三方支付和移动支付、电子商务支付安全与加密技术和电子商务支付安全协议等。第 8 章是对电子商务发展环境，包括经济环境、法律环境、技术环境、政策环境的全面分析。第 9 章主要介绍电子商务的发展重点——跨境电子商务，阐述了跨境电子商务的定义等，以及第三方跨境电商平台与独立站，还着重分析了跨境电商物流与支付，以及跨境电商营销。

前沿分析篇是第 10 章。第 10 章主要从电子商务的融合与创新视角，介绍不同领域电子商务的发展，主要包括旅游电商、农村电商、社交电商和生活服务类电商。

为增强本书的可读性和应用性，本书在编写过程中引入丰富翔实的案例，在本次修订过程中，注重案例的更迭和数据的更新，确保理论、案例、数据的时效性和指导性。

本书编写人员均来自浙江树人学院。苗森、王玲担任主编，负责全书的统筹和审定；舒建武、司佳、薛黎担任副主编，参与全书的编写。全书各章节编写分工如下：王玲负责编写第 1 章和第 10 章，薛黎负责编写第 2 章和第 6 章，舒建武负责编写第 3 章和第 4 章，司佳负责编写第 5 章和第 9 章，苗森负责编写第 7 章和第 8 章。本书在编写过程中参考了国内外经典电子商务教材、相关文献和权威网站资料，并引用了众多企业案例，在此向相关作者和企业表示感谢！

由于编者水平有限，电子商务发展也日新月异，书中不足之处在所难免，恳请广大读者批评指正。

苗 森

2024 年 7 月

资源索引

# 目 录

## 第1篇 综合分析篇

### 第1章 电子商务概述 ······ 3
- 1.1 电子商务的定义 ······ 5
  - 1.1.1 不同角度的概念界定 ······ 5
  - 1.1.2 电子商务的特征 ······ 7
- 1.2 电子商务的发展历程 ······ 8
  - 1.2.1 电子商务的发展阶段 ······ 8
  - 1.2.2 电子商务的发展概况 ······ 9
- 1.3 电子商务的不同类型 ······ 16
  - 1.3.1 按交易对象划分 ······ 17
  - 1.3.2 按使用网络类型划分 ······ 18
  - 1.3.3 按交易地域范围划分 ······ 19
  - 1.3.4 按交易活动完整度划分 ······ 19
- 1.4 电子商务的构成要素和基本框架 ······ 20
  - 1.4.1 电子商务的构成要素 ······ 20
  - 1.4.2 电子商务的基本框架 ······ 21
- 1.5 电子商务的发展趋势 ······ 22
  - 1.5.1 技术创新成为电子商务发展的驱动力 ······ 22
  - 1.5.2 良好的用户体验成为电子商务竞争力提升的关键 ······ 24
  - 1.5.3 完善的政策环境成为电子商务健康发展的推手 ······ 25
- 本章小结 ······ 26
- 思考与练习 ······ 26

## 第2章 互联网经济的技术基础 28
### 2.1 互联网的起源、发展与互联网经济 30
  - 2.1.1 互联网的起源与发展 30
  - 2.1.2 互联网的技术基础 33
  - 2.1.3 互联网经济 34
### 2.2 移动互联网与物联网 38
  - 2.2.1 移动互联网 38
  - 2.2.2 物联网 42
### 2.3 互联网新技术 47
  - 2.3.1 数据分析 47
  - 2.3.2 大数据 49
  - 2.3.3 云计算 52
  - 2.3.4 区块链 54
  - 2.3.5 数字认证与安全 55
  - 2.3.6 人工智能与机器学习 57
  - 2.3.7 虚拟现实与增强现实技术 59
### 本章小结 61
### 思考与练习 61

## 第3章 电子商务的商业模式 63
### 3.1 相关概念 65
  - 3.1.1 商业模式的概念 65
  - 3.1.2 盈利模式的概念 66
  - 3.1.3 电子商务的主要盈利模式 67
### 3.2 B2C电子商务的商业模式 68
  - 3.2.1 B2C电子商务的优势 68
  - 3.2.2 B2C电子商务的分类 69
  - 3.2.3 B2C电子商务的盈利模式 70
  - 3.2.4 案例分析——亚马逊 70
### 3.3 C2C电子商务的商业模式 75
  - 3.3.1 C2C电子商务的特点 75
  - 3.3.2 C2C电子商务的盈利模式 75
  - 3.3.3 案例分析——eBay 76
### 3.4 B2B电子商务的商业模式 79
  - 3.4.1 B2B电子商务的优势 79
  - 3.4.2 B2B电子商务的特点 80
  - 3.4.3 B2B电子商务的盈利模式 80
  - 3.4.4 案例分析——敦煌网 81

3.5　C2M 电子商务的商业模式 ································································· 83
　　3.5.1　C2M 电子商务的优势 ··································································· 83
　　3.5.2　C2M 电子商务的盈利模式 ······························································ 84
　　3.5.3　C2M 电子商务的发展趋势 ······························································ 84
　　3.5.4　案例分析——必要商城 ·································································· 85
3.6　O2O 电子商务的商业模式 ································································· 87
　　3.6.1　O2O 电子商务的优势 ··································································· 87
　　3.6.2　O2O 电子商务的分类 ··································································· 87
　　3.6.3　O2O 电子商务的盈利模式 ······························································ 88
　　3.6.4　案例分析——美团 ········································································ 88
本章小结 ································································································· 90
思考与练习 ······························································································ 90

## 第 2 篇　应用分析篇

第 4 章　电子商务数字营销 ········································································ 95
4.1　数字技术、数字媒体与数字营销 ························································· 97
　　4.1.1　数字媒体 ···················································································· 98
　　4.1.2　数字营销的产生与发展 ·································································· 99
4.2　传统营销到数字营销理论的发展 ························································· 99
　　4.2.1　4P 营销理论与传统营销观念 ·························································· 99
　　4.2.2　4C 营销理论与现代营销观念 ························································ 100
　　4.2.3　新 4C 法则与数字营销 ································································ 101
4.3　数字营销的特点 ············································································· 102
4.4　数字营销的模式 ············································································· 109
　　4.4.1　社群营销模式 ············································································ 109
　　4.4.2　内容营销模式 ············································································ 110
　　4.4.3　直播带货营销模式 ······································································ 111
　　4.4.4　短视频营销模式 ········································································· 113
　　4.4.5　KOL 营销模式 ··········································································· 114
　　4.4.6　大数据营销模式 ········································································· 116
　　4.4.7　电子邮件营销模式 ······································································ 117
4.5　消费者洞察与确定营销策略 ······························································ 118
　　4.5.1　消费者洞察途径 ········································································· 118
　　4.5.2　目标消费者细分 ········································································· 119
　　4.5.3　构建用户画像确定营销策略 ··························································· 120
本章小结 ······························································································· 122
思考与练习 ···························································································· 122

## 第5章 电子商务客户关系管理 … 124

### 5.1 客户关系管理概述 … 126
- 5.1.1 客户关系管理的定义 … 126
- 5.1.2 客户关系管理解决的问题 … 127
- 5.1.3 客户关系管理的内容 … 128
- 5.1.4 客户关系管理的作用 … 128

### 5.2 电子商务客户关系管理概述 … 129
- 5.2.1 电子商务中客户的消费心理特征 … 129
- 5.2.2 电子商务中客户关系管理的作用 … 130
- 5.2.3 电子商务中客户关系管理的特点 … 130
- 5.2.4 电子商务中客户关系管理的内容 … 131

### 5.3 电子商务客户的识别与分类 … 132
- 5.3.1 客户的识别 … 132
- 5.3.2 客户的分类 … 132
- 5.3.3 RFM 模型 … 135

### 5.4 电子商务客户满意度与忠诚度管理 … 137
- 5.4.1 客户满意度概述 … 137
- 5.4.2 客户满意度调查 … 137
- 5.4.3 客户满意度的提高 … 139
- 5.4.4 客户忠诚度概述 … 141
- 5.4.5 会员体系的创建 … 142
- 5.4.6 会员积分管理 … 142

### 5.5 电子商务客户信息管理与数据分析 … 143
- 5.5.1 客户信息概述 … 143
- 5.5.2 客户信息管理的内容 … 144
- 5.5.3 客户信息数据分析 … 145

本章小结 … 146

思考与练习 … 147

## 第6章 物流与供应链管理 … 149

### 6.1 物流概述 … 151
- 6.1.1 物流的概念 … 151
- 6.1.2 物流的模式 … 153
- 6.1.3 物流技术 … 155
- 6.1.4 物流网络 … 158

### 6.2 供应链管理 … 160
- 6.2.1 供应链的定义 … 160
- 6.2.2 供应链的类型 … 160

  6.2.3 供应链管理的含义与内容 ································································· 165
  6.2.4 电子商务对供应链管理的影响 ······················································ 166
 6.3 物流与供应链面临的挑战与未来发展趋势 ············································ 168
  6.3.1 物流与供应链面临的挑战 ······························································ 168
  6.3.2 物流与供应链的未来发展趋势 ······················································ 169
 本章小结 ··················································································································· 173
 思考与练习 ·············································································································· 173

## 第 7 章 电子商务支付与安全 ························································································ 175

 7.1 电子商务支付与安全概述 ············································································ 177
  7.1.1 电子商务支付的定义与类型 ························································· 177
  7.1.2 电子商务安全威胁 ········································································· 178
  7.1.3 电子商务支付的安全问题与原因 ·················································· 180
 7.2 电子商务支付系统和支付工具 ···································································· 181
  7.2.1 电子商务支付系统的定义与构成 ·················································· 181
  7.2.2 电子商务支付系统的主要工具 ······················································ 183
 7.3 第三方支付和移动支付 ················································································ 183
  7.3.1 第三方支付 ······················································································· 184
  7.3.2 移动支付 ··························································································· 185
 7.4 电子商务支付安全与加密技术 ···································································· 187
  7.4.1 电子商务支付安全 ··········································································· 187
  7.4.2 电子商务支付加密技术 ··································································· 192
 7.5 电子商务支付安全协议 ················································································ 195
  7.5.1 安全协议概述 ··················································································· 195
  7.5.2 安全套接字层协议 ··········································································· 196
  7.5.3 安全电子交易协议 ··········································································· 197
 本章小结 ··················································································································· 199
 思考与练习 ·············································································································· 199

## 第 8 章 电子商务发展环境 ································································································ 201

 8.1 电子商务发展环境概述 ················································································ 203
 8.2 电子商务的经济环境 ···················································································· 206
  8.2.1 全球电子商务经济环境 ··································································· 206
  8.2.2 分区域电子商务经济环境 ······························································ 208
  8.2.3 我国电子商务经济环境 ··································································· 209
 8.3 电子商务的法律环境 ···················································································· 212
  8.3.1 国际电子商务的立法现状 ······························································ 213
  8.3.2 我国电子商务的立法现状 ······························································ 216

| | | |
|---|---|---|
| 8.4 | 电子商务的技术环境 | 218 |
| 8.5 | 电子商务的政策环境 | 220 |
| | 8.5.1 投资政策 | 220 |
| | 8.5.2 税收政策 | 220 |
| | 8.5.3 人才培养政策 | 222 |

本章小结 …… 223

思考与练习 …… 223

## 第 9 章 跨境电子商务 …… 225

9.1 跨境电子商务概述 …… 227
    9.1.1 跨境电子商务的定义 …… 227
    9.1.2 跨境电子商务的特点 …… 228
    9.1.3 跨境电子商务与国内电子商务的区别 …… 228
    9.1.4 跨境电子商务的分类 …… 229

9.2 第三方跨境电商平台与独立站 …… 231
    9.2.1 第三方跨境电商平台 …… 231
    9.2.2 独立站 …… 234
    9.2.3 两种模式的比较 …… 235

9.3 跨境电商物流与支付 …… 237
    9.3.1 跨境电商物流 …… 237
    9.3.2 跨境电商支付 …… 239

9.4 跨境电商营销 …… 241
    9.4.1 海外社交媒体营销 …… 241
    9.4.2 搜索引擎营销 …… 242

本章小结 …… 243

思考与练习 …… 243

## 第 3 篇 前沿分析篇

## 第 10 章 电子商务的融合与创新 …… 249

10.1 旅游电商 …… 251
    10.1.1 旅游电商的发展历程 …… 251
    10.1.2 旅游电商的特点与趋势 …… 253
    10.1.3 旅游电商产业链 …… 255
    10.1.4 移动旅游电商 …… 259

10.2 农村电商 …… 261
    10.2.1 农村电商的发展历程 …… 262
    10.2.2 农村电商的主要模式 …… 263
    10.2.3 农村电商运营 …… 265

         10.2.4 农村电商与数字乡村 …………………………………………… 267
　10.3　社交电商 ………………………………………………………………… 270
         10.3.1 社交电商的优势 ……………………………………………… 271
         10.3.2 社交电商的主要模式 ………………………………………… 272
　10.4　生活服务类电商 …………………………………………………………… 275
         10.4.1 生活服务类电商的主要模式 ………………………………… 275
         10.4.2 生活服务消费新趋势 ………………………………………… 276
　本章小结 ……………………………………………………………………………… 277
　思考与练习 …………………………………………………………………………… 277

参考文献 …………………………………………………………………………………… 280

# 第1篇 综合分析篇

# 第1篇 总论与分析论

# 第 1 章
# 电子商务概述

**学习目标**
1. 了解电子商务的不同概念,并从广义和狭义角度给出其定义。
2. 掌握电子商务的特征和发展趋势。
3. 了解电子商务的发展历程和发展概况。
4. 掌握电子商务的不同分类方法。
5. 掌握电子商务的构成要素,形成对电子商务系统的整体认知。

思维导图

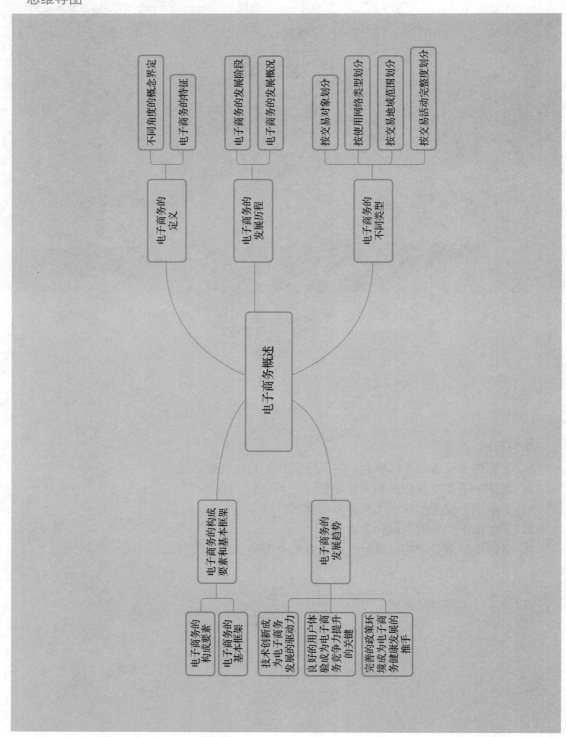

# 第1章 电子商务概述

📖 **引例**

1982年，马里兰大学教授兰德尔（A. Randall）和霍尔（C. Hall）创立了美国第一家电子商务公司波士顿计算机交易所（Boston Computer Exchange，BCE），BCE利用当时刚刚诞生不久的电子公告板（Bulletin Board System，BBS）技术，开发了二手计算机的在线拍卖和交易平台，并于1983年3月4日正式上线。后来，智利的一位客户从BBS上的产品目录中得到信息，并打电话购买了一台价值7 000美元的个人计算机，这笔交易被认为是最早的企业与消费者之间（Business to Consumer，B2C）的电子商务。

但是，对于如何界定电子商务的起源，仍有许多不同的看法。有观点认为早在20世纪80年代电子商务交易就已产生，人们通过电子邮件交换产品和价格信息，并进行交易。更有观点认为电子商务在20世纪初就已产生，位于不同城市的鲜花商人为了解决异地鲜花递送问题，通过协议的方式为客户递送鲜花到本地顾客手中，而鲜花底单的发送利用了当时刚刚发明的电报技术。

因此，我们首先需要了解电子商务的概念，进而通过纵览电子商务的发展历程，再来辨别兰德尔和霍尔建立在BBS上的网络商店是否可以被认为是最早的电子商务交易平台。

## 1.1 电子商务的定义

关于电子商务（Electronic Commerce，EC）的定义，至今尚无一个具有权威性的、统一的标准，各国政府、国际组织、学者及企业界人士都给出了许多不同的表述。随着电子商务活动的快速扩展，电子商务的定义也不断丰富，内容也日渐充实。以下归纳几种具有代表性的电子商务的定义。

### 1.1.1 不同角度的概念界定

（1）世界贸易组织（World Trade Organization，WTO）将电子商务定义为，通过网络进行生产、销售及流通的活动，不单指基于网络上的交易，还指所有利用电子信息技术来解决问题、降低各类成本、增加经济价值的商务活动，包括通过网络信息技术实现原材料采购、产品查询展示、订购、出单、储运，以及电子支付等一系列的贸易活动。

（2）联合国经济合作与发展组织（Organization for Economic Co-operation and Development，OECD）给出的定义是，电子商务是发生在开放网络上的，主要包括企业之间、企业和消费者之间的商业交易。

（3）1997年11月，在法国巴黎举行的世界电子商务会议上，国际商会（International Chamber of Commerce，ICC）指出电子商务是指实现整个贸易活动的电子化。从涵盖范围的角度，可以将电子商务定义为交易各方以电子交易方式而不是以当面交换或直接面谈方式进行的任何形式的商业交易。从技术角度，可以将电子商务定义为一种多技术的集合体，

5

包括交换数据（如电子数据交换、电子邮件）、获得数据（如共享数据库、电子公告板），以及自动捕获数据（如条形码、二维码）等。

（4）美国政府在其《全球电子商务纲要》中提出关于电子商务的笼统概念，即通过互联网进行的各项商务活动，包括广告、交易、支付、服务等活动，全球电子商务将会涉及全球各国。

（5）欧洲议会在"欧洲电子商务发展倡议"中给出的定义是：电子商务是通过电子方式进行的商务活动。它以数据（包括文本、声音和图像）的电子处理和传输为基础，涉及货物电子贸易和服务、在线数据传递、电子资金划拨、电子证券交易、电子货运单证传输、商业拍卖、合作设计和工程设计、在线资料传输、公共产品获得等许多方面的活动；还包括产品（如消费品、专门设备）和服务（如信息服务、金融和法律服务）、传统活动（如健身、体育）和新型活动（如虚拟购物、虚拟训练）。

（6）联合国欧洲经济委员会（United Nations Economic Commission for Europe，UNECE）在比利时布鲁塞尔举办的全球信息社会标准大会上明确提出电子商务的定义，即各参与方之间以电子方式而不是以物理交换或直接物理接触方式完成的任何形式的业务交易。这里的电子方式包括电子数据交换、电子支付手段、电子订货系统、电子邮件、传真、网络、电子公告系统、条形码、图像处理、智能卡等。

（7）我国上海市电子商务安全证书管理中心给出的定义是，电子商务是指采用数字化电子方式进行商务数据交换和开展商务业务的活动。这些活动主要包括利用电子数据交换（Electronic Data Interchange，EDI）、电子邮件（E-mail）、电子资金转账（Electronic Funds Transfer，EFT），以及互联网主要技术在个人间、企业间和国家间进行的无纸化业务信息交换。

（8）美国学者卡拉科塔（R. Kalakota）和温斯顿（A. B. Whinston）在其专著《电子商务的前沿》中提出，广义的电子商务是一种现代商业方法，这种方法通过提高产品质量、服务质量和服务传递速度，满足政府组织、厂商和消费者的低成本需求。

综合以上各类关于电子商务定义的表述，可以看出电子商务涵盖了非常广泛的内容，本书将从以下两个层面对电子商务的定义予以表述。

狭义的电子商务是指通过互联网等电子通信技术，进行商品和服务的交流、购买、销售和支付的商业活动。其具体流程包括以电子信息技术为手段、以商务为核心、以互联网为载体完成实物或服务的交换过程，其中还会产生钱款交易、发布供求流通信息、订货及确认订货、支付价款及产品配送等交易。日常生活中的网络购物、电子支付、网络商城、网络结算等都属于狭义的电子商务。

广义的电子商务是指应用计算机技术和网络技术等现代信息技术，并按照一定的标准进行的各类商务活动，如货物贸易、服务贸易和知识产权贸易等。这些商务活动的流程不仅包括企业内部的流程，还包括企业与企业、企业与个人、企业与政府或其他社会组织之间的业务流程。广义的电子商务涵盖的范围很广,即使没有产生钱款交易,如果其工作内容主体与互联网相结合,也可纳入电子商务范畴,例如,电子医疗、电子政务、电子教育及电子咨询等。

### 1.1.2 电子商务的特征

相较于传统商务,电子商务作为一种主要依靠互联网和信息技术管理日常经营活动的商业模式,已经表现出巨大的发展优势,二者的区别参见表1.1。

表1.1 电子商务与传统商务的区别

| 类项 | 电子商务 | 传统商务 |
| --- | --- | --- |
| 交易对象 | 全球范围 | 部分地区 |
| 销售地点 | 虚拟空间(提供商品列表和图片) | 实体店铺(店铺、货架和仓库) |
| 交易环节 | 虚拟交易,环节少,省时省力,交易费用低 | 面对面交易,需要消耗一定的人力、时间和资金 |
| 交易时间 | 7×24小时 | 规定营业时间 |
| 购买方式 | 随时随地在线购物,轻松选择 | 受限于时间、地点、品类、店主态度 |
| 交易价格 | 全网比价,寻找最优惠购买选项,更具价格竞争力 | 单一价格 |
| 营销活动 | 双方一对一沟通,双向互动 | 单方营销 |
| 数据统计 | 能够快速获取大量消费数据,捕捉顾客需求并及时应对 | 需要较长时间掌握消费数据和顾客需求 |

通过电子商务与传统商务之间的对比,可以总结出电子商务的如下特点。

(1)交易全球化。

经济全球化和信息化是当今世界经济社会发展的主流,通过互联网,商家和消费者可以跨越地域和国界进行交易,实现全球化的市场覆盖。电子商务作为一种新的社会经济形态,中小企业也能够以较低的成本实现跨境交易,在全球各地获得更多的客户、更好的供应商和合作伙伴。跨境电子商务是经济全球化和以互联网为主的科学技术相融合的产物,两者相互促进、共同发展。

(2)交易虚拟化。

电子商务打破了时间和空间的限制,没有国界和昼夜之分。消费者可以在任何时间、任何地点进行购物,商家也可以随时更新产品信息和接受订单。电子商务所具有的这种时空优势,可以在更大程度上、更大范围内满足消费者的需求。

(3)交易低成本化。

相比传统商务的实体店铺,电子商务的运营成本更低,可以进行无实体店铺销售,不需要支付高额的租金、店员工资和装修费用,同时可以通过自动化的系统提高运营效率,减少人力资源的浪费。电子商务通过网络进行交易活动，即时生产、即时销售，可以提高物流效率，降低存货费用、时间成本和信息成本。同时"无纸化贸易"减少了中间环节，降低了营销成本和管理成本。

（4）交易便捷化。

电子商务能够在无须人工干预的前提下，在全球各地瞬间完成交易信息的传递和处理，包括原料采购、产品生产、产品销售、银行汇兑和保险等，克服了传统商务成本高、易出错、速度慢等缺点，使得整个交易过程非常方便快捷。

（5）交易透明化。

电子商务交易过程中各个环节的状态，包括洽谈、签约，以及货款支付、交货通知等，都可以在电子终端实时显示。互联网及时、迅速的信息传递功能可以使整个交易过程产生的信息得到印证，从而防止虚假信息的流通。

（6）服务个性化。

电子商务平台不仅容纳了大量的商家和商品，可以满足客户个性化、差异化的需求，而且还为商家提供了更多的销售机会和曝光机会。同时，电子商务平台还提供了精准的客户数据分析结果，帮助商家更好地了解客户需求和行为，提供个性化的推荐和服务，并开展精准营销。

## 1.2　电子商务的发展历程

### 1.2.1　电子商务的发展阶段

（1）电子商务的起源。

1844年5月24日，美国人莫尔斯（S. Morse）在华盛顿国会大厦联邦最高法院会议厅里，发送了人类历史上第一份长途电报，随后，莫尔斯电码和电报机得到了迅速推广和普及，开启了电信时代的序幕。1876年，美国人贝尔（A. G. Bell）发明了电话，从此人们开始用声音传递商务信息。19世纪中后期，电话、电报、传真的相继诞生可被看作电子商务的起点。

（2）电子商务的形成：基于EDI的电子商务。

20世纪70年代前后，工业化国家已经开始在商业贸易中普遍采用文字处理机、传真机、复印机等设备，但是在信息录入和数据传递的过程中，过多的人为因素会影响数据的准确性和工作效率，在此背景下，以计算机应用、通信网络和数据标准化为基础的电子数据交换（Electronic Data Interchange，EDI）应运而生。20世纪80年代，一些专门的数据交换系统逐渐建成并投入运行，EDI成为一种新颖的电子化贸易工具，显示出强大的生命力，迅速在世界各主要工业发达国家和地区得到广泛应用。

(3) 电子商务的发展：基于互联网的电子商务。

EDI 的运用极大地推动了国际贸易的发展，然而，由于 EDI 通信系统的建立需要较大的投资规模，而且使用专用增值网络（Value Added Network，VAN）的费用较高，仅有大型企业才有可能使用，因此限制了基于 EDI 的电子商务应用范围的扩大。

20 世纪 90 年代中期开始，互联网迅速普及，并演变为一种大众化的信息传播工具。在互联网基础上建立的电子信息交换系统为在企业中全面实现商务活动的电子化提供了可能，电子商务也成为互联网应用的最大热点。由于互联网的费用更低、覆盖面更广、服务更好，因此逐渐取代 VAN 成为 EDI 的数据交换载体。

以遍及全球的互联网为架构、以交易双方为主体、以网上支付和结算为手段、以客户信息数据库为依托，基于互联网的电子商务活动得以飞速发展。进入 21 世纪以来，全球范围内的电子商务蓬勃兴起，智能手机的普及使得移动商务持续增长，新模式、新平台、新特征层出不穷，电子商务的应用范围得以进一步扩大。全球电子商务展现了多维度发展趋势，如图 1.1 所示。

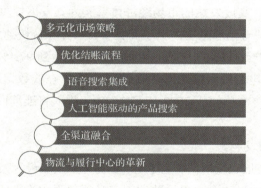

图 1.1　全球电子商务的多维度发展趋势

### 1.2.2　电子商务的发展概况

（1）国外电子商务的发展概况。

中国电商的逆袭与崛起

近年来，由于信息技术和互联网的迅猛发展，越来越多的企业、品牌和新零售平台进入电商市场，全球电商市场规模持续扩大。据 eMarketer 数据统计，2014 年至 2022 年全球零售电商销售额增长超四倍；2023 年，全球零售电商销售额约为 5.7 万亿美元；2024 年，全球零售电商销售额突破 6 万亿美元；预计这一数字在未来几年将持续增长，到 2027 年将超过 8 万亿美元。全球零售电商销售额年度增长率自 2022 年以来有所回落，增速趋缓，但依旧保持增长态势，如图 1.2 所示。

注：2024年至2027年增长率为预测值。

图1.2　2021年至2027年全球零售电商销售额年度增长率

① 美国电子商务的发展。

1990年以来，伴随着互联网的迅速普及，电子商务迅速成为美国经济发展的一大热点。1993年，时任总统签发了《国家信息基础结构的行动纲领》，开始全面推动建设美国国家信息基础设施。同时为了使电子商务在法律的保护和规范下健康发展，美国先后颁布了《全球电子商务选择性税收政策白皮书》《全球电子商务纲要》《美国统一计算机信息交易法》《美国电子签名法》等一系列政策。

电子商务源于美国，高度发达的市场经济体系又为其发展提供了良好的经济、技术和社会条件，因此，美国拥有全球主要的电子商务平台，并保持快速增长态势。截至2024年年初，美国的互联网用户约为3.31亿人，互联网普及率达到97.1%。据美国商务部统计，2024年第一季度年美国电商销售额约为2 681.2亿美元。在线数据统计门户Statista的数据显示，美国零售电商销售额总额从2023年到2027年收入将连续四年增长，达到1.6万亿美元。

② 欧盟电子商务的发展。

欧洲地区电子商务发展也较早，是全球电子商务体系发展最为完备的地区之一。1997年4月，《欧盟电子商务动议》出台，倡导欧洲国家必须加强政治上的合作，在电子商务的基础设施、技术和服务等方面做好应对。自1998年起，大部分欧盟成员方充分开放了电信市场，推动数字通信终端逐渐成为互联网接入和电子商务的主要平台。1999年12月，欧盟委员会启动了"电子欧洲计划"，主张加速欧洲网络建设，将每个公民、家庭、企业和管理机构都带入数字时代和网络世界。

自2018年以来，欧盟委员会积极推动电子商务的健康发展，提出了对欧盟的数字活动进行公平征收数字提案，并将强客户认证机制（Strong Customer Authentication，SCA）引入电子商务市场，同时，采取措施调整欧元区与非欧元区国家之间欧元跨境支付的成本，以提高货币兑换服务收费的透明度。欧洲电子商务市场收入近年来保持了持续增长的态势。2018年至2023年欧洲电商市场收入，如图1.3所示，可以看出，尽管欧洲电商市场收入2022年较上年有所下降，但在2023年有显著回升。

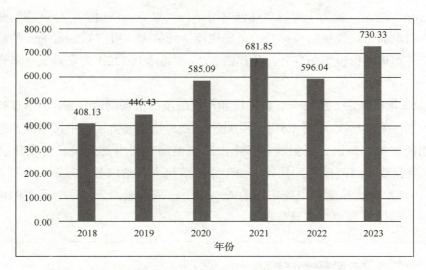

图1.3　2018年至2023年欧洲电商市场收入（单位：十亿美元）

数据来源：Statista 统计报告。

③ 亚洲电子商务的发展。

在全球电子商务市场中，亚洲市场增长最为显著。2023年，全球电子商务销售额领先的经济体中，亚洲经济体占据半数席位，如图1.4所示。其中，中国是全球最大的电子商务市场，日本、韩国、印度和印度尼西亚（简称印尼）分列第四、五、六、八位。此外，德国物流企业 DHL 的相关报告显示，预计到2028年，亚太电子商务市场规模将超过3万亿美元。

| 1 | 中国 | 30 200 |
| --- | --- | --- |
| 2 | 美国 | 11 600 |
| 3 | 英国 | 1959 |
| 4 | 日本 | 1934 |
| 5 | 韩国 | 1474 |
| 6 | 印度 | 1189 |
| 7 | 德国 | 973 |
| 8 | 印尼 | 971 |
| 9 | 加拿大 | 828 |
| 10 | 法国 | 793 |

图1.4　2023年电子商务领域全球前十位国家的销售额（单位：亿美元）

数据来源：MobiLoud 统计报告。

在亚洲市场中，日本和韩国的电子商务发展成熟度较高。早在2001年，日本就建立了 IT 战略指挥部，为推动电子商务和 IT 的发展，提出了"e-Japan"战略，此后，进一步提出了"u-Japan"战略,致力于建设"任何时间、任何地点、任何人、任何物"都可以上网的环境。韩国电商市场发展势头强劲,市场规模持续扩大,根据 GlobalData 的最新报告,韩国电子商务市场的价值不断攀升,预计到 2028 年将达到 222.1 万亿韩元,复合年增长率将达到 7.8%。

eMarketer 报告显示,2022 年,新加坡和印尼的电商市场增速最高,网络零售交易额增长率分别为 36%和 34%,如图 1.5 所示。此外,在跨境电商方面,中国因庞大的电商规模而具有突出的优势,韩国、新加坡和日本在跨境电商方面也是发展较为成熟的市场。据《2022 年东南亚数字经济报告》预计,由于中产阶级人数的增长和互联网普及率的提高,到 2025 年,印尼将占东南亚电商市场的 45%以上,成为东南亚国家中最大的电商市场,其次为越南、泰国、菲律宾和马来西亚。

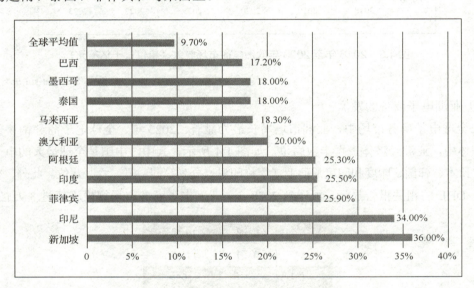

图 1.5　2022 年网络零售交易额增长率领先的国家

(2) 我国电子商务的发展概况。

纵观我国电子商务三十多年的发展,总体历程可以分为萌芽起步期、冰冻调整期、复苏回暖期、高速发展期、转型升级期、激烈竞争期和成熟创新期,详见图 1.6。

① 萌芽起步期(1997—1999 年)。

1997 年 12 月,中国化工网(英文版)上线,成为国内第一家垂直 B2B 电子商务商业网站。1998 年 2 月,中国制造网(英文版)在南京上线。1998 年 12 月,阿里巴巴在开曼群岛注册。1999 年 5 月,国内首家 B2C 网站 8848 诞生。1999 年 8 月,国内首家 C2C 平台易趣网上线。当时互联网全新的概念鼓舞了第一批新经济的创业者,他们认为传统的贸易信息借助互联网进行交流和传播,商机无限,国内第一批电子商务网站在这一时期先后涌现,进入到实质化商业阶段。

# 第1章 电子商务概述

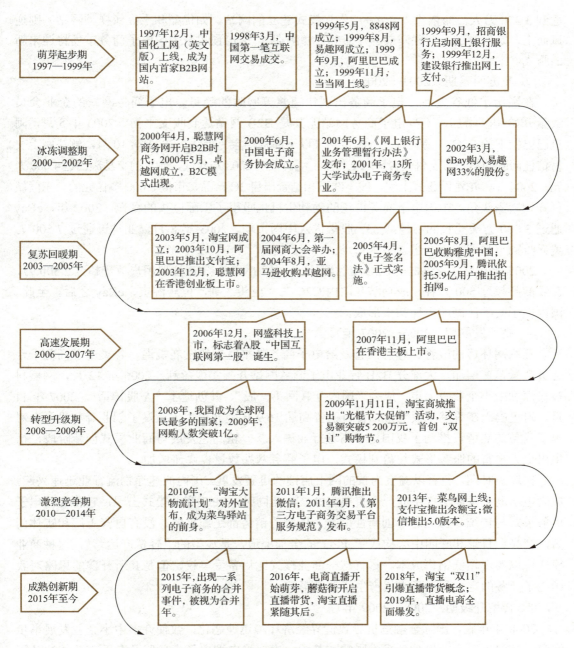

图1.6 我国电子商务发展历程与标志性事件

② 冰冻调整期（2000—2002年）。

中国电子商务起步后的发展受国外的影响巨大。2000年开始的互联网泡沫破灭影响波及全球，电子商务的发展也受到重创，尤其是严重依靠外来投资且自身尚未找到盈利模式的企业，经历了冰与火的严峻考验。例如，2000年6月，刚刚在纳斯达克上市的网易股价一路下跌，2001年年底跌到1美元以下；成立不久的阿里巴巴也发展艰难，差点夭折。但是中国本土的互联网却得到了飞速发展，到2001年年底，中国互联网网民数量已达到3 370万人。而依靠"会员+广告"模式建立的网站，如优酷和土豆（视频网站）则逆风而上，安然度过了互联网最为艰难的"寒潮期"，这也预示着中国电子商务市场将迎来新的腾飞。

③ 复苏回暖期（2003—2005年）。

在经历了低谷之后，电子商务出现快速复苏回暖的趋势。电子商务网站的企业会员数量开始明显增加，不少电子商务网站尤其是B2B网站达到收支平衡。2003年5月，阿里巴巴旗下的C2C交易网站——淘宝网（以下简称淘宝）上线。2003年10月，解决网上交易信任问题的第三方支付平台——支付宝上线。截至2003年年底，淘宝的交易额已达4 000万元。2004年，沱沱网正式上线，线上线下相结合出售3C产品，市值8 000多亿元的京东商城也开始崭露头角。中国电子商务市场的勃勃生机也吸引了国际巨头的目光。2002年，eBay通过3 000万美元收购易趣网33%股份进入中国市场。2003年8月，亚马逊通过7 500万美元收购卓越网，正式进入中国市场。

2005年9月，腾讯推出C2C交易网站——拍拍网，一年后注册用户数量超过2 500万，在线商品超过500万种，成功跻身国内C2C三大巨头之列，位居淘宝、eBay之后。至此，国内电子商务江湖的大局初步形成。

④ 高速发展期（2006—2007年）。

互联网环境的改善、理念的普及给电子商务带来巨大的发展机遇，各类电子商务平台会员数量迅速增加，大部分B2B行业电子商务网站开始实现盈利。2006年12月，网盛科技在深圳中小企业版上市，成为"国内互联网第一股"，并创造了"A股神话"。2007年11月，阿里巴巴在香港主板上市，首日融资高达16.9亿美元，大大激发了创业者和投资者对电子商务的热情，推动了我国电子商务行业进入新一轮高速发展与商业模式创新阶段，衍生出更为丰富的服务形式与盈利模式，电子商务网站数量也快速增加。

在这一时期，随着以淘宝为首的网上店铺的迅猛发展，国内的速递物流行业迅速兴起，成为电子商务发展历程中的一个重要支撑。与此同时，PPG商业模式出现，它将现代电子商务模式与传统零售业进行创新性融合，所有的销售都是虚拟的，没有自营工厂和实体门店，产品、目录和呼叫中心构成了PPG的全部渠道，是典型的"轻资产运营"，这种商业模式可以实现超低销售成本。尽管这一商业模式此后备受争议，但是其所开辟的思路对我国电子商务的定位和运营方式产生了深远影响。

⑤ 转型升级期（2008—2009年）。

2008年年底，国际金融危机导致世界经济环境迅速恶化，致使许多中小企业发展举步维艰，外贸出口企业也受到极大影响，其中，出口导向型电子商务服务商受产业链波及影响最大，以沱沱网为代表的一些外贸B2B公司或关闭、或裁员重组、或增长放缓。

与此同时，在外贸转内销与扩大内需、降低销售成本的指引下，内贸在线B2B与垂直细分B2C却获得了新一轮的高速发展，大量的垂直B2C服务商如雨后春笋般涌现，并获得了数目可观的风险投资，取得了前所未有的发展与繁荣。在C2C领域，随着搜索引擎巨头百度的进入，网购用户获得了更大的选择空间，行业竞争愈加激烈。2008年，我国成为全球网民最多的国家，电子商务交易额突破3万亿元，2009年网购人数突破1亿。2009年11月

11 日，淘宝商城推出"光棍节大促销"活动，交易额突破 5 200 万元，是当时日常交易额的 10 倍，成为我国电子商务发展史上的标志性事件，并成为此后每年全国亿万网民的购物狂欢节日。

⑥ 激烈竞争期（2010—2014 年）。

在政策利好、技术进步、市场需求和社会化投资等多重因素的驱动下，2011—2014 年间电子商务交易额继续高速增长，我国电子商务进入大规模发展、应用和运营阶段。各运营商加速商业模式的探索，形成电商领域百花齐放的盛况。其中网络购物市场依然火爆，苏宁易购、京东、国美等电商巨头发起了"史上最大规模电商价格战"。这一时期是电子商务发展历程中最受瞩目的阶段，无论是综合平台还是细分行业垂直电商平台，纷纷抢占供应商和客户资源，移动电商、O2O 模式、互联网金融等成为热点话题。

这一时期，电商行业整体发展呈现以下特征：一是政策监管日趋完善，行业发展环境日渐规范，出台了《第三方电子商务交易平台服务规范》等政策性文件；二是电商行业快速成长，资本青睐程度不减；三是团购模式带动生活服务类电商的发展，2011 年，甚至出现了 5 000 多家团购网站共同参与几近疯狂的"千团大战"；四是电子商务对传统经济的渗透明显加强，如国美电器收购库巴网发力电子商务市场；五是电子商务促进了跨国贸易的开展，如淘宝雅虎共建跨国网购平台，阿里巴巴成功收购两家美国企业，借助全球速卖通的推出，打通海外 B2B2C 业务链条。

2010 年，随着淘宝交易量的激增，阿里巴巴开始重视物流配送环节，正式对外宣布"淘宝大物流计划"，即由淘宝联合仓储、快递、软件等多个第三方企业，建立统一的配送中心仓库，统一商家货物配备和递送，为淘宝的商家提供一站式电子商务物流配送外包服务。这一计划正是菜鸟驿站的前身。

⑦ 成熟创新期（2015 年至今）。

2015 年以来，我国的移动电子商务已经取得了飞速发展。随着移动通信技术和互联网的普及和应用，移动电子商务行业以前所未有的势头稳步发展，这也标志着我国电子商务发展进入大众化时期。中国互联网络信息中心（CNNIC）发布的《第 36 次中国互联网络发展状况统计报告》显示，截至 2015 年 6 月，中国网民规模达 6.68 亿人，互联网普及率为 48.8%。2015 年还出现了许多电商平台的合并，例如，滴滴和快的、58 同城和赶集网、美团和大众点评、携程网和去哪儿网、世纪佳缘和百合网等，一系列的合并事件标志着我国电子商务发展逐渐进入一个全新的成熟发展阶段。

2016 年，电商直播开始萌芽。蘑菇街种下了直播带货的第一颗种子，淘宝直播紧随其后。2017 年，苏宁和快手分别从不同的领域切入直播赛道，多频道网络（Multi-Channel Network，MCN）机构大量入场。2018 年淘宝"双 11"引爆直播带货概念。2019 年，直播电商全面爆发，大量明星、企业家等参与进来，淘宝直播全年商品交易总额（Gross Merchandise Volume，GMV）超过 2 000 亿元。快手与拼多多、京东建立合作，抖音则推出精选联盟，与多家电商平台展开信任同盟。此后，直播电商从崭露头角到占据 C 位（网络用语，即核心位置，表示某人或事物的重要地位），其发展突飞猛进。《中国新电商发展报告 2024》显示，2023 年，我国直播电商市场规模达到 4.9 万亿元，同比增长 35.2%。电商直播用户规模达 5.97 亿人，消费者通过直播电商购买商品已成为常态化的购物方式。此外，随着直播电商、跨境电商、即时零售等新兴业态的迅速发展，中国的新电商产业正在成为拉动国内消费和推动国际贸易的重要力量。

总体上，我国电商行业的发展已经取得了巨大成就，不仅改变了消费者的购物方式，还推动了数字经济的发展，为全球电商市场注入了新的活力。随着科技的不断创新和消费者需求的不断变化，电商行业的发展既充满了巨大的市场机遇，也面临着许多的挑战。

### 案例 1-1

#### 直播电商首创者蘑菇街创新直播新模式

近年来，直播电商行业愈发成熟，各式各样的直播模式层出不穷，在增加消费者购物选择的同时，也在无形中加剧了行业的竞争激烈程度。在此背景下，直播电商首创者蘑菇街于 2022 年 9 月再度开拓创新，在早秋时装秀开启全新的"秀播"模式，秀场直播成交额高达 1 081 万元，创全网直播平台"云端秀场"直播成交新纪录。

区别于以往的大秀，蘑菇街用科技感的互联网"云秀场"直播这场时装盛宴，真正实现线上与线下无缝转化的社交零售。这一次的蘑菇街"秀播"打破了全网直播平台秀场直播成交新纪录，似乎找到了服装类目直播带货新的打开方式。通过秀场直播，用户不仅可以作为秀场头排客体验"即看即买"，还能欣赏心仪的网红主播现场走秀及展示设计款新品。

"即看即买"的最大特点在于即时性，所见即所得的"云秀场"对交付生产周期、库存、物流等要求颇高。蘑菇街与珠江国际纺织城的联手恰能解决这一问题。珠江国际纺织城是全国最大的服装批发生产基地之一，以构建"纺织时尚产业中心"为目标，集布料批发、服装设计、生产等多个环节于一体。蘑菇街提前规划溯源直播大秀，纺织城融合生产与售卖、商品代发，各具优势也是本次直播能一炮打响的基石。

本次直播是蘑菇街创新平台与产业带直播合作形式的体现。即秀即买、即看即买，极大地激发了消费者的购物心理，提升了品牌调性，吸引了新的消费群体。"秀播"模式充分整合了相关产业带资源，既保障了货源的品质与性价比，带给消费者更丰富、舒适的购物体验，又反向助力产业带数字化升级，达成降本增效。同时，蘑菇街也进一步升华了时尚的定义，让时尚走近普通女孩，帮助普通女孩打造更具个人特色的穿搭风格。

（资料来源：https://baijiahao.baidu.com/s?id=1744376478882416776&wfr=spider&for=pc. (2022-09-19)[2024-12-27] ）.

## 1.3 电子商务的不同类型

电子商务模式

电子商务的分类方法和标准有很多种，常见的划分方法和标准有按交易对象划分、按使用网络类型划分、按交易地域范围划分、按交易活动完整度划分等。

## 1.3.1 按交易对象划分

电子商务的交易主体包括企业、消费者和政府三类，按照交易主体之间的关系，可以将电子商务划分为以下七种类型。

（1）企业与消费者之间（Business to Customer，B2C）的电子商务。

B2C 电子商务是企业面向消费者个人开展的电子商务模式，也可以称为网络零售，即企业或商家通过开设网上商店实现在线商品零售和为消费者提供所需服务的电子商务活动，是大众最为熟悉的一种电子商务类型。B2C 模式售卖的商品可以是实体的，如书籍、鲜花、服装、食品、家电等；也可以是数字化的，如音乐、数据库、软件，以及各类基于知识的商品；还可以是各类服务，如旅游、医疗诊断或教育等。

亚马逊、京东、淘宝等都属于典型的 B2C 电商平台，其特点是商品种类丰富、价格竞争激烈、个性化服务较多，但也需要高效率和低成本的物流体系的配合。

（2）企业之间（Business to Business，B2B）的电子商务。

B2B 电子商务是指企业与企业之间通过互联网进行产品、服务及信息交换的电子商务活动，它可以发生在企业和供应链成员之间，也可以发生在一个企业和其他企业之间，其主要活动内容包括供应商管理、库存管理、销售管理、信息传递和支付管理等。B2B 是电子商务应用最重要和最受企业重视的一种模式，目前在电子商务的交易额中所占比例也最高。艾瑞数智发布的《2023 年中国 B2B 行业研究报告》中提到，2018—2022 年我国 B2B 行业以 4.7%的年均复合增速持续扩容，2022 年行业规模已达 15.5 万亿元。B2B 不仅适用于大企业利用企业间专门建立的网络完成买卖双方的交易，也适用于中小企业通过第三方建立的交易平台寻找最佳的合作伙伴，完成订购、支付、物流等商务活动。

B2B 电商平台包括阿里巴巴、慧聪网、敦煌网、跨度网、环球资源、商汇网、中国制造网、生意宝等。这些平台又可以进一步划分为综合型平台和垂直型平台，综合型平台涵盖多个行业和产品类别，通常具有大规模的用户群体；垂直型平台专注于特定的行业、领域或产品类型，旨在更好服务特定行业的企业。

（3）企业与政府之间（Business to Government，B2G）的电子商务。

B2G 电子商务涵盖政府与企业之间的各项事务，包括政府采购、税收、商检、管理条例发布和法规政策颁布等。一方面，政府作为消费者，通过互联网发布采购清单，公开、透明、高效、廉洁地完成所需物品的采购；另一方面，政府作为宏观管理者，通过网络以电子商务的方式更充分、及时地发挥宏观调控、指导规范、监督管理职能。

随着信息技术的迅猛发展，电子政务系统在全球范围内迅速兴起。电子政务系统就是指各级行政机关在政务活动中，全面应用现代信息技术、网络技术及办公自动化技术等进行办公、管理和为社会提供公共服务的一种全新的管理模式。电子政务系统是数字化时代政府变革的重要组成部分，为建设数字化、智慧化的社会提供强有力的支持。

（4）消费者与消费者之间（Consumer to Consumer，C2C）的电子商务。

C2C 电子商务是指消费者之间通过互联网进行的个人交易活动，即消费者通过互联网向其他消费者提供商品或服务，包括电商企业通过为买卖双方搭建拍卖平台并按比例收取交易费用；或者提供平台方便个人在网上开设店铺，平台以会员制的方式收费。

C2C 电商平台的主要特点是商品种类多样、价格相对较低、个人之间交易较灵活。其为消费者提供了便利和实惠，成为电子商务迅速普及与发展的重要因素。

（5）消费者与政府之间（Consumer to Government，C2G）的电子商务。

C2G 电子商务是指政府与消费者之间开展的不以营利为目的的电子商务活动，主要包括网上报关、报税、养老金领取、住房公积金缴纳等活动，也包括消费者参与政府网站的民意调查和意见反馈等活动。中国政府采购中心、中国电子政务网都属于此类电商平台。

（6）消费者对企业（Consumer to Business，C2B）的电子商务。

C2B 电子商务是指个人消费者利用互联网向企业销售产品或服务，或是寻求卖主对产品或服务进行报价。在 C2B 模式下，消费者成为市场中的主导，企业需要灵活应对消费者的需求和变化，不断创新服务和产品，使其更加符合消费者的需求。C2B 模式不仅是电子商务领域的一种创新模式，更是企业商业模式创新的利器。C2B 模式符合现代消费者的需求和喜好，能够增强企业的服务品质和竞争力。随着电子商务市场的不断壮大，C2B 模式将会在未来得到更为广泛的应用和推广。

（7）线上到线下（Online to Offline，O2O）模式。

O2O 模式是指线上线下消费行为相互结合，让互联网成为线下交易平台的一种电子商务模式。O2O 电商平台将线上购物与线下实体店铺相结合，帮助商家实现线下实体店和线上电商之间的互通有无，即通过线上平台，消费者可以获取商品信息、选择产品、进行支付等操作，然后转至线下实体店享受商品和服务。此种电商模式常应用在旅游、酒店、餐饮、娱乐、教育、家政、社区等领域，为消费者带来更多的选择和更便捷的购物体验，并能为中小企业带来流量。美团、饿了么、滴滴出行、携程等都属于此类电商平台。

## 1.3.2　按使用网络类型划分

根据使用网络类型的不同，电子商务可以划分为以下四种类型。

（1）基于 EDI 网络的电子商务。

EDI（电子数据交换）是按照一个公认的标准和协议，将商务活动中涉及的文件标准化和格式化，并利用网络将这些标准化和格式化的数据从计算机传输到计算机。EDI 是电子商务的早期形式，主要应用于企业与企业、企业与批发商、批发商与零售商之间的批发业务。

（2）基于互联网（Internet）的电子商务。

基于互联网的电子商务是指利用连通全球的互联网开展的电子商务活动，也称现代电子商务。它是以计算机、多媒体技术、数据库技术等为基础，利用 TCP/IP 组织的合作网络，在网上实现营销、购物服务等商业活动。基于互联网的电子商务交易主体庞大、交易范围广泛、交易过程完整，能够形成全球性、地域性和行业性不同维度的市场环境。

（3）基于企业内部网（Intranet）的电子商务。

基于企业内部网的电子商务是指在 Intranet 基础上发展起来的企业内部网或内联网。基于企业内部网的电子商务是一个企业内部或一个行业内利用网络开展的电子商务活动,在企业和行业内形成一个商务活动链,能够大大提高工作效率和降低运行成本。Intranet 将大、中型企业分布在各地的分支机构及企业内部有关部门和各种信息通过网络予以连通,利用在线业务代替纸张贸易和内部流转,从而有效降低了交易成本,提高了经营效益。

(4) 基于无线上网技术的电子商务。

基于无线上网技术的电子商务即移动电子商务,是将无线上网技术,将手机、平板、笔记本电脑等移动通信设备结合所构成的电子商务体系。

### 1.3.3　按交易地域范围划分

按照交易地域范围,电子商务可以划分为三种类型。

(1) 本地电子商务。

本地电子商务是指在本地开展的电子商务,交易各方均在本地范围之内,利用本地的网络系统开展商品交易等活动。本地电子商务系统在有限地域范围内,利用局域网、互联网、企业内联网将交易双方的电子商务交易系统、电子信息系统和信息系统等连接在一起,它是开展国内远程电子商务和全球电子商务的基础系统。

(2) 远程国内电子商务。

远程国内电子商务是指在本国范围内开展的电子商务,交易各方分处国内不同地区,主要利用本国电子商务开展商品交易等活动。远程国内电子商务交易范围广,对网络软、硬件要求较高,既要求具备全国性的电子商务环境,也要求在全国范围内实现交易、支付、物流等方面的电子化、自动化,以及金融电子化。

(3) 全球电子商务。

全球电子商务是指在全世界范围内开展的电子交易活动。交易各方及相关部门处于不同的国家或地区,通过网络开展商品交易等活动。全球电子商务业务内容繁杂,数据来往频繁,涉及有关交易各方的相关系统也非常复杂,如商品进出口电子业务系统、海关电子化信息系统、银行金融系统、税务系统、保险系统、国际物流组织信息系统等,同时还需制定全球统一的电子商务标准和电子贸易协议。

### 1.3.4　按交易活动完整度划分

商品交易过程以产品形成为起点,以产品交付或实施服务为终点。按交易活动在网络上完成的程度(完整度),电子商务可以划分为以下两种类型。

(1) 完全电子商务。

完全电子商务是指产品或服务的交易全过程,包括信息流、物流和资金流,都完全通过电子商务的方式实现和完成。数字化的无形产品和服务,如计算机软件、电子书籍、娱乐内容、影视、游戏、音乐、票务预订、远程教育、电子证券等,供求双方都可以直接在网络上完成全部交易活动。完全电子商务充分超越时空限制,但交易对象限于无形产品和网上信息服务。

（2）不完全电子商务。

不完全电子商务是指商品交易的全过程不能完全依靠电子商务的方式实现。一般来说，一些物质或数字化商品的交易能够在网络上完成信息流和资金流，但是无法通过网络供货，需要借助其他一些外部辅助系统，如物流系统等完成货物的运输和传送。

## 1.4 电子商务的构成要素和基本框架

### 1.4.1 电子商务的构成要素

电子商务系统是商务活动的各个参与方和支持组织商务活动的所有电子技术手段的集合，是一个多方参与、互相支持、互为条件的大系统，系统中的各种要素扮演着不同的角色，也实现了不同的功能。从应用角度来看，电子商务的构成要素（图1.7）主要包括了网络、电子商务用户（采购方和供应方）、认证中心、支付系统和物流中心等。

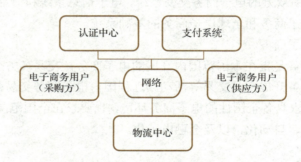

图1.7 电子商务的构成要素

1. 网络

网络包括 Internet、Intranet 和 Extranet。Internet 是电子商务的基础，是商务、业务信息传递的载体；Intranet 是企业内部商务活动的场所；Extranet 是企业与企业，以及企业与个人进行商务活动的纽带。

2. 电子商务用户

电子商务用户包括企业用户和个人用户。采购方和供应方都需要通过网络发布和获得交易信息并通过网络进行商务活动。采购方，即需求者，是指通过电子商务系统购买有形、无形商品或服务的企业、政府部门或个人消费者。供应方，即供给者，是通过电子商务系统提供商品的企业或个人。

3. 认证中心

认证中心（Certificate Authority，CA）是受到法律承认的权威机构，负责发放和管理电子证书，使网上交易各方都能够互相确认身份。电子证书一般包含证书持有人的个人信息、公开密钥、有效期和发证单位的电子签名等数字文件。

4. 支付系统

支付系统是由网上银行通过计算机网络为交易客户提供货币支付或资金流转的网络支付与结算平台,以实现支付的无纸化、电子化、数字化。

5. 物流中心

物流中心主要接受供应方的送货要求,将无法从网上直接传递的商品送达采购方指定的地点,并跟踪产品流向。

## 1.4.2 电子商务的基本框架

电子商务的基本框架(图 1.8)结构包括实现电子商务的技术保证和各种组成关系,一般包括三个层次和两大支柱。三个层次分别是网络基础层、信息发布与传输层、通用服务和应用层,这些是电子商务的应用基础。两大支柱分别是政策和法律规范、技术标准和网络协议,它们是电子商务必备的外部支撑条件。

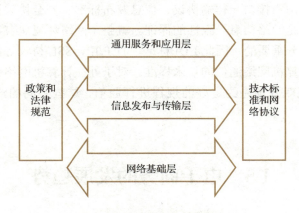

图 1.8 电子商务的基本框架

1. 网络基础层

网络基础层是电子商务最底层的硬件基础设施,是实现电子商务的基本保证,主要是指电子设备、基础电信网、计算机信息网、广播电视传输网、无线通信网和增值网等。网络基础层是一切内容出版、信息传输、业务服务和各项电子商务应用的物质前提。

2. 信息发布与传输层

信息发布与传输层主要解决如何在网络上传输信息,以及传输何种信息的问题,一般包括 EDI、电子邮件(E-mail)、对等网络(Peer to Peer,P2P)和超文本传输协议(Hyper Text Transfer Protocol,HTTP)等多种形式。目前互联网上最常用的信息内容呈现发布工具包括 HTML、Java 和 WWW。HTML 可以容纳文字、图像、动画、音效等多媒体内容,并以易于检索和富有表现力的页面进行展示。Java 是互联网中最受欢迎、最有影响的编程语言之一。WWW 是最为常用的信息内容展示平台,是制作产品并将其发布的一个配发中心。

### 3. 通用服务和应用层

电子商务通用服务和应用层是为了方便商务活动而提供的通用的基础业务服务,主要包括网上零售、网上广告、电子支付、电子认证、客户服务、物流配送、目录服务、商业信息安全传送等。在基础通信设施、多媒体信息发布、信息传输以及各种相关服务的基础上,就可以进行各种电子商务的实际应用,比如供应链管理、企业资源计划、客户关系管理等。

### 4. 政策和法律规范

电子商务活动的正常运作必须遵守国家的法律、法规和相关政策,如税收相关制度、信息定价、信息传输成本、隐私保护问题等政策。需要注意的是,随着电子商务的快速发展,各种问题和纠纷也不断涌现,法律法规的制定也需要与时俱进,并且需要形成一个成熟统一的法律体系。

### 5. 技术标准和网络协议

技术标准定义了用户接口、传输协议、信息发布标准、安全协议等技术细节。它是信息发布传递的基础,是网络信息一致性的保证。就整个网络环境而言,技术标准对于保证兼容性和通用性是十分重要的,因此 EDI 标准、TCP/IP、SSL 协议等国际标准应运而生。

网络协议是指计算机网络通信的技术标准。对于处在计算机网络中不同地理位置上的企业而言,必须按照双方预先约定好的规程进行通信,这些共同的约定和规程就是网络协议。

## 1.5 电子商务的发展趋势

### 1.5.1 技术创新成为电子商务发展的驱动力

未来购物

纵观电子商务的发展历程,以互联网为代表的数字技术推动了商业模式和消费行为的变革,随着人工智能、云计算、物联网、5G 通信和区块链在内的先进技术与应用越来越成熟,数字化浪潮将推动电子商务的迭代升级,面临新一轮科技革命和产业变革新机遇,将会有越来越多的新形态电子商务模式出现,电子商务也将从"数量时代"迈向"高质量发展"的新时代。

#### 1. 移动互联网

移动互联网的发展对电子商务产生了巨大影响,改变了用户的购物习惯和行为,推动了电子商务企业的创新和发展。随着智能手机的普及和移动互联网的发展,越来越多的人开始通过移动设备进行购物和支付。

移动电商是当前电子商务的主要模式,已经成为电子商务领域的主导力量,并将保持持续增长的趋势。移动电商凭借其便捷性、个性化推荐、社交化购物、多样化支付方式、数据驱动营销、新兴市场机会和无限创新空间等特点，拥有广阔的前景和潜力，将成为电子商务发展的重要驱动力之一。

2. 云计算、物联网、大数据、区块链

云计算技术为电子商务提供了强大的支持，不仅提供了强大的基础设施和平台，而且提供了高度灵活的计算能力，使得企业可以灵活地扩展服务器容量和存储空间，提供高效稳定的在线服务。在电子商务中，物联网可以为商品和服务提供更加精确和实时的信息，物联网技术的应用也使得电子商务企业能够实现智能供应链管理、智能物流配送和智能仓储等创新服务。大数据技术也对电子商务产生了巨大影响，通过对海量用户数据的收集与分析，电子商务企业能够更好地了解用户的喜好和购买习惯，为用户提供更精准的产品推荐和定制化服务，改善用户体验。另外，区块链技术的应用对电子商务信任机制的改善起到了积极作用，通过区块链的去中心化和不可篡改的特性，电子商务平台可以提供更可靠的交易环境，减少交易中的信息不对称和不信任问题。

大批新技术的出现、应用与创新不仅改变了电子商务行业的生产方式、商业模式和消费趋势，还促进了其产业链的升级和价值链的优化，尤其是供应链管理的优化与创新将成为电子商务行业不断发展的方向。

3. 人工智能与虚拟现实

人工智能（Artificial Intelligence，AI）、增强现实（Augmented Reality，AR）和虚拟现实（Virtual Reality，VR）技术的快速发展正在重塑电商新格局，给消费者的网上购物方式带来重大变化。人工智能技术的应用成为电子商务发展的热点。电子商务企业利用人工智能算法来分析大量的数据，能够更好地预测消费者的行为，提供更相关的产品推荐，并改进定制选项。虚拟现实技术与电子商务的结合也呈现出广阔的发展前景。虚拟现实技术可以将购物体验带到虚拟空间中，让消费者在家就能够享受到逼真的购物体验，这种沉浸式的购物方式能够为消费者提供更多样化、创新化的消费体验。

这些技术的进步正在重塑消费者的行为和期望。中国电子商务市场的企业需要利用这些技术来满足消费者不断变化的需求，并在这个快速变化的市场环境中保持竞争力。

4. 元宇宙

随着虚拟现实技术的不断发展和普及，"元宇宙+电商"的模式将会在未来得到更为广泛的应用。一方面，随着用户对虚拟体验的追求和对购物便捷性需求的提高，元宇宙电商模式将会成为一种主流的购物方式。另一方面，随着商家对市场需求的了解和技术的不断创新，元宇宙电商模式也将会不断完善，为用户带来更为贴心、更为优质的服务。

相比于互联网电商，元宇宙电商被视为电子商务的3.0版本。第一，元宇宙电商具有新的技术，包括联接技术、算法技术和保真技术；第二，元宇宙电商具有新的运行特征，包括虚实难分的购物体验、丰富的消费渠道和消费产品、完全数智化的物流体系、以法定数字货币为基础的支付体系、绑定在数字分身上的唯一账户体系、电商与游戏社交融合；

第三，元宇宙电商出现新的盈利特征，包括非同质化代币（Non-Fungible Token，NFT）资产交易、虚拟基础设施建造服务、虚拟房地产开发、金融服务、创作者交易服务平台等。

### 1.5.2 良好的用户体验成为电子商务竞争力提升的关键

数字经济时代，"需求"与"增长"是电子商务消费领域的核心问题，只有重视用户体验，才能增强用户黏性，从而使电子商务平台更具竞争力和影响力。数字经济时代，消费升级不是简单的概念升级，而是以提高用户体验为目的的质量升级和服务升级。只有做好服务，才能做大"蛋糕"，只有将用户体验放在最重要位置，才能实现平台、商家、用户多方共赢。总的来说，个性化定制和智能化是电子商务发展的重要趋势，将进一步改善用户体验，提高用户的购物满意度和忠诚度。

1. 个性化需求

用户对个性化产品和服务的需求不断增加，电商企业必须借力大数据和人工智能技术深入全面了解消费者的兴趣和偏好，并提供个性化推荐、定制化产品和增值服务，以满足用户多样化的需求。个性化推荐系统的发展与应用为用户提供了更准确的产品推荐和购物建议。通过分析用户的历史购买记录、浏览行为和兴趣偏好等数据，个性化推荐能够提高用户购买的准确性和满意度，从而促进销售增长。

个性化推荐和营销策略是电商运营的关键。用户画像技术能够对开展精准营销起到重要作用。通过收集、分析和挖掘用户的个人信息，如年龄、性别、职业、消费习惯等，电子商务企业能够更加准确地了解用户的需求，从而制定更有效的营销策略和推广活动。

2. 智能化应用

AI、AR 等人工智能技术的飞速发展，进一步推动了电子商务行业的智能化、自动化发展，极大地优化了业务流程，并提升了用户体验。电子商务智能化应用将主要聚焦 4 个方面：一是高效的物流和售后服务。用户在购物过程中关注的不仅是商品本身，还有商品的配送速度和售后服务的质量。电子商务企业应建立高效的物流体系，确保订单能及时准确地送达给用户。同时，建立完善的售后服务体系，及时回应用户的咨询和投诉，并解决问题，提升用户满意度。二是智能化的用户界面设计。网站或移动应用程序的布局、导航和功能设计应注重简洁、清晰和易用性，充分考虑用户的操作习惯和便利性，提供直观且流畅的购物体验。三是智能零售的进一步普及。更多实体店将采用智能技术与线上平台相结合，提供更便捷的购物体验。四是智能客服系统的应用。智能客服系统通过人工智能技术和自然语言处理的辅助，可以实现自动回复和自动化问题解答，提供全天候服务，能够减少用户等待时间，提升用户满意度。

3. 社交化购物

社交媒体的发展对电子商务产生了深远的影响，社交媒体的普及使得社交化购物成为一种趋势。消费者通过社交媒体平台分享购物经验、评价产品和获取他人推荐，企业可以通过社交媒体进行品牌宣传和营销活动，增强消费者信任度和购买欲望。同时，通过社交媒体开展用户互动、接受用户反馈是电子商务企业提升用户体验的重要手段。电子商务企业根据用户意见和建议改进产品与服务,并与用户建立更为紧密的联系,这将有助于提高企业的品牌知名度和用户忠诚度。

因此,随着社交媒体和电子商务的蓬勃发展,社交电商已经成为商业领域的重要趋势。社交媒体对电子商务的影响主要体现在品牌宣传和推广、用户参与和互动、社交化购物、用户生成内容、数据驱动的营销和社交影响力营销等方面。电子商务平台可以通过充分利用社交媒体的优势,扩大品牌影响力、提高用户参与度、增加销售转化率,进而推动电子商务行业的发展和创新。

### 1.5.3　完善的政策环境成为电子商务健康发展的推手

在电子商务的发展过程中,政策环境的重要性不可忽视。政策环境对于电子商务的发展具有重要影响和支持作用。政府的支持与政策的规范不仅可以推动电商企业健康发展,为其提供必要的支持和帮助,而且对电子商务市场的健康发展也起着关键作用。电子商务法律法规的完善与落地可以保障市场的有序运行。

1. 支持性政策的制定和执行

政府可以通过税收、财政补贴、信用政策等方式,为电子商务企业提供必要的支持和帮助,促进其健康发展。政府还可以积极扶持和引导本地电子商务企业,加大对创新型电子商务企业的扶持力度,推动其快速成长。同时,政府还可以加强对电子商务企业的培训和指导,提高电子商务人才的整体素质和创新力,为电子商务市场注入新的活力。

2. 电子商务法律法规的完善与落地

电子商务法律法规的完善与落地是保障电子商务市场有序运行的重要保障。随着电子商务业务的多样化和复杂化,互联网交易中的安全风险等问题也日益凸显,因此需要建立健全的法律法规体系来规范电子商务市场的秩序。例如,《中华人民共和国电子签名法》《中华人民共和国电子商务法》等与电子商务有关的法律法规的制定和实施,能够为电子商务平台和消费者之间的交易提供保障,维护市场的公平和有效运行。

3. 对电子商务平台的规范与监管

政府可以加强对电子商务平台的监管,从商品质量、广告宣传、交易纠纷等各个方面进行规范和监督,防止不法商家和不良行为的出现,保护消费者的权益。

政府还可以建立行业自律组织,推动行业发展规范,加强对电商平台的评估和监管,促进整个电子商务市场的健康发展。政府对电子商务平台的规范与监管可以维护市场的公平和有效运行。跨境电子商务政策的开放与合作可以促进行业的互联互通和共同发展。

## 本 章 小 结

电子商务是一种替代传统商务活动的新形式,它利用现代信息网络开展商务活动,特别是通过互联网进行的各种商务活动可以极大地降低交易成本,简化交易流程,增加贸易机会,提高贸易效率。通过本章学习,可以了解电子商务的定义、特征及其发展历程,掌握电子商务的构成要素和主要类型,并对电子商务的发展趋势形成全面的认知。

## 思考与练习

一、选择题(多选)

1. 广义的电子商务是指(　　)。
   A. 以整个市场为基础的电子商务
   B. 一切以电子工具从事商务的活动
   C. 利用互联网等电子通信技术进行商业活动
   D. 企业内部的信息化管理活动
2. 电子商务按交易对象可以划分为(　　)。
   A. B2C  　　B. B2B  　　C. B2G  　　D. C2C
   E. C2G  　　F. C2B  　　G. O2O
3. 根据使用网络类型的不同,电子商务可以划分为(　　)。
   A. 基于 EDI 网络的电子商务
   B. 基于互联网(Internet)的电子商务
   C. 基于企业内部网(Intranet)的电子商务
   D. 基于无线通信网络的电子商务
4. 电子商务的构成要素主要包括(　　)。
   A. 网络  　　　　　　　　　　B. 电子商务用户
   C. 认证中心  　　　　　　　　D. 物流中心
   E. 支付系统
5. 电子商务的框架体系主要包括(　　)。
   A. 网络基础层
   B. 信息发布与传输层
   C. 通用业务和应用层
   D. 政策和法律规范
   E. 技术标准规范和网络协议

## 二、简答题

1. 相较于传统商务活动，现代电子商务的特点有哪些？
2. 简述中国电子商务发展的历程和不同阶段。

## 三、实践题

1. 选择某一种电子商务发展模式，结合现实中的应用案例，分析该模式的主要特点和发展方向。
2. 选择某一家电子商务企业，结合电子商务的发展趋势展开分析。
3. 查阅相关数据报告，对全球电子商务的发展趋势形成全面认识。

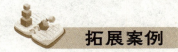

## 电子商务"浙"十年

电子商务是浙江的一张"金名片"。浙江省委、省政府高度重视电子商务发展，持续擦亮"金名片"，推动浙江省电子商务迈向了高质量发展的新征程，在电子商务平台规模、商业模式创新、经济社会带动力等方面浙江省电子商务全国领先，在拓市场、促消费、稳外贸、惠民生中的作用明显，取得了一系列突出成果。

2012 年至 2022 年，浙江省网络零售规模由 2 027.4 亿元扩大至 25 230.3 亿元，年均增长 32.3%，规模位居全国第二。省内居民网络消费规模由 1 305.5 亿元扩大至 12 276.3 亿元，年均增长 28.3%。在过去几年，浙江省跨境电子商务迅猛增长，2021 年实现跨境电子商务进出口规模 3 302.9 亿元。

浙江电子商务充分发挥联通线上线下、生产消费、城市乡村、国内国际的独特优势，已深度融入生产生活的各个领域，成为催生数字产业化、拉动产业数字化、推进治理数字化的重要引擎，提升人民生活品质的重要方式，推动国民经济和社会发展的重要力量。其特色亮点工作包括：（1）统筹谋划、创新争先，跨境电子商务在全国地位作用突出；（2）农村电商呈现迅猛发展态势，成为全面推动乡村振兴、高质量发展，建设共同富裕示范区的重要举措；（3）直播电商发展日益壮大；（4）数字生活新服务成效显著，成为经济发展的新亮点、新动力。

近年来，浙江电子商务取得了巨大发展成果和综合效益。

成果一：率先实现跨境电子商务综合试验区省域全覆盖，探索出"六体系两平台"的建设样板；

成果二：杭州、宁波、义乌 3 个中国跨境电子商务综合试验区被列为全国十大优秀综试区，浙江省席位占比全国第一；

成果三：农村电商工作连续三年获得国务院督查激励，累计获批国家电子商务进农村综合示范县 34 个；

成果四：累计获批国家级电子商务示范基地 10 个；

成果五：累计获批国家级数字商务企业 8 家；

成果六：《浙江省电子商务条例》正式实施；

成果七：宁波跨境电子商务零售进口交易额累计破千亿，系全国首个跨境电子商务零售进口累计破千亿城市。

（资料来源：https://swj.sx.gov.cn/art/2022/9/21/art_1488868_58922298.html.(2022-09-21)[2024-08-07].）

# 第 2 章
# 互联网经济的技术基础

**学习目标**
1. 了解互联网的起源、发展。
2. 理解互联网经济的概念。
3. 了解互联网与物联网的概念。
4. 了解互联网的新技术。

思维导图

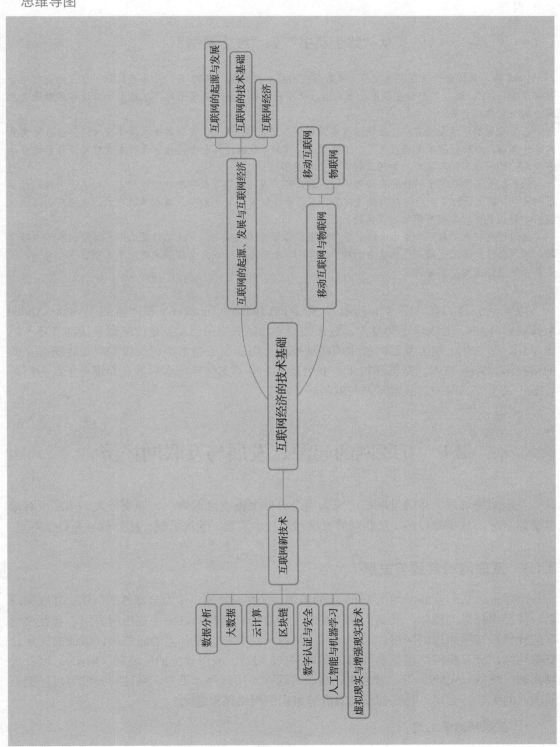

## 引例

### 从"线上买书"到"线上看书"

1994年,亚马逊开始在线上卖书。随着互联网技术的发展,2007年,亚马逊发布了自主研发的电子书阅读器——Kindle,并开设在线电子书商店,为用户提供大量的电子书籍。从此电子书业务逐渐成为亚马逊的一项核心业务。

在亚马逊的电子书业务中,互联网技术得到了广泛应用。首先,云计算技术使得亚马逊能够存储海量的电子书籍,并随时随地为消费者提供下载服务。同时,数据挖掘和个性化推荐技术也帮助亚马逊更好地分析用户的阅读习惯和喜好,为用户推荐最合适的书籍。

此外,为了保障电子书籍的安全和版权问题,亚马逊还采用了数字版权管理技术,对电子书籍进行加密和保护。同时,为了提升用户的阅读体验,亚马逊还研发了领先的电子墨水屏幕技术,让用户在阅读时能够享受到更接近纸质书籍的阅读体验。

通过这些技术的应用,亚马逊的电子书业务取得了巨大的成功,不仅在数量上拥有海量的电子书籍资源,而且在用户体验上领先于其他竞争对手。如今,亚马逊已经成为全球最大的电子书销售平台之一,引领着互联网经济的发展潮流。

电子商务作为在网络(Internet)、企业内部网络(Intranet)和增值网(Value Added Network,VAN)上以电子交易方式进行的交易和相关服务活动,是传统商业活动各环节的电子化、网络化。随着互联网技术的高速发展,电子商务技术不再仅仅局限于传统意义的网络技术、Web技术、数据库技术、安全技术、电子支付等。本章重点介绍电子商务新语境下,基于互联网的新技术形态与发展。

## 2.1 互联网的起源、发展与互联网经济

互联网经过几十年的发展,已成为当今世界上覆盖范围最广、规模最大、信息资源最丰富的全球信息基础设施。互联网的发展涉及技术实现、管理机制、社会参与等多个方面。

### 2.1.1 互联网的起源与发展

国际上公认的互联网始于1969年的美国,又称因特网,作为全球性的网络,互联网既是一种公用信息的载体,又是大众传媒的一种途径。互联网是由一些使用公用语言互相通信的计算机连接而成的网络,即广域网、局域网及单机按照一定的通信协议组成的国际计算机网络。计算机网络包括小规模的局域网(LAN)、城市规模的区域网(MAN)以及大规模的广域网(WAN)等。普通电话线、高速率专用线路、卫星、微波和光缆等可以把不同国家的大学、公司、科研部门及政府等组织的网络连接起来。

1. 互联网启蒙思想

1957年,苏联发射了第一颗人造卫星斯普特尼克1号(Sputnik-1)。美国国防部迅速

组建高级研究计划局（ARPA）应对，以期继续保持在科技前沿领域的领先地位，并提出建立一个分布式的、能耐受核打击的军用网络。

1960年，麻省理工学院心理学和计算机专家利克莱德（J. C. R. Licklider）首先提出把计算机互相连接成网络来实现人与人之间的信息交互，并设计了互联网的初期架构，被公认为"全球网络"思想的先驱者。同时，包交换（分组交换）这一计算机领域的重要思想也开始萌芽，"包交换网络"的理论与实践开始在麻省理工学院（1961—1967年）、兰德公司（1962—1965年）、英国国家物理实验室（1964—1967年）得以发展。

2. ARPAnet 的创建

1969年，美国高级研究计划署（Advanced Research Project Agency，ARPA）开始建立一个名为 ARPAnet 的网络，最初只有4个节点，分布在加利福尼亚大学洛杉矶分校的网络测试中心、斯坦福研究所的网络信息中心、加利福尼亚大学圣巴巴拉分校的互动数学系统以及犹他大学的图形学系统，ARPAnet 是互联网最初的模型。到1975年，ARPAnet 已经连入100多台主机。

在这一阶段，ARPAnet 的网点之间可以发送小文本文件（当时称这种文件为电子邮件，即 E-mail），可以利用文件传输协议发送大文本文件，包括数据文件（即现在互联网中的FTP），同时也出现了通过把一台计算机模拟成另一台远程计算机的一个终端而使用远程计算机上资源的方法，这种方法被称为 Telnet。E-mail、FTP 和 Telnet 是互联网上较早出现的重要工具，特别是 E-mail 仍然是目前互联网上非常重要的应用。但是 NCP 的特质导致目的地之外的网络和计算机不被分配地址，不能满足网络增长需求。

3. TCP/IP 协议的诞生

1982年，美国高级研究计划署将 ARPAnet 分成了两个独立的网络，一个专用于军事通信，称为 MILNET；另一个延续前期研究，仍称为 ARPAnet。从 ARPAnet 到 Internet，关键在于引入开放的架构和网络连接层协议。美国电子工程师卡恩（R. E. Kahn）提出网络互联的4项基本原则：①每个网络的自身特点不因连到 Internet 而改变；②如果分组不能达到目的地址，源端将立刻重传；③网关和路由器连接网络，但不保留分组流的信息；④不存在全球控制的操作级。在基本原则的指导下，卡恩和瑟夫（V. Cerf）共同开发了 TCP/IP（Transmission Control Protocol/Internet Protocol，传输控制协议/网际协议），是指能够在多个不同网络间实现信息传输的协议簇。基于 TCP/IP 公网的发展推动了互联网的发展。1983年1月1日，所有连入 ARPAnet 的主机实现了从 NCP 向 TCP/IP 的转换。

4. IPv4 向 IPv6 平稳过渡

IPv4（Internet Protocol version 4，互联网通信协议第四版），诞生于互联网发展初期，是互联网的核心，也是使用最广泛的网际协议版本。为了解决世界网络互通问题，为互联网上的每一个网络和每一台主机分配一个逻辑地址，美国在最初创造互联网时，基于对美国总人口数和当时的计算机数量考虑，设定了2的32次方，即40多亿个 IP 地址。但随着互联网的急速发展，2019年11月25日15点35分（北京时间22点35分），互联网数字分配机构（Internet Assigned Numbers Authority，IANA）中 IPv4 地址已全部耗尽。

由于 IP 地址枯竭,替代 IPv4 的 IPv6 协议应运而生。IPv6 的地址长度是 128 位,是 IPv4 的地址长度的 4 倍,IPv6 的地址长度可以提供 $3.402823669\times10^{38}$ 个地址。此后,国际互联网工程任务组(Internet Engineering Task Force,IETF)在 IPv6 中加入了对 IPv4 增强的功能。IPv6 协议可以更有效地处理数据包,进一步提高了性能和安全性。表 2.1 对 IPv4 和 IPv6 的地址数量、安全特性和带宽进行了对比。

表 2.1 IPv4 和 IPv6 对比

| 项目 | IPv4 | IPv6 |
| --- | --- | --- |
| 地址数量 | $2^{32}$ 个 | $2^{128}$ 个 |
| 安全特性 | 不加密 | 加密 |
| 带宽 | 窄 | 宽,减少拥塞 |

我国 IPv6 的实际部署较为缓慢,第一,在技术层面上,IPv6 与 IPv4 的协议并不兼容,互联网的每一层中都有对应的协议和规范,IP 层的更换会影响其他层,网络升级难度较大;第二,在经济层面上,我国的骨干网改造需要付出巨大的成本,却对应着 IPv6 尚无杀手级应用出现,盈利模式难探索的局面;第三,为了应对地址枯竭而提出的暂时解决方案——网络地址转换(Network Address Translation,NAT),虽然解决了互联网地址分配的燃眉之急,但是却成为 IPv6 部署的"绊脚石"。

近年来,我国出台多项政策措施促进 IPv6 的部署进度。2017 年 11 月,中共中央办公厅、国务院办公厅印发了《推荐互联网协议第六版(IPv6)规模部署行动计划》。2020 年 3 月,工业和信息化部发布了《工业和信息化部关于开展 2020 年 IPv6 端到端贯通能力提升专项行动的通知》。2021 年 7 月,工业和信息化部、中央网络安全和信息化委员会办公室(简称中央网信办)《IPv6 流量提升三年专项行动计划(2021—2023 年)》;中央网信办、中华人民共和国国家发展和改革委员会(国家发展改革委)、工业和信息化部联合发文《关于加快推进互联网协议第六版(IPv6)规模部署和应用工作的通知》。2024 年 4 月,中央网信办、国家发展改革委、工业和信息化部联合印发《深入推进 IPv6 规模部署和应用 2024 年工作安排》。

尽管在 IPv4 向 IPv6 的演进过程中遇到了许多问题,但不可否认未来 IPv6 一定会逐步取代 IPv4,尽早过渡直到完成 IPv6 改造是互联网应用的基本发展方向之一。

5. WWW 技术的诞生和发展

万维网(World Wide Web,WWW)技术的诞生为互联网的应用带来了革命性的变革。该项技术最早由欧洲粒子物理实验室的李(T. B. Lee)于 1989 年提出,主要是利用 WWW 服务器通过超文本标记语言(HTML)把信息组织成为图文并茂的超文本,利用链接从一个站点跳到另一个站点,从而主动地按需获取丰富的信息。

HTML 是附加在文本上的一套代码语言,这些代码描述了文本元素之间的关系。李把他设计的超文本链接的 HTML 文件构成的系统称为 WWW,这项技术在科学研究领域得以迅速普及,但是却没有针对个人用户使用的超文本浏览器。1993 年,美国伊利诺伊州大学的安德森（M. Andreessen）带领一群学生写出了名为"Mosaic"的程序，成为第一个可广泛用于个人计算机的 WWW 浏览器。1994 年，安德森带领其团队与 SGI 公司的克拉克（J. Clark）合作成立了网景通信公司（Netscape Communications Corporation），该公司的第一款产品就是基于"Mosaic"的网景浏览器（Netscape Navigator），一经推出便大获成功，快速占领了浏览器市场。微软公司随即推出 Internet Explorer 浏览器，逐步占据浏览器市场的主导地位。

6. 互联网的市场化应用

20 世纪 90 年代以来，全球范围内互联网经济飞速发展。1998 年，谷歌公司（Google Inc.）诞生，是目前世界上最流行的搜索引擎之一。1995 年，亚马逊（Amazon）公司成立，是网络上最早开始实现电子商务的公司之一。亚马逊从最初的书籍网络销售，逐步扩展到音乐光碟、计算机、软件、电子游戏、电子产品、衣服、家具等广泛业务，成为美国最大的网络电子商务公司。

2004 年，社交网站 Facebook 诞生。早期社交网络的服务网站呈现为在线社区的形式，用户大多通过聊天室进行交流。随着 Blog 等新型网上交流工具的出现，用户可以通过网站上建立的个人主页来分享喜爱的信息。2005 年，视频网站 YouTube 诞生，视频业务所占网络流量比例日益增大。《2022 年全球数字概览》报告显示，全球社交媒体用户超过 46.2 亿，相当于全球总人口的 58.4%。平台提供了短视频分享功能，用户可以拍摄、编辑和分享短视频，可以浏览推荐的视频内容，并与其他用户互动，进行点赞和评论。

2007 年 1 月，苹果公司推出 iPhone 手机产品，开启了智能手机时代。移动互联网拥有打破时空限制的高度便捷性、贴近使用者的个性化体验、丰富多样的应用程序等特质，这使其迅速成为主流。截至 2023 年年底，全球移动互联网用户为 53 亿，中国移动互联网用户为 12.32 亿。移动互联网的高速发展造就了体量巨大的社交媒体用户，互联网社交经济应运而生。近年来，5G 技术、云计算、区块链技术、人工智能和 ChatGPT 等互联网新技术更是在数字化转型和创新方面，为企业提供了更多的机遇和竞争优势，进一步推动了互联网经济的发展。

## 2.1.2　互联网的技术基础

互联网的技术基础涵盖了网络基础设施、域名系统、传输协议、安全技术、万维网、数据存储和数据库技术、虚拟化和云计算等多个方面。这些技术共同构成了现代互联网的基本架构和功能，推动了互联网的快速发展和广泛应用。

（1）网络基础设施。

互联网的运行离不开网络基础设施，包括网络硬件设备（如路由器、交换机、光纤等）和网络协议（如 TCP/IP）。这些设施和协议构成了互联网的基本框架，实现了数据的传输和交换。

（2）域名系统。

域名系统是将人们可读的域名映射到 IP 地址的系统。它通过域名解析将用户输入的域名转换为相应的 IP 地址,并将用户请求路由到正确的服务器上。域名系统为互联网的可访问性和易用性提供了重要支持。

(3) 传输协议。

互联网使用一系列传输协议来确保数据的安全、可靠和高效传输。其中最重要的是传输控制协议(TCP)和互联网协议(IP),它们共同构成了 TCP/IP 协议簇。TCP 负责数据分片、流量控制和数据完整性;IP 负责数据包的路由和寻址。

(4) 安全技术。

互联网的安全是一个重要的问题,涉及数据的保密性、完整性和可用性。为了保障安全,互联网技术采用了多种加密和认证机制,如传输层安全协议(TLS/SSL)、虚拟专用网络(VPN)等。

(5) 万维网。

万维网是互联网上的一个重要应用,它基于 HTTP(超文本传输协议)和 HTML 实现了信息的共享和交流。万维网提供了一个广阔的信息空间,用户可以通过浏览器访问网页、查找信息、发送和接收电子邮件等。

(6) 数据存储和数据库技术。

互联网产生和存储了海量的数据,为了对这些数据进行有效的管理和检索,使用了各种数据库技术。关系型数据库(如 MySQL、Oracle)和非关系型数据库(如 MongoDB、Redis)等被广泛应用于互联网的数据存储和管理。

(7) 虚拟化技术和云计算。

虚拟化技术和云计算推动了互联网的发展和应用。虚拟化技术可以将物理资源(如服务器、存储设备)划分为多个虚拟资源,提高资源的利用率和灵活性;云计算则通过网络实现了资源的按需分配和使用,提供了弹性和可伸缩的计算能力。

### 2.1.3 互联网经济

互联网经济促进了信息的自由流通和传播,改变了商业活动的方式和格局,推动了数字化转型和创新能力的提升,加速了全球化进程的推进。随着网络技术的不断发展,互联网经济的重要性将会进一步增强,并对社会和商业活动产生持续且深远的影响。

1. 互联网经济的概念和特征

互联网经济是指利用互联网技术和互联网平台进行商业活动和经济运作的一种经济形态。它基于互联网的高效连接和信息传播能力,通过数字化技术和在线交易模式,推动了信息流通、商业交易和价值创造的革新。互联网经济涵盖了各种经济活动,包括电子商务、在线支付、共享经济、云计算、大数据分析等。

互联网经济的主要特征如下。

(1) 信息流通。

互联网经济基于互联网的便捷连接和广泛传播,实现了海量信息的快速获取和广泛共享。用户可以通过互联网平台发布信息、搜索信息,从中获得所需并进行决策。这种信息流通的高效性和透明度改变了传统商业和经济活动的方式。

（2）商业交易。

互联网经济提供了在线交易和电子商务平台，使得买卖双方可以更加便捷地进行交流和交易。消费者可以随时随地进行网上购物，商家也可以通过在线渠道拓展市场。这种商业交易的模式不受时间和空间限制，使得交易更加灵活、高效。

（3）价值创造。

互联网经济通过数据的采集、分析和应用，实现了个性化和定制化的产品和服务。企业可以根据用户行为和需求进行精准推荐，提供更加个性化的体验。同时，通过大数据分析和智能算法，可以挖掘出更多的商业价值，进一步推动互联网经济的创新和增长。

（4）创新驱动。

互联网经济强调创新和技术的驱动力。不断涌现的新技术和商业模式为企业带来了更多的机遇和挑战。互联网经济鼓励企业积极探索新的商业领域和商业模式，通过应用技术和创新的方法获得竞争优势。

2. 互联网经济与传统经济的区别

互联网经济是一种基于互联网技术的商业活动和经济形态，它通过信息流通、商业交易、价值创造和创新驱动，推动了经济活动的变革和发展。与传统经济相比，互联网经济具有空间和时间解构、信息自由流动、商业模式变革和数据驱动等特点。随着互联网技术的不断进步和应用的不断扩展，互联网经济将在未来继续发挥重要作用，并对人类社会和经济发展产生深远影响。

（1）空间和时间的解构。

互联网经济突破了传统经济中的地域（空间）和时间限制，实现了无缝链接和实时交流。互联网经济可以在全球范围内进行交易和合作，消除了地域带来的限制，即空间解构。同时，互联网经济的交易时间不再受限于传统商铺的营业时间，可以随时进行，即时间解构。

（2）信息自由流动。

互联网经济促进了信息的自由流通和广泛传播。用户可以通过互联网平台获取各种信息，并进行实时更新和交流。信息的自由流动使得市场更加透明，用户可以更好地了解产品和服务，企业也可以更精准地定位目标受众。

（3）商业模式和运营方式的变革。

互联网经济引入了新的商业模式和运营方式。传统经济主要依靠实体店铺和线下渠道进行经营，而互联网经济则侧重于在线交易和数字化运营。电子商务、共享经济等新兴商业模式的出现，改变了传统经济的供应链、销售渠道和商业合作方式。

（4）数据驱动和个性化服务。

互联网经济通过数据的采集和分析，提供了个性化的产品和服务。由于用户在互联网上产生大量行为数据，因此企业可以基于这些数据进行个性化推荐并提供定制化服务。这种数据驱动的商业模式使得用户能够获得更符合自己需求的产品和服务。

### 案例 2-1

## 从"定点"回到"定点"的共享单车

2007年，国外兴起的公共单车模式引进国内，由政府主导公共自行车在很大程度上解决了市民"最后一公里"的公共出行问题。但由于公共自行车多为有桩单车，取车、还车、认证注册流程烦琐，使用区域受限。这让还在北京大学就读研究生的戴威受到启发，在2014年创立ofo小黄车，起初只在北京大学校园内推广，旨在为学生解决校内出行的问题。ofo小黄车成功走出校园之后，创立了国内首家以平台共享方式运营校园自行车业务的新型互联网科技公司，首创无桩共享单车出行模式。同年，胡玮炜创立摩拜单车。

2018年4月4日，摩拜支撑不住了。美团以185亿元全资收购摩拜。而陷入押金困境的ofo宣布破产。而2016年9月才进入的哈啰单车，选择"农村包围城市的战略"从二、三线城市突围，成为ofo、摩拜、哈啰三足鼎立时代中最终唯一独立活下的一支。

新共享单车时代，哈啰（阿里巴巴投资）、美团、青桔（隶属于滴滴）"三分天下"，全年融资仅4起，靠自己"造血"，是目前共享单车必须面对的最大问题。没有融资进账、亏损还在持续下，对于哈啰、美团来说，涨价或许是填补亏损的有效途径。但共享单车依然具备价值，美团、阿里巴巴和滴滴还需要共享单车这个流量入口。

共享单车上线后，有关停放的问题就逐渐浮出了水面。2020年、2021年，哈啰、美团、青桔等共享单车品牌就陆续上线了"定点还车"功能。

随着政策的不断完善，共享单车行业朝着规范化运营的方向稳步发展。2024年7月12日，我国发布了《中国道路运输协会互联网租赁（电动）自行车行业可持续规范发展公约》。该公约的发布旨在进一步规范行业内企业的经营行为，促进互联网租赁（电动）自行车行业的健康、有序发展，同时保护社会公众的利益。公约明确了企业在维护市场公平竞争、保障消费者权益、合理投放车辆、妥善处理废旧车辆以及提升运营安全与服务水平等方面的责任和义务。

（资料来源：网络资料整理。）

3. 中国互联网经济的崛起

近年来，中国的互联网经济在世界舞台上的表现令人瞩目，特别是在短视频、直播电商和社交电商领域，取得了显著的成就。

随着5G时代的来临，短视频平台在中国迅速崛起并蓬勃发展。通过移动互联网的普及和高速网络的建设，年轻用户群体对短视频内容表现出极大的兴趣。例如，抖音、快手等平台已经成为国内外用户分享创意、娱乐和信息的主要渠道。这些短视频平台以其独特的算法推荐和内容创作生态系统，吸引了数以亿计的用户，对广告、电商和娱乐产业都产生了巨大影响。

直播电商更是成为中国电子商务的新宠。通过实时直播视频的形式，商家可以与消费者直接进行互动，展示商品的特点和使用方法。直播电商借助于主播的个人魅力和产品推荐，建立了一种高度信任的购物环境。许多电商平台，如淘宝直播和京东直播，纷纷推出了自己的直播电商服务，并取得了巨大成功。在我国，直播电商已经成为一种全新的购物体验方式，为消费者提供了更加便捷、有趣和互动的购物模式。

社交电商同样展露出其强大的生命力。它结合社交媒体和电子商务的优势，通过社交关系链推动产品销售。微信、小红书、抖音等平台成为消费者分享购物心得、推荐产品和进行购买的主要渠道。通过社交电商，消费者可以从朋友和关键意见领袖（Key Opinion Leader，KOL）那里获取产品信息和建议，增强了购物的信任感、改善了个性化体验。

截至 2024 年 6 月，我国网民规模近 11 亿人（10.996 7 亿人），互联网普及率为 78.0%。数字技术和实体经济加速融合，5G 应用融入 97 个国民经济大类中的 74 个，我国连续 11 年成为全球第一大网络零售市场。中国互联网不断开创新的局面，在互联网应用、网民数量、人工智能发展等多个方面都领跑全球。

### 案例 2-2

#### Temu"狂飙"，一个新时代开启了！

2022 年 9 月 1 日，拼多多旗下跨境电商平台正式在海外上线，首站面向北美市场，该平台命名为 Temu，App Store 应用详情页显示意为"Team Up，Price Down"，与拼多多中文名意思相近，即拼着买，更便宜。靠着商家端"全托管运营"和客户端"低价"两种营销手段，Temu 上线仅一周便冲进了美国购物应用的第 14 名。2022 年 9 月 17 日，Temu 位列 Google Play 商店的购物应用中单日下载量第一名。2022 年 10 月 18 日，Temu 超越 Amazon Shopping 登顶美国 App Store 免费购物应用榜单第一。

2023 年 4 月 21 日，继美国、加拿大、新西兰以及澳大利亚之后，Temu 在英国正式上线。2024 年 3 月 15 日 Temu 向美国本土卖家开放入驻。

**4. 互联网经济的重要性和未来趋势**

（1）互联网经济对商业和经济发展在创新创业机会、商业模式转变、全球化和市场扩展方面均有深远影响。

首先，互联网经济为企业提供了更多的创新和创业机会。企业可以以更低的成本建立在线平台和电子商务渠道，直接连接消费者，并通过数据分析和人工智能技术了解市场需求。这为初创企业和小型企业提供了更公平的竞争环境，促进了创新和市场竞争力的提升。

其次，互联网经济催生了许多新的商业模式。传统行业面临着颠覆和重构的挑战，而互联网经济则为企业提供了转型和优化的机会。例如，共享经济模式允许个人和企业通过在线平台共享闲置资源，实现资源的最大化利用；电子商务模式使得线上线下融合，为企业创造了更多销售渠道和增长机会。

最后，互联网经济打破了空间和时间的限制，实现了全球化的商业交流。企业可以通过互联网将产品和服务推向全球市场，突破了传统贸易模式的限制。同时，互联网经济也为中小型企业提供了更多参与全球市场的机会，促进了国际贸易的发展。

（2）互联网经济对就业机会和社会发展能够产生重要且积极的作用。

首先，互联网经济的发展催生了许多新兴行业和职业。例如，互联网营销师（直播销售员）、数据分析师、电商运营师等职业迅速兴起，为就业市场提供了新的机会。同时，互联网经济也带动了相关产业链的发展，创造了更多就业岗位。

其次，互联网经济为创业者提供了更多的机会和便利。创业者可较为轻松地建立本地在线平台和电商渠道，更为便捷地推广自己的产品和服务，降低了创业的门槛，鼓励了更多人进行创业。

最后，互联网经济的发展改变了人们的生活方式和社会服务的提供方式。通过在线教育平台，人们可以随时随地获取高质量的教育资源；通过在线医疗平台，人们可以享受远程医疗服务。互联网经济提供了更便捷、高效的社会服务，促进了社会发展和公共服务水平的提升。

总体来看，互联网经济的发展面临如下几个重点发展趋势。一是数字化转型。随着数字技术的不断发展，企业将不可避免地进行数字化转型。这包括建设数字化基础设施、推动业务流程的自动化、采用大数据分析和人工智能技术等。数字化转型将帮助企业提高效率、降低成本，并为创新和发展提供更强大的支持。二是人工智能的应用。人工智能作为互联网经济的重要驱动力，将在未来发挥越来越重要的作用。通过人工智能技术，企业可以实现精准营销、智能客服、智能物流管理等，提高运营效率和客户体验。此外，人工智能还将在各个领域推动创新和改变商业模式。三是物联网的发展。物联网是指通过互联网连接和管理物理设备和对象的技术。随着物联网技术的不断成熟，物联网将在互联网经济中发挥越来越重要的作用。通过物联网，企业可以实现智能制造、智能家居、智慧城市等，提高生产力、资源利用效率和生活品质。

## 2.2 移动互联网与物联网

### 2.2.1 移动互联网

移动互联网是移动通信技术与互联网技术的结合，可以实现随时随地访问互联网的功能。它通过移动设备（如智能手机、平板电脑等）和移动网络（如3G、4G、5G等）的支持，使用户可以在任何时间、任何地点进行在线交流、信息获取和业务操作。移动互联网正在引领电子商务向更加便捷、个性化和智能化发展。电子商务从业者需要紧跟移动互联网的发展趋势，加强移动端的用户体验设计、数据分析和营销策略，抓住移动互联网带来的机遇，实现业务增长和创新发展。

移动互联网具有移动性、实时性、个性化、多样性等特点。移动互联网用户可以随身携带移动设备，随时连接到移动网络，实现移动办公、移动支付、移动购物等业务活动。用户还可以即时接收和发送信息，实现即时通信、即时查询等功能。网络平台也可以根据用户的地理位置、兴趣爱好等特征，提供个性化的服务和推荐，改善用户体验。当前，我国移动互联网用户规模巨大，截至2024年6月，我国移动互联网月活跃用户规模达12.35亿，同比增长1.8%。图2.1所示为我国移动互联网月活跃用户规模的变化情况（2023年6月至2024年6月）。移动互联网应用主要包括社交媒体、移动支付、移动购物、在线视频、移动办公等多种形式，能够满足用户多样化的需求。

图 2.1　我国移动互联网月活跃用户规模

（数据来源：https://www.thepaper.cn/newsDetail_forward_28245516.(2024-07-31)[2024-09-09].）

1. 移动互联网的技术支撑

移动互联网的发展离不开一系列关键技术的支持，主要包括移动通信技术、无线网络技术、移动操作系统、HTML5 技术等。

（1）移动通信技术作为底层技术，是构建移动互联网的基础。从第二代移动通信技术（2G）、第三代移动通信技术（3G）、第四代移动通信技术（4G）到第五代移动通信技术（5G）。这些技术提供了越来越高速、稳定的网络连接，为移动设备提供在线服务。

什么是 HTML5

（2）无线局域网（Wi-Fi）、蓝牙（Bluetooth）等无线网络技术提供了移动设备之间，以及移动设备与互联网之间无缝切换不同无线网络的连接能力，实现了移动互联网的实时通信和数据传输。

（3）移动操作系统，顾名思义是安装在移动终端上的操作系统，如 iOS、Android 等。它是管理移动终端的硬件系统，并为之提供了丰富的应用程序接口，使开发者能够开发各种移动应用程序，丰富移动互联网的功能和应用。

（4）HTML5 是一种用于编写 Web 页面的标准，支持多媒体、图形、动画等丰富的功能。HTML5 的出现使得 Web 应用程序能够在移动设备上更好地展示和运行，为移动互联网带来更多可能性。

2. 移动互联网在电子商务中的应用

移动互联网在电子商务中的应用对于推动电子商务的发展起到了重要作用。移动支付、移动购物、移动服务和社交媒体等领域的应用不断创新和发展，给用户带来了更加便捷、个性化的购物体验，促进了电子商务行业的繁荣发展。随着移动互联网技术的不断进步和创新，其应用领域还将继续发展拓宽，并为电子商务带来更多的发展机遇和挑战。

（1）移动支付。

移动支付是移动互联网应用中最为普遍的一项功能，它通过移动设备实现便捷的在线支付。用户可以使用手机支付、移动钱包等方式进行线上购物、转账、缴费等交易活动。移动支付具有快捷、安全的特点,可以极大地提升用户的支付体验,推动电子商务的发展。

(2) 移动购物。

移动互联网为用户提供了随时随地进行在线购物的便利。借助移动设备的便携性和个性化服务,用户可以通过移动应用或移动网页浏览商品、下单购买,不受时间和地点的限制。移动购物还能结合位置服务,根据用户所在地推荐附近的商家和优惠信息。移动购物的兴起推动了电商行业的发展,并对传统零售业产生了深远影响。

(3) 移动服务。

移动互联网为用户提供了各种便捷的生活服务。用户可以通过移动应用订外卖、打车、预订酒店等服务,随时随地满足自己的需求。移动服务平台提供了更加高效、智能的配送和接单系统,方便用户和服务提供者之间的交互。移动服务的兴起改变了传统服务行业的业务模式,提升了服务的质量、提高了服务的效率。

(4) 社交媒体。

移动互联网为电子商务和社交媒体的结合提供了平台。通过移动服务平台,用户可以在社交媒体平台上分享信息、评论商品、参与社区活动等。社交媒体为企业提供了推广产品和品牌的机会,借助社交媒体的传播力量,提高企业的曝光度和产品的销售量。同时,用户也能够通过社交媒体了解他人的购买经验,从而做出更加明智的消费决策。

3. 移动互联网对电子商务的影响和未来发展

移动互联网对电子商务产生了深远影响,它改变了人们的消费习惯,促进了电子商务行业的蓬勃发展。随着技术的不断进步和创新,移动互联网和电子商务将继续紧密结合,进一步推动电子商务的发展,并带来更大的创新和突破。

移动互联网对电子商务产生的主要影响包括如下几个方面。

(1) 从根本上改变了消费行为:移动互联网的普及改变了消费者的购物方式和习惯。消费者更加依赖移动设备进行在线购物和比价,倾向于个性化、便捷的购物体验。

(2) 拓展了电子商务渠道:移动互联网让电子商务渠道不再局限于传统 PC 端,扩展到移动设备上。电商企业需要优化移动应用和网页的用户体验,提高移动端的销售转化率。

(3) 促成了个性化营销:移动互联网通过对用户行为数据的收集和分析,实现了定制化和个性化的推荐服务。企业可以根据用户的兴趣、地理位置等信息,提供精准的商品推荐和优惠活动。

(4) 带动了 O2O 模式的兴起:移动互联网带动了线上线下融合的 O2O(Online to Offline)模式的发展。用户通过移动设备在线下单之后,到线下店铺体验,促进了线下实体店与线上电商的合作和互动。

(5) 推动了移动社交电商的繁荣:移动互联网为电子商务和社交媒体的结合提供了平台。通过社交媒体平台,用户可以了解他人的购买经验和意见,从而做出更加明智的消费决策。社交媒体与电商的融合已经成为电子商务的重要发展方向。

(6) 带来了供应链的改变:移动互联网的兴起对电子商务的供应链管理带来了巨大的影响。通过移动技术和物联网的结合,企业可以实现对供应链的实时监控和管理,提高物流效率、降低物流成本。同时,用户也能够通过移动应用程序跟踪商品的配送进度,提高物流透明度和用户满意度。移动互联网的发展将继续推动电子商务的供应链深化和优化。

未来,随着移动互联网技术的不断进步和创新,移动互联网在电子商务领域仍将保持快速发展的势头,并呈现以下发展态势。

(1)随着 5G 技术的普及,移动互联网将迈向新的时代。5G 技术提供了更快的速度、更低的延迟和更高的容量,为电子商务带来了巨大的机遇。通过 5G 技术,用户可以享受到更流畅的购物体验,还可以实时观看高清视频、虚拟现实(VR)等内容,提升购物的乐趣和参与度。另外,视频广告和产品演示可以更加精准地传递给用户。

(2)AR 和 VR 技术在电子商务领域的应用也将成为未来的发展趋势。通过 AR 技术,消费者可以在线上试穿衣服、试戴首饰等,提升购物的参与感和满意度。VR 技术可以为用户创造沉浸式的购物环境,用户可以 360 度旋转查看商品细节,提供更真实的购物体验。AR、VR 等技术的应用将进一步提升电子商务的用户体验和销售效果。

(3)移动支付的安全性是电子商务未来发展的重要考虑因素。随着移动支付的普及,用户对于支付安全的关注度也在增加。未来,移动支付平台需要采取更加严格的安全措施,包括生物识别技术、多层次认证等,以确保用户支付信息和资金的安全。同时,政府和监管机构也需加强对移动支付市场的监管,建立健全法律法规体系,加强对移动支付平台的监督和管理,保障用户权益。

(4)人工智能(AI)技术在电子商务中的应用也将成为未来的重要趋势。通过 AI 技术,电商平台可以更好地了解用户需求,提供个性化的推荐和服务。AI 还可以应用于客服机器人,提供 7×24 小时在线的客户服务,提高用户满意度。此外,AI 技术还可以在供应链管理、营销推广、价格优化等方面发挥作用,帮助企业实现智能化经营和管理。

(5)区块链技术的发展有望为电子商务提供更安全、透明和高效的交易环境。通过区块链技术,可以建立可追溯的商品供应链体系,保证商品的真实性和质量;可以提供安全可靠的交易支付方式,消除中间商的信任问题;同时,区块链还可以提供去中心化的市场平台,降低交易成本,促进电子商务的发展。

## 案例 2-3

### 支付宝:"因为信任,所以简单!"

2020 年 10 月 12—18 日,数字人民币迎来首次面向个人公众消费市场的范围测试体验,此次测试在深圳进行,面向深圳市民发放了 1 000 万元数字人民币红包,每个红包金额 200 元,共计 5 万个。这意味着数字人民币的测试从封闭环境走向了开放环境,系统能力和基础功能已经基本完善。

同年 12 月 4 日,数字人民币第二轮测试在苏州拉开帷幕,面向苏州市民发放 2 000 万元数字人民币消费红包,每个红包金额为 200 元,红包数量共计 10 万个。相比深圳的测试,苏州的试点活动数量更多、总额更大,新增了线上消费场景和双离线支付体验测试。

数字人民币是由中国人民银行发行的数字形式的法定货币,由指定运营机构参与运营并向公众兑换,以广义账户体系为基础,支持银行账户松散耦合功能,与纸钞和硬币等价,具有价值特征和法偿性,支持可控匿名。

经过两轮测试,数字人民币的真容逐渐显现,试点范围也将继续扩大。除了已经公布的雄安、苏州、成都、深圳和冬奥会场景，数字人民币还将继续新增上海、长沙、海南、青岛、大连、西安6个试点。

数字人民币基于双离线支付。从顶层设计和货币体系升级来看，数字人民币作为数字形式的法定货币，具有无限法偿性，而且数字人民币钱包生态的打造需要产业链众多企业的共同努力，是一场货币体系的变革和创新，因此对于整个金融和支付体系而言价值重大，对于全球央行数字货币的发展也极具意义。

（资料来源：https://www.jiemian.com/article/5471452.html. (2020-12-30)[2024-09-05].）

### 2.2.2 物联网

1995年，微软的创始人比尔·盖茨在《未来之路》一书中提到了"物联网"的构想，书中写道："您将能够选择何时观看自己喜欢的节目，而不是被迫在电视台安排的时间观看。如果您决定购买一台冰箱，您将不必听推销员的喋喋不休，电子论坛将为您提供最丰富的信息。音乐销售将出现新模式，全新的数字音乐产品将进入市场。如果您的孩子需要一些零花钱，您可以从电子钱包中给他转5美元。此外，当您驾车驶过机场大门时，您的电子钱包将自动与机场售票系统关联，直接为您购买机票，然后，机场的检票系统将自动检查您的电子钱包，查看是否已经购买了机票。您本人可以在地图中输入（目的地），这样可以方便地找到每一条街道、每一座建筑。"

时至今日，物联网设备随处可见，书中所描述的场景已经成为我们的日常生活场景。随着科技的不断进步和智能设备的普及，物联网（Internet of Things, IoT）已经成为电子商务领域中的重要趋势和技术。物联网通过连接各种物理设备，将物理世界与互联网相结合，为电子商务带来了许多新的机遇和挑战。

### 案例 2-4

#### 亚运会"黑科技"，无源物联网是个啥？

随着物联网技术的飞速发展和广泛应用，我们在日常生活中的方方面面都可以感受到物联网技术的力量：无须发短信或打电话特意通知的智能快递柜；道路两边随处可见的共享单车；诸如智能手表、智能手环等可以采集心率、步数、睡眠质量等数据的可穿戴设备；诸如智能电视、智能音响等通过手机或声音控制的智能家电等，这些都是物联网技术的实际应用。

除了日常生活，物联网技术在智能城市、智能交通、智能农业、智能医疗等各个领域中都发挥着不可替代的作用。

2023年杭州亚运会期间就用到了一项"黑科技"——无源物联网。

与一般的物联网相比，无源物联网的电源主要通过能量采集、反向散射通信、低功耗计算的技术来实现自我供电。目前最具代表性的传统无源物联网技术是射频识别（Radio Frequency Identification，RFID）技术，第二代身份证、食堂饭卡、公交卡等物品都是日常生活中常见的无源RFID产品。随着无源物联网技术的不断发展和优化，它在不同行业中的应用潜力将越来越大，例如，在医疗领域，无源物联网逐步在病人管理和疾病监视中发挥作用；在制造业领域，工厂可以通过温度和压力传感器实时监测设备的运行状态；在农业领域，利用环境和土壤传感器可以帮助农民全方位监测种植环境。

在2023年的杭州亚运会上，无源物联网也发挥了巨大的作用。在亚运村充电站中，借助一片无源物联标签，充电站资产盘点系统能够自动识别体验车，从而实时掌握体验车的出入库时间、次数等信息。在杭州亚运会电竞项目竞赛场馆内，通过无源物联标签和传感器等技术，场馆环境的温度、湿度等信息能被实时获取，从而实现对环境温度和湿度的实时监控。

物联网、5G 等各种现代技术的发展速度极快，无源物联网的出现让我们看到了其蕴含的巨大价值。它已经被视为实现"千亿级互联"愿景的关键，随着能量采集、数据处理技术的不断进步，我们终将迎来万物互联时代。

（资料来源：https://baijiahao.baidu.com/s?id=1779171642097108452&wfr=spider&for=pc.(2023-10-08)[2024-09-05].）

1. 物联网的特征

物联网技术由传感器与执行器、通信技术与协议、数据采集与处理、云计算与边缘计算等相关技术组成。物联网具有全面感知、可靠传输和智能处理 3 个主要特征。

（1）全面感知：利用 RFID 技术、传感器、定位器和二维码等手段随时随地对物体进行信息采集和获取。感知包括传感器的信息采集、协同处理，智能组网，甚至信息服务，以达到控制、指挥的目的。

（2）可靠传输：通过各种电信网络和因特网融合，对接收的感知信息进行实时远程传送，以实现信息的交互和共享，并保障信息传输通路的可靠性。其网络组成包括无线和有线网络，其中 5G 网络是承载物联网的主干网络。

（3）智能处理：利用云计算、模糊识别等多种智能计算技术，对实时接收到的跨地域、跨行业、跨部门的海量数据和信息进行精确分析和高效处理，以提升对物理世界、经济社会各种活动和变化的洞察力。通过智能化的决策和控制，实现更加智能化和高效的管理与运行。

由此，根据信息生成、传输、处理和应用的原则，物联网的结构体系主要包括感知识别层、网络构建层和综合应用层，如图 2.2 所示。

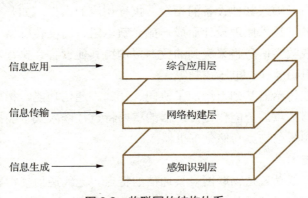

图 2.2　物联网的结构体系

2. 物联网的关键技术

（1）RFID 技术。

作为构建物联网的关键技术之一，RFID 技术被普遍认为是 21 世纪最具发展前景的信息技术之一。RFID 系统的工作原理（图 2.3）是：阅读器集成了发射器、接收器和微处理器，通过天线向标签发送带有信息的电磁波，标签收到后返回自身编码信息，阅读器的接收器收到信号，经过微处理器解码后，将信息发送给主机，进而完成后续的其他操作。

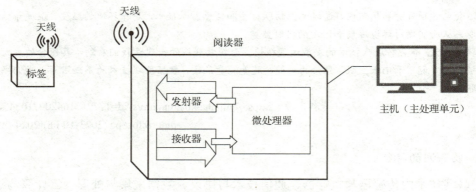

图 2.3　RFID 工作原理

　　RFID 技术通过对标签或标记的读取和数据处理，实现对物品的追踪、管理和认证，已在多个领域得到了广泛应用。RFID 技术在工业领域用于托盘和工装管理；在农业领域用于畜牧业养殖和食品加工的实时、动态可追溯管理；在物流领域用于邮政包裹、民航行李、远洋运输集装箱、铁路货车调度监管等。

　　RFID 技术凭借其高效、准确的自动识别能力，为各个行业提供了更加智能化和便捷的解决方案，推动了物联网的发展和应用。

　　（2）传感器技术。

　　传感器是一种检测装置，能感受到被测量物品的信息，并能将感受到的信息按一定规律变换为电信号或其他所需形式的信息输出。物联网的核心是通过各种传感器和执行器将实体世界的信息转换为数字信号，并从中获取有用的数据。传感器可以感知和测量各种环境参数，如温度、湿度、压力、光照等，同时也可以感知物品的位置和运动状态。执行器则可以通过接收来自云端或其他设备的指令，执行相应的操作，如开关灯、控制电机等。传感器通常是基于各种技术原理设计而成，如光敏电阻、温度传感器、加速度计等，它们可以通过模拟信号或数字信号将采集到的数据传输给其他设备。执行器则根据需求选择合适的执行方式，如电磁脉冲、电压控制等。

　　在物联网中，在传感器基础上增加了协同、计算、通信功能，构成了具有感知、计算和通信能力的传感器节点。智能化是传感器的重要特点，嵌入式智能技术是实现传感器智能化的重要手段，如智慧物流仓储分拣机器人。

　　（3）无线通信技术。

　　无线、低速率和低功耗是物联网设备通信的特点。无线通信使得物联网能够支持丰富的应用场景，方便地获取各种各样的传感器上的感知数据。无线通信是利用电磁波信号可以在自由空间中传播的特性来进行信息交换的一种通信方式。常见的无线通信技术分为近场无线通信技术和远场无线通信技术，具有较好发展前景。应用较为广泛的近场无线通信技术有 Wi-Fi、蓝牙、ZigBee（紫蜂，低速短距离传输无线上网协议）、超宽带（Ultra Wide Band，UWB）和近场通信（Near Field Communication，NFC）等。应用较为广泛的远场无线通信技术主要有 5G、远距离无线电（Long Range Radio，LoRa）和窄带物联网（Narrow Band Internet of Things，NB-IoT）等。物联网中常用的协议包括超文本传输协议（Hypertext

Transfer Protocol,HTTP)、消息队列遥测传输(Message Queuing Telemetry Transport,MQTT)协议、专为受限环境设计的受限应用协议(Constrained Application Protocol,CoAP)等。这些协议定义了信息交换的格式,通信过程中的数据传输方式、数据安全性等,各协议的特点和应用场景,如表 2.2 所示。根据不同的应用场景选择合适的通信技术和协议可以提高物联网系统的性能和可靠性。

表 2.2 物联网常用协议的特点和应用场景

| 名称 | 特点 | 应用场景 |
| --- | --- | --- |
| HTTP | 基于请求-响应模式、支持文本和二进制数据传输 | 物联网设备与云服务的通信、远程管理和数据传输、网页界面控制和数据显示 |
| MQTT | 低功耗、小型化、传输效率高、支持多对多通信模式和消息保留功能 | 传感器和设备的数据发布和订阅、远程设备监控和控制 |
| CoAP | 轻量级、简单、灵活 | 物联网设备与云平台、智能家居、楼宇自动化等领域的通信和资源管理 |

(4)云计算技术。

物联网的发展离不开云计算技术的支持,物联网中的设备通常需要处理和存储大量的数据,云计算平台作为物联网的大脑,提供了强大的计算和存储能力,可以承担复杂的数据处理任务,提供高效的数据存储和管理服务,还能为用户提供数据分析、可视化、报警和通知等服务。

物联网云平台是连接物联网软硬件、数据以及应用的关键一环。近年来,借助云计算的大规模应用,物联网云平台也蓬勃发展起来了。物联网云平台给开发者提供了一个可以简便、高效地管理物联网的数据和设备,并在海量的数据之上构建物联网应用的平台,避免了设备异构性、连接协议异构性、数据格式异构性带来的开发困难。

与云计算的紧密结合,物联网中的数据采集模块负责将传感器产生的模拟信号转换为数字信号,再由设备内部的处理器进行初步处理和分析,如滤波、数据压缩等。初步处理完成的数据通过通信模块将其发送到云端服务器或边缘设备进行进一步处理和存储。在云端,大规模的数据处理平台可以对传感器数据进行各种复杂的计算和分析,如数据挖掘、机器学习和人工智能等。这些分析结果可以帮助用户获取更深入的洞察和决策支持。

由于云计算也存在如数据传输延迟、数据安全性和隐私保护等问题,边缘计算技术应运而生。边缘设备具备一定的计算和存储能力,能够进行简单的数据处理和分析,并与云端服务器进行协同工作。边缘计算可以在离用户更近的位置对数据进行处理,减少数据传输延迟和网络带宽消耗,提高系统的响应速度和可靠性。

3. 物联网的应用

物联网的特点在于广泛的应用领域、海量的设备连接、实时的数据传输和智能化的决策支持。物联网涵盖了各个领域,如家居、交通、医疗等。它可以实现海量的设备连接,通过传感器和通信技术将设备与互联网连接起来,使得信息交换更加智能化。物联网可以通过传感器和网络,实时采集和传输各类设备产生的数据,借助海量设备的网络互联和数据采集,通过数据分析和机器学习等技术的进一步挖掘,可以从庞大的数据中提取有价值的信息,为决策提供支持和参考。

例如,"城市大脑"作为一个集成了大数据、人工智能、物联网等技术的平台,已经成为实现城市数字化转型和智能化发展的重要手段之一。"城市大脑"通过物联网技术实现了城市的互联互通。物联网技术可以将城市中各种设备和物品连接起来,实现信息的互通和共享。例如,物联网技术可以将城市中的交通信号灯、监控摄像头、公交车等设备连接起来,实现交通的智能化管理和调度。同时,物联网技术还可以实现城市中的智能化设备远程监控和控制,如通过远程监控空气质量传感器来调整城市的环境治理措施。

如图2.4所示,"城市大脑"覆盖了智能家居与智能办公、智能物流与供应链管理、智能零售与智能支付、智慧城市与智能交通,物联网技术进一步优化了居民工作生活体验感,更好提升了社会治理水平。

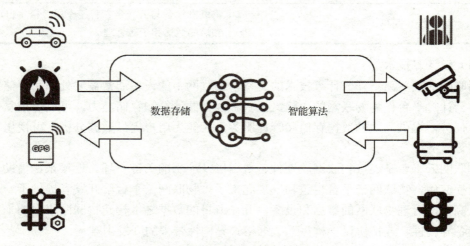

图 2.4 "城市大脑"示意图

以物流与供应链管理的智能化管理应用为例。通过在货物上嵌入传感器或 RFID 标签,可以实时监测货物的位置、温度、湿度等参数,并提供给相关方实时查看,能够提高货物的安全性和可追溯性,减少货物丢失和损坏的风险。在车辆调度与管理上,通过物联网技术,可以对运输车辆进行实时监控和调度。通过安装传感器和全球定位系统(Global Positioning System,GPS)设备,可以追踪车辆位置、行驶速度、燃油消耗等信息,帮助物流公司优化路线规划、提高运输效率。利用物联网技术还可以实现仓库的智能化管理。通过在货架、容器或设备上安装传感器和标签,可以实时监测库存数量、货物状态、环境温湿度等信息,提高库存管理的准确性和效率。对于需要保持特定温度的货物,物联网技术可以实现温度监控和调控。传感器和控制器可以实时监测货物的温度,并自动调节环境条件,确保货物在整个运输过程中保持稳定的温度和湿度。智能物流与供应链管理借助物联网等先进技术,可以实现供应链的数字化、可视化和智能化,全流程协同提高运作效率、提升各个环节的抗风险能力,为企业提供更好的服务并提升企业的竞争优势。

## 2.3 互联网新技术

### 2.3.1 数据分析

数据分析是通过收集、处理和解释数据，揭示其中的模式、关联和趋势，以获得洞察力和决策支持的过程。在电子商务中，数据分析帮助企业深入了解市场需求、用户行为和竞争环境，从而制定更有效的营销策略、优化业务流程，并提高客户满意度和企业盈利能力。对于每天都要诞生数以亿计数据的电子商务行业来说，数据分析技术的作用至关重要。它帮助企业识别市场需求，发现商机，并通过深入了解用户行为和竞争环境来制定更为有效的营销策略，并在风险管理等方面提供决策支持，从而推动电子商务的发展。

1. 常用的数据分析方法

（1）描述统计学：使用平均值、中位数、标准差等统计指标，对数据进行总结和汇总，提供对数据的基本描述。

（2）推断统计学：通过从样本中推断总体的特征和关系，采用假设检验、置信区间等方法，帮助企业做出统计推断和决策。

（3）关联规则挖掘：发现数据中的关联性，如购买商品的关联、用户行为的关联等，以便进行交叉销售、个性化推荐等。

（4）聚类分析：将相似的数据点聚集到一起，帮助企业进行用户细分、市场分类等，实现精准营销和定制化服务。

（5）预测建模：基于已有数据，利用统计模型、机器学习算法等构建预测模型，预测未来趋势和结果，如销售预测、用户流失预测等。

（6）监督学习：利用标注的训练数据学习预测模型，如分类和回归问题，可以预测用户购买意愿、信用评分等。

（7）无监督学习：从无标签的数据中挖掘模式和关系，如聚类分析和降维分析，有助于识别用户群体和发现潜在需求。

（8）强化学习：通过试错和反馈机制，如在线广告投放、定价策略等，优化智能决策和行为。

2. 常用的数据分析工具

（1）Microsoft Excel：Microsoft Excel 是一种广泛使用的数据分析工具，它提供了丰富的函数、图表和数据处理功能，可以进行数据的清洗、转换、计算和可视化等操作。

（2）SQL（Structured Query Language）：SQL 是用于管理和操作关系型数据库的标准语言，通过编写 SQL 查询语句，可以对数据库中的数据进行提取、过滤、聚合等操作。

（3）Python：Python 是一种通用的编程语言，拥有丰富的数据分析库（如 NumPy、Pandas、Matplotlib）和科学计算包（如 SciPy），可以完成数据处理、统计分析、机器学习等任务。

（4）R：R 是一种专门用于统计分析和数据可视化的编程语言，它拥有大量的统计分析包（如 ggplot2、dplyr、tidyr），适用于数据探索和建模分析。

（5）Tableau：Tableau 是一款流行的可视化和商业智能工具，它提供了直观易用的界面，使用户能够快速创建交互式的可视化报表和仪表盘。

（6）Power BI：Power BI 是微软推出的一款商业智能工具，它集成了数据连接、数据转换、可视化和报表生成等功能，可以实现复杂的数据分析和仪表盘展示。

（7）MATLAB：MATLAB 是一种用于科学计算和数据分析的专业工具，它提供了丰富的数学函数和工具箱，适用于数据建模、信号处理、图像分析等领域。

除此之外，SPSS、SAS、Jupyter Notebook 等也是常用的数据分析工具。

3. 数据处理流程

（1）数据收集方法：包括日志记录、问卷调查、用户行为追踪等多种方式，根据需求选择合适的数据源和收集方法。

（2）数据预处理步骤：清洗数据、去重、规范化、转换与集成等，确保数据的质量和一致性。

（3）数据存储与管理：选择合适的数据库系统和工具，搭建数据仓库或数据湖，实现数据的高效存储和管理。

4. 可视化呈现

数据可视化是指通过图表、图形、地图等可视化方式将数据转化为直观、易于理解的形式。它可以帮助人们更好地理解和分析数据，发现数据中的模式、趋势和关联。数据可视化的目的是将抽象的数据信息转化为可视的形式，以便于人们进行直观的观察和分析。通过数据可视化，人们可以更容易地识别出数据中的规律性、异常值和趋势变化，从而做出有针对性的决策。常见的数据可视化方式包括不限于以下几种。

（1）折线图和柱状图：用于展示随时间变化的数据趋势或不同类别数据之间的比较。

（2）饼图和环形图：用于显示不同类别数据在总体中的占比情况。

（3）散点图和气泡图：用于显示两个变量之间的关系，并且可以通过点的大小或颜色来表示第三个变量。

（4）热力图和地图：用于展示地理空间上的数据分布情况或热点区域。

（5）仪表盘和漏斗图：用于呈现关键业务指标和转化率，以便快速了解业务状况。

5. 数据分析的应用场景

（1）深入了解市场趋势：通过对市场数据的分析，可以揭示市场的变化、趋势和需求，指导企业调整战略、开发新产品等。

（2）了解用户行为：通过对用户数据的分析，可以洞察用户的喜好、购买习惯和行为模式，为精准营销和个性化推荐提供支持。

（3）改进决策和业务流程：基于数据分析结果，企业可以制定更科学的决策，优化供应链管理、价格策略、客户服务等业务流程，提升效率和盈利能力。

（4）发现商机和优化营销策略：通过市场分析和用户行为分析，企业可以找到潜在商机，制定针对性的营销策略，提高销售和市场份额。

（5）风险管理和预测：通过数据分析技术，企业可以及时识别潜在风险，预测市场变化和供应链风险，采取相应措施进行管理和控制。

### 2.3.2 大数据

大数据（Big Data）或称巨量资料，是指传统数据处理应用软件不足以处理的大量或复杂的数据集。在电子商务中，大数据的应用对于企业的决策、市场营销和客户关系管理等方面具有重要意义。

1. 大数据的特点

（1）体量大：大数据以海量级别的数据存储和处理为特点，数据存储的规模远远超过传统数据库的承载能力。目前全球每年总数据量已达 ZB 级。

（2）多样化：大数据不仅包含结构化的数据（数据间因果关系强的数据），如财务数据、信息管理数据等，还包括非结构化的数据，如文本、图片、音频、视频等，并且数据来源多样。

（3）高速性：大数据的产生速度极快，需要实时或近实时处理，以便提供及时的决策支持。如用户电商网站点击带来的点击流数据，交通堵塞异常数据等，对于这些数据的分析必须在几秒内完成。

（4）数据价值：大数据中蕴含着丰富的信息和价值，需要强大的机器算法才能在海量数据中完成数据价值分析和挖掘，可以进行更深入的洞察和获取商业机会。

2. 大数据的核心领域

经过多年技术和产业的发展，大数据领域内部逐渐细化，形成数据存储与计算、数据管理、数据流通、数据应用、数据安全五大核心领域，如图 2.5 所示。

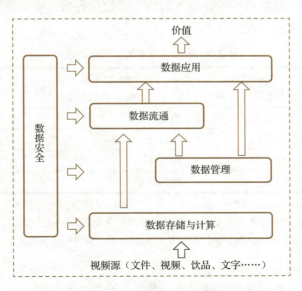

图 2.5 大数据五大核心领域

(1) 数据存储与计算领域。

数据存储与计算领域的发展时间较长。在数据规模增长、形态变化等新需求的持续推动下，逐步演化出数据库、大数据平台、实时计算等成熟技术框架。当前，数据存储与计算领域已经能够支撑 PB 级海量数据的高效存储和准实时计算，发展方向聚焦为在持续提升能力的基础上，通过精细化运营和技术升级实现"降本提质"。

(2) 数据管理领域。

数据管理领域属于投入周期长、见效慢的"下水道"型，即基础型工作领域。数据管理可以实现数据质量提升、高效管理，在企业释放数据价值的过程中扮演了"承上启下"的关键角色。当前，部分企业数据管理需求强、资源足，已将数据管理的技术和规则率先落地，但大部分企业数据管理仍处于起步阶段。数据管理的发展方向聚焦为尽快借助政策红利和智能技术带来的改变，促进各行业大规模实现全域数据管理。

(3) 数据流通领域。

数据流通领域需求旺盛、发展时间短。数据流通主要是为了实现数据在不同主体间的合理配置，使局部数据互相弥合，实现数据价值倍增。当前已初步探索出机构与机构间点对点的流通路径，但数据权属、定价、市场规则等关键性问题仍有待破解。为助力数据要素高效配置，数据流通的发展方向聚焦为通过建设基础制度、创新流通技术，实现数据流通过程中安全与效率的平衡，从而构建全社会范围的数据规范化流通体系。

(4) 数据应用领域。

数据应用的发展已有 60 余年，按时间轴可以划分为三个阶段，如表 2.3 所示。虽然发展时间长，但受限于数据管理等前序工作成熟度不够，目前仅部分核心业务被数据浅度赋能，主要为企业业务经营过程实现数据赋能。未来，自动决策将成为数据应用的主要形式，企业组织架构也将以数据应用为中心加速演进，咨询、技术、代运营体系型数据应用服务模式更容易获得企业的青睐，低代码数据分析工具将助推数据应用平民化进程加速。为释放数据要素深度价值，数据应用的发展方向将主要聚焦为通过变革业务模式、优化相关技术，使数据应用与全域业务深度融合。

表 2.3 数据应用发展的三个阶段

|  | 第一阶段<br>（1960—1989 年） | 第二阶段<br>（1990—2014 年） | 第三阶段<br>（2015 年至今） |
| --- | --- | --- | --- |
| 数据源 | 业务员系统数据库 | 数据仓库 | 数据湖+外部数据 |
| 数据与业务关系 | 随机、离散 | 常态化、体系化、外挂式 | 痊愈、敏捷、嵌入式 |
| 分析方法 | 图表统计 | BI 分析 | BI+AI |
| 对决策的影响 | 辅助决策 | 增强决策 | 自动决策 |

注：①商业智能（Business Intelligence，BI）是一种通过现代数据仓库技术、线上分析处理技术、数据挖掘和数据展现技术进行数据分析以实现商业价值的解决方案。

②人工智能（Artificial Intelligence，AI）是研究如何用计算机模拟人类智力活动的一种理论和技术。

(5) 数据安全领域。

近年来，数据安全领域得到快速发展。数据安全着力确保数据处于有效保护和合法利用的状态，以及具备保障持续安全状态的能力。一系列关于数据安全法律法规的发布，各行业在数据外规内化、风险治理等方面的推进步伐明显加快。当前，数据安全的发展方向主要聚焦兼顾安全与效率，实现安全左移的自动化与风险治理的智能化。

3. 大数据的发展环境

全球大数据技术产业与应用创新不断迈向新高度，各国相继推出政策方案深化推进大数据发展战略。2024年4月，美国发布了《美国隐私权法案》（American Privacy Rights Act，APRA），该法案旨在建立全国统一的数据隐私权和保护措施。欧盟的《数据法案》（Data Act）于2024年1月11日生效，该法案鼓励数据的使用，并确保数据的共享、存储和处理完全符合欧洲规则。韩国政府成立了数据纠纷调解委员会，并于2024年1月正式投入运行，旨在防止数据的不正当使用、保护数据以及培育公正合理的数据使用文化。日本已深度参与一系列全球数据治理协议，包括《亚太经合组织跨境隐私规则体系》《全面与进步跨太平洋伙伴关系协定》以及《区域全面经济伙伴关系协定》，强化了区域数据的治理。2024年7月1日，《欧盟-日本关于跨境数据流动的协议》正式生效。

我国大数据产业经过多年高速发展，不断取得重要突破，呈现良好发展态势，产业规模高速增长。《国家信息化发展报告（2023年）》显示，2023年，我国数据生产总量达32.85ZB，大数据产业规模达1.74万亿元，同比增长10.45%。2023年，我国大数据市场规模达到了179.3亿元人民币，相比2022年增长了24.6%。①近年来，我国有一批大数据龙头企业快速崛起，初步形成了大企业引领、中小企业协同、创新企业不断涌现的发展格局。2023年，我国大数据（潜在）独角兽企业共计275家，其中独角兽企业107家，潜在独角兽企业168家。275家大数据（潜在）独角兽企业分布在数据硬件、数据技术、数据服务、数据应用四个产业分层中的25个赛道。此外，大数据应用的市场前景广受认可，我国大数据领域投融资金额总体呈现上升趋势，102家大数据（潜在）独角兽企业在2023年新获融资，其中大数据独角兽企业总估值超过2 700亿美元。

我国相继发布一系列政策文件，对大数据产业、数字技术、数据要素市场、数据安全等方面进行了重点部署。2021年11月，《"十四五"大数据产业发展规划》的出台明确了未来五年大数据产业发展工作的行动纲领。2022年，《要素市场化配置综合改革试点总体方案》《中共中央 国务院关于加快建设全国统一大市场的意见》《中共中央 国务院关于构建数据基础制度更好发挥数据要素作用的意见》等文件，强调释放数据要素价值对于我国发展的必要性、紧迫性，为我国大数据发展提供了良好的政策环境和明确的发展目标。2023年10月25日，国家数据局正式挂牌，负责协调推进数据基础制度建设，统筹数据资源整合共享和开发利用，统筹推进数字中国、数字经济、数字社会规划和建设等。2023年12月，国家数据局等部门联合发布了《"数据要素×"三年行动计划（2024—2026年）》，旨在发挥数据要素的放大、叠加、倍增作用，构建以数据为关键要素的数字经济。此外，我国已有31个省（自治区、直辖市）均通过发布大数据专题规划、数字经济总体规划等形式，明确了各地大数据技术、产业、应用的发展时间节点、路线图。

---

① 数据来源：IDC，《中国大数据平台市场份额，2023：数智融合时代的真正到来》，2024年8月。

与此同时，我国十分重视大数据人才的培养。目前，大多数高校已先后开设大数据相关专业，多省份也积极开展大数据人才培育专项行动，人才供给能力显著增强。相关统计数据显示，大数据专业热度已经超过软件工程等传统热门专业。

### 2.3.3 云计算

云计算是通过网络提供按需可扩展的计算资源。它使用虚拟化技术将物理计算资源（如计算机、存储和网络）抽象为虚拟资源并进行统一管理。云计算的关键特性包括自助服务、弹性伸缩、按需付费等。云计算概念产生于 Google 和 IBM 等大型互联网公司处理海量数据的实践。2006 年 8 月，Google 时任首席执行官施密特（E. E. Schmidt）在搜索引擎大会首次提出"云计算"的概念。云计算是信息技术发展和服务模式创新的集中体现，是信息化发展的重大变革和必然趋势，是信息时代国际竞争的制高点和经济发展新动能的助燃剂。云计算引发了软件开发部署模式的创新，成为承载各类应用的关键基础设施，并为大数据、物联网、人工智能等新兴领域的发展提供基础支撑。

近年来，全球云计算产业保持快速发展势头，主要呈现出三个方面的特点和趋势。一是云计算战略价值在全球范围内持续提升，各国高度聚焦云计算赋能行业价值；二是全球云计算市场稳定增长（图 2.6），我国云计算市场快速发展；三是云计算产业环境日益激烈，全球各国都将云计算看作抢占新一轮科技革命制高点的关键环节。2023 年，全球云计算市场规模为 5 864 亿美元，我国云计算市场规模达 6 165 亿元，我国云计算市场仍处于快速发展期，预计 2025 年我国云计算整体市场规模将超万亿元。

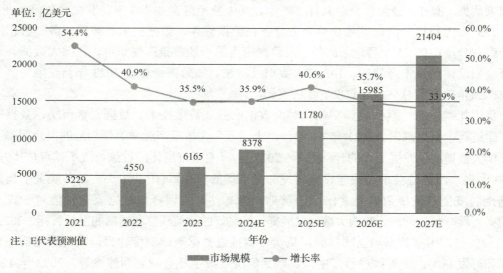

图 2.6 全球云计算市场规模和增速

（1）云计算模型。

云计算模型包括公有云、私有云、混合云和边缘计算。公有云是由云服务提供商向公众提供的资源池，用户可以按需租用。私有云是为单个组织或企业定制的云环境，其资源受该组织或企业完全控制。混合云是将公有云和私有云相结合，以满足不同需求。边缘计算是将计算资源靠近数据源或终端设备的一种方式。

(2）云计算服务类型。

云计算提供的服务类型主要有基础设施即服务（Infrastructure as a Service，IaaS）、平台即服务（Platform as a Service，PaaS）和软件即服务（Software as a Service，SaaS）。IaaS 提供了虚拟化的计算、存储和网络资源，用户可以自由配置和管理这些资源。PaaS 提供了开发和部署应用程序所需的平台环境，使开发者能够专注于应用程序的开发而无须关注底层基础设施。SaaS 提供了完整的软件应用程序，用户可以通过互联网访问并按需使用。

（3）云存储和数据管理。

云计算提供了大规模的云存储服务，用户可以将数据存储在云端，并随时随地访问这些数据。云存储具有高可靠性、可扩展性和灵活性等特点。在数据管理方面，云计算还提供了数据备份、复制、迁移和安全性保障等功能。

（4）云计算安全和隐私。

安全和隐私是云计算面临的重要问题。为了保护云计算环境的安全，用户需要采取一系列的安全措施，如身份认证、访问控制、数据加密和安全监控等。同时，云服务提供商也应遵循相关的安全标准和法规，保障用户数据的隐私和安全。

（5）云计算在电子商务中的应用。

云计算在电子商务中扮演着重要的角色。它可以提供高性能的计算和存储资源，满足电子商务网站的高并发访问和大规模数据处理需求。比如阿里云、腾讯云、京东云，在金融领域应用都取得了成功。云计算不仅可以为电子商务提供可靠、稳定的基础设施和服务，还能够降低企业的 IT 成本。特别是基于 SaaS 的独立站平台模式，使得电商企业能够借助云计算的力量获得更灵活、更经济、更高效的解决方案。云计算还支持电子商务的敏捷开发和部署，极大地提高了企业对市场变化的响应能力。通过云端的资源弹性配置和自动化管理，企业能够更快速地推出新产品和服务，以适应不断变化的市场需求。云计算的主要应用场景，如图 2.7 所示。

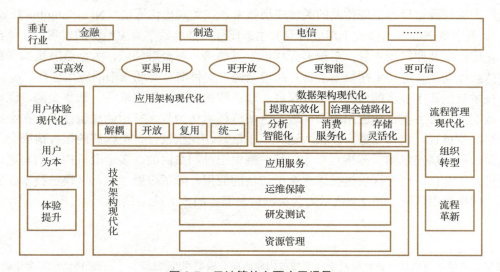

图 2.7　云计算的主要应用场景

### 2.3.4 区块链

**1. 区块链的概念**

区块链（Blockchain）是由节点参与的分布式数据库系统，它的特点是不可更改、不可伪造。区块链是由一串使用密码学方法产生的数据块组成的，每一个区块都包含了上一个区块的哈希值（hash），即特殊的数字"指纹"，用于确保数据的完整性和不可变性，并从创始区块连接到当前区块，形成块链。

从 Web1.0 到 Web2.0，再到 Web3.0 的演进，既是互联网发展理念的升级，也是区块链及信任科技作为技术底座赋能价值互联网的重要体现。Web1.0 是以向消费者提供信息服务为理念，主要特征是门户网站主导创作并向消费者提供内容，用户只能被动地浏览文字、图片和简单的视频内容。Web2.0 是以撮合生产者和消费者为理念，主要特征是平台作为中间商撮合多边市场，用户不仅是享受服务的消费者，同时也可以成为提供服务的劳动者。在 Web3.0 中，用户拥有更多的数据自治权、数字身份和数字资产的掌控权。Web3.0 通过区块链建立了身份、社区、活动、商品和金融等基本社会要素，形成了一个完整的数字社会运作机制。用户可以在数字社会中自主组织生产、消费并扩大再生产，形成了一个全新的数字原生经济体系。Web3.0 有望推动数字产业生态的重塑，激发网络空间的创造活力，培育出更多数字产业的新业态和新模式，构建开放普惠、协同高效的新型网络生态。同时，Web3.0 还能够在数字空间创造出经济可自循环的数字原生经济[①]市场。

**2. 区块链的应用**

区块链围绕联盟链和公有链技术体系，逐步形成以实体经济数字化应用和数字原生应用为主导的两大模式。实体经济数字化应用聚焦于数据的可信存证和流转，通过技术信任解决传统人际信任和制度信任中的风险问题，充分释放数据价值。在数字原生应用中，区块链作为支撑数字世界信任体系的关键底层技术，在非同质化通证（Non-Fungible Token，NFT）、数字资产等创新模式下形成自身的生态闭环，推动数字原生经济的发展。实体经济数字化应用以联盟链为主导，呈现多元化的发展趋势。在金融领域，大型金融机构和科技公司持续推动区块链技术在贸易融资、跨境金融、支付清算等场景中的应用创新。

技术赋能数字经济的边界在不断延展，政务数据共享、民生服务、数字金融、医疗健康、数字文创等各类行业应用纷纷涌现。区块链技术作为数字货币的底层技术，在金融领域获得高度重视，包括高盛、摩根大通、汇丰银行、花旗银行、美国纽约银行梅隆公司、巴克莱银行、瑞银集团、苏格兰皇家银行、摩根士丹利在内的众多金融机构，均与区块链公司进行了合作，研究区块链技术在金融市场的应用。除了金融领域，区块链技术在其他领域的应用也很广泛。图 2.8 所示为区块链信息服务的十大应用领域。

---

① 数字原生经济是指从一开始就基于数字技术构建的商业模型和经济活动，这些经济活动完全依赖于数字技术，如在线市场、云计算服务、数字内容创作和分发、区块链技术应用等。数字原生经济可以看作数字经济的一个子集，而数字原生经济的发展又进一步拓展了数字经济的发展空间。

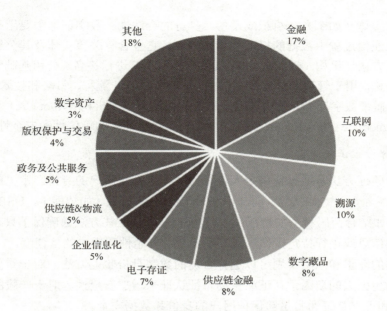

图 2.8 区块链信息服务的十大应用领域

## 2.3.5 数字认证与安全

数字认证确保了用户身份的准确性和真实性。通过数字身份验证方法，如用户名+密码、双因素认证等，网站可以确认用户身份，并防止未经授权的访问和欺诈行为。这对于建立用户信任和提供个性化服务至关重要。数字认证有效地保护了隐私和数据安全。电子商务平台需要处理大量的用户数据，包括个人信息和支付信息，适当的数字认证措施可以确保这些敏感数据不被未经授权的人获取和滥用，有助于预防身份盗窃、欺诈和其他违法行为。数字认证还有助于确保交易的完整性和可追溯性。通过数字签名和数字证书等技术，可以验证交易的真实性和数据的完整性，防止篡改和抵赖，这为消费者提供了更安全的购物环境，同时也保护了商家的利益。

1. 数字认证技术的原理

数字认证是一种通过使用数字技术验证用户身份和数据完整性的过程，是以数字证书为核心的加密技术，对网络上传输的信息进行加密和解密、数字签名和签名验证的认证，确保网上传递信息的安全性、完整性。数字认证技术基于密码学原理和公钥基础设施（Public Key Infrastructure，PKI）等技术来确保信息安全。其基本原理如下。

（1）唯一身份识别：数字认证通过为每个用户分配唯一的数字标识符（如数字证书）来识别用户。这个标识符可以附加到用户的数字通信或交易中。

（2）数字签名：数字认证借助数字签名技术，通过使用私钥对数据进行加密和签名，确保数据的完整性和真实性。接收者可以使用相应的公钥进行验证。

（3）双向认证：数字认证还可以实现双向认证，即服务器和客户端都可以验证对方的身份。这种认证方式确保了通信双方的身份可信，并防止中间人攻击。

（4）数字证书和公钥基础设施是数字认证的关键组成部分。数字证书是一种电子文档，用于证明数字实体（如个人、组织或设备）身份的合法性。数字证书主要用于验证对方的身份，并确保通信过程中数据的机密性和完整性，它包含有关该实体及其公钥的信息，并由可信的第三方认证机构（Certification Authority，CA）进行签名。公钥基础设施是一种数字加密体系结构，用于管理和分发数字证书。它包括组织、流程、策略和技术，用于生成、存储、发布和撤销数字证书。公钥基础设施依靠根证书颁发机构（Root CA）和中间证书颁发机构（Intermediate CA）来建立信任链，并确保数字证书的可信性和安全性。

2. 数字身份验证方法

数字身份验证方法是通过使用个人特征或凭证来确认用户的身份。常见的方法包括密码验证、生物特征验证（如指纹、面部识别）、硬件令牌验证（如智能卡、USB 安全令牌）、双因素认证（如结合密码和生物特征），以及证书认证。这些方法都确保了只有授权的用户才能访问敏感信息或进行特定操作，提高了系统的安全性和用户的信任度。

根据不同的需求和风险级别可以选择合适的数字身份验证方法。对于重要的账户和应用，推荐使用更强大的双因素认证或生物特征认证来增加安全性。对于一般的应用，用户名+密码认证和证书认证通常足够保护用户的身份和数据安全。

3. 区块链在数字认证上的应用

区块链是一种分布式的账本，没有中心化的控制机构，参与者共同验证和维护账本。这种去中心化特性使得数字认证不依赖单一的机构或权威，从而使数字认证更加分散和可信，提供更公正和信任的认证方式。区块链的不可篡改性，使得数据一旦被写入，将不可更改，任何数据的篡改都将被追溯和拒绝，增强了认证的可靠性与防伪能力。用户可以通过验证区块链上的数据，确保认证信息的可靠性。

4. 加密技术

加密的基本原理是将原始数据使用特定的算法和密钥进行转换，使其变得不可读或难以理解。在电子商务中，加密技术起到至关重要的作用。它可以保护敏感信息的机密性和完整性，确保用户数据和交易的安全。在电子商务活动中，常见的加密算法包括以下几种。

（1）对称加密：使用相同的密钥对数据进行加密和解密。这种算法速度快，适合大量数据加密，但存在密钥管理和传输安全的问题。高级加密标准（Advanced Encryption Standard，AES）和数据加密标准（Data Encryption Standard，DES）都属于对称加密算法，可以高效地加密大量数据。

（2）非对称加密：使用一对密钥（公钥和私钥）进行加密和解密。公钥用于加密数据，私钥用于解密数据。这种算法安全性较高，但计算复杂度较高，适合于小量数据的加密。RSA 算法就属于非对称加密算法，用于加密通信中的密钥交换。

（3）哈希函数：将任意长度的数据转换为固定长度的哈希值。哈希函数是单向函数，即无法从哈希值还原出原始数据。它常用于验证数据的完整性，如数字签名。安全散列算法（Secure Hash Algorithm，SHA）是哈希函数算法，用于生成数据的唯一标识和验证数据的完整性。

5. 数据隐私保护

在电子商务活动中，企业需要收集用户的个人信息以提供服务，但如何保证数据的合法收集和适当使用成为挑战。用户的数据存储在企业的服务器上，因此需要采取适当的安全措施来保护数据的机密性和完整性。此外，在数据传输过程中也需要加密等手段来防止数据泄露。在电子商务活动流程中，企业可能与第三方合作伙伴共享用户数据，如物流公司或支付系统的数据。在这种情况下，确保第三方的数据处理符合隐私保护要求是一大挑战。用户有权控制其个人数据的使用和披露。因此，电子商务企业需要建立透明的隐私政策，并提供用户访问、更正和删除数据的机制。通过遵守相关法规和采取最佳实践，电子商务企业可以有效地保护用户的数据隐私，增强用户信任并确保可持续发展。

## 2.3.6 人工智能与机器学习

1. 基本概念

随着科技的不断发展，人工智能（Artificial Intelligence，AI）和机器学习（Machine Learning，ML）成为电子商务领域的重要技术。它们通过模拟人类智能和学习能力，为电子商务带来了更高效、精准和个性化的服务。

人工智能是指让机器模拟和展现人类智能的科学与工程。其发展历程经历了符号主义 AI、连接主义 AI 和统计主义 AI 等不同的阶段，通过模拟人类认知、学习与决策过程，实现了自然语言处理、图像识别、智能推荐等一系列应用。

机器学习是一种实现人工智能的方法，它通过让机器从数据中学习和改进性能，而无须明确的编程规则。机器学习可分为监督学习、无监督学习和强化学习三类。监督学习通过标注的样本进行训练，学习输入和输出之间的映射关系；无监督学习从未标注的数据中自动学习数据的内在结构和模式；强化学习通过与环境的交互来学习最优行为策略，并通过奖励和惩罚进行调整和改进。这些学习方法提供了在不同场景下解决问题的技术基础。

2. 应用场景

近年来，人工智能和机器学习发展迅速，与电子商务平台的结合能够更好地满足用户需求，提供个性化、高效和安全的服务，极大地推动了电子商务行业的发展。人工智能和机器学习在电子商务领域的主要应用场景包括以下几个方面。

（1）推荐系统：利用人工智能和机器学习技术，根据用户的历史行为和兴趣，为用户提供个性化的推荐服务。通过分析用户的购买历史、浏览记录和评价等数据，推荐系统可以预测用户的喜好，并向其推荐相关的产品或内容，提升用户的购买体验和提高用户对产品或服务的满意度。

（2）聊天机器人：借助自然语言处理和深度学习等技术，聊天机器人（ChatGPT）能够理解用户的问题并给出相应的回答。它可以实现智能客服和在线咨询服务，为用户提供实时的问题解答和服务支持，提升用户的互动体验和购物效率。

（3）智能搜索：应用机器学习技术优化搜索算法，提高搜索结果的准确性和相关性。

通过分析用户的搜索行为和反馈信息，搜索引擎可以得出用户的偏好和意图，从而更好地匹配用户的需求，帮助用户快速找到所需的信息和产品。

（4）反欺诈系统：利用机器学习技术分析用户的行为模式和交易数据，识别潜在的欺诈行为。反欺诈系统通过建立模型来检测异常行为、异常交易和风险指标，可以保护电子商务平台和用户的安全，防止欺诈活动对平台和用户造成损失。

（5）AIGC（AI-Generated Content，人工智能生成的内容）：AIGC 技术的不断演进，正在逐步实现从产品上架到售后服务赋能电子商务全产业链。例如，在产品设计开发端，AIGC 为品牌设立、产品设计开发等产品推广初期阶段提供市场建议，启发策划灵感；在产品展示环节，AIGC 能够基于简单描述扩充丰富内容、智能插入引流关键词、美化产品配图、扩展产品图片想象力，同时降低产品图文、视频等展示素材生成成本；在撰写营销文案时，AIGC 能基于提示词或图像迅速生成大量创意文案供选择；在商家端，智能客服、虚拟人直播可以实现降本增效；在用户端，AIGC 通过自然语言的交互方式，提升友好度和性能，缩短交易链路，个性化营销改变原有流量分发模式。

### 案例 2-5

## OpenAI 语言模型进化史：从 GPT-1 到 GPT-4o 的智能飞跃

在人工智能的快速演进中，OpenAI 以其语言模型系列 GPT（Generative Pre-trained Transformer）引领了自然语言处理的革命。从 2018 年的第一代模型到 2024 年的最新版本，每一步都标志着技术的巨大飞跃。以下是 OpenAI 语言模型的发展历程，展示了其在 AI 领域的创新和领导地位。

GPT-1：2018 年，OpenAI 发布了第一代生成预训练模型——GPT-1 模型。

GPT-2：2019 年 2 月，OpenAI 发布了 GPT-2 模型，这是一个更大规模的模型，能够生成连贯的文本。

GPT-3：2020 年 5 月，OpenAI 推出了 GPT-3，这是一个具有 1 750 亿参数的模型，能够执行多种语言任务。

GPT-3.5：2022 年 11 月 30 日，OpenAI 推出了基于 GPT-3.5 的 ChatGPT，作为免费研究预览版。

GPT-4：2023 年 3 月 14 日，OpenAI 在 ChatGPT 和 Bing 中发布了 GPT-4，承诺提供更高的可靠性、更多的创造力和更强的解决问题能力。

GPT-4 Turbo：2023 年 4 月 9 日，OpenAI 发布了 GPT-4 Turbo，作为所有之前 GPT-4 预览模型的替代品。

GPT-4o（这里的 o 表示 Omni）：2024 年 5 月 13 日，OpenAI 宣布了 GPT-4o 模型，这是一个最新的大型通用模型，能够处理文本、图像信息，并具有更高的准确性和更快的响应速度。

GPT-4o-mini：2024 年 7 月 18 日，OpenAI 发布了 GPT-4o-mini 模型，这是一个更小、更快、更经济的模型，适合替代 GPT-3.5 Turbo 系列模型。

OpenAI 的 GPT 系列模型不仅推动了人工智能技术的发展，也为我们提供了对未来 AI 能力的一瞥。随着技术的不断进步，我们有理由期待，这些模型将继续在各个领域发挥更大的作用，推动社会向前发展。

（资料来源：网络资料整理。）

## 2.3.7 虚拟现实与增强现实技术

继 2016 年 VR 产业元年与 2019 年 5G 云 VR 元年之后,虚拟现实产业迅速起飞。用户对虚拟现实体验的需求不断提升,技术体系也初步形成。云化虚拟现实触发了产业链条的融合创新,推动了传统业务流程的解构重组。视频内容上云、图形渲染上云和空间计算上云等新业态涌现。"虚拟现实+"创新应用正在加速渗透到生产和生活的各个领域。云 AR 数字孪生为人机交互的深度进化描绘了未来的蓝图。

**1. 基本概念**

虚拟现实(Virtual Reality,VR)是一种基于计算机技术的模拟环境体验,通过头戴式显示器和交互设备,将用户置身于一个完全虚拟的三维环境中。虚拟现实的概念是创造出一种具有逼真感官体验的人工环境,使用户感觉自身完全沉浸其中。其基本原理是通过追踪用户的头部和手部动作,并根据输入数据实时渲染出逼真的视觉和听觉效果,以达到与虚拟环境互动的效果。

增强现实(Augmented Reality,AR)是在真实世界中叠加虚拟信息的技术。AR 通过识别和跟踪真实环境中的物体或场景,将计算机生成的图像、视频或 3D 模型与其相融合,将虚拟元素叠加在用户的视野中。其基本原理是通过设备的摄像头获取真实环境的影像,然后将虚拟信息实时叠加在用户所观察的场景上,从而增强用户对现实世界的感知和认知。

近年来,还相继出现了混合现实(Mixed Reality,MR)、扩展现实(Extended Reality,XR)等概念。混合现实即 3D 虚拟加入现实环境以代替视觉,它是通过合并现实和虚拟世界而产生的三维实时互动式可视化环境。扩展现实是指利用虚拟技术和可穿戴设备产生的所有人机交互和环境的组合。扩展现实可以包括以上所有描述性形式,如 AR、VR、MR。

### 案例 2-6

**苹果 Vision Pro:开启空间计算新时代,重塑现实与数字世界的融合**

北京时间 2023 年 6 月 6 日凌晨 2 点,研发七年的苹果头戴显示器设备 Vision Pro,在苹果全球开发者大会(WWDC)2023 正式亮相。

Vision Pro 开创了一类新的计算设备,能将数字世界融入真实世界,从而实现 AR 功能。这款设备兼容 iOS 和 iPadOS 的各种软件,可以办公、娱乐、拍摄空间视频,并且只需要手、眼和语音就能交互。苹果称这种新的计算范式为"空间计算"。

与过去所有的 VR/AR 平台相比,Vision Pro 的出现开创了一个新的纪元。从人机交互,到硬件规格,再到操作系统、生态,以及数据隐私,苹果重新定义了头戴式设备的标准。

(资料来源:https://cloud.tencent.com/developer/news/1096215.(2023-06-06)[2024-09-09].)

## 2. VR 在电子商务中的应用

VR 在电子商务中的应用可以极大地提升用户的购物体验，提高用户参与度，为商家带来更多销售机会和转化率。VR 技术可以打破时空限制，让用户感受到更真实、直观的产品展示和试用体验，从而提高用户的满意度和忠诚度。

（1）在线购物体验：VR 可以为用户提供更直观、逼真的在线购物体验。用户可以通过 VR 设备进入一个虚拟商店，浏览并与商品进行互动。用户可以选择商品、旋转查看、放大细节，并在购买前在虚拟环境中模拟试穿、试用等，以更好地了解产品，提高购买决策的准确性。

（2）产品展示与演示：VR 可以帮助商家展示产品的功能、特点和效果。使用 VR 技术可以创建虚拟的展示空间，让用户漫游其中并从各个角度观看产品细节。商家还可以利用 VR 来呈现产品的使用场景，通过模拟生动的情境展示，更好地向用户展示产品的价值和用途。

浙江树人学院学术团队
三创赛虚拟试镜实践

（3）虚拟试衣间：VR 可以为用户提供虚拟试衣的体验，消除传统在线购物的尺寸不符问题。用户可以在虚拟环境中选择自己喜欢的服装，然后使用 VR 设备在虚拟形象上进行试穿，更直观地了解衣物在自己身上的效果和合适度。这种虚拟试衣体验可以增强用户的购买信心，减少退货率。

## 3. AR 在电子商务中的应用

AR 在电子商务中的应用为用户提供了更身临其境的购物体验，提高了用户参与度和购买决策的准确率。用户可以更好地了解产品特性、试用效果，并通过互动的方式参与购物过程。对于商家来说，AR 不仅能够提高品牌知名度和销售转化率，还能够提供个性化、创新的购物体验，提升客户忠诚度和口碑效应。

（1）AR 广告：AR 技术可以将虚拟信息与真实世界进行叠加，创造出更丰富、生动的广告体验。例如，通过 AR 应用程序，用户可以使用手机或 AR 眼镜扫描海报或标志，立即看到产品的虚拟模型、特效动画或优惠信息等。这种沉浸式的广告体验可以吸引更多用户的注意力，提高品牌认知度和销售转化率。

（2）虚拟导购：AR 可以为用户提供更直观、互动性强的购物体验。利用 AR 技术，用户可以浏览虚拟的服装、配饰等产品。通过虚拟导购，用户可以更好地了解产品细节、尺寸和效果，提高购买决策的准确性。此外，AR 技术还可以结合室内导航功能，为用户提供更便捷的购物导航体验。

（3）AR 支付：AR 技术可以使移动支付更加智能和便捷。利用 AR 技术，用户可以在现实环境中直接选择商品，并通过手机或 AR 眼镜完成支付过程。例如，当用户在商场中使用 AR 应用程序查看产品时，他们可以选择感兴趣的商品并通过虚拟界面完成付款，无须离开购物环境。这种 AR 支付方式简化了传统的购物流程，提升了支付的便利性、提高了支付效率。

## 本 章 小 结

互联网技术是电子商务一切交易活动的基础。本章在电子商务发展的新态势、新语境下重新梳理互联网的发展脉络，对互联网经济形成全面认识。互联网新技术的飞速发展与快速迭代，使得物流、信息流、现金流变得更加便捷，同时也带来更多新的发展机会。本章主要总结了互联网新技术在电子商务领域的应用场景与主要特色，各项新技术之间也纵横关联、互相依赖、互为助力。

## 思 考 与 练 习

一、选择题

1．以下（　　）技术可被用于在线支付。
　　A．人工智能
　　B．无线通信
　　C．电子数据交换
　　D．加密技术
2．云计算在电子商务中的主要优势是（　　）。
　　A．降低成本并提高灵活性
　　B．加强网络安全和隐私保护
　　C．扩展企业的市场覆盖范围
　　D．提供更多的在线产品选择
3．虚拟现实和增强现实技术在电子商务中的应用主要是为了（　　）。
　　A．增加用户参与度和提高购买决策的准确性
　　B．提供更多的在线支付选项
　　C．减少电子商务平台的运营成本
　　D．加强网络安全和隐私保护

二、简答题

1．简述我国近几年电子商务技术的主要革新和变化，分析这些革新和变化给电子商务的发展带来什么影响。
2．简述全球电子商务的当前发展态势，并探讨未来电子商务的潜在增长区域或市场。

# 拓展案例

## "爆发"的直播电商，电商的下一个甜蜜期？

2024年，我国直播电商行业继续保持了快速增长的势头。星图数据的监测显示，2024年"双11"期间，直播电商平台的累计销售额达3 325亿元，同比增长54.6%。

随着5G商用的加速布局，通过直播展示商品信息将变得更快、更高清，直播电商将迎来发展红利阶段。随着5G新基建的推进，短视频和直播电商有望成为新一代电商基础设施，"+直播"将成为电商的新常态。消费者从依赖于搜索的目的性消费，到导购和互动，再到"云逛街"式的无目的性消费，从"人找货"到"货找人"，消费体验更加视觉化、情感化和互动化，未来直播电商有机会成长为万亿级的市场规模。

（资料来源：网络资料整理。）

# 第 3 章
# 电子商务的商业模式

**学习目标**
1. 了解电子商务的主要盈利模式。
2. 熟悉不同商业模式的典型电子商务平台。
3. 掌握不同电子商务模式的优势、分类、盈利模式、发展趋势等。
4. 了解不同电子商务代表性企业的发展特点。

**思维导图**

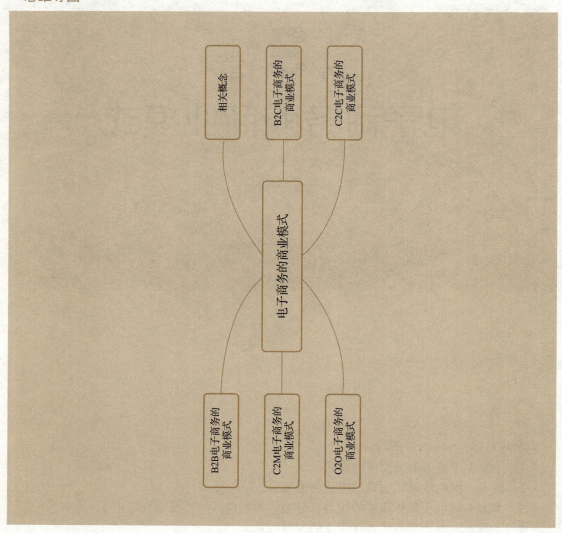

## 📖 引例

Wish 是一个源于移动端的跨境电商交易平台，2011 年 12 月成立于美国。其 99%的交易都在移动端进行，用户可以随时随地浏览 Wish 并购物，用户从打开 Wish 手机应用到完成付款流程最快不过数秒时间。Wish 弱化了搜索功能，采用个性化推送机制。Wish 采用独特算法，根据用户在社交网络上的浏览轨迹分析用户喜好，并向用户推送与之喜好相匹配的商品，因此每个人在 Wish 首页看到的商品都不同，所谓"千人千面"就是这个道理。

Wish 是一款基于手机移动端的全球综合类商品购物应用，支持超过 30 种语言，拥有超过 9 000 万件商品，为超过 71 个国家或地区提供购物服务，在全球拥有的用户超过 1 亿。

Wish 是欧洲和北美最受欢迎的移动购物应用，也是这些地区的苹果应用商店和安卓应用商店里最受欢迎的生活类应用之一。Wish 备受欢迎的特色之一是把商品和用户分别标签化，通过不断记录用户的浏览点击行为和购物习惯，结合大数据及人工智能算法，实时地自动向用户手机移动端推送其感兴趣的商品，让用户享受个性化、方便快捷、高性价比的全球购物体验。

Wish 拥有 Wish 综合购物应用、Mama 母婴类购物应用、Cute 彩妆类购物应用、Home 家居类购物应用、Geek 电子产品类购物应用这五大购物应用。其中，Wish 综合购物应用的商品种类最齐全、最丰富。Mama、Cute、Home 和 Geek 是从 Wish 综合购物应用中精选出来的垂直类商品购物应用，为商品需求相同的用户群体提供简单直接的购物体验。

到 2023 年，Wish 有超过 6 亿的注册用户，超过 55 万家商户入驻，消费者的年龄段集中在 15～39 岁，日浏览时长超过 45 分钟。

（来源：舒建武，杨莉，2023. 数字营销[M]. 北京：中国商务出版社.）

## 3.1 相关概念

电子商务是指利用互联网及现代通信技术进行的任何形式的商务运作、管理或信息交换，包括企业内部的协调与沟通、企业之间的合作及网上交易等内容。

目前从事电子商务的企业主要有两类：纯电子商务型企业和混合型企业。拼多多、亚马逊、阿里巴巴等属于纯电子商务型企业，并不专门从事某个领域的商业活动。混合型企业是指企业原本从事某个领域的商业活动，以此为根基开展电子商务活动，代表企业有国美电器、苏宁易购等。无论企业采用哪种类型，其共同目标都是可以实现盈利，获得更好的发展。

### 3.1.1 商业模式的概念

商业模式是企业通过创造价值而获取利益所采取的一系列活动，它表明了公司在价值链中所处的位置，任何商业模式都要清楚它们的盈利模式和价值体现。

商业模式的六要素包括价值主张、市场定位、核心竞争力、盈利模式、资源配置和组织架构。这些要素之间关系密切，相互影响，共同构成了一个完整的商业模式。

（1）价值主张。

价值主张是商业模式的核心，也是企业为客户提供的独特价值的表达。价值主张与市场定位密切相关，它需要根据市场需求和竞争环境来确定。一个好的价值主张可以有效地满足客户的需求，从而在市场竞争中获得竞争优势。

（2）市场定位。

市场定位是确定企业在市场上的位置和目标客户群体的过程。市场定位需要考虑客户的需求、竞争对手的情况和自身的资源能力等方面的因素。市场定位和核心竞争力密切相关，它需要根据企业的核心竞争力来选择合适的市场定位策略，以实现市场份额的增长和盈利能力的提升。

（3）核心竞争力。

核心竞争力是指企业在市场竞争中获得持续竞争优势的能力。核心竞争力与资源配置密切相关，合理的资源配置可以支持和维持核心竞争力。核心竞争力可以源于技术创新、品牌优势、成本优势等，它对于企业的长期发展至关重要。

（4）盈利模式。

盈利模式是企业获取利润的方式和途径。盈利模式与资源配置密切相关，合理配置企业的资源可以实现盈利能力的提升。

（5）资源配置。

资源配置是指企业在商业模式中对资源的配置和利用。资源配置与组织架构密切相关，它需要企业根据自身的战略目标和需求来进行合理的资源分配。资源可以包括人力资源、物质资源、财务资源等，合理的资源配置可以提高企业的运营效率和竞争力。

（6）组织架构。

组织架构是指企业的内部组织结构和管理体系。组织架构与价值主张密切相关，根据企业的价值主张可以设计和建立组织架构。一个良好的组织架构可以提高企业的协同效率和决策效能，从而支持和实现商业模式的有效运作。

## 3.1.2　盈利模式的概念

盈利模式是指企业在生产经营过程中，把握市场动态、合理配置资源，利用其核心业务、销售渠道、客户关系和竞争优势来创造现金流，实现企业价值最大化的模式。

盈利模式和商业模式较为相似，皆和企业的运营相关。盈利模式更注重怎样获取企业自身的价值，是从盈利的角度引导企业的资源配置；而商业模式是指企业进行商业活动的方式，更注重针对目标客户引导企业进行价值创造、获取收入，该模式强调企业应该面向怎样的客户、创造什么样的价值。

盈利模式实质上是商业模式在盈利方面的细化分析，通过对盈利模式的分析，能够清晰地了解企业的收益来源和未来的发展方向。

盈利模式的差异主要由以下五个方面决定：企业的目标客户、企业能够通过产品或服务给客户提供的价值、吸引目标客户的方式、企业的收入来源、企业的竞争优势。这五个方面会进一步体现在盈利模式的构成要素上。

不同的盈利模式的区别在于盈利模式构成要素的差异，对构成要素的拆解和探究是剖析盈利模式的必要途径。图 3.1 所示为盈利模式的构成要素，包括了"一个中心，五个基本点"，即以价值创造为中心，需要协调五个基本点：盈利对象、盈利点、盈利杠杆、盈利源和和盈利屏障。

图 3.1 "一个中心，五个基本点"的盈利模式

（1）盈利对象。

盈利对象是指企业的目标客户，解决的是企业向谁提供价值的问题。如果没有盈利对象，企业盈利就无从谈起。在企业经营的过程中，企业需要关注消费者的偏好、年龄、性别、趋势等诸多情况，从而理清目标消费者、目标细分市场。通常情况下，企业会对其盈利对象进行深入的调查，精准定位主要的盈利对象，对潜在盈利对象进行开发。

（2）盈利点。

盈利点是指企业向客户提供什么，哪些东西可以让企业盈利。盈利点的关注重点是该盈利点在满足用户需求的时候，能够为企业带来的价值。

（3）盈利杠杆。

杠杆的关键在于用简单而快捷的方法完成繁复的工作。盈利杠杆是指企业吸引消费者的一系列相关活动，企业将盈利对象和盈利点结合起来，运用不同的杠杆手段获得最高的盈利。盈利杠杆是企业的投入，其关注重点是哪些活动能够为企业提供价值。

（4）盈利源。

盈利源是指企业的收入来源。企业通常可以利用销售产品、提供服务等方式来获得收入。从三个方面可以判断企业盈利源的好坏：一是盈利源要有一定的规模，并且未来有增长的潜力；二是企业对盈利原理有着深入的了解和研究；三是与其他竞争者相比，企业的盈利源拥有特定的优势。

（5）盈利屏障。

盈利屏障是指企业采取的一系列防范举措，其目的是避免其他企业掠取自身的盈利，以保证自身持续盈利。盈利屏障与盈利杠杆类似，反映的都是企业的投入，但区别在于，前者是为了防止消费者流失，隔绝竞争者，保持盈利；而后者则是为了吸引消费者，获得盈利。

盈利屏障可看作壁垒，保障企业的核心优势难以被模仿和超越，保证企业持续盈利，这往往需要依靠企业的资源、关键技术和能力。

### 3.1.3 电子商务的主要盈利模式

电子商务是互联网技术和信息技术爆炸式发展的产物，电子商务改变了企业的生产方式、经营管理活动，也改变了社会的经济结构和运行方式。传统的电子商务商业模式主要有 B2C（Business to Customer，企业对消费者）、C2C（Customer to Customer，个人对个人）、B2B（Business to Business，企业对企业）、C2M（Customer to Manufacturer，消费者对生产者）、O2O（Online to Offline，线上到线下）等，其中 B2C 以天猫、京东、亚马逊为代表；C2C 以淘宝、拼多多、eBay 为代表；B2B 以阿里巴巴、中国制造、敦煌网为代表；C2M 以必要商城为代表；O2O 以美团、饿了么、Airbnb 为代表。这些模式是电子商务中最重要和最基本的商业模式，涵盖了电子商务交易中的各个领域。

随着电子商务行业的发展，电子商务企业主要根据核心盈利来源和发展阶段来确定其盈利模式，衍生出四种盈利模式：平台型、生产直销型、垂直型和综合型，它们的特点和核心盈利来源，详见表 3.1。

表 3.1 四种盈利模式的特点和核心盈利来源

| 盈利模式 | 特点 | 核心盈利来源 |
| --- | --- | --- |
| 平台型 | 企业自身不参与交易，主要为交易双方提供平台和服务 | 平台佣金、广告收入 |
| 生产直销型 | 企业本身就是生产商，通过自己搭建网络平台，将所生产的产品或服务直接销售给客户 | 销售产品或服务所获得的收入与生产成本的差额 |
| 垂直型 | 企业从生产商或供货商采购产品进行销售，深入运营某个行业或细分市场，销售特定类型的产品 | 销售产品所获得的进销差价 |
| 综合型 | 企业采购产品进行销售，销售产品种类多、规模大，有稳定的供货商，基础设施完善 | 销售产品所获得的进销差价、广告收入、平台佣金 |

## 3.2 B2C 电子商务的商业模式

B2C 电子商务是企业直接面向消费者销售商品和服务的零售型电子商务模式，也是广大消费者接触较多且最常使用的电子商务模式。

### 3.2.1 B2C 电子商务的优势

从买卖关系来看，B2C 电子商务主要涉及卖方（企业经营者）和买方（消费者）。

对企业经营者而言，B2C 电子商务能够减少批发商、零售商等传统供应链中的中间商环节，让品牌商和厂家直面消费者，从而降低采购成本和销售成本。同时，传统企业的销售渠道通常是有限的，B2C 电子商务拓宽了销售渠道，覆盖了更多的消费群体，销售范围几乎不受企业大小的限制，利于打造线上品牌形象。企业经营者还可以动态监测商品的点击率、购买率、用户反馈，随时调整商品的生产或进货计划，起到减少库存积压的作用。

对消费者而言，B2C 电子商务减少了传统供应链中的中间商环节，降低了消费成本，使消费者在很大程度上得到了更多价格与服务上的实惠。同时，消费者足不出户就可以充分了解和对比感兴趣的商品，包括商品的外观、规格、参数、功能及价格等，对于在现实生活中买不到或很难买到的商品，在 B2C 电子商务平台中都可以找到并且还能获得更多的选择机会。

### 3.2.2　B2C 电子商务的分类

B2C 电子商务按照不同的分类标准，可以分为不同的类型，具体如下。

（1）按企业与消费者买卖关系分类。

① 卖方（企业）对买方（个人）的电子商务模式：该模式是最常见的一种 B2C 电子商务模式，它是指由企业出售商品或服务给个人的一种模式，如京东商城、当当网。

② 买方（企业）对卖方（个人）的电子商务模式：该模式是指企业在网上向个人求购商品或服务，这种电子商务模式主要用于企业人才招聘，如智联招聘、BOSS 直聘等。

（2）按交易商品的性质分类。

① 无形商品或服务的电子商务模式。电子客票、网上汇款、网上教育、在线咨询等，可以在网上直接实现交易的都属于无形商品或服务。该模式一般包括网上订阅、付费浏览、广告支持、网上赠与四种模式：网上订阅模式如网易云课堂、付费浏览模式如期刊网、广告支持模式如百度、网上赠与模式如企业为会员提供免费试用服务。

② 有形商品或服务的电子商务模式。有形商品或服务的电子商务模式的查询、订购和付款等都可以通过网络进行，但最终的交付不能通过网络实现。一般可以分为独立 B2C 网站和 B2C 电子化交易市场。独立 B2C 网站如华为商城、小米商城等，B2C 电子化交易市场如天猫、招商银行信用卡商城等。

（3）按 B2C 网购模式分类。

① 综合平台商城。综合平台商城只是网络交易平台，不涉及具体的商品采购和配送服务，用户可以通过缴纳租金的方式申请加入平台，如天猫等。

② 综合独立商城。综合独立商城内部机构庞大，具有商城的独立经营权，能提供正规的发票和售后服务，需要自行开展商品采购、上架、仓储、发货和配送等，如京东商城等。

③ 网络品牌商城。网络品牌商城拥有自身的商品品牌，是一种"轻资产、快公司"的模式。"轻资产"是指企业的无形资产，包括企业的管理制度、企业品牌和人力资源等；"快公司"是指在较短的时间内实现业绩的高速增长的公司，如珂兰钻石等。

④ 连锁网销商城。连锁网销商城是一种"实体+网销"的模式，依托于传统零售采购平台强大的供应链，建立与厂商良好的合作关系，具有较高的品牌信誉和丰富的商品种类。

（4）按商品覆盖品类和品牌分类。

① 品牌型垂直电子商务。品牌型垂直电子商务只做某一类目并且只卖自己品牌的商品，不仅要在行业中具有强大的品牌影响力，还要能够吸引足够的流量，并且有足够多的商品种类，如小米商城、华为商城等。

② 平台型综合电子商务。平台型综合电子商务通常体量规模较大，如京东商城、天猫、拼多多等，主要是发展开放平台业务，扩大自身的品类范围，同时结合用户消费行为，为用户提供个性化的服务。

③ 平台型垂直电子商务。平台型垂直电子商务集合了品牌型垂直电子商务和平台型综

合电子商务的优势，不仅提供多种品牌供消费者选择，而且针对单品类做了精细化细分。从用户体验的角度出发，平台型垂直电子商务"小而精"的特点会强化购物体验，满足一些差异化需求，如当当网、91家纺网等。

### 3.2.3 B2C 电子商务的盈利模式

B2C 电子商务的盈利模式主要有四种，分别是网络广告收益模式、商品销售营业收入模式、出租虚拟店铺收费模式和网站的间接收益模式。

（1）网络广告收益模式。

网络广告收益模式是大部分 B2C 网站的主要盈利模式，这种模式的成功与否取决于网站访问量的多少及广告是否能受到关注。

（2）商品销售营业收入模式。

商品销售营业收入模式主要是通过赚取采购价与销售价之间的差价和交易费来获得利润，如亚马逊。

（3）出租虚拟店铺收费模式。

出租虚拟店铺收费模式是 B2C 电子化交易市场的主要收入来源，这些网站在销售商品的同时，也出租虚拟店铺，通过收取租金来赚取中介费，如天猫、京东商城。

（4）网站的间接收益模式。

网站的间接收益模式是指采取以上三种方式以外的方式来盈利的一种模式，如网上支付。该模式主要利用用户付款和网站将款项支付给卖家的时间差过程中产生的巨额资金来进行其他投资，从而获得利润。

### 3.2.4 案例分析——亚马逊

1. 亚马逊概况

亚马逊

亚马逊（Amazon）是美国最大的一家网络电子商务公司，总部位于华盛顿州西雅图，是互联网上最早开始经营电子商务的公司之一。亚马逊成立于 1994 年，一开始只经营网上的书籍销售业务，之后不断扩展商品品类，已成为全球商品品类最多的网上零售商和全球第二大互联网企业。亚马逊网站如图 3.2 所示。该公司名下还包括了 Alexa Internet、A9 和互联网电影数据库（Internet Movie Database，IMDB）等子公司。

亚马逊及其他销售商能够为客户提供数百万种独特的全新、翻新及二手商品，主要商品类目包括图书、影视、音乐和游戏、数码下载、电子产品、家居园艺用品、玩具、婴幼儿用品、食品、服饰、鞋类和珠宝、健康和个人护理用品、体育及户外用品、汽车及工业产品等。

2012 年，亚马逊将"全球开店"项目引入中国，致力于将中国最优秀的企业、最优秀的卖家引入亚马逊海外站点，让中国卖家直接面对海外消费者。经过亚马逊团队的努力，已经开辟出美国、加拿大、日本等市场，这就意味着中国卖家只要将相关资料提交给亚马逊的招商团队，就能直接在这些海外市场上进行销售和消费。图 3.3 所示为亚马逊中国平台。

图 3.2　亚马逊网站

图 3.3　亚马逊中国平台

2004年8月，亚马逊全资收购卓越网，将亚马逊全球领先的网上零售专长与卓越网深厚的中国市场经验相结合，进一步提升客户体验，并促进中国电子商务的发展。亚马逊中国坚持"以客户为中心"的理念，承诺"天天低价，正品行货"，致力于从低价、选品、便利三个方面为消费者打造一个百分之百可信赖的网上购物环境。作为一个在中国具有领先地位的 B2C 电子商务网站，亚马逊中国为消费者提供 32 个大类、上千万种产品，通过货到付款等多种支付方式，为消费者提供便利、快捷的网上购物体验。

亚马逊中国拥有非常先进的运营网络，目前拥有 15 个运营中心，主要负责厂商收货、仓储、库存管理、订单发货、调拨发货、客户退订、返厂、商品质量安全等工作。同时，亚马逊中国拥有专业的配送队伍和客服中心，为消费者提供更加便捷的配送和售后服务。

亚马逊商城网络服务（Marketplace Web Service，MWS）是一个集成网络服务的应用程序编程接口（Application Programming Interface，API），亚马逊卖家可以使用这些接口，以编程的方式交换商品、订单、付款、报告以及其他各种数据，与亚马逊进行数据集成。借助亚马逊 MWS，卖家可以提高销售效率、减少人工需求，缩短了响应买家的时间，从而更好地拓展对外业务。

亚马逊 MWS 主要提供以下功能。

（1）库存管理。卖家可以执行库存批量上传、添加商品、核对库存数量、查看定价信息和其他库存管理任务。

（2）订单管理。卖家可以下载订单信息、获取付款数据、确认订单以及安排报告时间。

（3）报告管理。卖家可以请求多个报告、查询这些报告的状态，然后下载这些报告。

亚马逊 MWS 服务没有任何相关费用，但要想使用亚马逊 MWS API，必须有一个符合亚马逊 MWS 要求的卖家账户，并注册使用亚马逊 MWS。借助亚马逊 MWS，可以为自己的亚马逊卖家账户创建各种应用程序。此外，还可以为其他卖家创建应用程序，帮助他们管理网上销售业务。

2. 亚马逊的主要特点

（1）简洁明了的平台让消费者理性消费。

在初创时，亚马逊就设想过购物网站的终极形态：当用户打开亚马逊网站时，在平台页面上只会出现一种或几种产品，而这种产品恰好是用户需要的，其余的产品根本不需要显示。亚马逊的售卖理念是：尽量让用户购物更便捷。在网站架构上，亚马逊以产品为中心，卖同一种产品的不同卖家使用同样的产品介绍，可以让消费者更理性地决策。

（2）以产品为中心的详情页设计有利于浏览、体验。

在平台的组织结构上，eBay 和国内其他电商开放平台一般都是以店铺为中心的，而亚马逊则是以产品为中心的。亚马逊不为店铺开辟专门的二级域名，大多数店铺的首页就是产品列表。亚马逊的产品详情页有丰富的内容介绍，在内容排版上采取统一的格式，很适合消费者浏览。亚马逊的开放平台和自营平台都以统一的形象示人，提供一致的视觉体验，通过这种方式淡化店铺形象，确保亚马逊平台的统一品牌形象。

（3）优质的 Prime 会员物流配送服务。

亚马逊的 Prime 服务计划是一项方便注册会员购物的增值计划，从 2005 年开始，亚马逊为 Prime 会员提供两日送达服务。2023 年，亚马逊为 Prime 会员提供了有史以来最快的配送服务，超过 70 亿件产品实现了当日或次日达，其中包括在美国的 40 多亿件产品和在欧洲的 20 多亿件产品。对于卖家来说，亚马逊全球强大的物流能力和资源优势，也可以帮助卖家更快速、高效地将产品送达全球消费者手中，提高客户服务质量。

（4）产品只以定价方式销售。

亚马逊平台的产品通过展示、搜索以及分类的形式显示，只以定价方式销售，不会随意加价或减价。

（5）卖家进入门槛低，但管理严格。

亚马逊采取"宽进严管"的管理方式，个人和企业都可以在其平台上开店。除了特别类目需要卖家符合条件并向亚马逊提出申请，其他类目完全向卖家开放，而且亚马逊允许卖家销售旧的或者维修过的产品。同时，亚马逊对卖家的管理较为严格，无论是个人卖家，还是企业卖家，都必须遵守亚马逊的全方位保障条款，若买家权益受到侵害，将会得到亚马逊的全面支持。

（6）重产品详情、轻客服咨询。

亚马逊平台没有设置在线客服，鼓励买家自助购物。但会尽可能列出详尽的产品介绍，包含各种买家可能会关心的问题信息，以帮助买家尽快做出购物决策，以免买家因产品信息不全而放弃购买。统一的产品详情页这种做法，在很大程度上节省了卖家的工作量，也减少了卖家利用不实介绍来促成交易的情况，引导卖家将精力和时间放在价格、配送、售后服务等方面。

（7）重推荐、轻广告。

亚马逊不太重视各种收费广告，买家进入网站后看到的一般都是基于后台数据的关联推荐和排行推荐，而这些推荐的依据都是用户的购买记录以及买家的好评度和推荐度。因此，卖家更为关注增加选品种类，优化后台数据，采取措施引导买家留好评等，这样也就契合了亚马逊"重推荐"的特点。

（8）重视客户反馈。

亚马逊十分重视客户的反馈：商品的评论、客户对于卖家提供的服务质量的评价等级。在亚马逊平台中，客户反馈和产品评论是很重要的，它代表着客户对购物体验是否满意。亚马逊的卖家会主动索取客户反馈，对于积极的反馈信息，卖家会主动回复并表示感谢；对于负面反馈，卖家要积极主动地与客户沟通，争取消除负面反馈。根据亚马逊的统计，积极的产品评价能为卖家提升1%的销量，因此客户积极的反馈和产品评价良好对于店铺的销量提升十分重要。

3. 亚马逊的优势

作为一家已有数十年发展历史和丰富经验的电子商务公司，亚马逊的优势非常明显，在网站功能、流量、货源、仓储物流、支付手段、技术实力、生态搭建等决定开放性平台发展的关键环节或因素上，亚马逊都具有十分明显的优势。

（1）国际货源丰富。

亚马逊已经运作多年，聚集了大量的海外供应商。消费者可享受到来自美国、德国、西班牙、法国、英国和意大利在内的共计8 000多万种国际选品，开通直邮的品类包括鞋靴、服饰、母婴、营养健康及个人护理产品等。

（2）网站功能丰富。

消费者通过亚马逊的在线平台，可以方便地实现以下功能：利用分类查询系统快速查询商品信息，对图书类产品可以阅读概要；浏览其他消费者的评价；预订商品，并得到商品送达时间承诺，等等。除了基本功能，亚马逊的网站设计美观，精确搜索和模糊搜索功能全面地满足消费者的搜索需要，读者书评、商品概要等内容加强了消费者对产品的了解，降低了消费的盲目性。总体来讲，亚马逊网站通过不断优化和完善现有功能使消费者获得了较好的购物体验。

（3）仓储物流效率高。

亚马逊通过布局大型仓储运营中心，将供应商或者消费者分散的信息流和物流集中起来发挥规模效应，降低了整个供应链的运行成本，最终打败了竞争对手，抢占了更多的市场份额。亚马逊中国拥有业界最大、最先进的运营网络，其运营中心分别位于北京、广州、成都[①]、武汉、沈阳、西安、厦门、昆山、上海、天津、哈尔滨、南宁，总运营面积超过70万平方米。平台面向卖家的亚马逊物流服务（Fulfillment by Amazon，FBA），在为卖家减少成本的同时，还能确保亚马逊服务质量的一致性，无论是对卖家还是买家来说都具有吸引力。

（4）引流多，用户质量好。

亚马逊建有网站联盟，包括几乎所有的主流互联网网站。联盟网站能为亚马逊导入流量，之后亚马逊通过自身优质的服务积累用户，并逐渐形成正向循环。亚马逊网站的流量丰富，且用户质量较好，这对第三方卖家来说非常具有吸引力。

（5）支付服务和技术实力强大。

亚马逊拥有自己的支付服务 Amazon Payment，技术优势明显，其推荐系统算法在电商领域占有领先地位，更有亚马逊云平台（Amazon Web Services，AWS）提供最全面、应用最广泛的云计算服务。此外，亚马逊重视现金流，资金实力强大，账期较短，能够做到14～21天完成和卖家的结算。

（6）科学管理客户。

亚马逊公司利用网络互动了解客户意见，从而提供基于客户需求的服务。同时，公司通过客户关系管理系统来管理客户，详细分析客户的基本资料和历史交易记录，从中推断出不同客户的消费习惯和消费心理，以及客户忠诚度和潜在价值，对重点客户进行差异化的重点营销，最终向客户提供一对一的服务，这样有利于增加重点客户的购买频率和购买数量。

4. 亚马逊的盈利模式

卖家在亚马逊进行商品售卖需要向平台支付相应的费用。根据站点不同，亚马逊的收费标准也有所不同，以亚马逊美国站为例，亚马逊的费用包括月租费、销售费用、大批量刊登费以及退款手续费。

（1）月租费。

亚马逊为卖家提供了两种售卖方案：专业卖家（Professional Sellers）计划和个人卖家（Individual Sellers）计划。若计划每月销售的商品超过40种，可选择参与专业卖家计划；若每月销售的商品少于40种，可选择参与个人卖家计划。参与专业卖家计划，每月需要支付月租费（第一个月免费）；参与个人卖家计划，则无须支付月租费。

（2）销售费用。

- 成交手续费（Per-item Fees）。商品成功售出后，专业卖家无须支付成交手续费，而个人卖家则需要按商品数量支付成交手续费。
- 运费（Shipping Fees）。这里所说的运费涉及的主要是自主配送的卖家，专业卖家销售的媒体类商品（包括书籍、音乐、视频、DVD、软件以及视频游戏）及个人卖家销售的所有商品都需要按照标准支付运费。亚马逊平台根据商品类别和买家

---

[①] 亚马逊在北京、广州及成都都有两个运营中心。

选择的运送方式来收取运费,然后会将最终的收费金额传送给卖家。
- 佣金(Referral Fees)。对于自主配送的卖家来说,商品成功售出后,卖家需要按商品的最终成交价格向亚马逊支付一定比例的佣金,而使用 FBA 的卖家其佣金收费标准需按 FBA 的具体标准来执行。
- 可变结算费(Variable Closing Fees)。对于媒体类商品,包括电子书籍、DVD、音乐、软件、视频,卖家还需要为成功售出的每件商品支付可变结算费。

(3)大批量刊登费。

根据每月在亚马逊上发布的活跃非媒体类商品的库存量,卖家需要支付一部分大批量刊登费用。

(4)退款手续费。

对于已经收到付款的订单,如果卖家向买家退款,需要支付一定的退款手续费。退款手续费一般为商品应交佣金的 20%,上限为 5 美元。

## 3.3 C2C 电子商务的商业模式

C2C 电子商务模式是个人消费者之间通过网络商务平台实现交易的一种电子商务模式,卖家可以是个人或小型企业。该模式需要能够为买卖双方提供在线交易的平台,在该平台中,卖方可以自行提供商品信息,而买方可以自由选择商品并进行支付。C2C 电子商务交易平台用户数量巨大,不存在地域和时间的限制,且可以同时既是买家又是卖家。

### 3.3.1 C2C 电子商务的特点

C2C 电子商务为买卖双方提供了网上信息交流的平台,以及一系列交易的配套服务。C2C 电子商务的构成要素包括买卖双方和电子交易平台,其特点主要表现为用户数量多、商品种类多、交易次数多,这三者之间紧密联系、相辅相成。

(1)用户数量大。

由于 C2C 电子商务平台具有开放和免费的特点,因此 C2C 电子商务平台的用户数量庞大,难以准确计数。

(2)商品种类多。

C2C 电子商务平台入驻门槛低,用于交易的商品种类非常丰富,但商品品质也容易参差不齐。

(3)交易次数多。

C2C 电子商务模式给用户带来较便宜的商品,且交易次数多、交易方式灵活,但单次交易的成交额通常较小。

### 3.3.2 C2C 电子商务的盈利模式

C2C 电子商务平台是一种主要通过网站为买卖双方提供网络化交易服务的平台,以便买方选购商品，同时为保障交易双方的利益，C2C 电子商务平台还提供了商品广告、第三方支付系统、交易监管和评级、网店装修等功能，这些服务和功能也是 C2C 电子商务模式的基本盈利来源。常见的 C2C 电子商务盈利模式主要包括以下几种。

（1）会员费。

收取会员费是大部分电子商务网站的盈利模式之一。用户为了获得某些权限，如店铺出租、商品信息推广等服务，需要注册为会员并支付一定的费用。会员费一般采取第一年缴纳、第二年续费的形式。付费会员比免费会员能享受到更多、更高质量的服务。

（2）网络广告费。

有些平台会根据网站中的位置向用户收取不同的网络广告费，如淘宝网的竞价排名、直通车等。

（3）增值服务费。

平台可以提供一些如包装、配送、安装等的增值服务。提供这些增值服务的平台可以通过向用户收取一定的费用来盈利。

（4）特色服务费。

特色服务费即商品或服务的特色展示费用，如淘宝网的店铺装修、数据统计与分析工具的费用。

### 3.3.3 案例分析——eBay

#### 1. eBay 概述

eBay

eBay（图 3.4）是一个可让全球民众上网买卖物品的线上拍卖及购物网站。作为全球商务与支付行业的领先者，eBay 为不同规模的商家提供共同发展的商业平台。eBay 在线交易平台是全球领先的线上购物网站，拥有近 3 亿活跃用户，遍布全球 190 多个国家和地区。eBay 有 20% 的交易额属于跨境交易，其中每三个新用户中就有一个进行的是跨境交易。

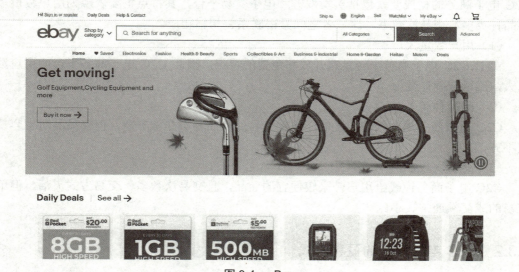

图 3.4　eBay

eBay 集团旗下的主要业务包括：在线交易平台、在线支付工具和企业服务。

eBay 的电子支付品牌 PayPal 在 193 个不同国家和地区拥有超过 1.48 亿活跃用户，支持 26 种货币的收付款。借助强大的平台优势、安全快捷的支付解决方案及完善的增值服务，自 2007 年以来，数以万计的中国企业和个人用户通过 eBay 在线交易平台和 PayPal 支付解决方案将产品销往全球 200 多个国家和地区。

2015 年 7 月 20 日，eBay 和 PayPal 正式拆分，拆分后的 eBay 和 PayPal 的合作关系保持不变，eBay 继续与 PayPal 合作处理退款、逾期欠款和资金冻结等业务，必要时指示和建议 PayPal 向用户的账户采取适当行动。不管是在调整前还是在调整后，在 eBay 上可供出售的商品都能达到约 8 亿件，其中非二手商品占 7%，以固定价格销售的商品占 80%。eBay 的交易遍布全球各地，并在多个国家和地区设有站点，包括澳大利亚、加拿大、法国、德国、印度、日本、韩国、中国等。全球范围内活跃在 eBay 上的卖家达到 2 500 万个，买家达到 1.57 亿个。

作为全球最大的在线交易平台之一，eBay 让世界各地的用户实现了随时随地购买其所需物品的愿望。在 eBay 上，每天有数以百万计的商品被刊登、贩卖、售出，商品种类包罗万象，如纪念卡、古董、玩偶之类的收藏品，二手车、书籍、服装、电子产品等商品都可以在上面进行交易。即使一些布满灰尘、看起来不起眼的小物件，只要不违反法律或是在 eBay 的禁止贩售清单之外，同样可以进行刊登和售卖。服务及虚拟物品也在可售卖物品的范围之内。eBay 推翻了以往规模较小的跳蚤市场，将买家与卖家聚在了一起，创造了一个永不休息的"大市场"。即使像 IBM 这样的大型跨国公司，也会利用 eBay 的固定价或竞价拍卖来销售它们的新产品或服务。

2. eBay 的主要特点

eBay 凭借遍布全球多个国家的网上贸易站点和严谨的信用评价系统，帮助众多外贸用户和中小企业实现了外贸创业梦想。eBay 的主要特点如下。

（1）要求相对严格。

eBay 的准入门槛相对较高，对卖家的要求也严格，对商品的质量也有较高的要求。eBay 上的价格竞争十分激烈，商品要想赢得买家的青睐，在保证质量的同时在价格上也同样要有优势。

（2）面向成熟市场。

eBay 主要面向成熟市场，对商品和服务的品质有较高的要求，平台内的一系列规则更偏向于买家。因此，对卖家的商品、物流等方面有着高标准的要求，不仅商品本身品质要优秀，其他方面的实力也要过硬才行，如本地化服务，包括海外仓、本地品牌包装等。

3. eBay 的优势

eBay 拥有数目庞大的网上店铺，每天有数百万的商品更新，还有数百亿元的资金通过 PayPal 快捷的支付方式安全地实现流通。

（1）门槛低。

用户只需要简单地注册一个 eBay 账户，就可以在 eBay 设立的全球各个站点轻松地开展外贸销售业务。

（2）利润高。

eBay 在全球拥有多个站点，卖家可以将自己的商品销往全世界。此外，依靠其全球 C2C 平台，eBay 上的卖家几乎无须为推广而担忧，且卖家在 eBay 全球平台上可以接触到终端消费者，从而缩短交易流程，进而获取更高的利润。

（3）支付方便。

eBay 平台提供的支付方式包括：信用卡、借记卡、Apple Pay、Google Pay 和 PayPal 等，让卖家的外贸支付无忧。

（4）销售方式灵活。

eBay 平台为卖家提供了多种销售方式，包括拍卖方式、一口价方式以及"拍卖+一口价"综合方式，同时让买家有更多的选择。

4. eBay 的运营模式

（1）赚取交易费而非服务费。

eBay 作为一家拍卖网站，开创了一种前所未有的商业模式——C2C 模式，即消费者对消费者（消费者可以是个人，也可以是小型企业）的商业模式。在 eBay 平台上，买家也可以是卖家，和传统营销模式不同，eBay 并不直接参与交易，而是给消费者提供一个平台，为客户提供商务信息或增值服务。通过这个平台，买主和卖主都可以获得各自需要的信息流，而 eBay 就通过出售这样的信息流获利，积少成多，越来越多的企业和个人都进入 eBay 寻找信息，因此 eBay 也获得了丰厚的利润。

（2）同时售卖二手货和新品。

eBay 网站上售卖商品既有二手货也有新品，二手货以较低的价格卖出，具有极大的价格优势。而新品则是由与 eBay 合作的企业提供的，其第一时间将产品发布在 eBay 网站上。随着新品的激增，eBay 的商品范围也迅速扩张，eBay 网站商品类目已经从初期的 300 个分类发展到 15 个大类、150 多个二级分类、500 多个商品细分类，覆盖计算机网络、通信器材、体育器械、居家生活、办公文教等多个商品流通领域。买家可以根据自己的需要购买二手货或者新品。

（3）鼓励开展个人电子商务。

eBay 鼓励个人在网上开店，并以会员制的方式收费。买家完成支付，会有专人进行送货上门，卖家发货后，如买家签收，eBay 会将钱汇入卖家账号。

（4）物流不自建，采取外部合作方式。

eBay 全球物流配送均由第三方物流公司承担，提供单包直发和合包整发两种方式。其优点是成本低、业务多。

5. eBay 的盈利模式

交易平台作为 eBay 最核心的业务，其收入也是 eBay 最主要的收入来源。交易平台的收入主要来自对交易平台各项服务的收费，具体如下。

（1）刊登费。

eBay 的刊登费，类似于淘宝平台的上架费。可以将 eBay 比作一个大型商场，每个在 eBay 卖东西的商家就是商场内的各个店铺，卖家把东西放到 eBay 上卖，就需要支付一定数额的入场费，分为基本费用和附加费用。如果另外开店的话还需要支付店铺费用。

（2）成交费。

成交费就是交易服务费的简称，这个费用只在商品卖出后产生，而且是即时产生的。一般是按成交价格的百分比来收取，但每个类别的百分比有所不同，每个档次的百分比也不同。简单来说，就是价值越高的商品收取的交易服务费百分比就越大。

（3）网上支付。

在 eBay 网站上，使用 PayPal 的用户还需支付相应的费用，这可以看作 eBay 对交易平台的配套服务——网上支付服务所收取的费用。这些费用是通过用户的 PayPal 账户来收取的，而不是通过 eBay 账户。PayPal 致力于安全便捷迅速地在线收款和付款。PayPal 除了为 eBay 的用户提供网上支付服务，还为其他在线零售商、在线商家乃至传统的线下商家提供相关的服务。

在收费方面，使用 PayPal 账户进行开户、付款和充值都是免费的。如果要进行提现，接受 PayPal 余额、PayPal 及时转账或 PayPal 电子支票付款，接受信用卡、借记卡或买家信息付款，以及多币种交易则需支付相应的费用。根据服务的不同，收取的费用从服务金额的 1%～49% 不等。此外，PayPal 根据用户的不同将其账户区分为个人账户和高级/企业账户，一些服务功能只有高级/企业账户才能享用。另外，在收取的费用方面，两者也会有所区别。

总而言之，eBay 的盈利模式可以概括为以直接向用户收取交易平台服务费用为主，以提供配套服务（网上支付）并收取相应费用为辅的模式。

## 3.4 B2B 电子商务的商业模式

B2B 电子商务模式是指企业与企业之间通过互联网或私有网络等现代信息技术手段进行各种商务活动（如谈判、订货、签约和付款等）的电子商务模式。

### 3.4.1 B2B 电子商务的优势

B2B 电子商务的实施可以降低企业成本并增加企业收入来源，这种模式的优势体现在商务成本、供应链管理等方面。

（1）降低商务成本。

企业商务成本一般包括采购成本与库存成本。在 B2B 电子商务模式下，企业通过与上游的供应商和下游的客户建立企业电子商务，能够在网上完成整个业务流程，减少买卖双方为交易而投入的人力、物力和财力等资源，同时优化内部采购体系和库存体系，实现高效的企业运转和库存控制，从而更好地降低商务成本。

（2）加强供应链管理。

在 B2B 电子商务模式下，企业能够明确获悉所有商品的情况，并进一步对市场供求信息加以预估和控制，方便对库存和物流进行更科学的规划和管理，使供应链管理得到加强，从而提高企业的经济效益。

### 3.4.2　B2B 电子商务的特点

B2B 电子商务使企业可以通过互联网实现交易，完成从订购到结算的全部交易行为。B2B 电子商务的特点包括以下几个方面。

（1）单次交易金额大。

相比 B2B 电子商务模式，B2B 电子商务模式的交易次数较少，但单次交易金额较大。

（2）交易对象广泛。

B2B 电子商务的交易对象可以是任何一种商品，这里的商品既可以是成品，也可以是原材料或半成品。

（3）交易操作规范。

B2B 电子商务的买卖双方能够在网上完成整个业务流程，包括初期沟通、货比三家、讨价还价、签单交货、售后服务，极大地节省了企业的经营成本和交易时间，提高了工作效率。

（4）交易过程复杂。

B2B 电子商务的单次交易金额一般较大，而且还会涉及交易谈判、合同签订和售后服务及赔付等环节，因此交易过程相对复杂。

### 3.4.3　B2B 电子商务的盈利模式

B2B 电子商务的盈利模式是多样化的，其通过会员费、交易佣金、广告费、竞价排名、增值服务、线下服务及自有产品销售等获得可观的收益。

（1）会员费。

B2B 电子商务网站的会员费收取，包括一次性收费和按月、季度或年收费，还有一些网站提供免费会员和付费会员。

（2）交易佣金。

通常，收取交易佣金的 B2B 电子商务网站不会再收取会员费。有的网站则是对免费会员收取交易佣金，对付费会员免除交易佣金。

（3）广告费。

B2B 电子商务网站的广告很多，主要包括首页广告、横幅广告、弹窗广告等。

（4）竞价排名。

B2B 电子商务网站提供搜索排名服务，在确保信息准确的基础上，出价高的用户排名可以靠前，能够获得更高曝光度。

（5）增值服务。

B2B 电子商务网站会提供一些收费的增值服务，如行业数据分析报告、企业认证等。

（6）线下服务。

B2B 电子商务网站会开发一些线下服务，如举办展会、组织会议等。

（7）自有产品销售。

B2B 电子商务网站会自主开发一些产品，向会员销售这些自有产品。

### 3.4.4　案例分析——敦煌网

1. 敦煌网概述

敦煌网（图 3.5）成立于 2004 年，是我国第一个 B2B 跨境电子商务平台，致力于帮助我国中小企业通过电子商务平台走向全球市场。敦煌网 CEO 王树彤是我国最早的电子商务行动者之一，曾在 1999 年参与创立卓越网并出任第一任 CEO。敦煌网开创了"为成功付费"的在线交易模式，突破性地采取佣金制模式，免收企业注册费，只在买卖双方交易成功后收取一定的费用。敦煌网作为我国领先的在线外贸交易品牌，开辟了一条全新的国际贸易通道，让在线交易变得更加简单、安全、高效，是商务部重点推荐的我国对外贸易第三方电子商务平台之一。

连接无限可能-敦煌网

图 3.5　敦煌网

2. 敦煌网的主营产品

在细分市场的选择上，敦煌网考虑了境外竞争力和对供应商的把握因素之后，将主营产品定位为服装服饰、消费类电子产品、饰品及家居用品等。主要原因：一是这些商品的境外竞争力非常强，需求十分旺盛；二是这些产品的供应商一般集中在长三角和珠三角一带，不仅信息交流通畅，而且物流配送相对发达、报关商检效率相对较高，为交易的快速达成提供了有力保障。

截至 2023 年年底，敦煌网已经汇聚超过 260 万家优质供应商、3 300 多万种商品，业务范围遍布全球 225 个国家和地区，为超过 7 700 万个全球买家提供优质服务。

3. 敦煌网的交易模式

敦煌网采用"交易服务型 B2B"运营模式。与传统的贸易方式和跨境电子商务相比，敦煌网的交易模式比较新颖，以交易服务为核心，提供了整合信息服务、支付服务、物流服务等在内的全程交易服务，并在交易完成之后收取佣金。敦煌网的"为成功付费"打破了以往传统电子商务的"会员收费"模式，既降低了企业风险，又节省了企业不必要的开支，同时，这一交易模式还形成了与阿里巴巴、中国制造网、环球资源、环球市场等其他大型 B2B 平台的差异化竞争优势。

敦煌网力图建立一个网上二级批发商的开放平台，所有订货量小但订货频率高的企业，都可以在其平台上找到合适的货源，并依托敦煌网提供的物流和资金流支持顺利完成交易。在敦煌网，买家可以根据卖家提供的信息生成订单，可以选择直接批量采购，也可以选择先小量购买样品，再进行大量采购。敦煌网与 DHL、FedEx 等国际物流巨头保持着密切合作，以网络庞大的业务量为基础，使中小企业的同等物流成本至少下降 50%。对于这种线上小额批发，订单数量不大的交易可以省去报关手续，或者由合作快递公司在一定金额范围内代理报关。

此外，敦煌网注重服务的创新。为了解决困扰卖家的各种难题，敦煌网特别成立了由业务精英团队组成的动力营，深入各个地区，为卖家提供培训、寻找货源，全方位扶持卖家。

4. 敦煌网的主要特点

（1）服务对象规模化。

由最初的中小商户开始扩展到规模化的外贸企业、工厂和品牌商家。针对不同的服务对象，敦煌网除了交易平台，还推出了网货中心。网货中心是针对传统外贸企业的服务，从 2013 年 8 月开始，敦煌网和义乌共同推出"全球网货中心"平台。

（2）一站式定位。

敦煌网定位为一站式跨境出口 B2B 电商平台，是领先的 B2B 跨境电子商务交易平台。以在线交易为核心的 B2B+B2C 双赛道跨境平台，一站式布局全球千亿级市场，全方位的平台资源政策，赋能商家起步成长，帮助中小企业实现"买全球，卖全球"的梦想，助力中国品牌无忧出海。

（3）一体化服务。

敦煌网的一体化服务主要包括：一是 DHpay 对接全球 30 多种支付方式；二是 DHlink（敦煌网旗下的综合性跨境物流业务平台）支持 EMS、UPS、DHL 等 20 多种物流方式，也可提供仓库及集运服务；三是与金融机构合作，DHCredit 提供信贷服务；四是提供培训、营销推广和代运营等增值服务。

（4）移动端同步发展。

2011 年，敦煌网上线跨境电商领域第一款买家端移动 App，随后推出买家端 WAP 平台和卖家端 App。

5. 敦煌网的盈利模式

敦煌网作为一个交易平台，为买卖双方提供交易服务，以促使双方在网上达成交易。基于这个定位，敦煌网主要有以下两种盈利模式。

（1）佣金。

作为平台，敦煌网提供一个交易市场，买家和卖家可以在这个平台上交易，交易成功之后，向买家收取一定比例的交易佣金。

（2）服务费。

由于跨境电商面向全球 200 多个国家的十几万个城市，复杂程度远远高于内贸电商，同时，跨境电商整个交易流程较长，买卖双方对交易中涉及的服务有较高的要求。跨境平台的交易复杂性及商务性，决定了整个跨境交易过程需要很多服务环节。基于这个特点，敦煌网也向企业提供集约化物流、金融服务、代运营服务等项目，并收取一定的费用。

## 3.5　C2M 电子商务的商业模式

现阶段，我国已逐渐步入工业 4.0 时代，未来的商业模式主要以解决客户问题为主，目的在于建立一个拥有高度灵活的数字化和个性化的产品与服务的生产模式。

2022 年，工业和信息化部发布《关于加快现代轻工产业体系建设的指导意见（征求意见稿）》，提出大力发展 C2M、B2M 等新型商业模式，利用大数据分析挖掘消费者个性需求，实现工业互联网与消费互联网融合对接。作为中国制造业领域重要的模式之一，C2M 凭借其对产业链产销模式的改造，逐渐成为行业关注的焦点。

C2M（Customer to Manufacturer）电子商务模式，也被称为消费者直连制造商模式，即通过互联网平台直接打通消费者与制造商之间的联系，将消费者的需求直接传达给制造商，而制造商在生产完成后，则直接将产品送到消费者手中。整个过程不再包含传统的分销与代理环节，消费者可以购买到更具性价比的产品，而制造商的制造周期可以更短、库存压力可以更小、周转率可以更快，可以说是消费者与制造商的双赢。C2M 电子商务模式如图 3.6 所示。

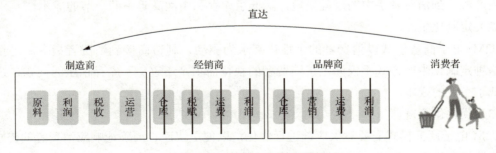

图 3.6　C2M 电子商务模式

### 3.5.1　C2M 电子商务的优势

在 C2M 电子商务模式下，消费者根据自己的需要提出购买需求，由平台整合不同的供应商和服务商提供给消费者定制化的产品，而生产企业则负责完成订单，整个过程中所有环节都在互联网上完成，这就要求生产企业能够更好地满足消费者对个性化、定制化产品的需求，从而有效提高产品质量和生产效率。C2M 电子商务的优势如下。

（1）满足需求，提高效率。

在 C2M 电子商务模式下，企业直接面向消费者进行研发和生产，实现消费者需求到生产线的快速转化。消费者通过线上平台直接接收最新的产品信息和定制的服务，实现了双方之间的即时互动。

（2）降低成本，提高竞争力。

与传统的生产模式相比，C2M 电子商务模式可以更加精确地把握市场需求，降低了企业的生产成本。C2M 电子商务模式减少了库存、仓库、店租、中间商利润等一切中间环节，将产品流通环节中的渠道不断窄化；削减了库存、店面租金等所有不必要的费用，使消费者能够以低价买到超高质量的产品，让高端制造业直面消费者需求。同时，C2M 电子商务模式下的企业对于产品的定制化和服务性也更高，可以提高客户的满意度，增加客户的忠实度，从而提高自身的竞争力。

（3）提高消费者参与度。

C2M 电子商务模式除了可以满足消费者个性化需求，在其生产和研发过程中，消费者还可以参与其中，成为产品的合作者或设计师，这进一步增加了消费者的参与度和忠实度。

### 3.5.2　C2M 电子商务的盈利模式

C2M 电子商务的盈利模式主要基于消费者与制造商之间的直接对接，剔除了中间商的层层加价，使得消费者可以以更加低廉的价格购买产品，实现了利益最大化。这种模式以客户的个性化需求为驱动，制造商接到指令后进行生产，省去了库存、中间商等中间环节。

（1）去除中间环节。

C2M 电子商务模式的核心是去除中间商的层层加价。消费者直接对接制造商，使得产品从生产源头到消费者手中的过程更短，降低了库存和中间商等中间环节的成本。

（2）定制化生产。

C2M 电子商务模式以消费者的个性化需求为驱动，制造商接到消费者指令后进行生产。这种定制化生产方式不仅满足了消费者的独特需求，还避免了库存积压的问题，进一步降低了企业的成本。

（3）优化供应链。

C2M 电子商务模式需要对供应链进行优化，以便更快速、准确地响应消费者的需求。这可能涉及对生产、物流、库存等环节的改进和协调。

### 3.5.3　C2M 电子商务的发展趋势

在 C2M 电子商务模式日益受到重视的同时，C2M 电子商务模式也演化出不同的成长路径。目前我国的 C2M 电子商务模式主要以电商驱动的 C2M 为主，即电商平台通过对自身销售数据的统计与分析研判未来的消费流行趋势，与合作伙伴共同推出新的定制产品，以更好地满足消费者的需求。此外，也有专注 C2M 的平台，如必要商城，工厂以自主品牌方的身份入驻必要商城，消费者在平台下单后，订单将直接反馈给工厂，工厂收到订单后进行生产和发货配送。

在我国 C2M 产业整体向好的态势下，不同的电子商务模式也代表着不同的产业升级路径。电商驱动的 C2M 电子商务模式的优势是能够更快速与准确地把握消费者的需求，并与厂商联手进行产品的定制化开发，这对于许多已经成熟的品牌来说，可以获得更大的市场优势。而以必要商城为代表的全产销链联动模式则注重于产业链整体的变革，其直连的工厂大多数都为国际大品牌的代工厂，其目的不仅在于帮助制造商拓展市场，更能通过 C2M 电子商务模式助力制造商打造自主品牌，进而推动产业链产销关系不断变革。

全产销链联动模式本质上是利用自身的技术与服务能力激活制造业企业的自主生产与品牌运营能力，其所打造的 C2M 运营操作系统对于行业而言也是有着重要价值的基础设施。在大力倡导"新基建"以及"双循环"的背景下，这种 C2M 电子商务模式有助于制造业企业打造更高质量的产品，也将成为更适合我国 C2M 电子商务模式的发展方向。

不断发展的 C2M 电子商务模式，已经成功帮助一些制造业企业在研发、制造、营销、品牌、工艺、文化理念等各方面进行了重构，加深了制造商对消费者需求的了解，实现了柔性增效。随着我国制造业持续不断向纵深进化，C2M 电子商务模式将成为我国制造业和互联网经济提速的新引擎。

### 3.5.4 案例分析——必要商城

#### 1. 必要商城概述

必要商城是我国首个 C2M 电子商务平台，其创始人毕胜也是最早提出 C2M 的概念的。必要商城致力于"大牌品质，工厂价格"的目标，通过整合上游生产商资源，高效对接消费者需求，有效推动了我国制造企业与消费者之间的价值共创，实现了供给侧与需求侧的有机结合，对于解决我国产能过剩问题以及推动我国传统制造业转型升级具有重要意义。目前，必要商城已经拥有一支由 300 多家知名企业组成的供应链和营销团队，以自有工厂为基础，实现了 C2M 电子商务模式与供应链体系的深度融合。必要商城作为首个以 C2M 为基础的电子商务平台，其发展经验对于我国的电商发展具有重要的借鉴意义。

随着人们消费水平和消费需求的变化，消费者在追求产品高质量的同时也会考虑价格因素。必要商城采用 C2M 电子商务经营模式，通过平台让消费者与设计师、制造商直接对接，去除所有中间流通环节，实现消费者到工厂的直接连线。工厂在接到消费者订单后，根据需求设计、采购、生产、发货，将商品送至消费者手中，实现了去库存、去中间商、以量定产的新型电商模式。这样，工厂和消费者获得了比传统模式更低的成本价格，而消费者也得到了大牌品质、工厂价格的商品。

在必要商城的 C2M 电子商务模式下，工厂以自主品牌的身份入驻，但必须经过严格的挑选以确保产品的高品质，例如，工厂必须是全球顶级制造商、必须拥有自己的柔性制造链、必须接受必要商城的定价体系、必须与全球顶级的设计机构合作等。

在竞争激烈的网购环境下，必要商城通过 C2M 电子商务模式开展差异化竞争，实现了异军突起。工业 4.0 时代是以满足消费者的个性需求为主的工业智能化时代,制造业企业应当采取"柔性制造+个性化定制"的策略。在必要商城,消费者还可以自行设计 T 恤衫图案、在眼镜上定制自己的个性签名等,这种需求驱动型的生产方式实现了与工业 4.0 的接轨。

2. 必要商城的发展困境

(1) 商品品类不齐全。

由于采用 C2M 电子商务模式,由消费者直接对接制造商,相较于天猫、京东等主流购物平台,必要商城对于供应商的选择条件是十分苛刻的。尤其是运营方必须重新开设一条柔性生产线来满足消费者个性化定制需求,对于能力偏弱的工厂,在固定成本提高的情况下还缩小订单量,较难适应此规则。

(2) 工厂品牌效应差。

必要商城的商家均为工厂,均尚未形成属于自身的强有力的品牌,消费者对产品的质量、性能、价格等方面的认可程度低,导致商品品牌知名度低,难以取得消费者对该商品质量和性能的关注。这不但有损于产品品牌附加价值的提升,而且也会使消费者对产品的品质产生怀疑。

(3) 商品交货周期长。

消费者遇到心仪的产品自然希望即刻获得之,所以网购对于时效性要求很高,这就需要电商能够实现快速发货和配送,才能给消费者带来良好的消费体验。在必要商城,商品下单后才生产,同时工厂需要负责品牌的大订单,导致商品交货周期长,这与消费的时效性是相违背的。必要商城的商品从消费者下单到送到消费者手中往往需要 10~30 天,对比 B2C 电子商务的"次日送达",增大了必要商城的竞争压力。过长的交货周期会降低消费者网购效率,也会削弱消费带来的愉悦感。

(4) 商家缺乏运营经验。

C2M 电子商务的精髓在于去除中间商,建立消费者和厂商之间的直接通道,但是也缺失了中间商所发挥的必要作用。通常来讲中间商更为关注市场变化,更易发现市场实时需求,更能做好市场和产品定位,并且在相应的物流、库存、质检,以及售前、售中、售后的服务方面做得更好。而绝大部分工厂都只负责产品生产,并没有品牌管理、营销策划等方面的丰富经验,对于平台方提供的数据进行商业分析的经验也较为不足,较难建立自身品牌并做有效的宣传推广,也较难根据大数据精准预测市场需求。

(5) 借势发展的可持续性弱。

由于销售渠道的窄化,中间商在不同层次供应商和零售商的数量减少,导致产品营销力量的大部分缺失,使企业无法像在传统经济模式下那样,利用各个层级的整合力量,构建和推广品牌形象。所以对于必要商城来说,它只是借入驻商家原有的品牌沉淀发展,本质上来说就是借势发展的模式,而借势发展本身就不具备长期性,所以这对于必要商城来说也是一个挑战。

## 3.6　O2O 电子商务的商业模式

O2O 电子商务模式是一种能全面融合线上虚拟经济与线下实体店面经营的商业模式。这种模式通过互联网平台提供商家的销售信息，聚集有效的购买群体，并在线支付相应的费用，再以各种形式在线下商品或服务供应商处完成消费。与传统电子商务的"电子市场+物流配送"模式不同，O2O 电子商务模式大多采用"电子市场+到店消费"模式，能够使用户同时获得线上订购的便利实惠和线下消费的完美体验。

### 3.6.1　O2O 电子商务的优势

O2O 电子商务模式的优势主要体现在以下两个方面。

一方面，在用户层面，用户能获取更丰富、全面的商家及其服务的内容信息；能更加便捷地在线咨询并进行预购；能获得相比线下直接消费更为低廉的价格。

另一方面，在商家层面，商家能够获得更多的宣传、展示机会吸引更多新客户到店消费；推广效果可查、每笔交易可跟踪；掌握用户数据，大大提升对老客户的维护与营销效果；通过与用户的沟通、答疑更好了解用户心理；通过在线有效预订等方式合理安排经营，节约成本；更为快捷地拉动新品、新店的消费；减弱线下实体店铺对黄金地段旺铺的依赖，大大减少租金的支出。

### 3.6.2　O2O 电子商务的分类

根据渗透程度不同，可以将 O2O 电子商务划分为不同层级，各层级的平台运营门槛要求不同，对线下服务企业以及用户产生的价值也不同。根据运营模式不同，可以将 O2O 电子商务分为以下几种类型。

（1）O2O 外卖模式。

O2O 外卖模式是指通过互联网平台将线上的餐饮服务与线下的实体店铺结合起来的一种模式。用户可以通过手机 App 或网站订购餐品，由实体店铺配送员将餐品送到用户指定的地点。这种模式既方便了用户的用餐需求，也为实体店铺提供了更多的销售渠道。

（2）O2O 预约模式。

O2O 预约模式是指用户通过互联网平台在线预约线下服务（如医疗、美容、家政等）的一种模式。用户可以在互联网平台上选择合适的服务项目和时间，然后前往线下的门店享受相应的服务。这种模式可以为用户提供更加便捷和高效的预约体验，同时还可以为线下门店带来了更多的客流和订单。

（3）O2O 租赁模式。

O2O 租赁模式是指通过互联网平台将线上的租赁服务与线下的实体店铺结合起来的一种模式。用户可以在互联网平台上选择需要租赁的物品，然后到实体店铺取货或者由店家配送到用户指定的地点。这种模式为用户提供了更加灵活和便利的租赁方式,让用户可以以更低的价格使用所需的物品。

(4) O2O 教育模式。

O2O 教育模式是指通过互联网平台将线上的教育资源与线下的实体教育机构结合起来的一种模式。用户可以通过在线课程学习知识,然后到实体教育机构参加线下的培训或考试。这种模式打破了时间和空间的限制,让学习更加灵活和个性化。

总而言之,无论哪种模式,O2O 电子商务模式都可以为用户提供更加便捷、个性化的消费体验,同时也可以为实体店铺带来更多的销售机会。虽然不同的 O2O 电子商务模式有着不同的特点和应用场景,但都致力于将线上的优势与线下的便利相结合,为用户和商家带来双赢的结果。随着技术的不断进步和用户需求的不断变化,O2O 电子商务模式将继续发展壮大,为商业领域带来更多的机遇和挑战。

### 3.6.3 O2O 电子商务的盈利模式

O2O 电子商务模式的盈利模式是多样化的,不同的 O2O 企业的盈利方式决定了其运营策略和市场定位。目前,O2O 电子商务的主要盈利模式包括以下几种。

(1) 广告收入。

广告收入是 O2O 电子商务模式中最广泛和最基本的盈利方式。从每个月的发单量到最后的订单成交量,都涉及各种形式的广告投放。有些 O2O 电子商务平台的商家利用定向营销和推广方式,比较贴近用户的地理位置、行为等,这些都需要平台收取一定的推广费用。

(2) 增值服务。

O2O 企业可以为用户提供多种增值服务,如储值卡、会员卡、租赁服务等。这些增值服务可以帮助 O2O 企业提升用户体验,并为企业带来额外的收入。

(3) 物流和快递服务。

物流和快递服务是 O2O 电子商务模式中一个重要的环节,它可以为企业提供收入来源。O2O 企业可以与其他物流企业合作,并为用户提供便捷的物流和快递服务。此外,各种配送类型的增值服务、保险服务等也是 O2O 企业收入的来源之一。

(4) 共享经济。

共享经济是 O2O 电子商务模式中新兴的盈利方式之一。通过共享经济,O2O 企业可以将一些过剩的资源,如闲置房屋、车位、服务等转化为一种收入来源。这种企业的成功必须明确一个共识,即基于消费者利益的共享。

### 3.6.4 案例分析——美团

1. 美团概况

美团属于北京三快科技有限公司,是一个生活服务电子商务平台,其宣传标语是"帮大家吃得更好,生活得更好"。美团提供的服务内容涉及 200 多个品类,包含餐饮、外卖、生鲜零售、电影、休闲娱乐、打车、共享单车、酒店旅游等,业务覆盖面广。

美团作为 O2O 电子商务平台，其产生背景包括以下两点。

（1）消费需求越来越高。

通常来讲，商品或服务的质量和价格呈正相关，质量越好、价格越高，但是难以满足消费者物美价廉的购物需求。在便利程度上，传统的购物方式虽然推出许多折扣活动，但是消息容易被忽视和错过。此外，一些高端消费场所需要提前预约，而普通消费者又难以有渠道，这就导致在消费便捷性上消费者体验较差。

（2）团购市场渐渐成形。

所谓团购就是消费者与好友甚至陌生人以拼团的形式进行消费，向商家谋求优惠价格的购物方式。对于商家来说，团购的方式能给他们带来大量的客单量，商家通过薄利多销，推出相比于单独购买更低的团购价格优惠，在提高业绩的同时也能够吸引更多的消费者；对于消费者来说，可以以更加实惠的价格购买到自己所需的商品或者服务，团购的成本也并不高，无疑是十分吸引人的。此外，团购的消费模式也可以节省商家的营销推广成本，并帮助商家及时更新库存、缩短商品周转周期。

2. 美团的产品与服务

美团的产品定位是为消费者提供一个可以供线下消费参考的线上信息分享平台。人们经常希望在更加物美价廉、体验良好的场所进行消费，然而由于过去很难有可以参考的相关信息（一家店是否满足自己的消费需求和消费水平），人们一般只能通过亲朋好友的推荐或者商家发放的传单来了解消费场所的真实情况。但是有了这样一个信息平台，消费者就可以随时随地了解身边消费场所的情况，减少了消费过程中"踩雷"的可能性。对于消费者来说，他们更加愿意体验新店以及享受优惠折扣，团购优惠价对消费者是十分具有吸引力的；而对于商家来说，他们也希望宣传自己的店铺，获得大量客流量，因此美团成为用户二次消费的选择。下面介绍美团的几项主要产品。

（1）美食、休闲娱乐。

用户通过使用美团可以获得线上选店消费、线下享受的服务。以在线上平台选店取代了传统的逛街选店的做法。随着移动端的发展，O2O 电子商务在这个消费场景内已经深入人心。

（2）电影。

进入美团电影功能页，用户能够在线上非常轻松地挑选自己想要观看的电影并选定座位，之后去线下取票、观看、享受服务即可。电影票务产品的标准化程度较高，通过移动应用，已实现场景化消费。

（3）酒店住宿。

进入美团酒店住宿功能页，只要给出希望前往的地点和预计的住宿时间，就能便捷地预定各类型的酒店房间。

（4）美团外卖。

美团外卖依托美团大量的用户规模和资源，打造 O2O 餐饮服务，深入挖掘餐饮行业的用户需求。线上外卖平台的核心竞争力主要是多样化的选择范围和快速的物流送餐能力，从而为用户提供了线上、线下优质的服务体验。

### 3. 美团的盈利模式

（1）广告费。

美团拥有海量的用户群体，高流量可以更好地满足广告的推广需求。此外，在美团上投放的广告与线下店铺直接挂钩，相当于将消费者请到店内，对于产品和服务有更好的体验，这对商家来说也是十分理想的广告渠道。

（2）佣金。

国外的同类型团购平台一般是通过赚取差价获得利润，而美团则更像是一个组织者，以与商家进行合作的形式在平台上进行推介，再从中收取交易佣金，这样的方式无疑会更加轻松。美团的佣金模式有两种：一种是通过百分比抽成收费，另一种是通过协议帮商家做活动从中收取费用。

（3）服务费。

美团向用户提供大量的商家信息和优惠服务，虽然当前会员是没有收取费用的，但是在积累足够的用户量后，发展会员等级机制是一个很好的选择。通过划分不同等级的会员，用户可以享受到不同水平的服务，所得到的信息量也是不同的，甚至平台可以为高端会员用户提供定制化服务，提供更多的优惠。

（4）转介费。

基于高流量和多会员的未来发展情况，美团可以推出转介费的收费模式。对于用户来说，在点击店铺信息后，可以直接转跳到所属公司页面，从而获取更加全面的服务信息；而对于商家来说，也进一步提高了曝光度，甚至可以得到许多潜在的客户。

## 本 章 小 结

电子商务企业发展态势强劲，与传统商业模式有着完全不同且不断变化的盈利模式。不同的电子商务模式不仅有着各自的发展特点和主要优势，也表现出各异的盈利模式。本章主要探讨了 B2C、C2C、B2B、C2M、O2O 这五种电子商务商业模式的盈利模式，并通过头部企业的案例进一步加深对相关知识的学习和理解。

## 思考与练习

一、选择题

1. 下列属于 C2C 电子商务网站的是（　　）。

　　A. 阿里巴巴　　　B. 敦煌网　　　C. 淘宝　　　D. 环球资源

2. 按无形商品或服务的电子商务模式分类，网易云课堂属于（　　）。
    A．网上订阅模式
    B．广告支持模式
    C．网上赠与模式
    D．付费浏览模式

二、简答题
    1．亚马逊的特点有哪些？
    2．eBay 的盈利模式是什么？

三、实践题
选择一个本章中提到的电子商务平台，分析一下该平台在营销方面的优势。

**拓展案例**

## 京东集团特色盈利模式的启示

"客户为先"是京东集团（简称京东）盈利模式的一大特色，"客户为先"是指关注客户体验，从客户的角度的出发，不断地提升客户体验。"客户为先"是京东价值观的重要组成部分之一，追求卓越的客户体验也是京东盈利模式的关键所在。京东从批发转到零售，从线下转到线上，搭建仓储一体的物流体系，研发技术平台和财务系统，销售商品的种类从光磁产品到 IT 数码产品再到 3C 产品，最后扩充至全品类，其中最重要的推动力量之一是为客户提供更完美的用户体验。能否为用户创造价值和提供良好用户体验是一家企业成败的关键。用户体验主要通过三个方面来体现：产品、价格、服务。

1. 产品

在提升用户体验方面，产品主要考虑两个方面：产品种类和产品质量。在企业刚进入一个市场时，要考虑自己的主打产品是什么，是否需要提供更多品类的产品。京东在最初进入电商领域时，将 IT 数码产品作为自己的主打产品，IT 数码产品是非常适合电商发展的一种品类，因为其具有目标用户明确、标准化、附加值较高、便于仓储和运输等特点。随着客户需求的不断提高，京东逐步扩大产品种类，产品线以老带新，从 IT 数码产品扩展到 3C 产品、百货产品、图书等，最后实现全品类。此外，产品质量也会影响用户体验，只有产品质量达到用户的要求，才能逐步提高用户的忠诚度。京东从创立之初，就一直关注产品质量，在最早经营多媒体产品时就坚持开发票、卖正品行货。随着京东业务规模不断扩大，正品、质量好成为京东重要的标签，也因此吸引了更多用户。

2. 价格

价格对用户体验至关重要，企业要根据行业情况、产品价值和企业自身目标等因素确定合适的价格。在同等质量下，京东提供的价格往往是最具竞争力的，"低价"长期以来都是京东的标签，京东通过对成本效率的控制，提供众多质优价廉的产品，平台销量取得了高速的增长。

3. 服务

服务包括售中、售前、售后三个阶段，企业在每一环节都需要给用户提供满意的服务。在售前，京东对所销售的产品都有详细的介绍和相应的售前客服，用户也可以通过其他买家的评论来获取信息；在售中，京东推出"211 限时达""极速达"等产品,将物品迅速地送到用户手中,用户可以随时查看包裹物流信息;在售后,京东设立售后服务中心,提供优秀的售后保障机制,根据用户商品量身定制最优的退换货服务。京东服务涵盖的这三个阶段,大大增强了用户满意度,提高了用户忠诚度。

(资料来源:https://zhuanlan.zhihu.com/p/587111264. (2022-11-27)[2024-09-19].)

# 第 2 篇　应用分析篇

第2章 試料と方法

# 第4章 电子商务数字营销

**学习目标**
1. 了解数字营销的概念与发展,数字营销理论的发展演进。
2. 了解数字营销的特点。
3. 熟悉不同数字营销的模式。
4. 掌握数字营销的策略方法。

思维导图

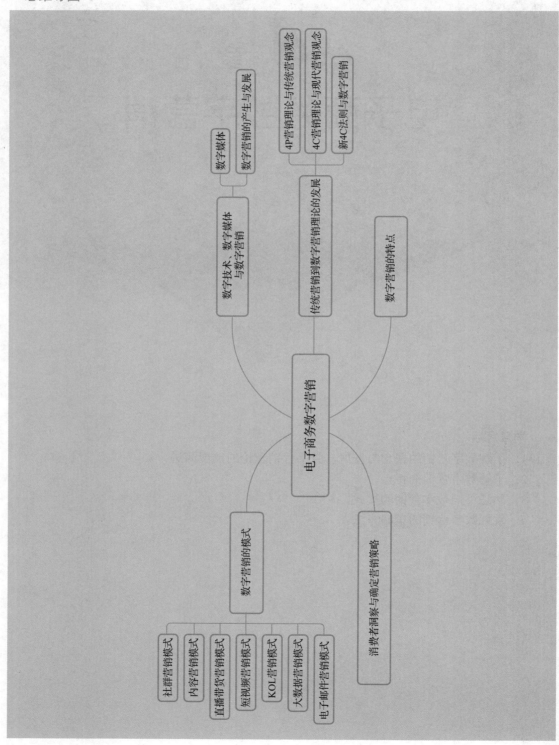

引例

### 星巴克的数字营销

在微信公众平台的运营中,星巴克堪称成功的典范,其利用微信及线下的上千家门店完成大量的品牌与用户的互动,其中很多项目都给用户留下了深刻的印象。2012 年星巴克官方微信账号正式推出。同年夏天,星巴克在中国市场推出"冰摇沁爽"系列饮品,为了配合新品上市,星巴克推出微信官方平台"星巴克中国"。星巴克通过微博、形象卡会员项目、门店、平面媒体等多个渠道,把这一消息告诉大家。消费者以扫描二维码的方式成为星巴克的微信朋友,并能够领取优惠券成为 VIP 会员。微信的一对一推送,可以让品牌与"粉丝"有更多的互动,主要理由有两点:一是微信推送的精准度,二是微信推送的私密性。根据用户的个人情况推送适合的内容,以增加用户黏性。

星巴克官方微信平台利用微信的推送功能,推出了"自然醒"活动。当用户添加"星巴克中国"为好友后,用微信表情表达心情,星巴克就会根据用户发送的心情,用《自然醒》专辑中的音乐回应用户。通过这次活动,"星巴克中国"的微信账号就积累了 6.2 万"粉丝",每天平均收到 2.2 万条信息。

已经厌倦了单纯的文字陪聊方式的用户,很快被新颖的音乐互动方式吸引。"自然醒"的热度不断攀升,互动中的音乐受到网友的一致追捧,甚至促使星巴克推出了以"自然醒"为名的专辑来做后续的传播和推广。在整个活动中,星巴克无论是在互动的模式上还是音乐的选择上,都保持了其一贯的品牌调性,营造出一种随时随地带来美好生活新体验和"星"乐趣的互动气氛。也正是因为这种恰到好处的坚持,符合了用户的需求,营销传播活动才在新颖形式的包装下,迅速带着星巴克的品牌调性再次深入人心。星巴克充分利用了微信点对点传播的优势,将自己的促销优惠活动有针对性地推送到用户的手机端,当中加入的很多互动元素也得到了很好的反馈。例如,2013 年春节期间,星巴克通过微信分享当日的点单优惠,线下门店也完全同步配合,极为出色的执行力实现了线上线下的整合互动,最终让用户在趣味中也得到了方便和优惠。

(来源:舒建武,杨莉,2023. 数字营销[M]. 北京:中国商务出版社.)

## 4.1 数字技术、数字媒体与数字营销

从 1946 年第一台计算机发明算起,数字技术经历了计算机、互联网和新一代信息技术三个阶段。从 1946 年计算机的发明到 1968 年,是数字技术发展的第一个阶段。1969 年 10 月 29 日,美国国防部高级研究计划局组建的阿帕网第一期工程连接了加州大学洛杉矶分校、斯坦福研究院、加州大学圣巴巴拉分校和犹他大学四个节点,标志着数字技术进入以互联网为主的发展阶段,即第二个阶段(1969—2015 年)。新一代信息技术阶段即第三个阶段(2016 年至今),它与前两个阶段的区别主要是该阶段由一些重大发明创造引领,以集成应用为主,是数字技术加速与经济社会全方位深度融合的阶段。该阶段的数字技术通常是指大数据、区块链、人工智能、物联网、元宇宙等新一代信息技术的集合总称。2016 年,我国印发了《国家信息化发展战略纲要》,要求将信息化贯穿我国现代化进程的始终,加快释放信息化发展的巨大潜能,以信息化驱动现代化,加快建设网络强国。

### 4.1.1 数字媒体

(1) 数字技术催生数字媒体。

数字媒体是基于数字技术的媒介产物。从传播学的角度上来分析，数字媒体是一个相对的概念，是同传统媒体（主要指报纸、杂志）相对应的一种新的媒体形式。数字媒体包括网络、移动端、数字电视等，数字媒体是利用网络技术和数字技术为媒介，并通过互联网、无线通信网络等渠道进行传播。因此，数字媒体是伴随着计算机数字技术和网络媒体环境等兴起而发展的新生事物，也是对传统视觉、听觉等各类感官的艺术形式的继承和拓展。数字技术是数字媒体发展的关键。数字技术的发展推动了数字媒体的应用和普及，而数字媒体的大量普及使信息传播更快速、更便捷，也使得信息内容的采集、制作、传达实现了质量和效率的双重提升。

如今，数字媒体已经渗透到大众的日常生活之中，成为大众传播和接收信息的重要来源和渠道。人们每天花费在互联网上的时间甚至比睡觉的时间还要多。从视频技术的发展，音频技术的发展，再到目前丰富的多媒体应用，数字媒体正深入地影响着我们生活和工作的方方面面。

(2) 数字媒体的优势。

在大数据时代下，数字媒体在不同领域中发挥着独特的传播优势。作为一种新的媒体形式，数字媒体同传统媒体相比具有以下明显的特征。

① 内容海量化。

在移动互联网时代，数字媒体资源日益增多，每时每刻都有海量的数字媒体信息在通过互联网进行飞速、广泛的传播。人们在使用报纸、电视等传统媒体时通常会有意识地选择信息；而数字媒体则会通过内容分享、发送邮件等方式让用户更随机地接收信息。有研究表明，用户使用数字媒体，尤其是社交媒体、搜索引擎和门户网站时间越长，获得的信息就会越多，而且信息来源也更加丰富。

② 方式多样化。

相对于传统媒体的传播渠道，数字媒体的传播渠道更为广泛，而且正在向着多元化的方向发展。其主要传播渠道包括光盘、互联网、数字电视广播网、数字卫星等，新兴传播方式包括手机媒体、社交媒体、App、公众号、网络直播、短视频、VR等。

③ 传播速度迅速。

数字媒体的传播主要依靠网络信息平台，不像传统媒体一样受到时间和空间的束缚，随着现代科学技术的快速发展与传播形式的多样化，数字媒体的信息传播速度不断加快。

④ 受众交互性强。

数字媒体的出现使人们不再像以前那样只能作为媒介的受传者被动地接受信息，同时承担了媒介的传播者角色，受众的选择性得到极大的丰富。人们无时无刻不在接受信息和选择信息，同时参与制造信息。

⑤ 个性化和精准化。

传统媒体倾向于向所有人传播相同的信息，而数字媒体可以做到以用户的需求为导向，优先推出用户最喜欢的内容,尽最大可能满足受众的个性化需求。数字媒体可以将受众进一步细分,能在大众传播的基础上做到更精准化的传播。

### 4.1.2　数字营销的产生与发展

数字营销自 20 世纪 90 年代开始萌芽,之后随着数字技术的不断进步,一直处于快速发展的状态,为整个营销领域带来了革命性的冲击和变化。从 20 世纪 90 年代初第一支互联网商业展示广告出现,到搜索引擎关键词竞价排名机制的使用,再到近年来大数据精准营销模式的火爆;从 PC 端互联网营销,到移动互联网的迅速崛起引发的社交媒体营销,再到基于商业生态圈的生态圈营销,数字营销越来越受到重视。

数字营销可大致分为以下四个阶段。①尽管 20 世纪 90 年代数字营销开始出现,但直到进入 2000 年,数字营销的学术研究和实践应用才开始大量增加。实践层面上,尽管营销主管认为数字技术正在改变他们的营销方式,但却只有少部分人认为他们较了解在线营销。②2005—2010 年,随着互联网普及率的上升,互联网作为在线讨论和信息存储的作用不断扩大,用户生成内容(User Generated Content,UGC)在此期间变得越来越普遍。消费者在在线社交互动中,通过在线口碑和社交网络的方式推动了数字营销的发展。③2011—2014 年,互联网全面进入社交媒体时代。搜索引擎优化(Search Engine Optimization,SEO)已被广泛使用,研究人员继续把在线口碑(Word of Mouth,WOM)作为一个焦点话题,消费者不仅仅是 WOM 流的贡献者,还可以放大或破坏营销行为。社交媒体的普及和媒介的实时在线使消费者的社会影响力更为突出。④2015 年至今,学者和企业家重新审视也更重视消费者在网上的个性化表达。通过网上搜索获得消费者各种偏好数据,将营销数据与之结合起来分析,从而做出更优化的营销方案。

## 4.2　传统营销到数字营销理论的发展

### 4.2.1　4P 营销理论与传统营销观念

4P 营销理论产生于 20 世纪 60 年代的美国,是伴随着营销组合理论的提出而出现的。1960 年麦卡锡(E. J. McCarthy)在《基础营销》一书中,提出企业在进行经营活动中,需要按照客户的实际需求来设计产品,同时要根据对市场的判断与自身商品竞争力的分析来决定最终的销售价格。企业进行项目产品推广工作时应通过有效的渠道展开一系列的推销活动,以尽快实现企业销售目标。

4P 营销理论(图 4.1)是一种综合性的营销理论,包括价格(Price)、产品(Product)、渠道(Place)和促销(Promotion)。

(1)价格策略:根据不同的市场定位,制定不同的价格策略,价格高低与市场需求情况有较大联系,而产品的最低价格主要是受产品生产成本的影响。价格策略包括渗透定价策略、撇脂定价策略、定制生产定价策略、密封投标定价策略、差别定价策略、弹性定价策略、收益最大化策略等。

图 4.1　4P 营销理论

（2）产品策略：企业生产出消费者需要的产品，注重自身开发的功能，要求产品有独特的卖点，把产品的功能诉求放在第一位。

（3）渠道策略：包括企业将产品推向市场的过程中的各个环节，注重经销商的培育和销售网络的建立。

（4）促销策略：企业让消费者获得认知并劝说消费者接受自己的产品的一种方式，包含人员推销、广告、公共关系等。

4P 营销理论是以企业自身为主导的一种营销模式。其核心要素是产品，企业在推出产品后，根据产品的成本和其他外部因素，做出符合预期利润的定价，并通过促销手段实现产品销售。4P 理论指导下的传统营销更多侧重于产品和服务的营销结果，而忽视营销传播的过程，难以使消费者真正对企业或品牌建立稳定长期的认同感和忠诚度。

## 4.2.2　4C 营销理论与现代营销观念

1990 年，美国学者劳特朋（R. F. Lauterborn）提出了与传统营销 4P 理论相对应的 4C 营销理论。4C 营销理论（图 4.2）的基本要素是：消费者（Customer）、成本（Cost）、便利（Convenience）和沟通（Communication）。

（1）消费者：具体指消费者的需求。企业必须首先了解和研究消费者，根据消费者的需求来提供产品。

（2）成本：这里指消费者为了购买商品愿意并且能够付出的成本，而不仅仅是产品的生产成本。

（3）便利：企业应想方设法为消费者提供最大程度的购买和使用便利。

（4）沟通：企业应通过同消费者进行积极有效的双向沟通，建立基于共同利益的新型企业与消费者关系。

4C 营销理论是以消费者为出发点和最终归属的现代营销观念。与 4P 营销理论以产品为核心不同，4C 营销理论以满足消费者的需求为中心，整个营销策略的工作均围绕消费者而开展。4C 营销理论强调：企业必须把追求消费者满意放在首位；其次，尽力降低消费者的购买成本；再次，需要关注消费者购买过程的便利性，而不应从企业的角度出发决定销售渠道策略；最后，要以消费者为中心进行有效的营销和沟通。

图 4.2　4C 营销理论

### 4.2.3　新 4C 法则与数字营销

20 世纪 90 年代以来，互联网作为大众传播的新形式进入人们的生活。进入 21 世纪以来，随着科学技术发展日新月异，移动网络从 3G、4G 发展到 5G，网络用户不断增加，用户的消费场景已经产生了巨大的改变。市场营销大师科特勒（P. Kotler）在《营销革命 4.0：从传统到数字》一书中指出，营销革命 4.0 以大数据、社群、价值观营销为基础，企业将营销的中心转移到如何与消费者积极互动、尊重消费者作为"主体"的价值观，让消费者更多地参与到营销价值的创造中来。数字营销是工业革命 4.0 时代的产物，强调了互动、社群、价值在数字营销中发挥的重要作用。

中国营销专家唐兴通提出新 4C 营销法则（图 4.3）：企业在适合的场景（Context）下，针对特定的社群（Community），通过有传播力的内容（Content）或话题，结合社群的网络结构进行人与人的连接（Connection），以快速实现信息扩散与传播，最终获得有效的商业传播及价值。

新 4C 营销法则是基于"互联网+"思维下的一种营销策略，聚焦于信息如何利用互联网在人群中渗透、扩散，以达到传播效果。新 4C 营销法主要依托互联网以实现场景、社群、内容、连接的作用，最终实现以相对较低的成本获得较高的顾客转化率并提高顾客忠诚度的目的。其中，场景是由时间、地点、具体环境等各种因素综合组成的营销背景，不论是移动营销还是可穿戴设备，我们已经进入了一个场景感知的时代。社群是由具有相同或相似兴趣爱好的成员聚集而成的营销对象。内容是以图片、文字、视频、活动开展等多种形式向营销对象传达信息并刺激其购买行为的营销主体。连接的关键是找到人与人连接的中心节点，以高效实现将目标用户转化为实际用户的目的。

图 4.3　新 4C 营销法则

## 4.3　数字营销的特点

数字技术的强大驱动力推动着产品、价格、渠道、市场、企业自身以及媒介组织形式等各方面的更新和迭代，促进了各种形态数字媒体的产生。在此背景下，媒介已从传统媒体走向数字媒体，渠道由线下转为线上，并形成了以精准化、个性化、定制化为主要特征的数字营销。

作为数字时代的一种独特的营销方式，数字营销具有以下特点。

（1）营销技术化。

营销技术化的演进几乎重构了整个营销体系。从云原生、大数据到人工智能和区块链，营销技术正在不断地向前发展，而推动营销技术落地的则是一批行业数字营销公司，它们通过不断升级营销产品和服务，更好地匹配广告主的需求。

随着人工智能、AR、VR、物联网、大数据等技术的成熟，部分领先的营销企业已经应用这些数字技术提升消费者的体验，并降低运营成本。例如，在实体店内部署人工智能设备，结合摄像头、智能货架、移动支付等手段，使店铺对消费者的外貌特征、产品偏好、情绪变化、消费记录等信息进行汇总，实现线下流量的数据化。如苏宁的无人快递车"卧龙一号"、智能音箱"小 biu"等正是数字技术的产物。

从人工智能到新零售，数字技术在驱动消费变革的同时，也驱动着品牌营销的升级，品牌营销亟待重构消费者体验，力争做到以消费者需求为核心，实现品牌与消费者之间更紧密的连接。这也要求企业必须掌握更多的营销技术。

目前，数字技术开始影响品牌营销的更多环节，形成了数字技术与营销逐渐融合的新局面。数字技术之所以越来越多地影响营销，核心在于数据。利用大数据来"读懂"每个消费者的需求，可以进行更精准的个性化营销，提升消费者体验。事实上，只将数据、数字技术和营销效果关联是极为片面的，数据、数字技术可以从客户关系管理、营销决策、投放等多个方面渗透到品牌营销全链路。数据可以驱动更加智能、更加协同的跨屏营销，一旦跨屏资源被打通，企业就可以对多方数据进行分析及挖掘，还可以完成更加精细的人群数据处理，这将成为企业最为宝贵的资产。

受碎片化信息及渠道的影响，"数据孤岛"现象成为当下绝大多数企业的痛点之一，企业亟待整合多方资源，使数据流通起来。因此，企业建立自己的"大数据战略"尤为重要，加大对营销技术、数据等方面的投入，从而更自主地掌控营销；通过对数据和数字技术创建多维营销场景，帮助企业把握消费者的需求，从而科学地指导企业进行品牌决策，全渠道触达消费者，让营销更加智能化、个性化。

（2）深度互动性。

营销大师科特勒指出，如今的营销正在实现以产品为中心向以消费者为中心，再向以人为中心转变，如何与消费者积极互动，如何使消费者更直接地参与品牌价值的构建过程，是企业在数字营销时代的营销新课题。这也带来了两个方向性的转变：一是消费趋势的转变，由功能导向型转变为参与体验式导向型；二是营销趋势的转变，由信息告知式转变为参与互动式。互动性是数字营销的本质特征。在数字技术的推动下，绝大部分数字媒体都具有互动的功能，信息在其中交互，使消费者能够拥有双向或多向的信息传播渠道。

信息传播模式由直线模式转变为循环互动模式，使创意、营销与传播协同一体化。消费者在拥有更多权利的情况下，可以完成从信息的搜集、参与互动到购买、反馈的一系列行为。在体验经济的大背景下，参与品牌的信息传播体验已逐渐成为吸引受众的关键诉求点，建立在经济发展基础上的消费者素养的提高，导致消费者对于品牌的分析、比较能力也有了相应的增长，商品的基本功能性诉求已经无法满足消费者对于商品价值的完整性感知。从传播的角度来看，图文设计的单向传播模式也逐渐变成通过使消费者参与互动体验来完成传播的模式。

（3）目标精准性。

随着技术的进步，互联网时代的大数据技术解决了以前未解决的诸多问题，主要表现在两个方面：第一，技术上的进步使得大数据技术应用的成本大大缩减，降低了使用门槛。原来主要依赖 Oracle 等数据库，以二维表为基本元素，动辄需要使用大型存储设备和小型机，而现在采集大数据主要使用 HDFS 等分布式系统及内存技术替代传统的 IOE，数据分析的思路和原理始终一致，即得到原始数据后首先进行数据清洗，再依据目标进行数据建模，建立各种数据集市，最后以报表的形式呈现结果。第二，数据的容量、速度、多样性及价值发生了改变。早期主要是结构化的数据，现在则可以有非结构化的数据，如日志、用户行为，甚至图片、声音文件等，这些非结构化的数据可以很快地与结构化的数据相关联，所有发生的事件都可以用大数据来进行关联分析，这有助于快速得出结果，使数据发挥出更大的价值。

随着技术的发展，数字营销背景下的互联网个性化传播特征明显，从传统的大众化"一对多"广播式传播到如今的通过媒介属性定位消费者特征传播，以及通过消费者属性定位目标受众传播，从传统的注重渠道曝光的营销模式到如今的以消费者需求为核心的营销模式，企业正通过多维数据驱动形成精准营销，并在场景化、电商化的背景下，形成完整的营销闭环系统。

如何通过精准定位消费者实现资源的方向性投放，避免浪费，从而使效果最大化，逐渐成为企业追求的目标。因此，目标精准性成为数字营销的又一特征。国内的众多一站式营销平台通过对大数据价值的智能挖掘，将消费者需求与企业的品牌营销目标有效结合，使品牌更积极、更主动地触达消费者。

目前，国内众多营销平台借助专业大数据分析技术，通过对渠道的投入产出比进行数据分析，再依据不同品牌的推广需求，对渠道进行再评估及整合优化，实现最大限度的精准营销。精准营销包含数字信号处理（Digital Signal Processing，DSP）、用户画像、程序化购买、智能推荐等概念。精准数字营销可分为两个阶段：第一个阶段是通过精准推广获取更多数量的新用户；第二个阶段是通过精准运营实现新用户的成功转化，并在形成交易的同时，提升用户对企业品牌的忠诚度。

精准营销的核心是用户画像，而用户画像的核心是标签。具体来讲，某些用户喜欢健身，他的标签就是"喜欢健身、阳光"；某些用户穿的衣服是修身型的，他的标签就是"修身"。若系统为某个用户贴上了这个标签，那么等他再次购买时，系统就会为他推送与该标签相关的产品，比如健身器材、修身的衣服。

标签来自大量用户的基本数据，主要包括用户数据、消费数据、商品数据、行为数据和客服数据等，任何跟用户有关系的数据都可以作为数据源。数据源可能会涉及数据交换，即从其他网站等渠道通过一定的方法拿到需要的数据。数据管理平台得到用户基本数据后，就要做标签的管理，包括定义、编辑、审核、查询等，以及对应的分析工作。在此基础上建立各种模型，包括用户购买力模型、群体画像模型、购买兴趣模型、促销敏感度模型等。通过系列模型得出的结果就是用户的标签，包括品类偏好、品牌偏好、促销偏好、价格偏好等。

（4）平台多样性。

随着消费需求的迭代升级，消费者看中的不仅是产品本身，还包括产品背后的情感化满足与个性化匹配。许多曾在电视端投入大量精力并呈现诸多经典广告的企业开始做出改变，尝试利用新的营销方式吸引年轻一代，在大数据算法和数字技术的驱动下，充分利用新媒体，掌握新的传播方式和内容营销方式。

数字时代，数字营销的渠道和平台逐渐多样化，除了传统的网站、App、微博、微信等社交媒体，还有迅速走红的移动直播平台、短视频等。移动互联网的崛起，使得媒体进入了社交化时代。人人都是内容生产者，任何一个移动终端都成为传播渠道，而微信、微博、今日头条、抖音、快手、Vlog等各种移动化应用成为用户交流消费信息的平台。

在媒介融合的生态环境下，数字化信息的承载与表达呈现多样化的特征，话语权的下放推动"人人都是自媒体"时代的来临。在这种大背景下，数字营销在丰富企业营销触角的同时也带来很多新问题，如多入口、多平台的管理与整合问题，以及各种渠道沉淀下来的数据分析与利用问题等。企业在营销传播的过程中，需要关注每一类营销传播的主体和接触点，积极构建全方位的营销传播平台，从而打造品牌独有的信息传播生态系统。

(5) 服务个性化与定制化。

在用户层面，得益于知识付费、移动电商、O2O 的推动，用户的消费认知和自主意识均在大幅提升，消费偏好也更加多元化、个性化，更加强调小而美，品牌与用户的关系不再局限于单向的传播和影响，而是呈现交互共建的特征。

在数字营销时代的消费者洞察中，企业和品牌需要不断创新来保证产品的新鲜度，但产品本身的创新能提升产品自身的竞争力，却无法支撑品牌的全面发展。从消费者的角度出发，对产品进行从生产模式到终端平台的全方位营销创新，才能驱动品牌的长远发展和持续发展，而这种创新的源头正是对市场与消费者的洞察和研究。

服务个性化与定制化是伴随网络、电子商务、信息等现代数字技术的发展而兴起的数字营销特征。随着市场环境与消费者需求的变化，个性化消费、品牌体验式消费已成为消费升级的趋势，企业和产品营销需要与消费者进行更为深入的沟通及交流，打造"千人千面"的营销服务体验。服务个性化与定制化是在大数据分析的基础上，从策略层面精准定位数字时代的消费者，从而制定适合消费者的最佳营销方式。数字时代，用户不仅是信息的接收者，更是信息的传播载体，而不同用户的需求正是精准进行用户画像之后制定营销策略的本源。

以服务换数据的互联网产品设计思路，使得品牌能够获取多个平台上的用户数据，这成为提供个性化服务的前提。同时，由于消费者更加相信来自朋友和关键意见领袖（Key Opinion Leader，KOL）的口碑传播，购物社交化的倾向越来越明显，这也为品牌构建全维度的用户画像提供了社交数据。

(6) 重实效及转化率。

迫于业绩和营收压力，宝洁、联合利华等传统广告金主们开始不断裁撤外部代理商的数量，并优化广告预算；可口可乐等公司的营销负责人则积极由首席营销官（Chief Marketing Officer，CMO）向首席增长官（Chief Grouth Officer，CGO）转型，市场营销从纯粹的成本支出转向更多关注销售转化和业绩增长，以至于"增长黑客"一时成为行业显学。

可以发现，广告主和营销公司越来越"急功近利"。最明显的一个特征是，近年来，品效合一的概念越来越热，各方都在试图寻找实现品效合一的最佳解决方案，使品牌的长期价值和广告效果的转化更好地协同。2018 年，全球最大的广告主之一宝洁公司调整与代理公司的合作模式，以获得更具本地化、时效性、高质量、低成本的广告。阿里巴巴集团旗下数字营销平台阿里妈妈在 2017 年提出了品效协同的概念，以此为卖点来吸引广告主。

市场的这种变化是由于大数据等技术的发展消除了原先广告主和营销公司之间信息不对称的问题引起的，所有营销方法的可行性、广告投放取得的实际效果都可以在短时间内被验证。微博、微信、直播、短视频等新型移动社交互动平台的兴起，使所有的传播效果可以通过阅读数、转发量、点赞数等最直观的数字形式展现。广告主和营销公司对广告投放效果的追求都变得直接而急迫。

(7) 大数据、人工智能赋能营销。

人工智能、云原生、大数据、机器学习等一系列前沿技术不断发展，并在医疗、制造、安防等传统行业领域得到广泛应用，企业数字化转型逐渐在各个行业爆发。我国宏观经济的下行压力、经济结构的转型升级推动生产要素成本上升，同时激烈的市场竞争、用户多元化消费习惯的养成、行业盈利点的转变等也迫使企业进行数字化转型升级。在此背景下，我国涌现出诸如阿里巴巴、腾讯、华为、海尔、海康威视等一批优秀的企业数字化转型实践者，从市场营销、供应链、生产制造、内部管理等多方面为企业提供数字化转型解决方案，企业数字化转型行业生态初步形成，我国正在逐步成为数字化变革的引领者。

数字营销正在被数据所驱动，传统的单一渠道已不能支撑市场的变化。打通全渠道，让数据孤岛融入场景，将数据转换为个性化营销、差异化服务成为企业新一代的竞争利器。通过大数据、人工智能等技术手段，精准找到目标客户，并根据历史表现数据和行业参考数据的沉淀，科学地计算边际递减效应的最佳临界点，从而以更有效的方式触达消费者，再利用更原生化的方式来整合广告和内容去影响消费者。其中，大数据能力与技术是实现数字营销变革的基石，通过构建用户画像、结合推荐算法构建消费者全触点场景，精准触达消费人群。此外，大数据营销监测可以实现营销成果转化追踪，实时修正营销方案，进一步吸引消费者，促使消费者做出购买决策。

海量数据的产生、深度学习算法的演进、图形处理器在人工智能领域的使用，以及专用人工智能芯片的开发，使人工智能技术得以成功商业化。目前，人工智能技术已经应用于搜索引擎、图像识别、新闻稿撰写和推送、金融投资、医疗诊断、无人驾驶汽车等诸多领域，并为企业创造出真正的价值。

在数字营销领域，智能创意、智能营销成为当下热词，人工智能技术在一定程度上剥夺了数字营销公司赖以生存的创意和策划能力。人工智能技术能够在挖掘并积累大量用户数据的基础上，从核心用户群数据中提取有用的消费者洞察信息，形成用户画像。通过大数据分析和人工智能算法剖析得出消费者行为偏好，为个性化产品推荐和媒介选择提供决策依据，在实现消费者洞察的基础上进行精准营销，让数字广告投放更加精准、高效。同时，基于机器学习算法，人工智能成功实现了程序化广告的投放和程序化创意的制作。

（8）物联网重构触媒习惯。

在当前技术环境下，支持移动传输的 4G、5G 通信网络已得到广泛应用，卫星通信和卫星定位成本大幅度降低。手机、平板电脑等智能终端的普及率远远超过台式计算机等固定终端的普及率，传感器的精度更高、更加智能，通信网络更加泛在化，使万物在任何时间、任何地点实现互联成为可能。

通过全方位链接用户生活设备，营销者可以精准获得海量用户的线下消费行为、媒介接触习惯及日常生活场景等信息，并根据相关数据将营销的内容与用户所在场景完美结合，实现对不同场景下的用户智慧触达，将大数据技术应用于消费者本人。数字营销势必向场景化、个性化方向发展，遵循传统营销思维习惯、将不同媒介分散组合的营销策略已不再适用于当下的市场环境。

（9）区块链加速去中介化。

在数字营销市场规模持续、快速增长的趋势下，区块链技术的兴起无疑为数字营销市场带来了一股颠覆式创新的力量，它创造了一种去中心化、分布式存储、全球统一的超级数据库系统，将产业链上下游联结在一起，构成了一个完整的利益链条。这种去中心化、分布式存储的数据库技术具有公开透明、共同维护、去信任化、安全可靠等特性。在数字营销领域，区块链技术可以将数据加密并分割成小块分布在众多节点上，即使某一部分的数据泄露，其他节点上的数据也不会受到影响，从而保证了数据交易的不可篡改和来源的可靠性。

区块链技术通过数学原理而非第三方中介来创造信任，可以降低系统的维护成本，同时，去中心化的存储平台具有极高的隐私性，用户可以选择将一部分愿意分享的数据有偿分享到平台上，使数据共享真正实现市场化，数据来源变广，数据泄露的风险反而更低。用户的海量脱敏数据注入营销市场，可以切实降低参与各方的信息不对称。此外，智能合约技术帮助广告主、媒体、用户等相关利益方全链路、全透明地关注广告投放的全过程，从技术上解决了流量作弊的问题。在这一过程中，数字营销公司的职能几乎可以被完全替代，使去中介化的实现在技术上成为可能。

（10）5G技术助力。

基于5G技术，沉浸式VR交互技术将为用户打造身临其境的购物体验。流畅的场景式购物体验离不开VR技术的沉浸感属性和标准化制作过程，也离不开安全、便捷、高速的5G网络服务。以中国电信为例，依托高安全、低成本、大容量的云网协同技术优势，中国电信整合CDN云服务和天翼云VR平台功能，可以为商业综合体和代理商打造360°全景虚拟导购平台。用户利用手机便可随时随地享受云货架、云橱窗、云逛街等沉浸式数字营销购物体验，与心仪的商品深度互动，点击即可查询每款虚拟商品的实时价格、限时特惠活动、会员权益信息等，在轻松、自然的娱乐环境中完成整个线上购物过程。

VR在线虚拟购物模式不同于传统购物平台中平面、静态的商品展示模式，5G手机、智能机器人、智能家居等终端使产品的展现极具空间感，视野开阔，360°全景、720°无死角，产品介绍、5G套餐权益和终端品牌活动详情也一目了然，让人感到真实、有趣。

此外，5G技术将打通多终端，形成社交传播与"粉丝"的裂变，提高商户营销转化。除了增强用户的线上体验感，如何让商户在自有会员流量池的基础上扩充"粉丝"数量也是各大虚拟商店门户需要考虑的问题。在线虚拟购物打通现有电商平台，通过手机微信、VR设备多终端的社交分享传播裂变特性，能够有效地帮助商户扩大消费规模，降低运营成本，提高营销转化率，并同步提供云服务、完整的创作工具和配套的技术支持，包括培训教材、各类模板和图标，以及即时的在线响应技术支持服务。

就商业创新而言，5G意味着思维模式的转变，从单屏思维到混屏思维、从二维世界到三维世界、从数据智能到数字智慧，从单一场景到多元场景，5G创新营销思维将成为主导。5G也将进一步驱动人工智能技术的升级，让技术也具备情感。调查显示，消费者对5G的应用充满期待，50.5%的消费者对家庭5G宽带服务更感兴趣，42.1%的消费者对极致的高清视频体验感兴趣，39.2%的消费者对AR、VR内容感兴趣，除以上内容外，消费者还对5G智慧屏、智能家居和自动驾驶等感兴趣。

随着消费者对智能化应用的依赖，很多企业已经率先开始探索5G的相关应用。例如，华晨宝马在沈阳生产基地进行5G网络建设，打造了5G工厂；海尔推出海尔智家品牌，打造基于5G网络的智慧家庭体验中心——海尔智家001号店，设置了包括智慧客厅、智慧厨房、智慧卧室、智慧浴室、智慧阳台五大生活空间在内的全智慧化家居新体验，给予了家居生活新定义。这些案例都意味着5G即将带来一个全新的万物互联世界。

（11）短视频激发用户分享。

在过去的30多年间，互联网内容从文字到图片再到视频不断更迭，并形成日益复杂的组合，表现形式更加丰富，互动性和可视性越来越强。随着数字技术的发展和用户习惯的改变，从长视频到短视频，内容生产的门槛越来越低；从 PC 端到移动端，受众观看与制作的便利性越来越高。

与直播、长视频相比，短视频的短小精悍更符合当下时间碎片化场景需求，受众在短时间内即可观看并分享视频，传播周期更短。同时，视频长度的缩短降低了制作的门槛，普通用户可随时用移动设备拍摄、制作视频，短视频成为受众更乐于传播的社交语言。与传统图文广告相比，在内容营销的时代，品牌更需要用情感和角色来打动用户，更具三维立体感的视频语言可以让用户更真切地感受到品牌传递的情感，这就意味着品牌使用短视频作为与用户交流的语言将更容易被大众接受，更容易实现品效合一的传播效果。

短视频行业首先出现在美国，2011 年 4 月，Viddy 正式发布了移动端视频社交应用产品，定位为"创建和分享视频的有趣简单方式"，帮助用户及时拍摄、快速生产、便捷分享。同时，它与 Meta、Twitter、YouTube 等社交媒体平台实时对接，实现用户之间的即时交流，从互发文字、图片、语音发展到互发视频。与之类似的应用还有大规模争夺用户的短视频分享软件 Vine 和开始拓展短视频分享业务的传统图片分享应用 Instagram。除此之外，目前国外还有 KeeK、MixBit 等类似的短视频社交应用软件。

我国的短视频行业在 2015—2016 年迎来爆发式增长，成为新时代互联网社交平台之一。2016—2017 年，短视频行业保持快速增长，成为移动视频的新爆发点。在社会环境方面，我国移动互联网的发展逐步成熟，用户在移动端的使用频次已大大超过 PC 端，智能手机的普及为短视频的传播搭建了良好的平台。同时，社交媒体的普及使用户更加热衷于体验分享与评论带来的自我满足，以娱乐的态度获取资讯；在经济环境方面，短视频行业得到了大量投资，融资多集中在 A 轮和天使轮，投资方向集中在内容创作和社交分享等领域。在技术方面，5G 网络的推广为短视频的发展带来机遇，流量、宽带费用降低，智能移动终端的拍照、摄像技术不断增强，短视频的制作、分发、观看门槛越来越低。这一切都为短视频行业的发展带来了机遇。

短视频内容的生产者有普通用户、专业经纪公司包装的网红群体，也有专业的视频制作公司。短视频内容生产正向组织化、垂直化和个性化方向发展。美妆、美食、生活方式等垂直领域的创作者有望集中发力，搞笑娱乐类的题材逐渐减少，同时受众群体将更加细分化、社群化。受众对于高质量、感兴趣的内容营销接受度比以前更高。对于广告主而言，如何选择头部 IP（知识产权）制作符合品牌调性并能打动用户情感的视频内容，如何准确地找到平台入口实现流量变现，成为重要的课题。

目前，短视频行业已进入成熟期，手机流量资费下降、智能手机硬件性能提升及算法分发的应用推动短视频行业快速爆发。截至 2024 年 10 月，短视频用户规模已超过 10.5 亿人，短视频已成为移动互联网最重要的流量高地之一。

此外，"短视频+社交+电商"成为发力点，短视频平台基于兴趣，以头部主播为中心的陌生人弱关系社交闭环已形成，未来短视频平台将不断强化以头部主播为中心的社交体系扶持。传统电商流量红利已经见顶，短视频拥有巨大的流量，又急需拓展变现能力。所以，"短视频+社交+电商变现"模式逐步成型，并快速发展。

## 4.4 数字营销的模式

数字技术已然渗透至各个行业,并彻底改变了消费者与企业之间的关系。每一次技术变革都带来了大众生活形态的变化,随之而来的是营销方式的变革。企业需要根据自身发展的战略目标来选择适当的数字营销模式,并重点培养一系列关键的数字营销能力。

企业营销的数字化转型是营销模式从传统营销向数字营销转变的过程,在传统营销时,品牌塑造以企业为主,消费者是旁观者;在数字营销时代,消费者参与品牌建设成为可能,参与意识在增强,主动性和能动性不断提高;选择合适的数字营销模式成为企业制胜的关键秘诀。在当前消费市场上,流量红利逐渐消失,获客成本越来越高、转化越来越难、流失越来越快。科特勒说:"企业获得新客户的成本是挽留现有客户的 5 倍,如果顾客流失率降低 5%,利润就可以增长 25%以上。"通过数字营销传播可以拉近与消费者之间的距离,让消费者融入企业的发展之中,从而推动企业与品牌的发展。

### 4.4.1 社群营销模式

无论是客户拉新还是转化,无论是客户留存还是转发,都离不开口碑。很显然,口碑与产品直接有关,但口碑也不全由产品决定,而是由企业与用户的关系决定。同价同质的产品,当企业与用户是"粉丝"关系时,口碑就高;而当企业与用户是交易关系时,口碑就不高。

社群的作用就是通过内容、活动、利益、机制,把普通用户转化为会员,把会员转化为"粉丝",把"粉丝"转化为"铁粉",把"铁粉"转化为员工、股东、合伙人。社群里的口碑由于相同的认知而具有同频共振效应,过去的口碑是一传十,而且传播越远,效果越弱。亚马逊创始人贝索斯(J. Bezos)曾说:"在线下世界,如果一个客户不满意,他会告诉 6 个朋友。在互联网世界,他会告诉 6 000 个人。"消费者彼此的互联互动极大地提升了消费者的影响力,个体的声音通过社群无限放大,从而影响整个市场。

移动互联网时代,人们的消费观念发生改变,从关注产品的品质转变为关注产品背后的价值主张。人们的消费行为轨迹也发生了改变,过去的成交意味着交易结束,而现在的成交意味着关系刚刚开始。

社群提供了多层次的营销传播空间,激发多向度的传播。社群中的消费者之间能够发生各种类型的交互影响,为营销信息的传播以及效果的产生提供肥沃的土壤,能融合自我传播、人际传播、群体传播和大众传播,激发出多向度、多层次、多链接的数字营销方式。传统营销属于流量思维,它的逻辑是通过广告传播让 10 000 个人看到,其中 1 000 个人关注,最终 10 个人购买。社群营销恰好相反,通过超值的产品和服务体验赢得用户口碑,用户除了复购,可能还会介绍 10 个朋友来购买,这 10 个朋友又可能带来 100 个目标用户,100 个目标用户最终形成 10 000 个潜在用户,由于是朋友信任背书,因此转化率很高。传统思维与社群思维最大的不同就是传统思维看中的是一个用户,社群思维看中的是一个用户由于口碑裂变带来的一群用户。社群是每个品牌与用户沟通的最短路径,成本最低,效率最高,尤其是信任的建立为企业赢得了无限的商业机会和想象空间。

定位理论创始人里斯（A. Ries）有一句名言："市场营销不是产品之争，而是认知之争。"过去，成功的消费品牌都有一套通用的建立品牌认知的打法，那就是利用有影响力的传统媒体大量投放广告，占据用户头脑中对这一品类的认知空间，然后通过各种渠道尽量把产品铺的到处都是。然而在信息泛滥、渠道碎片化的今天，如何能够有效占领人们的认知空间呢？"互联网之父"沃尔夫（S. Wolff）表示，互联网正在把人群切分成一小块一小块的社群，产品如果没有社群和"粉丝"的支持，很难调动传播势能。在新商业时代，企业要将品牌跟社群对接。移动社交时代，营销的核心就是吸引那些在社群中有影响力的超级用户，通过这些超级用户，影响他们的朋友圈，引发社群共振效应。

社会学著作《大连接：社会网络是如何形成的以及对人类现实行为的影响》中提到了"三度影响力原则"，我们所做或所说的任何事情，都会在网络上泛起涟漪，影响我们的朋友（一度），我们朋友的朋友（二度），甚至我们朋友的朋友的朋友（三度）。如果超出三度分隔，我们的影响就会逐渐消失。相距三度之内的人与人之间是强连接关系，强连接可以引发行为。

社群营销模式可以表达为 IP（知识产权）+社群+场景。首先要明确目标人群，根据目标人群确定产品的使用场景，再根据场景链接 IP（知识产权）圈层，最后由 IP（知识产权）联合超级用户共同组建社群，影响更多潜在目标用户。社群营销的商业逻辑是 IP（知识产权）用来占领专业认知高地，解决流量来源问题；场景用来强化体验，挖掘用户其他需求，提供一站式系统解决方案，为社群跨界变现创造机会；社群是催化剂，用来催化企业与用户、用户与用户之间的强关系，解决信任与共识。社群营销的核心就是构建企业与用户的信任共同体关系，通过社群实现个体的自我赋能，最终用户与社群相互赋能，形成良性循环。

### 4.4.2 内容营销模式

艾高户外城市穿行

对于企业而言，要想让自己的信息从海量的信息中脱颖而出，就必须深入洞察消费者，生产出用户喜闻乐见的内容，实现与用户的深度联结，从而实现品牌传播的目的。

内容营销主要是指通过图片、文字、动画等介质传达企业的相关内容来增强客户信心，促进销售。内容营销主要包括广告植入、社会化营销、短视频营销、创意 H5（HTML5）、跨界合作及创意图画等。其中，创意是内容营销的核心，离开了创意，内容营销也就毫无特色。在营销预算紧缩、流量变贵的大环境下，广告主更加重视受众参与性和互动性高的内容营销模式，依靠优秀内容引发话题点及情感共鸣，从而实现更好的触达并影响受众。

目前，内容营销模式呈现的主要趋势和特点如下。

（1）技术驱动，内容植入进入新时代。

传统的内容植入多为影视剧中的各种产品广告。其实，我们现在看到的很多产品广告都是后期通过人工智能技术添加进去的。例如，北京影谱科技股份有限公司的产品"植入易"可以通过智能扫描，搜索视频内原生广告的可植入点，以多种形式将品牌形象植入剧目中的楼宇、计算机屏幕及室内海报等场景中。

（2）网红经济，KOL 价值更加突出。

网红经济蓬勃发展，网红带货更是受到品牌商的青睐。在各大社交平台上，网红通过各大社交平台引流，以直播、短视频、评测文章等内容形态影响消费者在消费路径中的"种草"、商品比较、点击购买各个环节，"网红经济+内容营销"无疑为品牌建设及效果营销提供了新的价值。其中，KOL 的价值更加突出。微博、小红书等都在打造 KOL 内容营销矩阵，以 KOL 为导向的营销不仅是与消费者沟通的重要方式，更是品牌价值的传递过程和品牌可信度的树立过程。

（3）短视频成为品牌触及下沉市场的主要媒体形式。

受经济环境的影响，市场的竞争愈发激烈，短视频成为信息流广告的重要形式。短视频的市场空间巨大，用户时间碎片化催生短视频平台快速发展。特别是以抖音、快手为代表的短视频平台有着深厚的用户基础，在众多品牌发力下沉市场的过程中，成为最佳的媒体形式之一。

（4）平台垂直细分化，内容更加个性化。

社交平台、视频平台众多，各有特色，覆盖不同的用户，如抖音和快手尽管都主打短视频，但内容也存在极大差异。这就需要品牌在进行广告投放时，根据自己的定位、算法或标签数据，将个性化的内容分享或推广给用户。个性化投放使内容能够有效触达，增进了品牌和用户的情感共鸣。

（5）内容营销+社交更加流行。

内容营销的本质是营销、是销售，但是好的内容终归要落回传播上，才能实现预期目的。如今，社交已经成为传播的重要渠道。通过好的内容吸引用户关注，然后借助社交配合完成沟通、转化、成交、沉淀，可以实现社交裂变式传播与增长。如果内容能直击用户心理，与用户生产内容进行深度融合，实现品牌与用户之间从单向注意、表面融合，到相互卷入的深度交互阶段的转变，内容营销才可能取得成功和产生持续性效果。

（6）内容营销 IP（知识产权）化。

故宫文创

在泛娱乐化得到极大发展的背景下，与各类 IP（知识产权）携手成为品牌营销的绝佳途径。借助 IP（知识产权）积累的"粉丝"基础，品牌更容易快速吸引受众的注意，达成情感共鸣。也正因此，越来越多的品牌开始联合各类 IP（知识产权）推出相关产品。作为国内最知名的"网红博物馆"，故宫博物院凭借"萌萌哒"风格的文创产品形成自己的 IP（知识产权），同时也吸引了众多品牌与其进行跨界合作，出现了众多网络爆红产品。借助当下热门 IP（知识产权）资源，围绕强 IP（知识产权）内容构建营销生态链，开展精准化的事件营销，已成为很多企业探寻突破传统经营困局的新途径，也是品牌发展的趋势所在。

（7）创意热店兴起。

在内容创意领域，涌现出许多"以创意为生"的创意热店，正在获得市场的认可和尊重，例如，胜加、天与空、有门、环时互动、马马也、F5 等，创作了众多经典案例和优秀产品。

## 4.4.3 直播带货营销模式

截至 2023 年 12 月，中国短视频用户规模占网民规模的比例为 96.4%。由于短视频平台通常具有"直播"内容场域，因此大规模短视频用户可转化为直播电商用户，直播电商已成为网络购物用户购买商品的重要途径之一。以淘宝直播为例，自2016年上线以来，一直保持高增长速率。艾瑞咨询《2023年中国直播电商行业研究报告》显示，2023年中国直播电商成交额为49 000亿元，增速35%。淘宝直播的内容消费用户规模同比增长44%；月成交破百万的直播间达1.2万个；新增内容创作者863万人、新开播账号增加77万个。未来伴随直播电商用户规模的持续增长，直播电商行业流量池将进一步扩容，直播带货已经成为数字营销的重要模式。

直播已经发展成为电商在新时代的新产业，直播带货的人数呈现极强的爆发性增长趋势，正在创造一个千亿级的新市场。直播带货的主要优势体现在以下几个方面。

（1）营销成本更低。随着电商平台获客成本的提升，利用直播技术来引流和进行产品解说能够降低获客成本。无论是电视广告还是车体广告，一般费用从几十万元到上百万元不等。百度、微博等各大平台的营销费用也比较高，部分"粉丝"过百万的自媒体大V（经过个人认证并拥有众多粉丝的微博用户）的硬文广告费用通常数十万元起，软文广告费用甚至达到上百万元。而直播带货，依靠一支话筒、一台电脑、一个摄像头、一个懂得营销的头脑就可以开展。

（2）营销覆盖更快捷。如今，手机与电脑是主要的观看媒体，传统营销方式的覆盖速度与范围迅速下降，而直播的强互动性能够直接、快速地激发用户的购买欲望。商品的选择性变多，KOL通过直播进行导购，让一部分有选择困难症的消费者降低了时间成本。直播具备即时性、刺激性，可以不断刺激消费者抢购、跟风的大众心理，使营销覆盖更加快捷。此外，直播间内通常采用底价、优惠券或者红包的形式吸引"粉丝"进行购买，有力地助推了销售额增长。

（3）营销效果更直接。直播带货，所见即所得。主播在线使用产品，可以让用户清晰地看见使用产品的过程以及使用后的体验。主播在直播中搭建自己的小剧场，像与朋友聊天一样去描述对方的问题，让观众能够在他们的描述中发现自己亟待解决的问题，从而为接下来需要售卖的商品筛选出目标用户。

（4）营销反馈更有效。消费者对商品的个性化需求越来越强，越来越倾向于由即时满足替代延迟满足。直播互动是双向的，主播将产品信息传递给观众的同时，观众也以弹幕的形式分享体验。这样，企业不仅通过直播得到使用者的反馈，还得到了观看反馈，在下一次直播前可以及时修改、更正，从而获得更高的销量。主播通过与"粉丝"实现隔屏互动，帮助他们答疑解惑，迅速拉近"粉丝"与主播之间的距离，带动直播间的气氛，同时让直播极具娱乐性。

不仅中小企业和个人纷纷开启直播带货，汽车、房地产这种"大物件"行业也嗅到了直播带货的商机，纷纷将直播作为销售的主阵地。例如，蔚来汽车曾在全国12家蔚来中心轮流进行直播，几乎每个时间段都有不同的主题直播。小鹏汽车也做过每周二、周三不同的主题直播"云看车"。宝马先后在天猫和京东旗舰店开设直播间，销售人员在直播间里在线讲车、弹幕互动答疑，还有定时抽奖、赠优惠券等活动。

直播带货模式未来将呈现平稳增长的趋势并步入精细化发展的阶段。

（1）从供给侧来看，一方面，品牌商将基于全渠道营销战略，积极在多平台布局直播电商业务以捕捉各渠道的消费者；另一方面，头部达人自身具备高流量的特征，能够以提升商品销量为支撑向品牌商争取较大的让利空间，品牌商借助外部机构的店播趋势逐渐显著。

（2）从需求侧来看，2021—2023 年，选择在抖音与快手观看直播电商的人次及其购买转化率均呈稳步增长态势，2023 年，两大内容平台直播电商观看人次达 5635.3 亿，购买转化率达 4.8%，"内容种草"已成为消费者形成购买决策的重要途径之一。伴随"叫卖式"直播电商场景热潮渐退，消费者开始注重产品知识介绍。从整体来看，核心直播电商服务商正不断提升业务链路的数智化程度，借助数字化平台提升品牌商基于达播的销售效率、基于店播的运营效率，以及让直播间消费者的需求传递更加及时，有效提升供需两侧的服务效率。核心直播电商服务商通过引入 VR 全景直播、4K/8K 高清直播以及 5G 实时云渲染等新技术增加商品信息与用户的触点，推动消费者能够全方位地了解商品以提升购物转化率。此外，具备自动化等特性的 AIGC 技术能够结合商品特点及直播间"粉丝"人群画像等多维度智能化生成商品卖点文案，服务商的内容运营人员通过大模型所生成的文案进行迭代优化，这会明显提升服务商内容创作的效率与质量。

### 4.4.4　短视频营销模式

随着互联网技术的成熟，短视频行业迎来跨越式发展，大量短视频平台迅速崛起，聚集用户的同时也吸引了各品牌的广泛关注。近年来，我国短视频用户规模不断增长，其在整体网民规模中的占比也不断增加，这使得短视频成为吸引网民接触互联网的首选途径。据统计，2023 年我国人均每日观看视频的时间接近 3 小时。

在短视频市场竞争中，以抖音和快手为代表的两大平台几乎占据了主导地位。尽管两者的定位、功能和结构存在差异，但均通过电商实现内容+货架模式的布局。例如，抖音不断优化组织架构，构建了包含短视频/直播、电商和广告在内的产品矩阵。2021 年年底，字节跳动已将头条、西瓜、搜索、百科及国内垂直服务业务纳入抖音，以为客户提供优质的信息和服务。此外，抖音在 2023 年"618"购物节的电商销售额同比增长了 72.74%，其中直播带货贡献了 81.39%的销售份额，增速达到 68.83%。快手则持续扩大用户规模，并在 2022 年实现国内收入的显著增长和盈利水平的提升。在快手的核心业务中，电商的表现最为抢眼，全年完成了超过 9 000 亿元商品交易总额的目标，同比增长超过 30%。

可以预见，在各平台的激烈竞争中，短视频行业的用户增长规模将放缓，但短视频具有社交属性和互动性强、碎片化消费与传播等特性，使得短视频营销的价值正被越来越多的广告主认可。无论是短视频媒体渠道的丰富与用户的增长，还是各大内容生产机构的进入与资本运作的成熟，都表明短视频已经成为互联网的重要流量入口。短视频的形式越来越丰富、内容越来越生动，用户也越来越愿意关注这一信息载体。同时，短视频平台与电商平台相互打通，短视频将成为品牌营销的主战场。

短视频营销的主要方式包括以下内容。

（1）情感共鸣定制式营销。

这种方式是很多企业和公司常用的一种方式，主要借助社会热点来进行传播，但这种传播不是简单的短视频宣传，而是借助短视频引发用户情感共鸣与反思，多角度、深层次地向大众传递企业价值观，提高大众对企业的认同感。

（2）场景沉浸体验式营销。

Timberland 创新更有型

很多消费者都比较关注产品的特性，因此通过产品的特性去塑造特定的场景，增加产品的趣味体验，激发用户的购买欲望，是一种有效的营销手段。这种方式实际上是让用户可以提前感受产品所带来的好处，让大家认识到产品的优势，然后实现产品重要特性的趣味传递。

（3）网红广告植入式营销。

这种营销模式主要是借助网红的"粉丝"来进行推广，流量明星或网红博主通过发布视频口播、贴片广告引起"粉丝们"的广为传播，能够吸引消费者进行消费。

（4）直播带货形式营销。

当"粉丝"累积到一定程度之后可以采用直播带货形式进行营销。主播在直播间采用福利价格或折扣价格的形式，能够让消费者买到心仪实用的商品，同时也能够达到"粉丝"变现的目的。

（5）品牌商家入驻式营销。

对于有营销推广预算的商家，通过入驻短视频平台开展营销是一种非常重要的方式。例如，很多品牌都已入驻抖音平台，如看漫画、vivo、阿里巴巴、联想、淘宝等，以及各大美妆品牌和一些微信商务小品牌。

短视频的内容生动形象，而且交互简单、沉浸度高，因此，受到越来越多广告主的关注。随着短视频商业化的不断深入，在玩法的探索与创新层面，也呈现出了越来越多的可能性，短视频领域的竞争已全面走向红海。例如，竖版短视频成为主流展现形式，1分钟以内，甚至是30秒以内的短视频更容易被受众接纳；更轻量、更具爆点、更娱乐化、更垂直、更专业化的内容将赢得更多受众的喜爱。如何能在几秒之内抓住观众的视线，使观众的视线停留，使观众记住品牌并迅速做出交易决策，将是短视频行业需要重点解决的问题。

### 4.4.5 KOL 营销模式

在新消费场景中，能够引爆消费热点、激发"粉丝"冲动消费，离不开"中间人"这一角色，即传播学中所说的 KOL，特指在人际传播网络中经常将信息提供给其他受众，并对他人施加影响的人。在新消费场景中，无论平台、电商还是品牌主，都需要通过 KOL 消融与消费者的天然屏障，进入"私域流量"的领地。KOL 营销已经成为众多品牌社会化媒体传播中非常重要的一部分。借助短视频平台、直播、Vlog 的全民化，广告主能够通过更多的方式与渠道进行 KOL 营销。现在的 KOL 营销也更加垂直化、多元化、专业化。同时，广告主在选择 KOL 时也更加注重其带货能力。

KOL 的身份及角色有很多类型。例如，KOL 可以是当红主播，他们因自身在某个领域的特长、权威性、娱乐性、观赏性等因素，能够吸引大批量的"粉丝群"；KOL 也可以是热心组织团购社群的邻居业主、校友圈里的活跃女生、亲子圈里的专职宝妈。KOL 想要形成稳定持久的口碑凝聚力，扩大私域流量的"粉丝群"，不能仅仅依靠颜值和口才，更需要凭借诚信树立人品，赢得"粉丝"信任，维系稳定牢靠的"粉丝基数群"。

目前，平台方、电商、品牌主开始认清 KOL 的价值定位。它不是作为一个类同商超"推销员"身份的存在，而是要扮演"中间人"的角色帮助消费者完成线上购物抉择。对于消费者来说，KOL 不是自家供养的"明星爱豆"，他们更加看重的是通过 KOL 带货的消费性价比以及必要的购物保证。由此可见，KOL 要想真正成为深度挖掘"私域流量"的法宝，有必要维系好自身作为购物体验官的"中间人"身份。一旦 KOL 自身定位出现误判，即作为意见领袖进行精准商业信息推送的"中间人"角色错位，自以为是拥有庞大"粉丝"数量的"爱豆明星"，就很容易因为带货的货品失误、难以客观公正地推介货品而导致带货"翻车"，从而丧失 KOL 带货变现的商业价值。

要想打好"KOL"这个王牌，需要破解两大难题：一是品牌社媒传播如何选择高匹配产品的 KOL；二是 KOL 如何成为长期稳定的"流量之王"。因此，选择 KOL 十分关键，其主要考量因素包括以下几个方面。

（1）应根据品牌历史、品牌调性、品牌"粉丝"喜好等，结合热度口碑、品牌合作指标、匹配指标筛选合格的 KOL，再根据 KOL 的形象定位、影响力、"粉丝"数量、"粉丝"群体、互动比例、活跃度、话题度、传播能力、互动能力、链接转化能力、配合程度、性价比、以往服务优秀案例等挑选合作的 KOL。

（2）基于品效合一，深入垂直场景、深度触达用户的营销目标，更倾向于选择垂直领域的 KOL 和媒体。在当前 KOL 生命周期不固定和 KOL "粉尘化"的环境下，广告主在投放广告的过程中容易出现平台选不对、KOL 资源不匹配、营销策略和内容不适宜、执行效率低等问题，亟须相应的解决方案。

（3）KOL 营销矩阵化趋势愈加明显，服务商是否拥有搭建有机联动的 KOL 矩阵的能力是广告主挑选服务商的指标之一。KOL 营销的主流策略逐渐从单点作战过渡为矩阵联动，"1+1>2"的矩阵效应愈发凸显。因此，KOL 营销服务商应不断积累 KOL 资源，搭建一站式投放平台及技术，能为广告主提供更加智能、高效的 KOL 选择、投放服务至关重要。具有社交媒体商业化资源整合能力的服务商更受青睐。

（4）品牌方除了要针对 KOL 的人设和特征去定制营销形式与内容，还要充分考虑媒介的特征，以及 KOL 在不同媒介下的差异化特征等因素，因此能根据 KOL 在对应媒介下的特征打造营销形式和内容的服务商更受欢迎。

此外，KOL 营销模式运用成功的关键在于两个方面。

一方面，KOL 要兼具融合群体传播的影响力、话语权和大众传播的覆盖力。每一个 KOL 的背后都有一个特定的群体，KOL 需要深度触达群体内的成员，这就需要群体成员对 KOL 营销的内容和信息有较高的信赖度，需要 KOL 通过高黏度的营销信息密切群体关系、增强群体意识。

另一方面，KOL 营销在商业变现的过程中，如何以消费者为中心平衡各方利益，建立成熟的产业链。中国的 KOL 营销已经走过名人代言、内容分发到整合联动三个阶段，并不断趋向成熟化。完整的 KOL 营销模式是以 KOL 为核心，实现由"自媒体+内容营销+营销方式+变现模式"四部分组成的产业链。显然，KOL 是很难依靠个体力量来打通这些自媒体、社交媒体、视频媒体平台，这就需要通过资本介入，助力 KOL 孵化公司整合这些媒体平台，形成传播矩阵。

目前，MCN（Multi-Channel Network）机构仍然是 KOL 产业运营的核心枢纽，它通过连接"红人"、内容分发平台、"粉丝"用户、广告商，最终实现广告产品的推广。另外，自媒体平台、MCN、"红人"之间形成了利益链。自媒体平台需要"KOL 红人"产出内容，实现平台流量的持续增长；"KOL 红人"通过自媒体平台分发内容，得到"粉丝"积累，完成流量变现。三方互相协作、达到共赢。

但是这一产业运营现状也导致平台、电商以及品牌主在 KOL 产业的话语权偏弱，也出现种种营销乱象。比如报价混乱，KOL 推广价格虚高；品牌商付给"KOL 红人"高额的"占位费"，营销效果却惨不忍睹。与此同时，KOL 整体素质不高，专业能力偏弱，KOL 营销大范围出现造假，营销效果严重失真。不仅出现"粉丝"数造假、后台数据造假、"粉丝"互动造假，甚而演变为专门的"刷单"机构制造销售假象，虚假"刷单"收到货之后马上退货退款，导致商家积压大量库存，大幅提高负债。

KOL 营销乱象迫使政府部门出手加大对 KOL 运营产业的治理整顿，可以预见，拥有雄厚资本实力的平台、品牌主将会凭借资本的力量对 KOL 产业进行整合，KOL 也会逐步走上专业化、职业化的正规发展之路。整合重建 KOL 产业运营新格局，最终收获 KOL 这张"王牌"，保持客观中立的产品优选、推荐的"中间人"角色，依然是 KOL 不可动摇的立身之本。

### 4.4.6 大数据营销模式

将大数据真正运用在实践中的是麦肯锡公司，他们在《大数据：创新、竞争和生产力的下一个前沿》的研究报告中提出，数据已经渗透到各行各业中，并且逐渐成为重要的生产要素，大数据时代已经到来。

随着大数据时代的来临，广告主都期望将自己生产、经营等过程中产生的各种数据有效地管理起来，从而持续获取新客户以及加强与客户的互动，在大数据赋能下让所有的事情变得有据可依、效果可量。大数据营销应用的现状如下。

（1）总体向好。

目前，大数据应用价值及趋势发展态势总体向好。大数据行业业务高速增长，行业规模已达百亿量级，随着国家政策的激励以及大数据应用模式的逐步成熟，未来几年我国大数据市场仍将保持快速增长，数据已成为国家基础性战略资源和商业创新源泉。随着一系列数据政策的出台，数据安全及数据应用已成为社会、经济、技术领域关注的核心话题，目前各领域专业人士对数据管理及应用趋势持乐观且谨慎的态度。

（2）大数据与数字营销传播。

得益于不断发展的计算机技术，消费者在互联网上的行为得到了前所未有的详细记录，这些记录为企业进行营销决策提供了重要的依据。企业通过对数据的交换、整合与分析来解释消费者的行为轨迹，从而对市场需求的方向做出无限接近真实的预测。大数据已经被运用到数字营销的各个方面，出现精准营销、实时竞价等营销传播方式，大数据甚至还被应用到产品的设计与生产流程之中。

(3)精准营销。

大数据的出现使得一对一的精准营销成为可能。互联网时代，企业的营销传播理念已经从"媒体导向"转向"消费者导向"。消费者的需求变幻莫测，甚至同类型的消费者诉求点也不尽相同。大数据的出现使得实现一对一的精准投放和个性化的营销成为可能。海量数据背后所隐含的消费者行为倾向成为企业和营销人员的参考依据。根据不同用户在互联网上的行为数据，分析出他所需要购买的产品以及他在进行购买决策时所侧重的因素。大数据的运用能够规避无效的受众达到，只针对有意义的用户进行购买，提高企业的效率和投资回报率。

(4)传统服务商和新兴平台齐头并进。

数据管理服务并不是一个新兴产业，人们所熟知的 Hyper、Adobe、Oracle 等都能提供非常出色的数据存储与清洗功能。同时，一批新兴数据管理应用平台也在不断扩大自己的影响力，它们除了发挥传统的数据整合作用，更多地在深度挖掘数据价值，赋能品牌营销。

### 4.4.7 电子邮件营销模式

电子邮件营销是在用户事先许可的前提下，通过电子邮件的方式向目标用户传递价值信息的一种网络营销手段。电子邮件营销有三个基本因素：用户许可、电子邮件传递信息、信息对用户有价值。

电子邮件具有范围广、操作简单效率高、成本低廉等特点。面对巨大的互联网用户群，只要拥有足够多的电子邮件地址，就可以在很短的时间内向数千万目标用户发布广告信息，营销范围可以覆盖全球。电子邮件营销操作不需要高深的计算机知识，不需要烦琐的制作及发送过程，发送上亿封的广告邮件一般几个工作日内便可完成。此外，电子邮件营销相较于广告营销，成本低廉。

随着互联网的普及和信息技术的发展，人们每天都会收到大量的电子邮件，这导致了信息过载的问题。接收方可能会因为收到大量电子邮件而忽视或删除邮件。信息过载也会导致接收方对邮件的筛选更加严格，只有那些真正引人注目的邮件才能脱颖而出。因此，电子邮件营销的关键技巧包括以下几个方面。

(1)避免狂轰滥炸式发送邮件，要通过测试不同时间段内电子邮件的用户点击率制定发送频率。

(2)分众发送邮件，通过以往发送邮件的经验，测试哪些用户对哪种促销最感兴趣，再适当地调整邮件营销策略。

(3)抓住 20%的黄金用户，遵循"二八定律"。只有 20%的用户会对定制的邮件反应敏感，因此通过监测用户的点击率，紧紧抓住 20%的黄金人群采取必要的营销策略。

(4)邮件未经测试不要轻易发出。邮件的设计要简洁明了、开门见山，邮件发送前要仔细检查邮件内容，如果有图像，确保打开邮件时图像可以显示，如果有链接，确保是已经加了超链接的格式。

（5）保证邮件的到达率。鉴于全球严峻的反垃圾邮件管理，避免正常邮件被错杀，要与业界领先的电子邮件服务商合作，确保绝大多数用户能够收到邮件。

（6）设计有价值的邮件内容。邮件内容的可读性决定了消费者是否愿意去点开阅读，可以说邮件的内容决定着邮件营销的成功与否，因此，发送的邮件要尽量做到有价值，内容对用户而言是有意义、有价值的。例如，邮件内容可以涉及商品打折、免费服务等相关信息，这些可能更容易引起消费者的关注。

（7）邮件回复与退订。对于邮件接收者的回复，电商网站的管理者一定要及时地回复疑问或者难题，以更好地把握每一个潜在客户。同时，所有邮件必须包含有关收件人如何退订或修改首选项的清晰说明，每封邮件必须包含一个链接让收件人可以选择退出接收来自发件人的邮件。

## 4.5　消费者洞察与确定营销策略

消费者洞察是指深入理解消费者，发现消费者的隐含需求。消费者洞察有助于企业帮助消费者更好地实现他们的需求，也有助于企业更好地自我定位，发现新的市场机遇、寻找新的战略战术，从而提高营销效果，有效控制预算、获取更高利润。

消费者洞察可以贯穿于整个零售商业活动，如精准营销、客户服务、品牌形象治理、产品创新、商业战略决策等各个环节。此外，消费者洞察还可以帮助营销人员站在客户的立场上思考更有激发力的解决方案，从而更有效地进行品牌传播。

大数据时代的到来，为企业洞察消费者提供了一种全新的途径和手段。利用大数据进行消费者洞察，能够更加全面透彻地了解消费者，从而实现营销的精准化和人性化。在复杂多变的市场环境中，借助信息技术全方位地洞察消费者的习惯，借助信息技术细分市场，进而精确定位，为目标消费者提供针对性、个性化的产品及服务，真正提高企业自身的综合实力。

### 4.5.1　消费者洞察途径

消费者洞察的途径如下。

（1）Cookie 数据。

Cookie 是一个服务器暂存在用户端设备上的小块数据，用以识别用户，它储存在用户的本地电脑上。Cookie 就像是用户留下的一串串脚印，网站服务器可以借此来判断用户是不是第一次访问。但由于 Cookie 中记录着用户的个人信息，数字营销公司可以知道用户的兴趣爱好，并以此形成用户画像，进而做定向广告的推送。

但是随着 Cookie 在技术上的普及化，其在个人隐私和追踪上的不确定性也被暴露出来。由第三方 Cookie 带来的用户隐私问题正在遭受越来越多的质疑。近年来，越来越多的科技巨头开始限制第三方 Cookie，并逐步受到法律的支持。例如，Chrome 浏览器将逐步停止跨网站追踪用户访问足迹的第三方 Cookie，并将其命名为"隐私沙盒"（Privacy Sandbox）计划，其目的就是让广告商不使用第三方 Cookie，在避免用户被跨网站跟踪的情况下，依然能够正常做广告投放并获得收益。

（2）搜索引擎。

搜索引擎为消费者主动搜索信息提供了平台。消费者获取信息的方式也从过去由互联网内容提供商"推送"信息的方式，逐渐转向利用搜索引擎主动"找寻"信息。用搜索引擎查找资料的人往往对某一特定领域感兴趣。搜索平台拥有海量的消费者搜索行为数据，企业可以对这些数据进行结构化分析，洞察消费者。来自中国互联网络信息中心的数据显示，截至 2023 年上半年，我国搜索引擎用户规模达 8.41 亿，占网民整体的 78.0%。随着搜索引擎引入生成式人工智能技术，用户使用体验和搜索营销方式将产生重大改变。

但是利用搜索数据洞察消费者会受到搜索引擎的限制，只能掌握部分消费者的部分网络行为。同时，仅仅基于用户的搜索行为并不能完全反映出消费者全部的心理行为，例如，消费者可能只是想了解一些商品信息，并无购买意愿。

（3）社交媒体数据。

随着移动互联网的兴起，社交媒体已经成为消费者日常生活不可缺少的一部分。截至 2024 年 10 月，全球社交媒体用户数量已突破 50 亿，相当于全球总人口的 62.3%。企业可以充分利用社交媒体来收集用户数据，从中发掘用户的喜好等信息，并根据分析结果来开展精准营销活动。

例如，卡夫作为全球第二大食品公司，其澳大利亚分公司为了拓展新业务，打开孕妇消费者市场，通过大数据分析工具对 10 亿条社交网站帖、论坛帖等话题进行内容分析，发现大家对于维吉酱（一种深棕色的澳大利亚食物酱）讨论的焦点不是口味和包装，而是涂抹在烤面包以外的各种吃法。通过一系列社交媒体数据分析对比，卡夫公司的研究人员得出三个消费者关注点：健康、素食和安全，并且特别重视叶酸的使用。此后，卡夫公司研制生产出全新的产品，成功打开了孕妇消费者市场，创造了新的业绩。

（4）网上销售平台。

数字时代，越来越多的消费者在网上平台购物，既有第三方电商平台，也有企业自己的官方网站。网上销售平台已经产生的搜索数据和成交数据也是重要的洞察消费者的数据来源。通过对网上销售平台数据的分析，可以直接了解消费者的动态。例如，美国、英国和德国的消费者倾向于在平台上花费更多时间，每次访问会查看更多页面，因为有更多选择可供探索。就每个国家或地区的最畅销类别而言，不同市场之间存在许多相似之处，但地区差异仍然存在，例如，在英国，体育和户外类排名第一；在日本，视频游戏排名第一；在德国，硬件设备拔得头筹。

## 4.5.2　目标消费者细分

消费者细分（customer segmentation）是美国学者史密斯（W. R. Smith）提出的一个营销学概念，是指企业依据消费者的人口信息、行为特征、利益需求、价值取向等多要素对该群体进行归类，有针对性地提供产品或服务，是差异化客户服务的基础。消费者细分是企业识别并了解用户的重要手段，是成功为用户提供个性化服务的基础。

目标消费者是指企业的产品或者服务的针对对象，是企业产品或服务针对的直接使用者。一种商品要想走向市场，参与竞争，首先要弄清自己的目标消费者是谁。只有确定了消费群体中的某类目标客户，才能有针对性地开展营销并获得成效。消费者洞察帮助品牌商识别目标消费者，将目标消费者加以细分，并以此制定用户的差异化营销政策，从而提高用户忠诚度，最终实现提高企业利润和竞争力的目标。

目标消费者细分通常可以基于地理、人口、客户行为、消费者心理等维度进行划分。

（1）按地理因素划分。按照消费者所处的地理位置、自然环境来细分市场。地理划分通常比较稳定，有利于快速确定目标消费者集中的区域。

（2）按人口因素划分。人口统计变量是区分消费者群体最常用的方法，包括家庭人口组成、收入水平、社会阶层、职业等。

（3）按客户行为因素划分。行为变量包括时间习惯（季节性、节假日）、地点习惯（随意决定、冲动决定）、品牌忠诚度（高、中、低）等方面。

（4）按消费者心理因素划分。心理细分是根据消费者所处的社会阶层、生活方式及个性特征对市场加以细分，在同一地理细分市场中的人可能显示出截然不同的心理特征。心理因素十分复杂，包括生活方式、个性、购买动机、价值取向以及对商品供求形势和销售方式的感应程度等变量。在同一细分市场上的消费者对同一产品的反应也有较大差异，其主要原因是心理因素。

### 4.5.3 构建用户画像确定营销策略

1. 用户画像的概念和作用

美国"交互设计之父"库珀（A. Cooper）最早提出"用户画像"的概念。用户画像，又称消费者画像，即用户信息标签化，是以大数据为基石，企业通过收集与分析用户的社会属性、生活习惯、消费行为等主要信息的数据之后，完美地抽象出用户的商业全貌。用户画像为企业提供了足够的信息基础，能够帮助企业快速找到精准用户群体以及用户需求等更为广泛的反馈信息。

通过对用户画像的分析，能够得出目标群体的消费习惯，从而根据用户的习惯和行为进行精准营销，降低营销成本。企业可以更好地了解用户的需求，根据需求有针对性地改善产品，更好满足用户的需求，提升服务水平和质量，提高用户满意度。通过用户画像分析，企业可以按照不同的维度，如心理、行为、地理、人文等因素给用户进行分类，从中选择一定群体作为目标用户，并确定最合适的营销方式。有效的用户画像有利于企业发现新的需求趋势与潜在市场，在企业进行市场、区域扩张时提供更精准、更全面的客户洞察与市场预测。不断丰富与优化用户画像模型，最终可以达到个性化营销与服务推送。

2. 如何构建用户画像

构建用户画像的步骤包括目标设定、数据采集与预处理、用户建模和系统可视化。

（1）目标设定。

用户画像构建的目的不尽相同，有的是实现精准营销，增加产品销量；有的是进行产品改进，提升用户体验。明确用户画像的目标是构建用户画像的第一步，也是设计标签体系的基础。

（2）数据采集与预处理。

数据是构建用户画像的核心，一般包含宏观和微观两个层面。在宏观维度上，数据来自行业数据、用户总体数据、总体浏览数据、总体内容数据等。在微观维度上，数据包括用户属性数据、用户行为数据、用户成长数据、访问深度、模块化数据、用户参与度数据和用户点击数据等。品牌还可以根据自身的具体运营情况进行调整，添加或删减收集数据的维度，构建适配度高的品牌数据资产。因为部分原始数据可能存在重复、无效等问题，为了确保后期数据挖掘和建模的准确性，避免对决策造成负面影响，需要对海量的用户源数据进行预梳理。如果数据来自不同的平台，数据格式也会多样化，还需要将数据进行标准化处理。

（3）用户建模。

该阶段是对上阶段获得的数据做进一步处理，进行行为建模，抽象出用户的标签。在这个阶段，需要通过将定性研究法与定量研究法相结合来建立模型，为每个用户打上标签及对应标签的权重。

关于用户标签体系，一般采用多级标签、多级分类。比如人口方面的标签包括性别、年龄、地域、教育水平、出生日期、职业等；兴趣特征方面的标签包括兴趣爱好、使用 App/网站、浏览/收藏内容、互动内容、品牌偏好、产品偏好等；社会属性方面的标签包括婚姻状况、家庭情况、社交/信息渠道偏好；消费特征方面的标签包括收入状况、购买力水平、已购商品、购买渠道偏好等。

此外，标签的粒度也是需要注意的，标签粒度太粗标签会没有区分度，粒度过细会导致标签体系太过复杂而不具有通用性。用户画像的构建用到的技术有数据统计、机器学习和自然语言处理技术等，用户标签的刻画是一项长期工作，不可能一步到位，需要不断地扩充和优化。

（4）系统可视化。

通过可视化，可以更加清晰直观地展示用户画像的分析结果，如不同标签的数据对比、趋势变化等。画像的可视化一般使用饼图、柱状图等展示类属数据，用散点图、折线图等展示时序数据，用位置图、子弹图等展示空间数据。可视化的工具近年来也不断发展丰富，主要有 Tableau、Google Charts、RAW、Power BI 等。

3. 根据用户画像确定营销策略

通过消费者洞察，找到目标用户，构建用户画像，据此制定针对性的营销策略，选择合适的时间、地点、方式为目标消费者提供差异化的产品和服务，才能达到最佳的数字营销效果。企业还可以通过对营销活动的评价和反馈，进一步了解消费者的需求，根据反馈信息进一步完善消费者洞察及营销方案。

# 本 章 小 结

数字技术催生了数字媒体，进而带动数字营销的形成与应用，从传统的营销到数字营销，不仅理论研究经历了若干阶段的变化，实践也呈现出丰富多样的数字营销模式。通过本章的学习，可以在传统营销理念的基础上，重点掌握数字营销的主要特点和当下主要的数字营销模式，同时，可以利用消费者洞察工具开展有效的数字营销。

# 思考与练习

## 一、选择题（多选）

1. 下列不属于电子邮件营销特点的是（　　）。
   A．范围广
   B．成本低廉
   C．精准度低
   D．操作简单效率高
2. 下列（　　）不属于目标消费者细分的维度。
   A．按地理因素划分
   B．按人口因素划分
   C．按客户行为因素划分
   D．按消费者习惯因素划分

## 二、简答题

1. 社群营销与传统营销的区别是什么？
2. 直播带货的优势有哪些？

## 三、实践题

选择一个直播带货案例，列举直播带货的优势。

### 小米："MOMENT+"全场景智能生态营销

在 2019 年小米开发者大会互联网商业化分论坛暨 2019 小米营销品牌推介会北京场上，小米重磅推出"MOMENT+"全场景智能生态营销体系，为 5G 时代的营销带来前沿探索，并围绕用户场景，发布众多全新资源，包括 OTT 超聚焦、OTT BIG DAY、小爱同学 BIG DAY、全新 MIUI 视频等。

"MOMENT+"全场景智能生态营销体系可以覆盖小米月活2.79亿名MIUI用户、月活2 260万个OTT家庭用户、月活4 990万名的小爱同学用户、1.96亿件物联网设备（不包括智能手机及笔记本电脑）、坪效世界第二的586家小米之家，凭借小米数据工场的能力，致力于在合适的场景中，与广告主一起为用户提供"感动人心"的超预期服务。

"MOMENT+"全场景智能生态营销是小米面向合作伙伴提出的品牌营销解决方案，是小米成功实践多年的场景营销体系的再升级。

# 第 5 章
# 电子商务客户关系管理

**学习目标**
1. 了解客户关系管理的概念、内容及作用。
2. 掌握电子商务中客户关系管理的内容。
3. 了解电子商务商家客户分类的维度。
4. 了解 RFM 模型的含义及其应用。
5. 了解企业如何进行客户满意度调查。
6. 了解客户信息数据分析的内容。

思维导图

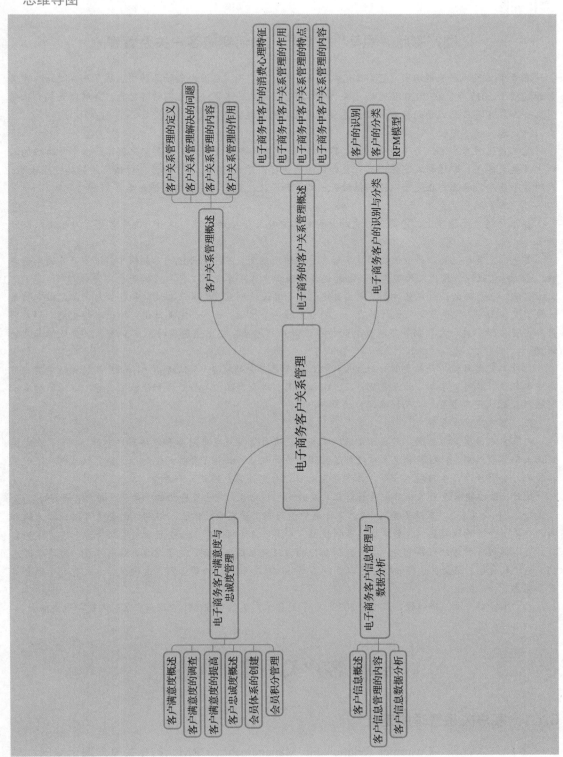

引例

## 国产彩妆"黑马"完美日记如何实施客户关系管理

在竞争激烈的彩妆市场中,完美日记以黑马姿态冲出重围,在国内彩妆品牌中占据了一席之地。完美日记成立于 2017 年,在 2020 年天猫"双十一"期间,完美日记累计销售额破 6 亿元,并蝉联天猫彩妆销售第一。在完美日记成功的背后,客户关系管理策略的实施功不可没。

一、客户精准定位

完美日记将客户定位为年轻女性,尤其是 18~29 岁的年轻女性为其主要客户群体。这个年龄段的人群大多是大学生、职场新人,她们拥有更加广阔的视野,开放自信,喜欢创意,对新品牌的接受度较高。同时这个年龄段的客户正处于刚开始接触彩妆品牌的阶段,愿意接受价格较低、更具创意的产品。

二、客户满意度管理

在客户满意度管理上,完美日记更加注重对客户感知价值的管理与提升,充分考虑客户的需求设计产品。

首先,完美日记的产品价位能够被目标客户群体所接受,在完美日记的产品线中,很多产品的单价在 100 元以内。此外,客户在购买某些产品时还能领取优惠券或享受第二件半价的优惠。

其次,在产品的设计包装方面,完美日记注重产品设计创意,力求产品设计和包装与产品定位和特性一致。整体而言,完美日记的设计具有一定的创意性和个性化。例如,完美日记曾推出动物主题眼影系列产品,并根据小鹿、大熊猫等不同动物的特点设计产品色系,突出主题风格,在市场上深受目标客户的好评。

此外,完美日记的产品更新升级速度较快,每个月都会研发 3~5 款新品,保证产品的上新速度。目前完美日记产品种类丰富,涉及底妆产品、眼妆产品、唇妆产品、卸妆产品和化妆工具等,实现了对美妆护肤产业链的完美覆盖,从而提高客户的复购率。

三、客户忠诚度管理

在客户忠诚度管理方面,完美日记采取了有效的会员管理策略来培养和维持客户忠诚。例如,在完美日记天猫旗舰店中,针对其会员客户增加了品牌会员的权益,以彰显会员的优越性。会员权益包括了优惠券奖励、会员专享、生日礼品卡等,体现了完美日记对忠诚客户的认可和看重。

此外,该旗舰店设置了相对完善且对客户友好的会员体系,将会员分为四个等级,即"银卡美粉""金卡美粉""铂金美粉""黑钻美粉",随着累计消费金额或消费次数的增长,级别低的会员可以升级为级别高的会员,会员等级越高,就会享有越多的权益。完美日记还搭建了一套会员积分管理体系,客户成为会员后可以通过多种方法获得积分,会员获得积分的方法包括每日签到、完善信息、收藏店铺、邀请收藏店铺、邀请入会等。而会员获得的积分可以在购买商品时抵扣相应的消费金额,这种抵扣方式有利于让会员更具实惠感。

(资料来源:张煌强,苏波,2022. 电子商务客户关系管理[M]. 2 版. 北京:人民邮电出版社.)

# 5.1 客户关系管理概述

## 5.1.1 客户关系管理的定义

客户关系管理(Customer Relationship Management,CRM)的相关概念源于美国。早

在 1980 年，出现了所谓的"接触管理"，即专门收集客户与企业联系的所有信息，到 1990 年，"接触管理"演变成拥有电话服务中心以支持资料分析的"客户关怀"，随着信息技术的飞速发展，CRM 的概念获得了新的内涵。关于 CRM 的概念，不同的学者及研究机构对其有不同的表述，以下列举几种代表性的描述。

Gartner Group 作为全球比较有权威的研究组织，最早对 CRM 做出了定义，它认为 CRM 就是为企业提供全方位的管理视角，赋予企业更完善的客户交流能力，最大化客户的收益率的一种管理方法。IBM 认为 CRM 包括企业识别、挑选、获取、发展和保持客户的整个商业过程。科特勒和阿姆斯特朗（G. Armstrong）在《市场营销原理》一书中将 CRM 定义为：通过传递超级客户价值和满意以建立和维持有利可图的顾客关系的整个过程。

综上所述，CRM 是指借助数据库和其他信息技术来获取客户数据，分析客户的需求特征和行为偏好，积累和共享客户知识，有针对性地为客户提供产品和服务。同时，通过观察和分析客户的行为、企业的收益情况，企业可以找出二者之间的联系，从而优化企业和客户的关系，发展与管理客户关系，提高客户的满意度和忠诚度，提高企业的核心竞争力，使企业和客户实现共赢。

### 5.1.2 客户关系管理解决的问题

从 CRM 产生的背景来看，它为企业解决的问题包括选择客户、获取客户、客户保持、客户价值扩展四个方面。图 5.1 展示了 CRM 解决的问题。

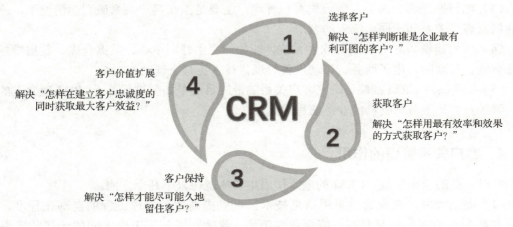

图 5.1　CRM 解决的问题

（1）选择客户，即解决"怎样判断谁是企业最有利可图的客户？"的问题。

（2）获取客户，即解决"怎样用最有效率和效果的方式获取客户？"的问题。

（3）客户保持，即解决"怎样才能尽可能久地留住客户？"的问题。

（4）客户价值扩展，即解决"怎样在建立客户忠诚度的同时获取最大客户效益？"的问题。

### 5.1.3　客户关系管理的内容

CRM 的内容（图 5.2）主要是企业与客户如何建立、发展、维护和优化关系，其内容主要包括以下五个方面。

图 5.2　CRM 的内容

（1）如何建立客户关系，主要包括客户的识别、选择和开发三个环节。

（2）如何维护客户关系，包括对客户信息的掌握、对客户分级、与客户进行互动与沟通、对客户进行满意度分析、实现客户的忠诚（持续消费）五个环节。

（3）如何挽回客户关系，即流失客户管理，主要是指在客户关系破裂的情况下，应该如何恢复客户关系和挽回已流失的客户。

（4）如何建设和应用 CRM 软件系统，即如何应用呼叫中心、数据仓库、数据挖掘、商务智能、互联网、电子商务、移动设备等现代技术工具来辅助 CRM。

（5）如何实现 CRM 战略。研究客户关系的最终目的是如何进行基于 CRM 理念下的销售、营销及客户服务与支持的业务流程重组。

### 5.1.4　客户关系管理的作用

针对企业的未来发展，CRM 的重要作用主要体现在以下几个方面。

（1）提高效率。企业通过采用信息技术，可以提高业务处理流程的自动化程度，实现企业范围内的客户信息共享，使企业的销售、营销和服务等工作之间的运转效率得到提升。

（2）拓展市场。企业可以通过新的业务模式（电话、网络等）扩大企业经营活动的范围，及时把握新的市场机会，占领更多的市场份额。

（3）保留客户。企业通过客户关怀等形式，选择客户喜欢的方式进行交流，便于获取信息，并更好地服务于客户。

## 5.2　电子商务客户关系管理概述

### 5.2.1　电子商务中客户的消费心理特征

电子商务模式为商家和客户提供了一种新的关联方式，电子商务给传统企业带来的冲击也是巨大的。在电子商务时代，随着信息电子技术、网络通信技术的广泛使用，要求管理者要以全新的思维来看待客户、竞争者及未来的技术工具。同样，在互联网的环境下，客户的消费心理特征相较传统销售模式下有所改变，在 CRM 方面，电子商务企业也需要寻找新的突破点。

在电子商务环境下，客户在商品服务渠道和沟通等方面的选择空前增大，转移成本不断降低。客户不仅是商品和劳务的购买者，还是社会消费的引导者，网络客户的消费行为演变成个人消费与社会消费交织在一起的复杂行为。因此，开展电子商务的企业应当积极研究电子商务客户的消费心理，针对客户网络购物的心理特征组织营销策略。

具体来说，电子商务中客户的消费心理主要具有以下特征。

（1）在消费中客户更具主动性。

在传统的商务活动中，客户主要是被动地接受来自企业提供的有限的产品服务信息，而在电子商务活动中，客户能够借助互联网了解关于商品的全部信息，以及商品使用的技术信息和生产企业信息等。互联网可以为客户提供一种便利的学习途径，让客户能够在浏览商务网页的过程中获得更加有效的信息，从而让客户的消费需求更加透明、消费活动更具主动性。基于更多的有效可信信息，客户在网络购买活动中的选择能力就会得到提高，在选择商家和商品时就会更具主动性和积极性。

（2）客户消费行为更具理性化。

以互联网为依托，电子商务给予客户更加广泛的消费选择，而客户的消费行为也更加理性和成熟，该特征主要体现在理智地选择价格和主动寻找产品及服务。首先，在电子商务中，商家的价格一般会直接展示给用户，用户可以借助互联网对不同商品的价格直接进行横向的综合比较，以决定是否购买。通常情况下，用户可以通过网页浏览判断出比较具有性价比的产品。此外，在电子商务环境下，商品选择的范围也不受地域和其他条件的约束，可供客户选择的产品范围大大增加，客户可以理性地规范自己的消费行为。

（3）客户开始追求个性化消费。

客户可以直接通过互联网的互动功能参与产品设计和指导生产，向提供商主动表达自己对某种产品的需求。电子商务企业较容易满足客户的个性化需求。基于互联网，客户可以直接向商家主动表达自己对某种产品的需求，因此定制化生产变得越来越普遍。

（4）客户忠诚度下降。

客户选择线上购物方式，可以获得更加详细的商品信息和更多的选择机会。整体而言，在电子商务中互联网的使用成本较低，客户的转换成本也比较低。随着互联网上商家数量的增多，客户的选择范围明显扩大，商品的信息也更加透明。当商家销售的产品或提供的服务无法令客户感到满意，客户可以选择购买其他商家的产品，进而导致客户的忠诚度降低。

### 5.2.2 电子商务中客户关系管理的作用

（1）提升企业的 CRM 水平。

首先，CRM 能助力电子商务企业充分利用客户资源，包括通过与客户进行交流，建立客户档案，与客户形成合作关系等，从而获取更多具体的、具有较强针对性的，涉及产品特性和性能、销售渠道、需求变动、潜在客户等方面的市场信息，通过对客户信息数据的管理以及数据挖掘，指导企业做出正确的经营决策。其次，从企业的长远利益来看，CRM 可以保持并发展与客户的长期关系，为企业节约交易成本和时间成本，提高客户的满意度、回头率和客户忠诚度。

（2）重塑企业营销能力。

在电子商务的快速发展中，保护品牌和客户资源以谋求长期发展是非常重要的。电子商务企业在经营过程中，要处理好与客户的关系，从而获得长期的发展，因此，CRM 成为众多电子商务企业的必然选择。CRM 能够运用现代技术手段，将品牌、竞争与客户三要素协调运作，并实现整体优化，从而掌握客户需求，为企业重塑一个信息通畅、行动协调、反应灵活的新的营销体系。

### 5.2.3 电子商务中客户关系管理的特点

基于互联网的优势，电子商务企业的 CRM 相较于传统企业的 CRM 主要有以下的特点。

（1）信息来源不同。

在传统线下的 CRM 中，客户信息的来源渠道较为单一，传统企业的 CRM 更类似于客户档案整理，只能通过电话、短信、社交媒体等方式对客户线索进行持续跟踪和记录。而在电子商务企业的 CRM 中，客户购物的整个过程都发生在网络平台上，不仅最终的交易信息会被记录下来，客户在平台上的浏览记录、收藏记录等更多信息也会被留存下来。在电子商务中可收集信息的渠道很多，信息来源丰富，商家可以对客户信息进行多元化的采集，进而对客户的各种行为进行细致的剖析，识别客户画像，从而对客户进行精准营销，并为其提供个性化服务。

（2）与客户的沟通方式不同。

在传统线下的购物过程中，沟通主要依靠导购人员与客户之间的面对面的交流。导购人员的语言、动作和表情等都是与客户沟通的关键。而在网络购物过程中，商家与客户的沟通都是在线上进行的。客户通过与客服聊天感受商家的服务，同时，客服也能获取客户的信息。客服服务质量的好坏对于订单的转化有着重要的影响，对于商家的 CRM，客服人员的培训是企业管理的重要环节之一。

（3）面对的客户群不同。

相较于传统商家，线上商家所面对的客户规模更大。以天猫平台上的商家为例，一个品牌店铺可能拥有几百万名客户。因此，电子商务企业的 CRM 需要运营者具有良好的数据敏感性和分析能力,能够从海量的客户信息和交易行为中发现客户与品牌之间的关系,从而更好地进行品牌营销,增强品牌与客户之间的联系。

(4)管理的内容不同。

传统线下的企业大多注重客户忠诚度的管理,例如,企业会通过会员卡的方式鼓励客户进行重复消费,增强客户黏性。而在电子商务企业中,CRM 建立在数据的基础上,包括客户的访问路径、页面停留时间和跳失率等。这些数据可以帮助企业还原客户的购买过程,了解客户体验设计中的不足,然后对其进行优化。基于海量的数据,企业对客户进行画像及行为分析变得更加简单。

## 5.2.4 电子商务中客户关系管理的内容

电子商务 CRM 不同于传统 CRM,它主要指企业借助互联网对客户信息进行收集和整理,对目标客户进行有效识别,以及对客户进行分类;充分利用数据库和数据挖掘等先进的智能化信息处理技术,把大量的客户资料加工成信息和知识,以提高客户满意度和忠诚度;运用 CRM 系统和客户管理理念为客户提供优质服务等。电子商务 CRM 的最终目标是利用企业现有的资源创造最大的利润价值。因此,电子商务 CRM 的内容包括以下几个方面(图 5.3)。

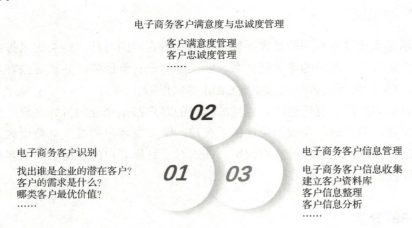

图 5.3 电子商务 CRM 的内容

(1)电子商务客户识别。

在企业资源有限的情况下,如何把有限的资源分配到对企业利润贡献较大以及非常具有潜力的客户群体上,是 CRM 的核心内容之一。对于 CRM 来说,电子商务客户识别就是找出谁是企业的潜在客户、客户的需求是什么、哪类客户最有价值等。

(2)电子商务客户满意度与忠诚度管理。

在电子商务模式中,客户对商品的需求已不再是单纯的数量和质量上的满足,客户越来越追求在商品购买与消费过程中心灵上的满足感,"满意"与"不满意"成为客户消费时是否会选择购买的标准之一。电子商务环境下客户满意度管理的内容、衡量指标、方法发生了一定的变化和革新。如何合理地把握客户期望，并提高客户感知度，是维持和提升客户满意度的重要内容。

在电子商务环境下，客户面临的交易机会增多，供应商选择壁垒减弱，客户有了更大的选择范围，这极大地削弱了客户的忠诚度。CRM 的目标之一是要形成客户的忠诚，忠诚的客户是企业长期利润的重要来源。

（3）电子商务客户信息管理。

客户信息管理是 CRM 的重要组成部分，电子商务客户信息管理主要包括客户信息收集、客户资料库建立、客户信息整理以及客户信息分析。电子商务企业可以利用电子商务平台，结合电话、短信等其他销售渠道，为建立客户资料库收集原始资料。收集到客户信息后，企业可以使用客户资料卡或数据库技术，将收集来的数据进行清洗、抽取、分离，形成结构化的客户数据库。在客户信息整理阶段，企业可以根据需要对客户数据库中的数据进行有针对性的分组、筛选、整理、更新。

## 5.3  电子商务客户的识别与分类

### 5.3.1  客户的识别

客户识别是指通过一系列的技术手段，根据大量客户的特征、购买记录等数据，明确谁是企业的潜在客户、客户的需求是什么、哪类客户最有价值等，并把这些客户作为企业 CRM 的实施对象，从而为店铺成功实施 CRM 提供保障。

并非所有的客户都是有价值的，也并非所有的客户都是企业的目标客户，正确识别客户是成功开发客户的前提。企业如果选错了客户，则开发客户的难度将会增大，开发的成本也将会升高。相反，企业经过客户识别，在选对了目标客户的前提下开发客户，找到忠诚客户的可能性便会增大。

### 5.3.2  客户的分类

客户的分类是指通过分析客户的属性、行为和需求等，寻求客户之间的个性与共性特征，对客户进行划分与归类，从而形成不同的客户集合，以便更好地抓住客户诉求，为客户提供更加精准的营销方案。

对客户实行分类管理是有效管理客户关系的前提，也是提高 CRM 效率的关键。由于不同的客户创造的价值不同，而企业的资源有限，企业应根据客户的不同价值分配不同的资源。另外，不同客户的需求也不同，客户个性化、多样化的需求决定了企业需要对客户进行分类，并根据不同级别客户的不同需求给予相应的服务和待遇，以满足不同级别客户的个性化需求。

1. 客户分类的维度

电子商务企业可以选择多种的维度对客户进行分类,下面介绍几种常见的电子商务客户分类的维度。

(1)地理维度。

地理维度是指客户所处的地理位置和自然环境。常用的地理维度变量包括客户所在的省份、城市等。

(2)人口统计维度。

人口统计维度是区分客户群体时最常选择的一个维度。电子商务企业在客户分类中常用的人口统计维度变量见表 5.1。

表 5.1 常用的人口统计维度变量

| 变量 | 变量描述 |
| --- | --- |
| 性别 | 男、女 |
| 年龄 | 婴儿、儿童、少年、青年、成年、中老年 |
| 职业 | 学生、教师、银行职员、律师、医生、家庭主妇、公务员等 |
| 教育程度 | 高中生、大学生、研究生等 |
| 婚姻状况 | 未婚、已婚、离婚、丧偶 |

(3)消费行为维度。

消费行为主要是指客户与店铺之间的交易活动,这一维度的数据能够反映客户的行为偏好与价值变化,助力企业挖掘及预测客户的需求。常用的消费行为维度变量见表 5.2。

表 5.2 常用的消费行为维度变量

| 变量 | 变量描述 |
| --- | --- |
| 消费时段 | 8:00—12:00、12:00—17:00、17:00—22:00 等 |
| 消费平台 | 淘宝、京东、拼多多、抖音等 |
| 询单偏好 | 询单购买、静默购买 |
| 心理特征 | 冲动型、随机型、知识型、经济型等 |
| RFM(Recency、Frequency、Monetary)属性 | 客户最近一次消费的时间、累计的消费次数、累计的消费金额 |

2. 客户类型的划分方式

划分客户类型的标准有很多,一般来说,电子商务企业可以从多个角度对客户类型进行划分,如客户的消费行为、客户的忠诚度、客户的信誉度、客户与店铺的关系、客户的购买方式、客户的价值等。按照客户与店铺的关系,客户可以划分为五类,即潜在客户、目标客户、现实客户、流失客户以及非客户。五种客户类型及其定义见表 5.3。

表5.3　五种客户类型及其定义

| 客户类型 | 定义 |
| --- | --- |
| 潜在客户 | 对店铺的商品或服务有需求和购买动机的人群,即有可能购买但还没有产生购买行为的人群 |
| 目标客户 | 企业经过挑选后确定的、力图开发为现实客户的人群 |
| 现实客户 | 已经购买了店铺的商品或服务的人群。按照客户与店铺之间关系的亲疏,现实客户又可以分为初次购买客户、重复购买客户和忠诚客户 |
| 流失客户 | 曾经是某店铺的客户,但由于种种原因,现在不再购买该店铺的商品或服务的客户 |
| 非客户 | 那些与店铺的商品或服务无关,或者对店铺有敌意、不可能购买店铺的商品或服务的人群 |

以上不同类型客户之间是可以相互转化的。下面介绍针对不同类型的客户,企业如何进行客户管理。

(1) 对潜在客户和目标客户的管理。

对于潜在客户和目标客户,虽然他们尚未在某店铺购买商品或服务,但将来极有可能在该店铺产生交易行为。商家应该积极地向其详细介绍自己的商品或服务,耐心解答客户提出的各种问题,帮助客户建立对该店铺及其商品或服务的信心和认同。对于潜在客户和目标客户,商家可以通过交易以外的其他途径对能够反映潜在客户和目标客户基本属性的数据进行收集,基于这些数据对客户的潜在价值进行分析。商家对潜在客户和目标客户的管理目标是先发展为初次购买客户,再将其培养成重复购买客户乃至忠诚客户。

(2) 对初次购买客户的管理。

初次购买是客户成长的一个关键阶段,在与客户进行第一次交易时,商家要树立与客户建立终身关系的目标来为客户提供商品或服务,为客户提供符合需求甚至超过期望值的商品或服务。如果客户在与店铺的第一次交易中体验不好,或感到不满意,很可能就不会再与店铺进行第二次交易。商家对初次购买客户的管理目标是将其发展为店铺的重复购买客户或忠诚客户。

(3) 对重复购买客户和忠诚客户的管理。

商家应努力加强与重复购买客户和忠诚客户的联系,积极、主动地与其进行沟通,听取客户意见,然后根据其需求和建议及时对商品或服务做出调整与改进。同时,商家必须重视这些客户的需求,甚至可以成立独立部门专门对这些客户进行服务和管理,以加深与他们之间的感情,这样才有可能将重复购买客户培养成忠诚客户,并使忠诚客户持续对店铺及其商品或服务保持最高的信任度和忠诚度。反之,如果商家对重复购买客户和忠诚客户关注不够,就可能造成客户流失,甚至使这些客户转变成非客户,不再购买店铺的商品或服务。

(4) 对流失客户的管理。

对于这一部分客户,商家可以积极尝试与他们进行沟通,挽回该部分客户。如果客户实在无法进行挽回,可以尝试了解这部分客户流失的原因,并及时进行纠正,以免流失更多的客户。

## 案例 5-1

### 得物如何吸引年轻人

得物 App 是一个新一代潮流网购社区,"正品潮流电商"和"潮流生活社区"是平台的两大核心服务。目前,得物 App 的商品品类主要包括潮鞋、潮服、手表、配饰、潮玩、3C 数码、美妆等。作为年轻人的潮流生活社区,得物 App 聚集了一大批球鞋、潮品穿搭和潮流文化的爱好者。

与传统电子商务平台不同的是,得物 App 在传统电子商务模式的基础上增加了鉴别真假与查验瑕疵的服务,其首创的"先鉴别,后发货"的购物流程,要求在消费者下单购买后,卖家需先发货给得物 App,确保是全新正品之后,才能继续发货给买家。此外,得物 App 通过打造多道鉴别查验工序,致力于为用户提供"多重鉴别,正品保障"的全新网购体验。

根据得物 App 的用户画像,其目标用户年龄主要集中在 24~35 岁。据统计,其用户多来源于一线和新一线城市,并且大多数用户具有中等以上消费能力。为了更好地吸引目标用户,得物 App 通过"社区+电商"双业务模式,帮助年轻用户了解、获取、交流让他们有幸福感、愉悦感的各种事物,通过抓住消费者的心理,得物 App 在年轻用户群体中越来越受欢迎。在得物社区中,用户讨论的内容大多是球鞋、潮牌、手办、街头文化、汽车、腕表和时尚艺术等年轻人关注的热点话题。

(资料来源:https://mp.weixin.qq.com/s/1UghYb2im-DVPjo0yW-fww. (2023-02-15)[2024-10-25].)

### 5.3.3 RFM 模型

RFM 模型是衡量客户价值和客户盈利能力的重要工具和手段,是许多电子商务企业进行客户分类及客户价值判断的重要模型依据。该模型通过客户的最近的购买行为、购买的总体频率及消费金额三个指标来描述该客户的价值状况。

RFM 模型

(1) R(Recency)。

R 是指客户最近一次消费,即客户最近一次交易的时间和现在的时间间隔。R 的值越大,表示客户交易发生的时间越久远,反之则表示客户交易发生的时间越近。理论上,与上一次消费时间越近的客户应该是比较好的客户,对商家提供的即时商品或服务也最有可能产生反应。如果显示上一次购买时间很近的客户(R 值为 1 个月)数量增加,则表示该商家是稳健成长的;反之,如果 R 值为 1 个月的客户数量减少,则可能是该商家迈向不稳健之路的征兆。

(2) F(Frequency)。

F 是指消费频率,即客户在最近一段时间内交易的次数。F 值越大,表示客户交易越频繁,反之则表示客户交易不够活跃。经常购买的客户,其忠诚度也较高,而增加客户购买的次数意味着商家要从竞争对手处获取市场占有率,从别人的手中赚取营业额。

(3) M(Monetary)。

M 是指消费金额,即客户在最近一段时间内交易的金额。消费金额是对商家盈利的最直接的衡量指标,M 值越大,表示客户价值越高,反之则表示客户价值越低。

在 CRM 中,商家可以运用 RFM 模型开展客户分类,以更快地发现目标客户。分类方法包括两种：一种是单维度 RFM 指标客户分类，另一种是多维度 RFM 指标客户分类。RFM 模型的三个指标可以单独作为客户分类维度，如表 5.4 至表 5.6 所示。商家可以根据 R 值（按客户所处的生命周期阶段）进行客户分组，可以根据 F 值（按客户忠诚度）进行客户分组，也可以根据 M 值（按客户贡献价值）进行客户分组。

表 5.4　根据 R 值进行客户分组

| R 值范围/天 | 客户类型 |
| --- | --- |
| R＜30 | 活跃客户 |
| 30≤R＜90 | 沉默客户 |
| 90≤R＜180 | 长期沉默客户 |
| 180≤R＜270 | 睡眠客户 |
| 270≤R＜360 | 深度睡眠客户 |
| 360≤R | 流失客户 |

表 5.5　根据 F 值进行客户分组

| F 值范围/次 | 客户类型 |
| --- | --- |
| F=1 | 新客户 |
| F=2 | 回头客 |
| F=3 | 成熟客户 |
| F=4 | 黏性客户 |
| F=5 | 粉丝客户 |
| F＞5 | 忠诚客户 |

表 5.6　根据 M 值进行客户分组

| M 值范围/元 | 客户类型 |
| --- | --- |
| M＜100 | 低贡献客户 |
| 100≤M＜300 | 中低贡献客户 |
| 300≤M＜500 | 中等贡献客户 |
| 500≤M＜1000 | 中高贡献客户 |
| M≥1000 | 高贡献客户 |

商家可以根据自身的需求与现状对客户进行不同组别的划分。例如，对于客户基数较大的商家来说，划分的客户组别要多一些，对于客户基数较小的店铺来说，划分的客户组别可以少一些。此外，不同类目的商品，其重复购买周期有所不同，划分标准也有所不同。例如，由于耐用品和快消品的重复购买周期不同，按消费频率分类也会存在一定的区别。

随着商家规模逐渐扩大，单维度 RFM 指标客户分类往往无法满足其精准营销的需要，这时商家就需要使用两个及以上的 RFM 维度来进行客户分类。表 5.7 展示了如何同时根据

F 值和 R 值进行客户分组，该表将客户分为六种类型，商家可以对不同类型的客户采取精准营销。

表 5.7 根据 F 值和 R 值进行客户分组

| F 值范围/次 | R 值范围/天 | 客户类型 |
| --- | --- | --- |
| F=1 | R＜90 | 活跃新客户 |
| | 90≤R＜180 | 沉默新客户 |
| | R≥180 | 流失新客户 |
| F=2 | R＜90 | 活跃回头客 |
| | 90≤R＜180 | 沉默回头客 |
| | R≥180 | 流失回头客 |

## 5.4 电子商务客户满意度与忠诚度管理

### 5.4.1 客户满意度概述

客户满意是一种心理活动，是客户对某种产品或服务可感知的实际体验与他们对产品或服务的期望之间的比较，是客户的主观感受。一般情况下，当客户的感知没有达到期望时，客户就会不满、失望；当感知与期望一致时，客户是满意的；当感知超出期望时，客户感到"物超所值"，他们就会很满意。

客户满意

随着市场竞争的加剧，客户有了更大的选择空间，客户对产品或服务能满足或超越自己期望的要求日趋强烈。企业能否有效地满足客户需要、让客户满意，对于获得竞争优势以及战胜竞争对手有着重要意义。客户只有对自己以往的购买经历感到满意，才可能继续重复购买一家企业的产品或者服务。

客户满意度是指客户满意程度的高低，是客户体验与客户期望之差。客户满意度可以通过以下公式表示：客户满意度=客户体验（感知）-客户期望。

### 5.4.2 客户满意度调查

客户满意度是对客户满意程度的度量，商家可以通过对客户满意度进行调查，帮助自己精准地找到进入市场的切入点，即满足客户需求和期望的切入点。

1. 客户满意度调查的常见指标

客户满意度是衡量客户满意程度的量化指标，通过该指标可以直接了解商家或商品在客户心目中的满意度等级。表 5.8 列举了传统销售或服务业中客户满意度常见的衡量指标，这些指标可以反映客户满意状态。

表 5.8 客户满意度常见的衡量指标

| 常见指标 | 指标介绍 |
| --- | --- |
| 美誉度 | 美誉度是指客户对商家的褒扬态度。对商家持褒扬态度的客户对商家提供的商品或服务是满意的,即使本人不曾直接购买或使用该商家提供的商品或服务,也一定会直接或间接地接触过该商家的商品或服务,因此,客户的意见可以作为满意者的代表 |
| 回头率 | 回头率是指客户购买了该商家的商品或服务之后愿意再次购买,或介绍他人购买的比例 |
| 指名度 | 指名度是指客户指名消费某商家商品或服务的程度。如果客户对某种商品或服务非常满意,他们就会在消费过程中放弃其他选择而指定商家、非此不买 |
| 销售力 | 销售力是指商家的商品或服务的销售能力。通常来说,如果客户对商家提供的商品或服务比较满意,商品和服务就有良好的销售力;如果客户对商家提供的商品或服务不满意,商品和服务就不具备良好的销售力 |
| 抱怨率 | 抱怨率是指客户在购买商家提供的商品或服务之后产生抱怨的比例。客户抱怨是客户不满意的具体表现,商家通过了解客户的抱怨率就可以知道客户的不满意状况,所以抱怨率也是衡量客户满意度的重要指标 |

电子商务环境下的消费模式与传统的线下消费模式不同,除了商品自身的特性,互联网所有特有的非商品本质的要素也影响着客户满意度的水平,例如,电子商务物流的工作效率和性能对客户满意度有着直接的影响。除了表 5.8 的衡量指标,电子商务企业在客户满意度调查中还需要考虑网站特性、网络安全、网店情况、物流配送、客服售后等指标(表 5.9)。

表 5.9 客户满意度的新增衡量指标

| 常见指标 | 指标介绍 |
| --- | --- |
| 网站特性 | 包括网站设计的友好度、网站分类检索的便利性、网络信息质量以及网络服务器的稳定性等分类指标 |
| 网络安全 | 包括电商平台的安全性、网络平台交易信息的安全性、客户隐私的保护等分类指标 |
| 网店情况 | 包括在售商品种类、商品的更新速度、商品与实物是否相符等分类指标 |
| 物流配送 | 包括配送时间、配送方式、包装的完整性等分类指标 |
| 客服售后 | 包括客户回复的及时性、售后的处理效率等分类指标 |

2. 客户满意度调查的步骤

第一步:确定调查的目标、对象和范围。

在正式开始调查客户满意度之前,应当先明确该企业进行客户满意度研究和评价的目标、调查的对象和范围等基本框架。例如,确定影响满意度的关键决定因素、如何测定当前的客户满意度水平等。

第二步:确定调查的方法。

客户满意度调查的方法通常包括问卷调查、内部访谈、深度访谈、二手资料收集等。其中问卷调查是电子商务企业常用的方法,问卷调查可以进一步划分为电话调查、邮寄问卷调查、网上调查等方式。

第三步：调查问卷设计。

在调查问卷设计时，企业应设定调查内容以及满意度指标，并将满意度指标转化为客户能够回答的问题。客户满意度测评了解的是客户对商品、服务或商家的看法、偏好和态度。一般而言，通过直接询问的方法来了解客户的满意程度是比较困难的，因此，商家可以通过对测评指标进行量化，用数字去反映客户对测量对象属性的态度。客户满意度的量化通常使用李克特量表，设定五级态度，即将客户满意程度分为五个层级：很满意、满意、一般、不满意、很不满意，相应地将其赋值为 5 分、4 分、3 分、2 分、1 分。表 5.10 所示为客户满意度测评李克特量表。

表 5.10　客户满意度测评李克特量表

| 测评指标 | 很满意 | 满意 | 一般 | 不满意 | 很不满意 |
| --- | --- | --- | --- | --- | --- |
| 产品质量 | □ | □ | □ | □ | □ |
| 产品性能 | □ | □ | □ | □ | □ |
| 产品包装 | □ | □ | □ | □ | □ |
| 物流时效 | □ | □ | □ | □ | □ |
| 客服服务 | □ | □ | □ | □ | □ |

总之，在调查问卷设计阶段，企业应分析主要问题并提出相应的改进建议，从而让调查活动发挥检验客户满意度、促进企业提高客户满意度的作用。

第四步：执行调查。

问卷设计完成后，企业可以先选择部分人群进行小范围的问卷调查，以发现问卷中的问题，并及时改正，从而提高问卷的有效性。同时，企业可以挑选调查人员并对其进行培训，以保证调查人员理解调查问卷内容以及调查中的注意事项，提高有效答卷的比例。

第五步：数据统计分析。

企业无论采取哪种调查方式，在调查以后均应进行数据统计、分析处理，并写出调查报告。

### 5.4.3　客户满意度的提高

要想提高客户满意度，企业应从以下两个方面入手。

（1）做好客户期望管理。

客户期望是指客户在购买、消费产品或服务之前对产品或服务的价值、品质、服务、价格等方面的主观认识或预期。对于电子商务企业来说，要提高客户满意度，企业可以采取措施来激发客户消费前对企业产生期望，并让客户对企业有合理的期望值，在吸引客户的同时，又不至于让客户因期望落空而失望，避免客户产生"没有达到期望"的主观心理感受。

电子商务企业可以在宣传产品时避免过度承诺以及夸大其词，尽量不造成客户的期望被过度抬高。此外，电子商务企业的宣传应恰到好处，并且在宣传时留有余地，使客户的期望保持在一个合理的状态。

（2）提升客户感知价值。

客户感知价值是客户在感知到商品或服务的利益之后，减去其在获取商品或服务时所付出的成本，从而得出的对商品或服务效用的主观评价。在电子商务环境下，商家要想有效地提升客户感知价值，可以采用以下措施。

① 增强客户购物的便利性。

网络购物突破了时空的限制，省时省力，因此便利性是电子商务中客户感知的利得因素。商家要想提升客户的感知价值，可以通过优化店铺的购物环境、提高关键词的匹配度、加快物流配送速度等方式来增强客户购物的便利性。

② 丰富商品种类。

在电子商务中，丰富商品种类可以间接起到提升客户感知价值的作用。商家可以积极地搜集并采纳客户意见，了解客户对商品的需求，或者为客户提供定制化商品。

③ 提高商品质量。

在网络购物时，客户只能看到商品的图片信息，无法切身感受商品的实际质量，所以容易出现商品实物与客户预期不符的情况，使客户感知价值大大降低。因此，商家应该提高商品质量，为客户提供真实的商品信息，减少客户的顾虑，从而提升客户感知价值。

④ 加强购物安全保障。

在网络购物时，客户会面临个人资料与支付环境等方面的安全问题，因此商家应该重点关注信息安全问题，为客户提供全面、有效的信息安全保护，从而提升客户感知价值。

⑤ 增加与客户的互动。

商家应完善与客户的互动方式，让客户更多地参与到购买过程中，从客户的角度出发，更多地考虑客户的需求，实现与客户的有效沟通，优化客户的购物体验，进而提升客户感知价值。

⑥ 完善售后服务。

在网络购物时，客户在收到商品后很可能会遇到一些问题，如商品损坏、商品与描述不一致或尺寸、颜色不合适等。如果商家不能及时、有效地为客户解决这些问题，就容易导致客户产生不满情绪。因此，商家必须完善售后服务，这样既能提升客户感知价值，也有利于店铺的长期发展。

## 案例 5-2

### "坚果零食第一股"——三只松鼠如何提高客户满意度

三只松鼠股份有限公司（以下简称三只松鼠）由"松鼠老爹"章燎原创立于 2012 年，总部位于安徽芜湖。三只松鼠主营产品覆盖了坚果果干、面包糕点、谷物制品、肉食卤味、方便速食等全品类休闲零食。2019 年 7 月，三只松鼠在深交所成功挂牌上市，被媒体誉为"坚果零食第一股"。同年"双十一"期间，三只松鼠公司以 10.49 亿元的销售额刷新中国食品行业交易记录，成为国内率先且最快达到百亿规模的休闲零食企业之一。

在提高客户满意度方面，三只松鼠主要采取了以下策略。

1. 与客户进行情感交流，提升服务价值

三只松鼠运用多种方式为客户营造价值感，为客户带来差异化的超值购物体验。例如，在产品的包装方面，三只松鼠大多数产品的包装上都有品牌小松鼠的形象，与品牌宣传的形象和文化相符，容易给客户带来亲切感，激发客户的购买欲。三只松鼠的客服服务也围绕其品牌形象营造"萌宠"氛围，遣词造句也极具三只松鼠品牌的文化特色，容易让客户产生亲切感。例如，三只松鼠的客服人员化身"鼠小弟"，以俏皮可爱的方式与客户沟通，为客户提供服务，如"主人，您有什么需要？""主人，买一个吧！""卖萌"式的客户服务极具亲切感和辨识度。

2. 丰富产品种类，提升产品价值

三只松鼠产品种类丰富，食品类产品涵盖面包糕点、坚果炒货、果干蜜饯、肉食卤味等多个品类，能满足客户多样化的需求。除了食品类产品，三只松鼠还开发了与品牌形象相关的周边产品，为客户提供了更多的选择。此外，三只松鼠致力于为客户提供新鲜、健康、性价比较高的美食，食品选材强调从原产地精选，食材加工讲究健康工艺，最终的产品强调新鲜度，产品生产凸显品质和价值感。

3. 降低客户时间成本与精神成本

三只松鼠建立了"线上+线下"的销售渠道体系，搭配其完备的售后服务，以降低客户在购买产品或服务时花费的时间即时间成本。在线上销售渠道，三只松鼠能为客户提供当天购买、当天发货服务，从而缩短线上购买的物流配送时间。此外，三只松鼠在线下多个城市开设"三只松鼠投食店""三只松鼠联盟小店"，使客户在线下渠道也能购买到三只松鼠的产品，省去了线上购物等待包裹的时间。

此外，三只松鼠会对客户做出承诺，产品存在质量问题可为客户提供无限期退换服务，客户在食用产品时，如果因为产品品质存在瑕疵而产生任何不满，三只松鼠承诺会为客户提供退换服务。

（资料来源：https://mp.weixin.qq.com/s/MS0iW6NjXkA7izrF4o6u5Q.(2023-02-23)[2023-07-18].）

## 5.4.4　客户忠诚度概述

客户忠诚是指客户对商家的商品或服务产生了好感，形成偏爱并长期频繁地重复购买的行为，它是客户对商家的商品或服务在长期竞争中所表现出的优势的综合评价。忠诚行为的表现主要包括重复购买、交叉购买、自愿地推荐该企业的产品或服务等。客户忠诚受多种因素的驱动而形成，包括客户满意、客户情感与信任、客户感知价值、消费者个人特征等。

通过提高客户忠诚度可以降低商家经营店铺的成本，从而增加店铺的销售收入和利润总额。因为忠诚的客户会愿意继续购买或接受店铺的商品或服务，并且愿意为优质的商品或一流的服务支付较高的金额。拥有较高客户忠诚度的商家即形成一种较高的竞争壁垒，竞争对手如果想要吸引其他商家所拥有的客户，就必须投入更多的人力和物力，从而增加竞争对手的获客成本。最后，忠诚的客户往往愿意把自己的消费经历和体验直接或间接地传达给周围的人，在无形中成为商家免费的广告资源，进而形成良好的口碑，并为店铺带来新的客户。

### 5.4.5 会员体系的创建

电子商务的本质是交易,是需要通过寻找和锁定目标客户,为目标客户提供好的商品或服务以促成交易。为了提升客户的活跃度和留存率、客户的黏性,会员体系的创建在 CRM 中占据着重要地位。商家创建会员体系,可以通过收集客户的资料,了解客户的兴趣爱好和消费习惯,挖掘会员潜在的购物需求,同时在运营层面对会员进行分层,针对不同层级的会员进行精细化运营管理。此外,商家可以为会员提供与普通客户有差异的商品或服务,促进会员交易增长,同时提升会员的荣誉感与被尊重感。

商家应该从自身实际情况出发,选择适合自己的会员体系。图 5.4 展示了会员体系的创建流程。会员体系的创建主要包括明确创建会员体系的目标、确定商家会员等级、选定会员成长模式、设定不同等级会员的比例以及根据会员等级设定会员权益五个基本步骤。其中,确定商家会员等级是创建会员体系的前提。会员等级是进行会员层级划分,为会员提供有针对性、个性化的商品或服务的基础。在确定会员等级后,商家需要选定会员的成长模式,即如何进行会员层级的升级、降级。最后,商家需要根据会员不同的等级设定不同的会员权益。

图 5.4 会员体系的创建流程

### 5.4.6 会员积分管理

会员积分体系是很多商家都会采用的会员管理模式。在积分制管理模式下,会员通过在店铺内购买商品、参与活动等方式获得积分,当积分达到一定水平时,即可通过消耗积分来获得相应的优惠服务。从本质上来看,会员积分是商家对客户消费行为的一种回馈和激励,商家借助积分积累和兑换政策刺激会员产生消费行为,增强会员对商品或品牌的黏性,提升品牌形象和会员忠诚度。

(1)设计积分生成规则。

商家需要制定合理的积分生成规则,主要是指积分获取的门槛和途径。积分获取的门槛不宜太高或太低,积分获取途径要尽量多样化,这样可以增强积分获取的可实现性并进而提高会员的积极性。常见的积分生成方式包括:消费金额换取积分、额外奖励积分、互动活动奖励积分以及推广奖励积分等。

(2)设计积分兑换政策。

会员积累了一定的积分之后,即可参与店铺设置的积分兑换活动。在积分制度管理中,积分兑换政策是体现会员福利的核心。常见的积分兑换方式包括：积分兑换商品或礼品、积分兑换优惠券、积分抵扣消费金额、积分兑换会员升级权利、积分兑换抽奖机会以及积分抵邮费等方式。

**案例 5-3**

### 华住酒店 App 的会员体系

华住集团创立于 2005 年，截至 2023 年 6 月，其在 17 个国家经营超过 8 500 家酒店，拥有超过 80 万间在营客房。旗下经营 31 个酒店及公寓品牌，覆盖从豪华型到经济型各个市场。华住集团在国内运营的品牌包括禧玥、花间堂、美仑国际、桔子水晶、全季、汉庭、星程、宜必思、海友等。华住会是华住酒店集团旗下的酒店预订服务品牌，是华住酒店集团会员俱乐部，也是一个酒店预订平台，可以为会员提供住宿、出行、购物等服务。

根据华住集团财报数据显示，2021 年华住集团的酒店预订服务平台华住会的会员数量突破 1.93 亿。华住会也是我国酒店集团里人数最多的会员体系，品牌以"平均每 10 个中国人就有一位是华住会会员俱乐部成员"作为宣传口号。

华住酒店设置了一套完整的会员成长体系，其会员等级由星会员、银会员、金会员和铂金会员组成，新用户注册即可成为华住会的星会员，而星会员往上晋升依次需要入住 3、10、40 间夜。华住会的会员权益主要包含三部分：基础权益、品牌权益及超级权益。基础权益围绕用户从预订、入住，到退房三个环节展开，包含房费折扣、免费早餐、延迟退房、预定保留等。品牌权益是集团旗下各酒店的个性化服务，根据酒店的星级不同，权益差异性很大。整体而言，会员等级越高，用户可以享受的会员权益越丰富，用户也可以通过酒店入住升级会员等级。

此外，华住酒店也打造了一套完整的会员积分体系，华住会的积分获取渠道主要分为两部分，一是酒店、商城的消费积分，二是 App 签到、互动的活跃积分，而会员积分的使用渠道除常见的兑房、兑物、兑券外，还创新性地加入了公益项目，可使用积分竞拍孤独症儿童画作，以及直接捐赠积分到公益项目，100 积分等于 1 元现金。这让积分的价值感大大提升，对企业和用户来说是双赢的选择。

（资料来源：https://mp.weixin.qq.com/s/tZvw70jkM3YosMGxgXde4w.(2023-02-23)[2023-07-18]. ）

## 5.5 电子商务客户信息管理与数据分析

### 5.5.1 客户信息概述

客户信息是企业资源的重要组成部分，客户不仅是普通的消费者，而且还是信息的载体，客户信息的收集与管理是实施 CRM 的基础。客户信息包括企业服务对象的基本资料、购买产品或服务的记录等一系列相关信息，可以分为个人客户的信息和企业客户的信息两大类（详见表 5.11）。

表5.11 客户信息的分类

| 服务对象 | 信息分类 | 介绍 |
| --- | --- | --- |
| 个人客户的信息 | 基本信息 | 客户自身的信息：客户姓名、性别、年龄、血型、电话、传真、住址等 |
| | | 客户家庭的信息：客户的婚姻状况、是否有子女、子女年龄等 |
| | | 客户事业的信息：客户的就业情况、地点、职务、收入等 |
| | 态度信息 | 客户的个性信息：指的是一个人独特的心理特征，这些心理特征通常体现为性格特征，如内向、外向等 |
| | | 客户的生活情况：健康状况、喜好和兴趣、饮食习惯、生活态度、度假习惯等 |
| | | 客户的受教育情况：受教育程度、所学专业等 |
| | | 客户的信念情况：是否追求潮流、是否看重商品的品牌、是否追求个性等 |
| | 行为信息 | 客户的购买动机：客户的购买动机或需求是否为持续性的，购买时客户主要关注哪些对象、产品满足了客户哪些方面的需求 |
| | | 客户的购买途径：在电子商务环境下，个人客户的购买途径较传统购买商品有了更多的选择，例如，网上付款、货到付款、自取等方式 |
| 企业客户的信息 | 基本信息 | 企业客户的名称、地址、电话、创立时间、所在行业、规模等 |
| | 业务状况 | 企业客户目前的能力及未来的发展趋势，涉及销售能力、销售业绩、发展潜力与优势、存在的问题等 |
| | 交易状况 | 企业与客户的历史交易记录，这些信息涉及交易条件、企业客户的信用等级、企业客户关系的紧密程度、企业客户的合作意愿等内容 |
| | 负责人信息 | 需要关注主要负责人的信息，包括企业所有者、经营管理者以及法定代表人的姓名、年龄、学历、兴趣、性格特征等 |

## 5.5.2 客户信息管理的内容

客户信息管理是 CRM 的一个重要组成部分，可以通过提供的客户信息，以正确的方式，向正确的客户，在正确的时间，提供正确的服务，最后满足客户的个性化需求，达成长期合作意向。电子商务客户信息管理主要包括以下内容。

（1）电子商务客户信息收集。

要建立成熟的客户资料库，需要有稳定、可靠的信息数据。因此，商家需要建立多渠道集成的客户信息收集平台，多方收集客户数据，为客户资料库的建立及客户信息的分析提供数据支持。企业可以利用电子商务网络平台，结合电话、短信、面对面等方式收集相关数据，为建立客户资料库提供原始资料。

（2）创建客户资料库。

创建客户资料库实际上就是对收集的客户信息进行建档管理，即记录并保存客户的各项信息，并对其进行整理、分析和应用，以维护和加强商家与客户之间的联系，是获取竞争优势的重要手段和有效工具。企业可以使用客户资料卡和数据库技术，将收集的客户资料进行清洗、抽取、分离，形成结构化的客户数据库，为客户信息分析打下基础。

（3）客户信息整理。

在收集了客户的相关信息之后，客户管理人员应该根据自身的发展目标对这些信息进行科学的整理，深度挖掘客户价值，将店铺最优质的资源匹配给最有价值的客户。客户信息整理主要是根据企业需要对客户数据库中的数据进行有针对性的分组、筛选、整理、更新。例如，按照客户创造利润分类或按地区分类。

（4）客户信息分析。

在 CRM 中，对客户信息进行整理正是为了以后更好地开展信息分析工作。电子商务客户信息分析是 CRM 的重要内容，也是非常有价值的内容。采用科学、合理的方法对客户信息进行分析，有利于管理者找到新的商机，开发潜在市场，更好地满足客户需求，进而提升客户满意度和忠诚度。

### 5.5.3 客户信息数据分析

电子商务客户信息数据分析是 CRM 的重要内容，也是非常有价值的内容。通过分析客户的性别、年龄、收入水平、消费行为、购买商品的方式、历史消费记录等信息，商家可以了解该客户是否有购买需求，预测其购买时间、购买数量及消费档次等，并为该客户制订专属的营销策略。CRM 中的客户信息分析主要包括客户特征分析、客户商业行为分析、客户忠诚分析及客户价值分析等内容。

（1）客户特征分析。

① 客户消费行为分析。不同的客户信息透露出来的客户消费特性和购物习惯各不相同，因此借助客户信息分析，能够准确把握客户的类型和消费行为表现。表 5.12 列举了几种常见的客户消费行为特性。

表 5.12 常见的客户消费行为特性

| 客户消费行为特性 | 介绍 |
| --- | --- |
| 理智型客户 | 这类客户购物时比较理智，原则性强。他们通常会对要购买的商品进行认真的研究，并对比多家店铺，研判最适合自己的是哪一种，然后才会选择购买 |
| 冲动型客户 | 这类客户比较感性，购物多凭借一种瞬间产生的购买欲望，这样的客户如果接触到一件合适的商品就会迅速做出购买决定，不会再反复对比 |
| 谨慎型客户 | 这类客户比较谨慎，在挑选商品时喜欢多方对比，经常犹豫不决 |
| 感情型客户 | 这类客户比较稳定，比较看重感情，一旦和商家建立起感情就会成为商家最忠实的客户 |
| 舆论型客户 | 这类客户比较关心有多少人购买了这种商品，关心别人对这种商品的评价，他们的购买行为经常被他人意见左右 |
| 随意型客户 | 这类客户没有足够的购物经验，缺乏主见，往往是随意购买 |
| 贪婪型客户 | 这类客户喜欢砍价，对商品比较挑剔，稍有不满意的地方就以差评要挟商家赔偿 |
| VIP 型客户 | 这类客户通常认为自己最重要，在购物时，一旦他们感觉自己受到了轻视，就会产生非常强烈的抵触心理 |
| 习惯型客户 | 这类客户通常在第一次选择后，后期会凭借以往的习惯和经验购买，这类客户一般很少和商家沟通，交易的过程比较迅速 |

在对客户的消费特性进行分析后,商家需要针对不同的客户采取不同的沟通策略。例如,针对理智型客户,一般客户在购买前已经心中有数,商家可以专业地为客户分析商品的优势与劣势,帮助他们下定决心购买。而针对感情型客户,商家要多注意打造符合店铺自身特点的品牌文化和情感氛围,日常也要多增进客户与店铺的情感交流,例如,在发货时赠送小礼物,或在特殊的日子送上祝福,以增强客户对店铺的情感。

② 客户消费心理分析。客户在购物的时候,客户心理上产生的不同变化会驱使他们做出不同的决定。因此,商家需要对客户的消费心理进行分析,进而制定有针对性的营销策略。表 5.13 列举了网络购物中常见的客户消费心理。

表 5.13　网络购物中常见的客户消费心理

| 客户消费心理 | 介绍 | 营销策略 |
| --- | --- | --- |
| 求实心理 | 求实心理是多数客户在购物时的普遍心理,他们多关注商品的使用价值,包括商品的质量、性能、价格等 | 商家在商品描述时可以多突出"耐用""实惠"等卖点,也可以多列举客户案例,尽量打消客户疑虑 |
| 求名心理 | 此类客户注重商品的品牌以彰显自己的地位和威望,以此"炫耀自己" | 商家可以在宣传时多突出商品的品牌特性与知名度 |
| 求美心理 | 此类客户比较看重商品本身的包装,以达到艺术欣赏和精神享受的目的 | 商家在商品的描述中突出商品的装饰作用 |
| 求利心理 | 此类客户往往会将同类商品进行多方面的对比,以此选择其中性价比最高的商品,他们还喜欢挑选促销商品 | 商家可以突出商品的价格优势,多利用促销或赠品等方式留住客户 |
| 仿效心理 | 这类客户喜欢跟着潮流走,具有典型的从众心理 | 商家可以在商品描述时添加"多人好评",并在价格上提供优惠 |

(2) 客户商业行为分析。

客户商业行为分析是指通过客户的资金分布情况、流量情况、历史交易记录等方面的数据来分析客户的综合状况,如交叉销售分析、客户损失率分析以及客户保持力分析等。

(3) 客户忠诚分析。

客户忠诚分析是基于客户对商家的信任度、与商家的来往频率、商家的服务效果、对商家的满意程度及继续接受同一商家服务的可能性的综合评估。在评估过程中,可以根据具体的指标进行量化。

(4) 客户价值分析。

客户价值分析主要是指商家通过分析对客户的投入成本及从客户身上获得的收益,从而判断出哪些客户能为自己带来利润,是真正有价值的客户。

# 本 章 小 结

对于企业而言,CRM 是商务活动中的信息资源管理,是企业提高效率、拓展市场以及保留客户的核心工作之一。但是电子商务企业由于其自身的特点,其 CRM 的内容与传统企业有一定的区别。电子商务企业的 CRM 主要包括客户的识别与分类、客户满意度和忠诚度管理以及客户信息管理等。此外，客户服务管理、CRM 营销也是 CRM 的重要内容。

# 思考与练习

**一、选择题**

1. 以下（　　）不是 CRM 的内容。
   A．如何建立客户关系
   B．如何战胜竞争对手
   C．如何挽回客户关系
   D．如何建设和应用 CRM 软件系统

2. 电子商务中 CRM 的特点包括（　　）。
   A．客户信息来源丰富
   B．面对的客户范围不及传统线下销售
   C．沟通依靠导购人员与客户之间的面对面交流
   D．只需要做好会员卡管理

3. 下面关于客户满意度的说法中，错误的是（　　）。
   A．客户满意度是一个相对的概念，代表客户期望值与客户体验的匹配程度
   B．客户满意度是一个理性评价指标
   C．客户满意度是客户通过对一种产品可感知的效果与其期望值相比较后得出的指数
   D．如果效果低于期望，客户就会不满意

4. 以下（　　）不是 RFM 模型的指标。
   A．最近一次消费
   B．消费频率
   C．消费金额
   D．复购率

5. 以下（　　）不是开展客户信息数据分析的意义。
   A．挖掘潜在市场
   B．精准把握客户需求
   C．赚取更多利润
   D．完善售后服务

**二、简答题**

1. 按照店铺与客户之间的关系，客户可以划分为哪些类型？
2. 简述对于电子商务企业，CRM 主要有哪些内容。

### 三、实践题

1. 某线上销售化妆品的商家想做一次客户满意度调查，请为其设计一份客户满意度调查表。

2. 假设你是一名销售女士运动鞋的商家主管，请尝试设计一套会员体系，并设置合理的会员积分管理规则。

## 花西子的体验营销：与用户的深度交互

花西子品牌于 2017 年在中国杭州西子湖畔诞生，同年 8 月，花西子品牌在天猫平台开设了官方旗舰店。短短 5 年时间内，花西子引领国内美妆产业。2021 年销售额更是达到 54 亿元，稳居天猫平台化妆品行业榜首。花西子的品牌理念为"东方彩妆，以花养妆"，热销产品包括口红、定妆散粉、粉底遮瑕，产品系列包括"西湖印记""苗族印象""傣族印象"。

花西子致力于以中华优秀传统文化为根基，挖掘国风文化元素，打造独特的东方美学，构想了多样仪式感产品，实现传统文化的现代化表达。花西子品牌擅长用艺术美学的挑剔眼光打造产品包装，从不同角度挖掘中华传统文化，以彩妆的形式实现产品的可视化设计。例如，花西子"苗族系列彩妆"以银色为主色来设计，融合苗族图腾文化，不仅能够体现产品的外在个性特征，还能突出产品的内在特性，使得产品包装设计得到更多人的认可。

花西子通过一系列创新的方式与消费者互动，成功地建立了高信任度的用户关系，获取了用户的留存，提高用户的黏性。花西子非常注重用户体验，例如，在用户的快递包裹中塞入"东方情书"，邀请用户加入"花西子御花园"，用户在生日当月复购品牌产品就会收到生日礼——"青丝流云檀木梳"。这种用心的体验让用户感受到品牌的关怀和重视，从而建立起对品牌的信任感。

花西子采用新品共创的方式与消费者互动。花西子通过自身私域流量渠道，为用户提供新产品的样品体验，让用户参与产品的共创与试用。在研发一款新产品时，花西子会先通过小程序筛选千位用户体验官，免费寄送样品，跟进使用反馈，之后完成后续产品的开发工作。用户体验不仅能生成大量可信的用户反馈数据，还能为品牌打造良好的口碑，积累高质量的新用户。这种方式让用户感受到品牌的用心和专业性，从而建立起对品牌的认同感。

此外，花西子经常在杭州举办线下用户聚会活动，聚焦一众认同东方美传承的粉丝，以面对面的形式向用户渗透花西子的品牌理念，将制作口红、体验雕刻艺术的小活动搬到现场，同时将现场用户的所有建议全部记录下来。通过线下交流的方式维护品牌与粉丝之间的关系，双向互动完成口碑传播。

（资料来源：https://mp.weixin.qq.com/s/W7xxe8Q7ZVcDAZqf5QDTiQ.(2023-02-24)[2023-07-21].）

# 第6章
# 物流与供应链管理

**学习目标**
1. 了解物流的基本概念、主要模式,物流技术与物流网络。
2. 了解供应链的定义与类型,供应链管理的主要内容。
3. 了解电子商务对供应链管理的主要影响。
4. 结合实际,了解电子商务物流与供应链在发展过程中面临的挑战与未来发展趋势。

思维导图

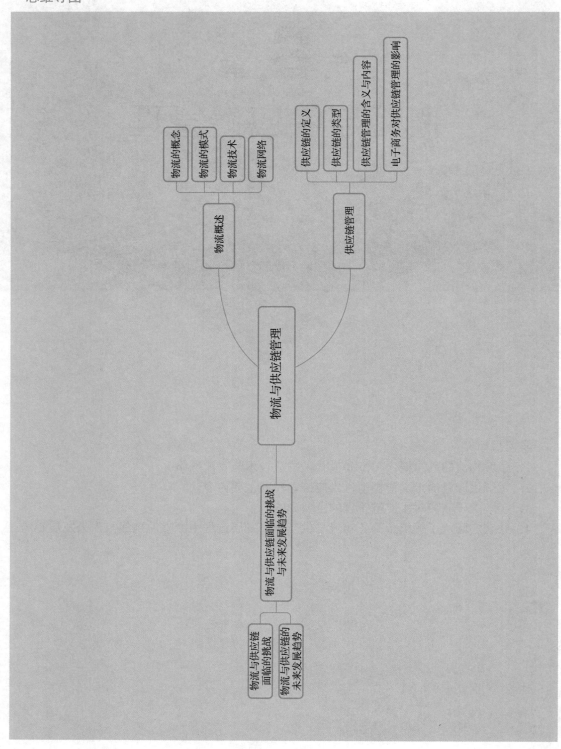

**引例**

## "小单快反"：神话般存在的 SHEIN 柔性数字供应链系统

曾经在快时尚领域独领风骚的 Zara、H&M 品牌，近年来出现门店频繁关闭现象。与此同时，一家并不被国人熟悉的中国跨境电商企业 SHEIN 却以其敏捷高效的柔性数字供应链系统惊艳业内同行，凭借其"小单快反"的高性价比、超快时尚模式迅速占领欧美市场，成为出色的跨境独角兽企业代表，目前已直接服务全球超过 150 个国家的消费者。

快时尚服装赛道产品生命周期非常短，通常不超过 30 天。SHEIN 提出的解决方案是"小批量、高频次、快速滚动翻单"，打造敏捷型的柔性供应链，形成从设计到生产仅需 14 天，从生产、销售到物流仅需 7 天的供应链效率体系。

极致的客户体验和供应链体系离不开背后的强大的数据处理能力和研发能力。SHEIN 用数字化、规模化和集约化的方式重构供应链，在某种程度上抵消了人工、物流成本的上涨，面对不确定性频发的市场，依然能够保持供应链的柔性和高效。

（资料来源：https://zhuanlan.zhihu.com/p/579006164.（2022-10-31）[2024-12-03].）

电子商务企业的核心竞争力在于供应链，这在业界早有共识。传统的平台型电子商务企业注重用户体验，偏重于建立基于用户需求又富有竞争力的物流体系。工贸一体型电子商务企业更加关注形成"供应商—制造商—分销商—零售商—最终用户"一体化的功能网链结构，即从配套零件开始，到中间产品以及最终产品，最后由销售网络把产品送到用户手中。供应链与物流之间的关系密切不可分割，二者相互依存，共同构成了一个企业的运营体系。物流是实现供应链中各个环节之间物品、信息和资金交换的重要手段，是连接各个环节的纽带。而物流的效率和成本直接影响供应链的性能和竞争力。因此，在企业的运营管理中，需要重视供应链和物流的管理和优化工作。

# 6.1 物 流 概 述

## 6.1.1 物流的概念

### 1. 早期的物流定义

第二次世界大战期间，美国根据军事上的需要，对军用物资的运输、补给和屯驻等采用全面的后勤管理（Logistics Management，LM）策略，这对战争胜利起到了保障作用。第二次世界大战后，各工商企业逐渐引入这种全面的后勤管理策略，并借用军事中的后勤一词，将企业的物流称为"工业后勤"或"企业后勤"。早期工商企业并没有形成清晰的物流概念，只是认为物流是营销的一部分，称为实物分销（Physical Distribution，PD）。实物分销就是物流的前身。1935 年，美国市场营销协会给出如下定义：实物分销是包含于销售之中的物质资料从产地到消费地流动过程中所伴着的种种经济活动。

1968 年，美国国家实物分销管理协会①（National Council of Physical Distribution，NCPDM）给出的定义是：实物分销是被工商企业使用的一个术语，用以描述一系列将产成品由生产线到消费者高效移动的广泛活动，有时包括原材料从供应点到生产线起点的移动。这些活动包括货物运输、仓储、物料搬运、保护性包装、库存控制、工厂和仓库选址、订单处理、市场预测和客户服务。

1985 年，美国物流管理协会②（Council of Logistics Management，CLM）将物流定义为：为迎合顾客需求而对原材料、半成品、产成品及相关信息从产地到消费地的高效、低成本流动和储存而进行的规划、实施与控制的过程。

1992 年，CLM 更新了对物流的定义：为迎合顾客需要而对商品、服务及相关信息从产地到消费地的高效、低成本流动和储存而进行的规划、实施与控制过程。

2. 我国对物流的标准定义

《物流术语》（GB/T 18354—2021）中明确规定，物流是根据实际需要，将运输、储存、装卸、搬运、包装、流通加工、配送、信息处理等基本功能实施有机结合，使物品从供应地向接收地进行实体流动的过程。这一定义一方面客观地表述了物流活动的过程，另一方面从管理的角度表述了物流活动的具体工作内容，以及对这些工作进行的系统管理。物流活动广泛存在于社会活动中，是生产制造各个环节组成的有机整体的纽带，又是生产过程维持和延续的基础。物流活动的广泛性，如图 6.1 所示。

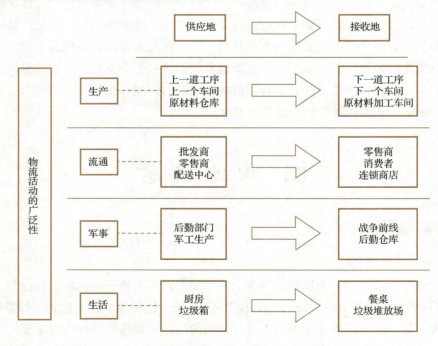

图 6.1　物流活动的广泛性

---

① 国家实物分销管理协会于 1985 年更名为物流管理协会。
② 物流管理协会于 2005 年更名为供应链管理专业协会（Council of Supply Chain Management Professionals，CSCMP）。

## 6.1.2 物流的模式

对不同企业而言，与产品和原材料相关的物流活动会采取不一样的运营模式。在电子商务环境下，企业的物流活动同样也会采取不同的运营方式。总体而言，物流可以分为以下几种主要的模式。

（1）自营物流。

自营物流是指电子商务企业借助于自身物质条件（包括物流设施、设备和管理机构等）自行组织的物流活动。

对于电子商务企业，自营物流模式启动容易、配送速度快，但配送能力较弱，配送费用不易控制。如果电子商务企业有很高的顾客服务需求标准，其物流成本占总成本的比例比较大，自身物流管理能力又相对强大，可选择采用自营物流模式。

一般而言，具有以下特征的电子商务企业适合依靠自身力量解决配送问题。

① 业务集中在企业所在城市，送货方式比较单一。由于业务范围较窄，企业独立组织配送的人力成本不高，配送设备以汽车为主，自营物流易于实现，且节约了时间和成本。

② 企业拥有覆盖面很广的代理、分销和连锁店，且主要业务集中在其覆盖范围内。此类型企业一般是从传统产业转型或是依然拥有传统产业经营业务的企业，如计算机生产商、家电企业等。

③ 企业规模大、资金雄厚，且货物配送量很大，投入资金建立自己的配送系统、掌握物流配送主动权属于合理的战略选择。例如，亚马逊斥巨资建立起遍布美国重要城市的配送中心，将物流主动权牢牢地掌握在自己手中。

（2）借助传统流通渠道的物流。

对于已经开展传统商务的企业，可以建立基于网络的电子商务销售系统，同时也可以利用原有的物流渠道承担电子商务的物流业务。传统流通渠道在电子商务环境下依然有其不可替代的优势。一是传统商业历史悠久，有良好的顾客基础，已经形成的品牌效应在很大程度上是配送信用的保证；二是具有一定规模的连锁、加盟经营店能够准确及时地在全国范围内达成配送；三是由于传统渠道本身也存在商品配送的任务，如果网站把商品配送任务交给传统流通渠道，可以充分利用一些闲置的仓储、运输资源，相对于使用全新的系统，有效地降低了成本。

（3）物流企业联盟。

物流企业联盟是指在物流方面通过签署合同形成的优势互补、要素双向或多向流动、相互信任、共担风险和共享收益的物流伙伴关系。企业之间不完全采取导致自身利益最大化的行为，也不完全采取导致共同利益最大化的行为。一般来说，组成物流联盟的企业之间具有很强的依赖性，物流联盟的各个组成企业明确自身在整个物流联盟中的优势及担当角色，内部的对抗和冲突减少，分工明晰，使供应商把注意力集中在提供客户指定的服务上，最终提高了企业的竞争能力和竞争效率，满足企业跨地区、全方位物流服务的要求。

（4）第三方物流。

第三方物流（Third Party Logistics，3PL 或 TPL），这一名词出现在 20 世纪 80 年代中期。1988 年，美国物流管理协会在面向客户服务的调查中，首次提到"第三方服务提供者"

一词。第三方，物流是指由物流的实际需求方（第一方）和物流的实际供给方（第二方）之外的第三方，部分地或全部利用第二方的资源，通过合约向第一方提供的物流服务，又称合同物流或契约物流。第三方是指提供部分或全部物流功能服务的一个外部提供者，是物流专业化和社会化的一种形式。

（5）第四方物流。

第四方物流（Fourth Party Logistics，4PL）的概念，最早由全球 500 强企业，从事管理咨询、信息技术和外包服务的美国安德森咨询公司提出。其给出的定义为：一个供应链集成商，调集和管理组织自己的以及具有互补性的服务提供商的资源、能力和技术，以提供一个综合的供应链解决方案。通俗地讲，第四方物流是有领导力量的物流提供商通过其影响整个供应链的能力，为客户评估、设计、制定和运作全面的供应链解决方案，使快捷、高质量、低成本的物流服务得以实现。第四方物流模式能够为客户带来更高的价值，但是工作方式极为复杂，对于任何一个企业或组织而言，都是巨大的挑战。例如，菜鸟物流背靠阿里巴巴强大的资源整合能力，建立起开放、透明、共享的数据应用平台，为电子商务企业、物流公司、仓储企业、第三方物流服务商、供应链服务商等各类企业提供优质服务，实现第四方物流模式的成功落地。

## 案例 6-1

### 物流"最后一公里"的创新与挑战：菜鸟驿站与丰巢柜

菜鸟驿站和丰巢柜都是解决物流"最后一公里"问题的重要设施，它们各自有着不同的特点和优势。

1. 服务模式

菜鸟驿站：菜鸟驿站是面向社区和校园的物流服务平台，提供包裹代收服务，并且通常由加盟的门店运营。菜鸟驿站通过门面经营，空间面积更广，能够应对包裹业务量，尤其是在旺季时。此外，菜鸟驿站有人员进行经营，操作流程简单，一入库则默认为签收，快递员无须再录签收。

丰巢柜：丰巢柜是无人看管的智能快递柜，提供 24 小时自助取件服务。丰巢的商业本质是就近搭建无人机式的服务，其盈利方式和广告投放逻辑与无人售货机类似。丰巢柜在取件方面具有时效性，超过一定时间未取件会收取超时费。

2. 用户体验

菜鸟驿站：菜鸟驿站为用户提供了一个中转站，尤其是对于大件或异型件，用户可以随时取件，只要有电有网。菜鸟驿站的优势在于容量大，操作流程简单，且有人工服务，不会出现打不开快递柜门的尴尬情况。

丰巢柜：丰巢柜为用户提供了随时取件的便利性，但超时收费可能会引起用户的不满。此外，丰巢柜的空间有限，大件快递无法放置，且有时屏幕失灵或操作不当可能会导致取件困难。

3. 盈利模式

菜鸟驿站：菜鸟驿站的盈利方式多样，除了存放包裹的费用，还可以通过开展副业增加收入，如广告投放等。菜鸟驿站的寄快递服务也是其盈利的一部分，每单能赚取 3~6 元。

丰巢柜：丰巢柜的盈利主要来自超时收费和广告投放。丰巢柜的收费标准是小柜 0.25 元，中柜 0.3 元，大柜 0.35 元。然而，丰巢柜的运营和维护成本较高，导致其持续亏损。

4. 市场表现

菜鸟驿站：菜鸟驿站在丰巢收费后，宣布继续提供免费保管服务，赢得了用户的青睐。菜鸟驿站的"驿站+"模式日趋成熟，收入呈现多元化。

丰巢柜：丰巢柜在宣布收费后，遭遇了用户的抵制，导致市场占有率下降。丰巢柜需要验证快递员的个人信息，这可能会增加操作的复杂性。

（资料来源：网络资料整理。）

## 6.1.3 物流技术

随着电子商务的飞速发展，物流系统以改善用户体验为目标，在数字技术的加持下，原有的物流网络得到了全面的升级和优化，仓储和配送过程更加智能化、高效化和精准化。

物流信息技术是实现物流管理现代化的重要手段，包括条形码技术、射频识别技术、全球定位技术、物联网技术等。

（1）条形码技术。

物流条码是在物流过程中用以标识具体实物的一种特殊代码，它是由一组黑白相间的条、空组成的图形，利用识读设备可以实现自动识别、自动数据采集。在整个物流过程中都可以通过物流条码来实现数据共享，使信息的传递更加方便、快捷、准确，以提高整个物流系统的经济效益。物流中的条形码技术主要应用在进货验收、补货、拣货、交货时的交点、仓储配送等作业环节。物流条码主要有如下特点。

① 物流条码是储运单元的唯一标识，通常标识多个或多种类商品的集合，用于物流的现代化管理。

② 物流条码服务于物流全过程，从生产厂家生产出产品，经过包装、运输、仓储、分拣、配送，直到零售商店，中间经过若干个环节，物流条码是这些环节中的唯一标识，因此它涉及面更广，是多个行业共享的通用数据。

③ 物流条码是一个可表示多种含义、多种信息的条码，是无含义的货运包装的唯一标识，可表示货物的体积、重量、生产日期、批号等，是贸易伙伴根据在贸易过程中的共同需求，经过协商统一制定的。

④ 物流条码是随着国际贸易的不断发展、贸易伙伴对各种信息需求的不断增加而产生的，其应用领域在不断扩大，内容也在不断丰富。

⑤ 物流条码的相关标准是需要经常维护的。及时沟通用户需求，传达标准化机构有关条码应用的变更内容，是确保国际贸易中物流现代化、信息化管理的重要保障。

（2）射频识别技术。

射频识别技术是指通过射频信号识别目标对象并获取相关数据信息的一种非接触式的自识别技术。射频识别技术依靠电磁理论，不局限于视线，识别距离远，无须人工的干预，可在各种无人值守的恶劣环境中工作。

射频识别系统由具有唯一识别性的电子标签（Tag）、天线（Antenna）、可读取电子标签信息的读写器（Reader）组成，如图 6.2 所示。

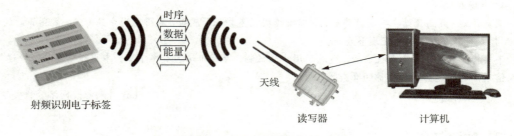

图 6.2 射频识别系统组成示意图

图 6.3 为电子标签示意图。当装有电子标签的物体靠近读写器 10 米以内时，读写器受控发出微波查询信号，安装在物体表面的电子标签收到读写器的查询信号后，将此信号与标签中的数据信息合成一体反射回电子标签读写器。读写器接收到电子标签反射回的微波合成信号经读写器内部微处理器处理后，可将电子标签储存的识别代码等信息分离、读取出来。

图 6.3 电子标签示意图

射频识别技术已广泛应用于物流和供应链流程中。对于供应链来说，可以通过射频识别技术方便、准确地记录工序信息和工艺操作信息，满足柔性化生产需求，通过对工人工号、时间、操作、质检结果的记录，不仅可以完全实现生产的可追溯，而且可以避免生产环境中手写、眼看信息造成的失误。在仓储管理阶段，射频识别系统有效地解决了仓储货物的信息管理问题，不但增加了每天货物处理的数量，而且还可以查看货物的一切信息。对于大型仓储基地来说，管理中心可以实时了解货物位置、货物存储的情况，对于提高仓储效率、反馈产品信息、指导生产都有很重要的意义。在销售阶段，射频识别系统能够帮助企业高效管理进、销、存等过程中的许多难题。产品在生产过程中嵌入电子标签，其中包含唯一的产品号，厂家可以用识别器监控产品的流向，批发商、零售商可以用厂家提供的读写器来识别产品的合法性。

（3）全球定位技术。

全球定位技术在物流管理中的应用对于提高配送效率、优化资源配置、提升客户服务水平起着举足轻重的作用。全球定位技术主要分为卫星定位技术和地面定位技术两大类：卫星定位技术利用地球轨道上的卫星接收机测定物体所在位置，应用范围较广；地面定位技术则包括基站定位、指纹定位、蓝牙定位等，具有较高的定位精度。两种技术相结合，为物流管理提供了全流程可控的技术支持。

**案例 6-2**

### 中国自己的卫星定位系统：北斗！

全球卫星定位系统（Global Satellite Navigation System，GNSS），主要包括美国全球定位系统、俄罗斯格洛纳斯系统、欧洲伽利略系统等。全球卫星定位系统通过接收卫星信号，可以实现对地面物体的精确定位和导航。在物流管理中，全球卫星定位系统可应用于车辆、船舶、航空器等运输工具的实时监控和导航，帮助企业实现运输过程的可视化管理。

为了建立与俄罗斯、美国、欧洲卫星系统国际并肩的全球卫星定位系统，1994 年，我国启动北斗卫星导航系统（Beidou Navigation Satellite System，BDS）的研发工作。1999 年至 2000 年，我国成功发射了第一代北斗卫星，为区域卫星导航定位系统奠定了基础。2004 年，我国启动了北斗卫星导航系统第二代研发项目，即北斗二号。2007 年至 2012 年，我国陆续发射了 14 颗北斗二号卫星，将北斗系统的覆盖范围扩大到亚太地区。2015 年，我国启动了北斗卫星导航系统第三代研发项目，即北斗三号。北斗三号系统的目标是实现全球覆盖，提供高精度、高可靠性的定位、导航和时间传输服务。2015 年至 2020 年，我国成功发射了 30 颗北斗三号卫星，使北斗系统的全球覆盖成为现实。2020 年 6 月，最后一颗北斗三号卫星成功发射，标志着北斗系统全球组网完成。

北斗卫星导航系统由我国自主研发，具有较高的定位精度和稳定性。在物流管理中，北斗卫星导航系统可以提供实时位置信息，帮助企业精确掌握货物运输的位置和状态。此外，北斗卫星导航系统还可以与其他信息系统集成，实现智能化调度和管理，提高物流运作效率。

（资料来源：网络资料整理。）

（4）物联网技术。

物联网是指通过互联网对物品进行远程信息传输和智能化管理的网络，是第三次信息革命的重要组成部分。物联网技术基于前述的射频识别技术、全球定位技术，以及各种传感器、嵌入式设备，通过电子产品编码（Electronic Product Code，EPC），利用资源寻址技术获取物品信息，实现全球物品信息定位、跨域信息交流和互联网传输，以及存储大量的数据，实现智能化识别、定位、跟踪和管理。

在现代物流管理领域，物联网技术应用下的物流信息系统，融合了各种技术和功能，实现了一个完全可交互的、可反馈的网络环境。无线射频识别技术提供了物体信息的有效识别并将信息导入大型数据库和通信网络中。传感器技术帮助探测物体物理状态改变以完成数据收集。物体的嵌入式智能技术能够通过在网络边界转移信息处理能力而增强网络的处理能力。小型化技术和纳米技术的优势意味着体积越来越小的物体能够进行交互和连接。

所有这些技术融合到一起,最终实现物流信息化水平的大幅提升,为物流信息化提供了近乎完美的物品联网环境。

### 6.1.4 物流网络

物流网络是电子商务中至关重要的一部分,它由多个节点和连接这些节点的线路组成,用于实现商品的转移和分配。物流网络包括运输、仓储、配送、信息管理等环节,它是一个复杂而有序的系统。在物流网络中,各个节点之间的协调合作至关重要,这关系到整个网络的效率和稳定性。

在电子商务中,常见的物流模式有快递、送货上门、代收货款等。快递模式适用于小件商品和快速响应的场景,它的优点是便捷、快速,但运费相对较高。送货上门模式适用于大件商品和需要直接交付到消费者手中的场景,它能够提供更好的购物体验,但需要更多的配送资源和时间。代收货款模式适用于需要先验货再付款的场景,它能够减轻配送员的压力,但需要建立信任关系。

1. 仓储管理系统

仓储管理是电子商务物流中至关重要的一环,它涉及仓库规划与布局、货物存储管理、入库管理、出库管理、库存管理。在电子商务环境下,它不仅要满足传统的库存控制、质量保证等需求,还要适应电子商务的快速响应、高效率等要求。

仓储管理系统包括入库管理、出库管理、库存管理、仓储设备管理等模块,实现了仓储作业的自动化。仓储管理系统强调对仓库内部作业流程的管理、控制和优化,提高仓储效率和准确性,适用于电子商务企业的仓储管理,特别是对仓库作业效率要求较高的企业。例如,亚马逊的仓储管理系统,通过自动化设备和仓库管理系统的集成,实现了仓库内部货物的自动存储、拣选和出库,提高了仓储的效率和准确性。

2. 配送管理系统

配送管理是指对企业的产品或服务进行物流配送的过程中对各个环节进行规划、组织、协调和控制的管理活动。配送管理的目标是确保产品或服务准确、及时地送达客户,并通过优化物流流程、减少库存等方式降低企业成本。在电子商务环境下,配送管理的效率和质量直接影响客户的购物体验和满意度。因此,优质的配送管理是提高电子商务企业竞争力的重要途径。

配送管理系统包括配送计划、配送调度、配送执行、配送跟踪等模块,实现了配送过程的可视化和管理。它强调对配送过程的计划、执行和监控,从而提高配送效率和客户满意度,适用于对配送效率和服务质量要求较高的企业。以顺丰速运的配送管理系统为例,顺丰速运通过实时追踪配送车辆和配送员位置,实现了配送过程的可视化和动态调度,提高了配送效率和服务质量。

3. 运输管理系统

运输管理是物流管理过程的核心。运输管理的关键点是以最少的费用,按照客户的要求,将商品从供应地迅速、准确地送达目的地。在电子商务环境下,客户往往要求快速、准确地收到商品,这就对运输管理提出了更高的要求。

运输管理系统包括运输计划、运输调度、运输执行、运输费用核算等模块,实现了货物运输全过程的管理和优化。它强调对运输过程的规划、调度和跟踪,从而提高物流运输效率和准确性,并降低运输成本,适用于需要频繁进行货物运输的电子商务企业。例如,菜鸟网络的智能配送系统,通过运输管理系统对整个配送过程进行规划和调度,实现了线路优化、运力调配和运输效果评估,提高了配送效率和服务质量。

4. 物流信息系统

物流信息系统是实现物流管理现代化的必要条件,它注重在供应链管理过程中的物流信息的处理能力和水平,通过在物流各个环节应用信息技术来实现。物流信息系统是物流系统的神经中枢,是物流发展的关键。物流伴随着信息流,而信息流又控制着物流。

物流信息系统的基本功能包括数据收集和输入、存储、传输、处理和输出,是计算机管理信息系统在物流领域的应用。借助计算机技术、通信技术和网络技术,建立物流数据库管理系统,实现信息共享与协同,提高物流信息管理的效率和效果。智能集成化是物流信息管理系统的发展趋势,也是未来物流信息管理系统的主要特点。智能集成化的物流信息管理系统模式将在物流信息管理系统中引入人工智能、专家系统、计算机辅助经营决策以及大量智能化、自动化、网络化的物流工具的应用,具有后勤支持、物流动态分析、安全库存自动控制、仓库规划布局、车辆运输自动调度、仓库软硬件设备控制、人力使用分析控制等功能。物流管理系统未来的技术发展趋势(图 6.4)是覆盖物联网、5G 通信、大数据、数字孪生、人工智能、智能装备等。

图 6.4 物流管理系统未来的技术发展趋势

## 6.2 供应链管理

### 6.2.1 供应链的定义

到 20 世纪 60 年代末，人们终于形成了对物流的较为完善的认识。然而，随着对物流认识的深入，人们发现物流活动与资金和信息流密不可分，需要对这些活动进行整体管理以确保物流活动顺畅运作。因此，供应链的思想逐渐产生并发展。为了推动供应链管理的发展，2005 年，美国物流管理协会更名为供应链管理专业协会。供应链的发展大致可分为四个阶段，如图 6.5 所示。

图 6.5 供应链的发展阶段

供应链是围绕核心企业建立的整体性功能网链结构模式。通过对信息流、物流和资金流的控制，供应链从采购原材料开始，经过中间产品的制造，到最终将产品交付给用户。供应链涉及的节点企业包括供应商、制造商、分销商、零售商和最终用户，它们形成一个相互连接的网状结构。《物流术语》（GB/T 18354—2021）中，将供应链定义为：生产及流通过程中，围绕核心企业的核心产品或服务，由所涉及的原材料供应商、制造商、分销商、零售商直到最终用户等形成的网链结构。

供应链不仅是连接供应商和用户的物料链、信息链和资金链，还是一条增值链。在供应链上，物料通过加工、包装和运输等过程增加其价值，进而为相关企业带来收益。供应链由所有加入的节点企业组成，通常有一个核心企业（可以是产品制造企业或大型零售企业）。在需求信息的驱动下，节点企业通过供应链的职能分工与合作（生产、分销和零售等），以资金流、物流和服务流为媒介实现整个供应链的持续增值。

### 6.2.2 供应链的类型

根据不同的标准，供应链可以分为不同的类型。
（1）按照主导流划分。
根据主导流的标准，可以将供应链分为拉动式供应链、推动式供应链和推拉式供应链。
① 拉动式供应链以需求信息流为主导，根据客户需求设计产品或服务，并组织材料进

行生产。其优点在于制造部门可以根据客户需求进行定制化生产，从而降低库存量，缩短提前期，更好地满足客户的个性化需求。缺点在于生产批量小，作业更换频繁，设备利用率不高，管理复杂，难以获得规模经济。一般认为，拉动式供应链是目前的主流供应链类型，其流程如图 6.6 所示。

图 6.6　拉动式供应链流程

② 推动式供应链是指从原材料出发，经由半成品、产成品、市场，直至最终用户的物流主导过程，其流程如图 6.7 所示。该模式的优点在于能够利用规模效应为供应链上的企业带来更多利益，同时还能利用库存来平衡供需之间的不平衡现象。其缺点在于分销商和零售商处于被动地位，企业间的信息沟通较少，协调性较差，提前期较长，库存量较大，对于市场的快速反应能力较弱，且可能产生牛鞭效应。

图 6.7　推动式供应链流程

③ 推拉式供应链是结合推动式和拉动式特点的供应链，其流程如图 6.8 所示。供应链上游环节采用推动式，制造装配前的过程由零部件订单驱动，供应商进行批量规模化生产；中下游环节则采用拉动式，由需求信息拉动直至产品送达用户。这种模式的优点在于既能满足规模化生产的需求，又能快速响应市场需求。其缺点是管理复杂，难以平衡供需之间的矛盾。

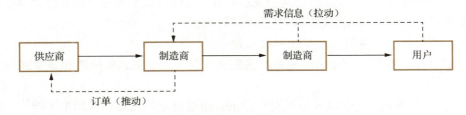

图 6.8　推拉式供应链流程

对比按主导流标准划分的三种供应链模式，如表 6.1 所示，不同的供应链模式各有优缺点，企业需要根据产品属性、市场变化加以合理选择。

表 6.1　按主导流标准划分的三种供应链模式对比

| 模式 | 拉动式供应链 | 推动式供应链 | 推拉式供应链 |
| --- | --- | --- | --- |
| 优势 | 制造部门可以根据客户需求进行定制化生产，从而降低库存量，缩短提前期，更好地满足客户的个性化需求 | 能够利用规模效应为供应链上的企业带来更多利益，同时还能利用库存来平衡供需之间的不平衡现象 | 既能满足规模化生产的需求，又能快速响应市场需求 |

续表

| | | | |
|---|---|---|---|
| 劣势 | 生产批量小,作业更换频繁,设备利用率不高,管理复杂,难以获得规模经济 | 分销商和零售商处于被动地位,企业间的信息沟通较少,协调性较差,提前期较长,库存量较大,对于市场的快速反应能力较弱,且可能产生牛鞭效应 | 管理复杂,难以平衡供需之间的矛盾 |
| 企业举例 | 可口可乐 | SHEIN | 戴尔 |

(2)按照分布范围划分。

根据分布范围划分,可以将供应链划分为企业内部供应链、产业供应链、全球网络供应链。

① 企业内部供应链管理涉及控制和协调各部门之间的物流业务流程和活动。

② 产业供应链是公司内部供应链在企业或部门之间的延伸和发展,涉及与上下游企业的合作,以实现整个产业供应链的最优化。

③ 全球网络供应链是指利用 Internet 和电子商务来改变商业方式和供应链结构。它通过削减中间商来压缩供应链长度,创建在电子化市场上运作的扩张性企业、联合制造业和跨部门集团,实现了实时数据的存取和传递。

(3)按照供应链功能划分。

根据供应链的功能(物理功能和市场中介功能),供应链可以分为反应性供应链和有效性供应链。

① 反应性供应链主要展现其市场中介功能,将产品合理分配到满足客户需求的市场,并对未预见的需求能快速做出反应。

② 有效性供应链主要以物理功能为表现,即以最低的成本将原材料转化为零部件、半成品或最终产品,同时确保在供应链中进行高效的运输。

(4)按照供应链容量与客户需求的关系划分。

根据供应链容量与客户需求的关系,供应链可以分为平衡式供应链和倾斜式供应链,如图 6.9 所示。

① 平衡式供应链。此类供应链具有一定的、相对稳定的设备容量和生产能力,由供应商、制造商、运输商、分销商和零售商等企业组成的节点构成,当供应链的容量能够满足客户需求时,供应链处于平衡状态。

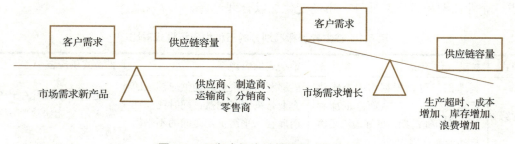

图 6.9 平衡式供应链与倾斜式供应链

② 倾斜式供应链。当市场变化加剧时，供应链生产可能会超出预定时间、成本可能增加、库存也可能增加，造成浪费和运营效率降低。当这些不良现象发生时，企业并未在最佳状态下运营，供应链则会处于倾斜状态。

（5）按照供应链结构划分。

根据供应链的结构形式、制造过程中产品特色及差异化、组装程序、存货种类等的不同，可以将供应链分为"A"形（会聚型）供应链、"V"形（发散型）供应链、"T"形（会聚发散型）供应链。

① "A"形供应链即会聚型供应链，是指面向众多供应商采购大量的物料，以大规模装配完成订单生产。其流程如图6.10所示。"A"形供应链的特征是大量使用外购零件和通用设备，进行大规模装配以满足客户订单的需求。它受服务驱动，注重精确计划、分配物料和能力，在接到订单时，会考虑有限的生产能力和交付周期。"A"形供应链高度关注关键路径、流程的关键装配点的物料同步化问题，以及关键路径的供应链成员的紧密联系与合作。

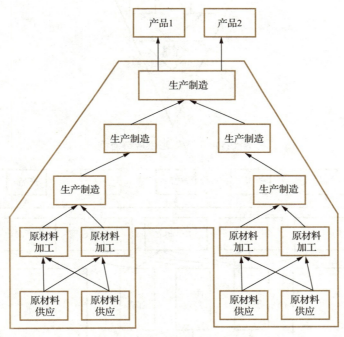

图6.10 "A"形供应链流程

② "V"形供应链即发散型供应链。这种供应链的特点是源头物料单一且大量存在，生产商通常以批量生产方式将这些物料转化为一系列中间物料，然后以配料形式供应给各种其他制造环节的制造商。"V"形供应链流程如图6.11所示。以钢铁行业为例，将基本的钢坯或钢条作为原材料，经过其他制造环节的加工和制造，最终形成种类繁多的其他产品。发散型供应链在管理上依赖于对关键内部能力的合理安排，需要供应链成员之间制订统一的高层计划。

③ "T"形供应链即会聚发散型供应链，其形状介于"V"形和"A"形之间，呈现"T"形结构。这种供应链的特点是物料既会聚又发散，生产商从供应商处采购大量的物料，为

大量的最终客户和合作伙伴提供构件和套件。简言之，是通过有限元件的组合形成无限的产品类别，"T"形供应链流程如图 6.12 所示。"T"形供应链对生产方式的控制非常困难，

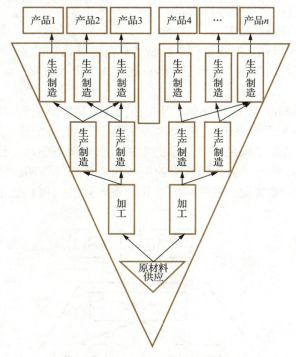

图 6.11 "V"形供应链流程

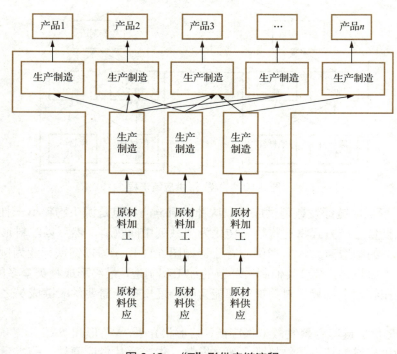

图 6.12 "T"形供应链流程

其关键在于对部件缓冲的控制。在按单装配或配置完成客户订单时，需要确保所需部件全部到位，缺一不可。部件缓冲策略的目标是实现高服务水平，要求零件生产商或部件供应商具备快速反应机制。此外，"T"形供应链管理的难度也最大。供应链的核心企业需要考虑多节点的控制问题，如最佳生产地点、执行何种商业活动以及决策带来的配送成本效益。

### 6.2.3 供应链管理的含义与内容

计算机网络的发展进一步推动了制造业的全球化、网络化进程。虚拟制造、动态联盟等制造模式的出现，更加迫切需要新的管理模式与之相适应。传统的企业组织中的采购（物资供应）、加工制造（生产）、销售等看似是一个整体，但却缺乏系统性和协同性。供应链的概念与传统的销售链不同，已经跨越企业界限，从建立合作制造或战略伙伴关系的新思维出发，从全局和整体的角度考虑产品的竞争力，这使得供应链从一种运作性的竞争工具上升为一种管理性的方法体系，这就是供应链管理提出的实际背景。

供应链管理是一种集成的管理思想和方法，是对供应链中的物流、信息流、资金流、业务流、增值流及合作伙伴关系进行计划、组织、协调和控制的一体化的管理过程。供应链管理覆盖了从供应商的供应商到客户的全部过程，它关注的焦点是优化分销和制造过程、加速库存和信息在整个供应链的流动及与此有关的各种运作管理和战略管理。

供应链管理通过企业之间共享库存信息和通过电子数据交换传递信息，将各个企业的市场营销、产品设计、生产物料计划和在各个企业中的其他活动集成起来，形成一个密切联系且增值的供应链。供应链管理主要包括四个方面，即供应管理、生产计划、物流管理和需求管理，具体内容包括：

① 物料在供应链上的实体流动管理；
② 供应商选择和合作伙伴关系管理；
③ 供应链产品需求预测和计划；
④ 供应链设计（全球网络的节点与布局规划）；
⑤ 企业之间物料供应与需求管理；
⑥ 基于供应链管理的产品设计与制造管理（生产集成化计划、跟踪、设计等）；
⑦ 基于供应链的客户服务和物流管理（运输、库存等）；
⑧ 企业间资金流管理（汇率、结算、融资等）；
⑨ 基于互联网/内部网（Internet/Intranet）的供应链交互信息管理。

## 案例 6-3

### 京东供应链的智能化转型与实践

随着电子商务的快速发展，供应链管理成为电商企业竞争的核心。京东作为中国领先的电商平台之一，通过智能化供应链管理，实现了对500多万个SKU（库存量单位）的有效管理，同时运营700多个仓库，显著提高了零售库存周转效率。

京东将智能化的供应链概括为需求驱动、开放协同、敏捷响应三个本质,这代表了一种全新的商业模式和生产关系。

(1)在需求驱动方面,京东了打造了 C2M(Customer to Manufacturer)新品反向定制平台,基于京东零售海量的用户数据,深度洞察用户需求,通过新品开发、工业设计、仿真试投、京东首发和精准营销等环节,为品牌商新品开发乃至爆品打造提供了一条创新路径。

(2)在开放协同方面,京东供应链不只是把参与者串联在一起,并且还通过数据开放、流程开放、能力开放等方式,协同相关产业的上下游价值链,实现同频共振。

(3)在敏捷响应方面,京东通过数字流程、数据联动、智能决策的手段,结合大数据技术和人工智能算法,驱动业务流程数字化、自动化、运营决策智能化,从而有效提升了供应链的响应效率、执行效率和决策效率。

通过智能化供应链管理,京东不仅提升了自身的运营效率,也为合作伙伴提供了强大的支持,增强了整个供应链的竞争力。

京东的案例表明,智能化、协同化和敏捷化的供应链管理是电商企业提升竞争力的关键。通过技术创新和数据驱动,电商企业能够实现更高效的库存管理、更准确的销售预测和更快速的市场响应,从而在激烈的市场竞争中保持领先地位。

(资料来源:https://www.sohu.com/a/416914940_115402.(2020-09-07)[2024-12-04].)

### 6.2.4　电子商务对供应链管理的影响

现在网络购物已成为一种很普遍的现象。例如,消费者可以在网络购物平台上订购 3C 产品,快递公司会提供网上跟踪包裹的服务;网易云音乐可以提供音乐下载服务;利用支付宝、微信进行在线支付特别便捷;等等。那么电子商务对供应链管理产生了哪些影响呢?

(1)电子商务对总收入的影响。

① 直接销售:电子商务使得企业可以绕过中间商,直接向消费者销售产品。这不仅增加了企业的总收入,而且还降低了企业的成本。现在大部分品牌厂家都将官方网站和线上门店作为主要的电商销售渠道。而不是通过第三方零售商进行销售,这种方式使品牌能更好地控制其产品价格和销售策略,同时减少了中间商的利润成本。

② 24 小时服务:电子商务的优点在于可以在任何时间、任何地点提供服务。对于那些无法在正常工作时间购物的消费者来说,电子商务无疑为他们提供了极大的便利。消费者可以随时随地购物,不受时间和地点的限制。

③ 信息整合:电子商务能够汇集不同方面的信息,提供大量的产品选择。例如,淘宝网本质上是一个大型的电子商务平台,汇集了来自不同地区、不同类型和不同价格范围的产品信息。消费者可以在淘宝网看到数以亿计的商品,包括服装、电子产品、家居用品、书籍等。通过提供大量、多样化的产品选择,消费者可以在一个平台上浏览和比较各种商品,方便快捷地找到满足自己需求的商品。同时,这也为卖家提供了展示和销售自己商品的平台,与潜在消费者建立联系,扩大销售渠道。

④ 缩短产品投入市场的时间。与传统渠道相比,采用电子商务的企业可以更快地推广新品,提高利润,减少了产品在传统渠道中的滞后性。例如,华为公司通过其官方网站和全球各地的实体店,迅速将新产品引入市场。在电子商务平台上,苹果公司利用其强大的品牌影响力和优质的产品线,吸引了大量消费者购买。同时,华为公司还通过电子商务平

台推出了一系列促销活动，如限时折扣、满减优惠券等，吸引了更多消费者购买新产品，从而提高了销售额和利润。

⑤ 提供差异化的价格和服务。电子商务可以实现针对不同消费者群体提供差异化的价格和服务，从而提高收益。例如，亚马逊网站会根据用户浏览和购买记录推荐相关产品，会根据用户搜索历史推荐相似产品；同时，会针对会员提供优惠券和积分，针对新用户提供优惠活动。饿了么平台会对高频用户提供会员服务，对低频用户提供优惠券服务，对有特殊需求的用户提供定制化服务。携程网会针对高端客户提供定制化服务，针对学生群体则提供优惠服务。

⑥ 便捷高效的资金转移。电子商务能够通过加速资金筹集来提高收益。例如，2014年2月，联合光伏在众筹网发起建立全球最大的众筹项目，项目是典型的股权众筹模式。该项目预计筹资金额为1 000万元，每份筹资金额为10万元，每个用户最多购买一份，所有支持者都将会成为此次项目的股东，项目最后超额完成了预定任务。

值得注意的是，在特定情况下，电子商务会有一个时效性上的潜在劣势。例如，由于电子商务需要配送商品，消费者实际拿到货的时间可能会比在实体零售店购买要长。因此，对于急需使用的商品，消费者可能更倾向于选择实体店购买或者使用外卖业务。然而，对于可以从网上下载的商品，这一过程往往更加快捷。例如，音乐等数字化商品就可以直接从网上下载。

（2）电子商务对成本的影响。

电子商务为企业或供应链提供了下列降低成本的契机。

① 制造商通过电子商务直接向消费者销售产品，可以缩短供应链并降低处理成本。通过这种方式销售产品，制造商能够减少与产品有关的供应链环节，从而提高效率和降低成本。同时，消费者也可以获得更优质的产品和服务。

② 柔性数字供应链既能够满足产品差异化需求，又能够显著降低库存。企业在消费者下订单后完成生产，严格控制从下单到送达消费者手中的时间，可以降低库存成本并及时交货。例如，在SHEIN的供应链中，设计师根据市场趋势和消费者需求进行设计，然后通过数字化平台将设计信息传递给工厂。工厂在接收到这些信息后，开始进行定制化生产，每个单品只生产一次，大大降低了库存成本。SHEIN能够在短短几天内将新款服装送到全球各地的消费者手中，这种快速反应能力使得SHEIN在快时尚行业保持了领先地位，并获得了消费者的较高忠诚度。

③ 利用可下载的产品，降低成本和节约时间。如果一个公司的产品是可下载的，那么就无须运输成本和时间。例如，线上音乐有可能省去运输CD的所有成本。软件下载省去了与生产CD、包装CD及把它们送到零售店的相关成本，缩短了产品到消费者的时间。

④ 降低处理成本。在电商的消费场景下，消费者是参与产品选择和订单处理的，这使得电子商务可以降低企业的资源成本。例如，当消费者去一个网站购物的时候，他会直接挑选货架的商品下订单。消费者若通过电话订货，则会因为工作人员要检查产品的可得性，为公司带来额外成本。

电子商务能够显著降低订单处理成本，因为它允许企业以更高效、更灵活的方式处理订单。在电子商务环境中，虽然订单接收量可能会有波动，但通过保持未处理订单的合理缓冲，企业可以平稳地处理订单，有效地减少订单处理的最大量，从而减少对资本的需求和成本。

⑤ 通过集中化降低存货成本。电子商务可以集中库存，因为它不必把库存搬到消费者旁边。电商网站可以只通过几个仓库就满足仓储的需要，但实体店必须为它们所经营的零售网点承担设备成本。而且，好地段的实体店面的租金也远高于仓库的租金。

⑥ 供应链协同降低环节成本。电子商务还可以通过多种方式进一步降低成本，弱化牛鞭效应。例如，企业可以通过信息共享，利用大数据和人工智能技术分析消费者行为和购物习惯，以更好地预测市场需求和库存需求。这可以帮助企业避免过度或不足库存，降低库存成本，同时提高库存周转率和销售效率。企业还可以通过优化物流和配送网络来降低运输成本。通过智能化的路线规划和配送优化算法，企业可以减少配送时间和运输成本，提高客户满意度和销售业绩。

(3) 电子商务潜在的成本劣势。

在下列情况下，电子商务的成本可能会更高。

① 集中库存增加了运输成本。对于任何企业都要考虑进货和出货两大运输成本。企业从供应商那里补充库存要承担进货运输成本，企业把商品送到消费者手中要承担出货运输成本。通常，补货订单费用会比消费者的订单大得多。因此，进货运输单位成本会比出货运输单位成本低。集中库存在增加消费者订单的运输距离的同时，也缩短了补货订单的运输距离。所以相对于拥有实际零售网点的企业，采用集中库存的电子商务企业会使整个供应链的单位运输成本高。

② 消费者的参与性降低会增加处理成本。以食品为例，电子商务企业比零售店要承担更高的处理成本和运送成本。与消费者在实体食品零售店挑选所需商品不同，采用电子商务的企业因为必须按消费者的订单从仓库货架中挑选商品并送达消费者手中，所以要承担更高的处理成本。

③ 建立信息基础系统需要大量的前期投入。建立电子商务需要在信息技术支持方面做出大量的前期投入，包括网站服务器和程序技术。如今，电子商务系统发展很快，同时还有不少应用服务提供商帮助建立电子商务基础系统。

## 6.3 物流与供应链面临的挑战与未来发展趋势

### 6.3.1 物流与供应链面临的挑战

在电子商务的背景下，未来物流和供应链面临的挑战变得更为严峻。消费者更加注重体验感，对供应链的时效性、敏捷性和灵活性提出了更高的要求，这也使得物流和供应链管理变得更加复杂。消费者的电子商务交易数据庞大，企业在数据安全的前提下，利用大数据和人工智能等技术提高供应链的可视化程度和预测精度，优化库存管理和物流网络布局。电子商务的全球化特点使得物流和供应链管理需要应对不同国家和地区的法律法规、市场环境和文化差异,这要求企业建立更加适应全球化需求的供应链管理体系。具体来看,随着电子商务的高速发展,物流与供应链面临着如下挑战。

① 退货与换货:由于电子商务的特性,消费者在购买商品后可能会因为各种原因要求退货或换货,这增加了物流和供应链管理的复杂性。

② 供应链的透明度:电子商务企业需要提高供应链的透明度,以便消费者能够了解订单的状态和商品的运输情况。

③ 应对突发情况的能力:电子商务企业需要具备应对突发情况的能力,例如天气灾害、交通中断、仓库停电等。

④ 数据安全:电子商务涉及大量的数据,包括客户信息、交易数据等。这些数据的安全性是电子商务企业必须面对的问题。

⑤ 物流需求的快速变化:传统的物流模式主要是面向实体店的。随着电子商务的兴起,消费者开始更频繁地在网上下单购买商品,这导致物流需求的快速增加和快速变化。

⑥ 配送的时效与准确性要求:电子商务交易中,消费者对物流配送的时效和准确性要求越来越高。消费者期望能够在最短的时间内收到所购买的商品,并能够实时追踪物流状态。

⑦ 生鲜冷链物流:对于生鲜食品来说,既要保持产品新鲜度和质量又要保证运输的时效性和成本的合理性,这需要企业拥有高效的冷链物流体系和先进的冷链技术。

⑧ 全球化与区域化中的物流问题:随着全球化和区域化的发展,物流和供应链管理将面临更加复杂多变的国际环境和地区差异。企业需要了解不同国家和地区的法律法规、市场环境和文化差异,建立更加适应全球化需求的供应链管理体系。

### 6.3.2 物流与供应链的未来发展趋势

未来物流与供应链的发展将朝向绿色、精益、智慧、敏捷和全球化的方向发展。数字化和智能化也将成为物流与供应链发展的重要方向之一,企业将通过更多的数字化技术和智能化设备的应用,提高物流和供应链的效率和质量。

**1. 精益物流**

精益物流起源于日本丰田汽车公司的一种物流管理思想,其根源为精益思想。它是精益思想在物流管理中的应用,其核心理念是追求消灭包括库存在内的一切浪费,并围绕此目标发展的一系列具体方法。简而言之,就是在为客户提供满意的物流服务的同时,把浪费降到最低限度。

精益物流是指以客户需求为中心,从供应链整体的角度出发,对供应链物流过程中的每个环节进行分析,找出不能提供增值的浪费环节,根据不间断、不绕流、不等待、不做无用功等原则,制定物流解决方案,以减少整个供应提前期和供应链中的各级库存,适时提供仅由供应链需求驱动的高效率、低成本的物流服务,并努力追求完美。

在现代制造业和电子商务领域,精益物流越来越受到重视。未来,精益物流将更加注重信息技术和人工智能的应用,实现智能化和自动化操作,提高物流运作效率。

## 2. 绿色物流

绿色物流就是要在物流过程中减少对环境的影响，实现可持续发展的目标。未来，随着环保意识的不断提高，绿色物流将成为主流趋势。这正符合我国党的二十大报告中提到的"加快发展方式绿色转型""发展绿色低碳产业"的要求。一般认为，产品从投产到销出，制造加工时间仅占约 10%，而几乎 90% 的时间处于仓储、运输、装卸搬运、流通加工、信息处理等物流过程中。绿色物流是企业最大限度地降低经营成本的必由之路，是实现可持续发展的重要途径。再生资源物流和废弃物物流都属于绿色物流的范畴。

绿色物流的主要特征如下。

（1）环境共生性。绿色物流改变原来经济发展与物流之间的单向作用关系，注重从环境保护与可持续发展的角度出发，使得环境与经济发展共存，形成促进经济和消费生活健康发展的现代化物流系统。

（2）资源节约性。绿色物流强调节约资源，着眼于改变各个环节所造成污染和浪费。例如，在运输环节，不合理运输（如空车现象）带来了货运车辆、人力和石油等资源的极大浪费，同时会产生大量的能耗和废气污染；在仓储环节，保管不当不仅会造成货品损坏的浪费，同时还可能对周边环境产生影响；在包装配送环节，易产生过分包装、废弃物难处理等问题。

（3）资源循环性。目前，大部分企业物流只重视如何提升正向物流的运作效率，而忽视废旧物品、再生资源（如包装）的回收利用所形成的逆向物流。逆向物流是通过回收和适当处理实现资源循环利用的物流活动。提倡资源循环性包括原材料、副产品再循环，包装再循环，废品回收，资源垃圾的收集和再资源化等。

目前，绿色物流已经得到广泛的实施和实践。企业采用可回收包装材料和环保材料，以降低物流活动对环境的影响。未来，绿色物流将更加注重能源节约和资源循环利用，实现绿色低碳发展。

## 3. 智慧物流

数字科技 如何让"普遍定制"成为现实

智慧物流是指以互联网为依托，广泛运用物联网、传感网、大数据、人工智能和云计算等信息技术，通过精细、动态、科学的管理，实现物流的自动化、可视化、可控化、智能化、网络化，使物流系统能模仿人的智能，具有思维、感知、学习、推理判断和自行解决物流中某些问题的能力。这种物流模式将带来更高的效率、更低的成本和更好的客户体验，成为未来物流行业的主流趋势。

智慧物流的发展，加速了物流产业的融合发展，推动物流行业进一步"降本增效"；有效降低了企业物流的运营成本，提高了企业的经营利润；同时，智慧物流还推动了企业产、供、销等环节的融合，促进了企业经营的智慧化；并且能够提供商品源头查询和追踪服务，促进消费。

菜鸟网络是智慧物流领域的代表性企业之一，它已经实现了智能化仓储和配送管理。通过物联网技术，菜鸟网络可以实现仓库物品的实时监控和智能调度，以及配送车辆的精准调度和路线优化。同时，通过大数据分析和预测客户需求，菜鸟网络可以提前安排配送路线和时间，提高了配送效率和准确性。这种智能化的物流管理模式，不仅可以降低物流成本，还可以提高客户满意度，为企业带来更好的商业效益。

4. 敏捷供应链

传统的刚性供应链无法在大规模定制环境下快速和低成本地响应客户多样化与个性化的需求，面向大规模定制的供应链不仅应该是精良的，而且更应该是敏捷的。

敏捷供应链可以认为是在竞争、合作、动态的市场环境中，由若干供方、需方等实体（自主、半自主或从属）构成的快速响应环境变化的动态供需网络。敏捷供应链通过快速响应市场需求变化和不确定性因素，实现供应链高效运作的管理模式。"敏捷"强调供应链对市场变化及用户需求的快速响应能力，具备基于网络市场灵敏性、虚拟性、过程集成性等特征。敏捷供应链管理是对供应链中的物流、信息流、资金流进行合理的计划、协调、调度与控制，实现在正确的时间、正确的地点将正确的产品或服务按照正确的数量交给正确的交易对象的目标。

为了克服传统的刚性供应链的局限性，实现供应链的敏捷性，敏捷供应链管理要遵循以下基本原则，如图 6.13 所示。

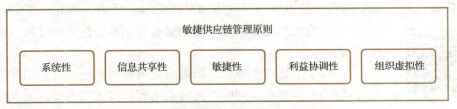

图 6.13 敏捷供应链管理的基本原则

未来，敏捷供应链将成为企业竞争的重要因素之一。例如，沃尔玛通过与供应商建立紧密的合作关系，实现了快速补货和调整库存的能力，以适应市场需求的变化。同时，敏捷供应链将更加注重预测和预警机制的建立，实现快速响应和决策。

5. 全球供应链

全球供应链是指企业为了满足全球不同市场的需求，而在全球范围内构建的供应链体系。全球供应链的主要目的是降低成本、扩大收益，同时满足消费者需求。全球供应链可以实现一系列分散在全球各地的相互关联的商业活动，包括采购原材料和零件、处理并得到最终产品、实现产品增值、面向零售商和消费者开展配送，以及统筹各个商业主体之间的信息交换。

全球供应链

全球供应链是一种全球化的供应链体系，企业需要以全球化的视野，将供应链系统扩展至世界范围，并根据企业的需要在世界各地选取最有竞争力的合作伙伴。苹果公司就是一个典型的例子，它通过构建一个全球供应链体系，将来自全球各地的供应商、生产商和物流企业整合在一起，从而实现了高效的生产和物流运作。

全球供应链的运营模式呈现以下特点。

（1）跨国公司的核心主导：发达国家的跨国公司成为所在产业链的集成者和操控者，

这些公司在全球范围内进行供应链布局,以便更好地管理供应商、制造商、零售商和消费者之间的各个环节。

(2)价值链条的全球布局:在全球供应链运营模式中,产品设计、零部件采购、产品生产组装及销售等增值环节不再局限于某一个国家,而是涉及多个国家。这种布局使得企业可以在全球范围内寻找最具竞争力的供应商和制造商,从而降低成本并提高效率。

(3)业务流程的协同合作:全球供应链运营模式强调制造商和供应商、经销商、零售商之间的协同合作。这种协同合作可以带来更好的信息共享、更高效的物流运作和更优的决策制定。

(4)流程外包的动态优化:企业注重发展自身核心业务,同时将非核心业务外包给合作伙伴。这种做法可以使企业专注于自身的核心竞争力,而将其他业务交由更具成本效益和专业知识的第三方来完成。

(5)信息系统的快速反应:在全球化供应链中,信息系统的快速反应至关重要。通过建立有效的信息系统,企业可以更好地管理供应链中的信息流,提高决策效率和响应速度。这有助于减少库存占用资金、降低运营成本、提高客户满意度。

(6)物流体系的有效管理:物流体系的有效管理是全球供应链运营模式的关键要素之一。供应链运营商需要确保产品以较低的成本准时送达客户手中。因此,他们需要建立高效的物流网络、制订合理的运输计划并监控运输过程以确保准时交货。

京东全球首个全流程
无人仓物流

除了上述几个方面,随着跨境电商的快速发展,国际物流将成为新的发展热点;同时,随着人工智能技术的进步,无人仓库、无人驾驶车辆和无人机配送等新技术将逐步应用于物流领域;此外,数字化和智能化也将成为物流与供应链发展的重要方向之一。

**案例 6-4**

### 梦想照进现实:"无人"场景化物流

无人机物流:低空经济
展现巨大前景

2024 年,无人机物流迎来了爆发式增长,成为物流行业的新亮点。

1. 大疆运载无人机在黄山景区的应用

深圳市大疆创新科技有限公司(简称大疆)推出的民用运载无人机 DJI FlyCart 30 在黄山景区的试点应用,成功解决了山区物资运输的难题。该无人机单机单日的最大运输量可达 1 000 千克,累计运输各类物资超过 96 000 千克,显著减轻了上山、下山的物资运输压力。这一案例体现了无人机在特殊地形中的运输优势。

2. 顺丰控股的无人机物流产品

顺丰控股旗下的丰翼科技(深圳)有限公司(简称丰翼科技)推出了两款创新的无人机物流产品:同城即时送和跨城急送。这些无人机每天飞行近千架次,运输快件超过 1.2 万件,极大地提高了配送效率和服务质量。这一案例展示了无人机在城市物流配送中的潜力。

3. 京东物流的无人机物流服务

京东物流在 2024 年第三季度实现了净利润 25.7 亿元，其中前沿科技的规模化应用是推动净利润增长的核心动力。京东物流还在广东深圳启用了全国首个小微型低空经济服务站，通过无人机将快递包裹从配送网点直接运输到服务站，实现了社区物流配送的多元化服务。这一案例体现了无人机在提高物流效率方面的作用。

4. 杭州的无人机物流配送航线

在 2024 年的"双十一"购物节期间，杭州启用了多条无人机物流配送航线，大幅缩短了配送时间，提高了配送效率和安全性。这一举措不仅提升了消费者的购物体验，也为物流行业树立了新的标杆。这一案例是无人机在提高配送效率和安全性方面的应用。

5. 翼龙-2 无人机货运物流首飞试验成功

中国航空工业集团有限公司自主研制的翼龙-2 无人机成功实现了中国大型固定翼无人机货运物流的首次飞行试验，为低空物流运输提供了新的范式和方案。这一案例展示了无人机在货运物流中的潜力。

（资料来源：网络资料整理。）

# 本 章 小 结

物流与供应链是电子商务交易活动中不可或缺的重要环节。随着电子商务的高速发展，改善用户体验也成为电子商务的最重要的目标之一，而直接连接用户和卖家的物流与供应链也面临更多的考验。本章主要介绍了物流的概念、模式、技术与工具，供应链的优化管理、数字化转型，主要讨论在电子商务环境下，物流与供应链面临的挑战，以及探讨其未来发展的趋势。作为电子商务运营的基础设施，物流与供应链直接影响商品从生产端到消费端的速度、成本和效率。通过有效的物流和供应链优化，电子商务企业可以实现快速、准确、高效的商品配送，提高用户满意度，进而促进销售额的增长。此外，优秀的供应链管理还有助于降低库存成本和减少退货等，还可以提高运营效率。良好物流和供应链管理是电子商务企业实现持续发展和提高竞争优势的重要基础。

# 思考与练习

一、选择题（多选）

供应链管理主要包括（　　）。

　　A．供应管理

　　B．生产计划

　　C．物流管理

　　D．需求管理

## 二、简答题
简述物流和供应链系统如何应对电子商务高速发展的现状。

## 三、实践题
供应链经典项目实践牛鞭效应。

（任课教师可选择任意实训软件演练，以帮助学生了解牛鞭效应）

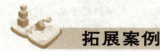

### 亚马逊的物流与供应链管理

1. 背景介绍

亚马逊作为全球最大的电子商务公司之一，以其卓越的客户体验、高效的物流管理和创新的供应链策略而闻名。

2. 问题陈述

亚马逊的目标是为客户提供最优质的服务和最快的配送速度。作为全球最大的电子商务平台，亚马逊的物流网络非常复杂，包括自有配送中心、第三方卖家网络、配送合作伙伴以及"最后一公里"配送服务等。如何通过优化物流和供应链管理，确保在如此复杂的网络中高效地管理和配送货物，提高客户满意度，增加销售额，并降低运营成本？

3. 参考策略

预测分析：亚马逊使用大数据和机器学习技术进行销售预测，这有助于提前准备库存，并准确预测未来的需求趋势。

库存管理：亚马逊采用了先进的库存管理系统，能够实时跟踪库存水平，并及时补充货源。这有助于减少缺货现象，并确保快速配送。

配送优化：亚马逊的配送网络非常发达，包括自有配送中心、第三方卖家网络、配送合作伙伴以及"最后一公里配送服务"等。通过优化配送路线和选择合适的配送方式，可以最大限度地提高效率和降低成本。

持续改进：亚马逊始终致力于提高物流和供应链管理的效率。他们不断收集和分析数据，了解哪些策略有效，哪些策略需要改进。这有助于推动物流管理的策略持续改进和创新。

# 第7章
# 电子商务支付与安全

**学习目标**
1. 了解电子商务的安全威胁,电子商务支付的安全问题与原因。
2. 掌握电子商务支付系统及其支付工具。
3. 了解第三方支付和移动支付的主要内容。
4. 掌握电子商务安全与加密技术。
5. 了解电子商务支付与安全协议。

思维导图

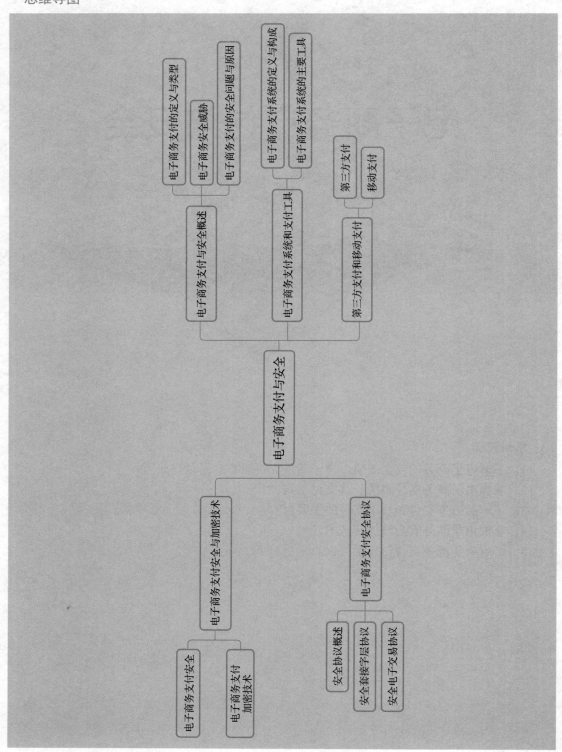

引例

**电子商务支付的隐藏风险**

李女士在某电子商务平台购买了一件家用电器，付款后却接到"商家"来电，称该型号电器已售罄，要给李女士做退款处理。因"商家"知晓李女士的手机号，并且完整地说出了李女士的姓名和所购商品，李女士并未产生怀疑。她根据"商家"的指示点击了从客服对话框发来的退款链接，输入了自己的姓名、身份证号和支付账号等信息。然而，操作完毕后，李女士收到的却并不是退款，而是数条消费通知，李女士顿时慌了神，经人提醒后才发现自己被骗了！李女士赶紧拨打支付工具的客服电话冻结了自己的支付账号。这个事件说明消费者在享受电子商务支付便捷性的同时，也被无现金交易隐藏的风险所围绕。

（资料来源：网络资料整理。）

## 7.1 电子商务支付与安全概述

电子商务的显著特点是增加贸易机会，降低贸易成本，简化贸易流程，提高贸易效率。在交易过程中，消费者、商家、企业、中间机构和银行等需要通过互联网进行资金的流转，这就需要通过网络支付或电子支付的手段来实现。电子商务活动必然涉及支付问题，而安全有效的支付是电子商务的重要环节和有力保障。因此电子商务支付安全对整个电子商务的运作起着至关重要的作用。

### 7.1.1 电子商务支付的定义与类型

**1. 电子商务支付的定义**

所谓电子商务支付是指从事电子商务交易的当事人，包括消费者、厂商和金融机构，通过信息网络，使用安全的信息传输手段，采用数字化方式进行的货币支付或资金流转。广义的电子商务支付是发生在消费者和销售者之间的金融交换，这一交换方式往往借助银行或其他机构支持的某种电子金融工具完成，如电子现金、电子支票和电子银行卡等。从20世纪90年代以来，随着互联网在全球的普及和应用，一些电子商务支付结算方式逐渐采用费用更低、应用更为方便的公用计算机网络，特别是将互联网作为运行平台，网上支付就应运而生了。本书所讲的电子商务支付，主要是指网上支付。据统计，截至2024年6月，我国网络支付用户规模达9.69亿人，较2023年12月增长了1 498万人，占网民整体的88.1%。

电子商务支付和传统支付的比较，如表7.1所示。

表 7.1 电子商务支付和传统支付的比较

| 比较项 | 电子商务支付 | 传统支付 |
| --- | --- | --- |
| 信息传输 | 数字流转，数字化方式 | 物理实体的流转 |
| 工作环境 | 开放的系统平台 | 较为封闭的系统 |
| 通信手段 | 互联网等先进手段 | 传统的通信媒介 |
| 时空局限性 | 跨时空，实现 7×24 小时处理 | 受时空限制 |
| 效率和成本 | 效率高，维护、交易、资金流转成本低 | 效率低、成本高 |

2. 电子商务支付的类型

电子商务支付的应用极为广泛，支付方式也不断创新。根据发起支付指令的电子终端不同，电子商务支付可以分为网上支付、电话支付、移动支付、销售点终端交易、自动柜员机交易和其他电子支付等类型。其中，使用最为广泛的是网上支付和移动支付。

网上支付是指通过互联网进行货币支付、现金流转、资金清算等行为，通常仍须以银行为中介。在典型的网上支付模式中，银行建立支付网关和网上支付系统，为客户提供网上支付服务。网上支付指令在银行后台处理，并通过传统支付系统完成跨行交易的清算与结算。与传统支付方式相比，在网上支付的过程中，客户成了支付系统的主动参与者。

移动支付是指依托移动互联网或专用网络，通过移动终端（通常是手机）实现收付款人之间货币资金转移的支付服务，包括但不限于近场支付（通过具有近距离无线通信技术的移动终端实现本地化通信进行货币资金的转移）和远程支付（通过移动网络与后台支付系统建立连接，尤其是利用网银、第三方支付平台等互联网支付工具，实现各种转账、消费等）等业务。

2010 年，中国人民银行网上支付跨行清算系统建成并运行，可以处理网银贷记业务（付款人通过付款行向收款行主动发起的付款业务）、网银借记业务（收款人根据事先签订的协议，通过收款行向付款行发起的收款业务）、第三方贷记业务（第三方机构接受付款人或收款人委托，通过网上支付跨行清算系统通知付款行向收款行付款的业务）以及跨行账户信息查询等业务，是我国金融信息化、电子化进程中的一个重要里程碑。该系统的运行有利于中央银行更好地履行职能，进一步提高网上支付等新兴电子支付业务跨行清算的处理效率，支持并促进电子商务的快速发展。

## 7.1.2 电子商务安全威胁

电子商务的发展给人们的工作和生活带来了新的尝试和便利，也为社会带来了无限商机。但是，许多商业机构对是否进入电子商务领域仍持观望态度，主要原因是对网上运作的安全问题存有疑虑。中国银联发布的《2023 年移动支付安全大调查报告》显示，2023 年的支付安全意识指数为 81.9 分，较去年提升 2.8 分，反映出被访者的支付安全意识得到提升。而遭受过电诈损失用户的支付安全意识仅为 64.8 分，显著低于总体平均水平，这些数据表明提升支付安全意识能有效避免财产损失。

木马病毒的泛滥、人们防范意识的不足，使电子商务的安全性，尤其是电子商务支付的安全性，越来越成为人们关注的热点。电子商务的交易安全就是对交易中涉及的各种数据的可靠性、完整性和可用性进行保护。做到传输的安全性、数据的完整性、交易各方的身份认证和交易的不可否认性，才能确保电子商务的安全。

电子商务安全可以分为信息传输与访问过程的安全，电子商务系统的安全，以及网上支付安全、移动商务安全、移动支付安全、电子商务身份认证安全、计算机及其网络的安全。

在电子商务中普遍存在以下几种安全威胁。

（1）信息的截获和窃取。如果没有采取加密措施或加密强度不够，攻击者可能通过安装截收装置或者截获数据等方式，获取机密信息；或通过对信息流量和流向、通信频度和长度等参数的分析，找出有用信息，如消费者的银行账号、密码及企业的商业机密等。

（2）信息的篡改。当攻击者熟悉了网络信息格式后，通过各种技术方法和手段对网络传输的信息进行中途修改，并发往目的地，从而破坏信息的完整性。这种破坏手段包括篡改、删除或插入信息。

（3）信息假冒。当攻击者掌握了网络信息数据规律或解密了商务信息后，可能会通过假冒合法用户或发送虚假信息等方式来欺骗其他用户，如伪造电子邮件或假冒他人身份。

（4）恶意破坏。攻击者可以接入网络，可能对网络中的信息进行修改，掌握网上的机要信息。

（5）交易否认。交易否认是指在由收发双方组成的系统中，任何一方否认或抵赖自己曾经做过的操作。

此外，各种外界的物理性干扰，如通信线路质量较差、地理位置复杂和自然灾害等，都可能影响数据的真实性和完整性。

《第52次中国互联网络发展状况统计报告》显示，62.4%的网民表示2023年上半年在上网过程中未遭遇过网络安全问题，这一数字较2022年12月的65.9%下降了3.5个百分点。此外，遭遇个人信息泄露的网民比例最高，为23.2%；遭遇网络诈骗的网民比例为20%；遭遇设备中病毒或木马的网民比例为7.0%；遭遇账号或密码被盗的网民比例为5.2%。从表7.2的数据中可以看出，网络诈骗与个人信息泄露是网络安全问题的重灾区。

表7.2 近几年网络安全问题数据统计

| 统计年月 | 未遭遇网络安全问题 | 账号或密码被盗 | 设备中毒或木马 | 网络诈骗 | 个人信息泄露 |
|---|---|---|---|---|---|
| 2023.6 | 62.4% | 5.2% | 7% | 20% | 23.2% |
| 2022.12 | 65.9% | 5.6% | 9.0% | 16.4% | 19.6% |
| 2021.12 | 62% | 6.6% | 9.1% | 16.6% | 22.1% |
| 2020.12 | 61.7% | 8.2% | 10.8% | 16.5% | 21.9% |

### 7.1.3 电子商务支付的安全问题与原因

电子商务支付安全直接关系着消费者的财产安全，是电子商务经营规范中的重要一环，因此电子商务支付的安全性尤为重要。在网络安全问题日益突出的背景下，网络金融服务也面临着诸多安全威胁，包括数据泄露、网络诈骗、恶意软件攻击等。这些威胁对电子商务支付的有效性、真实性、保密性、完整性和不可否认性等形成了巨大冲击。在历年的中国互联网络发展状况统计调查中发现，网络诈骗和个人信息泄露在网络安全问题中的比例居高不下，甚至逐年上升，而网络购物诈骗又占网络诈骗的三成左右。2022 年，全国公安机关破获电信网络诈骗犯罪案件 46.4 万起，工业和信息化部累计拦截诈骗电话 21 亿次、短信 24.2 亿条，处置涉案域名网址 266 万个；中央网信办封堵境外涉诈网址 79.9 万个、IP 地址 3.8 万个……这些数据表明，针对电子商务支付的违法犯罪案件层出不穷，犯罪手法不断翻新，安全问题日益困扰着电子商务支付领域。

电子商务支付面临的安全问题主要表现形式如下。

（1）计算机病毒。计算机病毒是被插入计算机程序的破坏计算机功能或者数据、影响计算机使用并且能够自我复制的一组计算机指令或者程序代码。计算机中病毒后，可能导致正常的程序无法运行，计算机内的文件也会受到不同程度的损坏，通常表现为增、删、改、移。中病毒的计算机很可能无法正常完成电子商务活动或无法进行正常的电子商务支付。

（2）黑客攻击。利用计算机的安全漏洞，入侵计算机系统的行为被称为黑客攻击。黑客以侵入他人计算机系统、盗窃系统保密信息、破坏目标系统的数据为目的。在利益驱使下，入侵者在网上获取用户信息，将账单转嫁到目标主机上，或设立钓鱼网站，对用户进行诈骗。

电子商务支付安全问题产生的主要原因如下。

（1）技术水平不足。由于受到计算机和网络科学技术水平的限制，系统的安全漏洞还无法彻底消除，电子商务支付系统的软件、硬件和协议等存在安全漏洞，很容易被不法分子"攻陷"。电子商务支付依赖现代化的电子信息传递和电子处理系统，一旦通信或系统出现故障，极易导致整个电子商务支付业务的瘫痪。

（2）安全意识不足。在国内，互联网用户账号、密码等信息被盗的现象频繁发生，有部分原因是单位或个人安全意识不强或防范手段有疏漏，导致账号、密码等通过网络泄密，造成财产损失。

（3）法律因素。病毒软件也是一种计算机程序，每个环节都不违法，但如果将其应用于窃取账号等行为时，就危害了网络安全，构成违法，且很难查处。而现有的法律规范对网络安全犯罪又缺乏具体的司法解释，缺少具体定罪量刑的标准。例如，虚拟资产在现实中难以认定价值，定盗窃罪没有依据。受害者有权利提起民事诉讼请求，但在操作上有困难，包括收集证据、赔偿的标准和计算方法，目前在立法上缺少统一的规定。

（4）安全管理滞后。由于我国电子商务支付方面的法律相对滞后，对电子商务支付市场（尤其是非金融机构）监管不够，目前商业银行和非金融机构的支付产品质量参差不齐，机构安全防护措施不到位，用户的交易安全和个人信息安全存在很大的风险。

（5）信用体系不健全。我国的信用机制建设启动较晚。2002年，上海资信有限公司运营的个人信用联合征信服务系统投入使用，中国第一个"个人信用档案数据中心"诞生。随后，其他信用建设项目陆续开始启动。目前我国的个人信用体系分为两类，中国人民银行征信和第三方征信。中国人民银行征信是目前最权威的个人信用系统，可查询个人征信报告；第三方征信包含的平台很多，如大家常见的芝麻信用、微信支付分、各平台的信用分等都属于此类。但实际上目前唯一具有第三方个人征信牌照的机构是百行征信，包括芝麻信用和腾讯信用在内的八家征信机构都是它的股东。即便如此，我国的信用评价体系仍然不足，美国建立完善的信用体系足足用了100年的时间。我国个人征信体系不完善主要是由于缺乏全面、准确的信息采集机制，法律法规不完善，征信机构缺乏独立性和公信力，以及个人征信意识不强等综合因素造成的。在电子商务支付环节，如果没有足够的诚信体系作保证，交易成本反而增加。尽快建立健全的社会信用评价体系是解决我国电子商务支付信用问题的当务之急。

## 7.2　电子商务支付系统和支付工具

### 7.2.1　电子商务支付系统的定义与构成

电子商务支付是指消费者、商家和金融机构之间使用安全的电子手段交换商品或服务，通过电子现金、信用卡、借记卡、智能卡等新型支付手段，将支付信息通过网络安全传送到银行或相应的处理机构的过程。电子商务支付系统是电子商务系统的重要组成部分，是融购物流程、支付工具、安全技术、认证体系、信用体系及金融体系于一体的综合系统。

电子商务支付系统的基本构成，如图7.1所示。

图7.1　电子商务支付系统的基本构成

（1）客户。

客户是指与某商家有交易关系并存在未清偿的债权债务关系（一般是债务）的一方。客户用自己拥有的支付工具（如信用卡、电子钱包等）来发起支付，是支付体系运作的原因和起点。

（2）商家。

商家是指拥有债权的商品交易的另一方，可以根据客户发起的支付指令向金融体系请求货币给付。商家一般准备了优良的服务器来处理这一过程，包括对认证及不同支付工具的处理。

（3）客户开户银行。

客户开户银行是指客户在其中拥有账户的银行。客户拥有的支付工具就是由开户银行提供的，客户开户银行在提供支付工具的同时，也提供了一种银行信用，即保证支付工具的兑付。在卡基支付体系中，客户开户银行又称发卡银行。

（4）商家开户银行。

商家开户银行指商家在其中开设账户的银行，其账户是整个支付过程中资金流向的地方。商家将客户的支付指令提交给开户银行后，由开户银行进行请求支付授权，以及银行与银行之间清算等工作。商家开户银行是依据商家提供的合法账单（客户的支付指令）来工作的，因此又称收单行。

（5）支付网关。

支付网关是公用网和金融专用网之间的接口，支付信息必须通过支付网关才能进入银行支付系统，进而完成支付授权和获取。支付网关的建设关系着支付结算的安全及银行自身的安全，关系着电子商务支付结算的安排及金融系统的风险。电子商务交易中同时传输了两种信息：交易信息和支付信息，支付系统必须保证这两种信息在传输过程中不被无关的第三者阅读，包括商家不能看到其中的支付信息，银行不能看到其中的交易信息。这就要求支付网关必须由商家以外的银行或其委托的卡组织来建设，同时网关不能分析交易信息，只是对支付信息起到保护与传输的作用。

（6）金融专用网。

金融专用网是银行内部及银行间进行通信的网络，具有较高的安全性。例如，中国人民银行电子联行系统、银行卡授权系统等。

（7）证书认证机构。

证书认证机构负责为参与商务活动的各方（包括客户、商家与支付网关）发放数字证书，以确认各方的身份，保证电子商务支付的安全性。证书认证机构必须确认参与者的资信状况（如在银行的账户状况、与银行交往的信用历史记录等），因此，认证过程也离不开银行的参与。

### 案例 7-1

## 华为与中国移动联手打造金融专网一体化服务

2023 年 6 月 15 日，中国移动在浙江举行以"云网强基 享数智金融新未来"为主题的数智金融大会，华为作为中国移动的战略合作伙伴，积极配合中国移动打造创新方案服务金融客户。华为运营商 Marketing 与解决方案销售部副总裁张毓芬发表"金融专网助力打造新型数字基础设施"的主题演讲，分享华为"专线+X"解决方案，通过新连接、新应用、新商业方案创新，携手中国移动面向金融客户打造标准的一体化服务。华为联合中国移动创新打造 SPN+5G 固移融合专线，可实现故障感知毫秒级自动切换，确保金融生产网业务永不中断。未来，华为将与中国移动持续为金融行业客户提供更广的网络覆盖，让算力触手可及；提供更高的网络可靠性，让算力服务永不中断。

## 7.2.2 电子商务支付系统的主要工具

除以上各方外,电子商务支付系统的构成还包括支付工具及相应的支付协议,它是参与各方与支付工具、支付协议的结合。目前,经常被提及的电子商务支付工具有银行卡、电子货币、网络货币等。除此以外,人们还常将网上银行看作一种电子商务支付方式。网上银行又称网络银行、在线银行。银行利用电子数据交换(Electronic Data Interchange,EDI)技术,通过在互联网上建立网站,向客户提供金融服务。

### 1. 电子货币

用一定金额的现金或存款从发行者处兑换并获得代表相同金额的数据,通过使用某些电子化方法将该数据直接转移给支付对象,从而清偿债务,这种电子数据被称为电子货币。电子货币以互联网为基础,以计算机技术和通信技术为手段,以电子数据形式存储在计算机系统中,并通过计算机网络系统进行传递,实现流通和支付功能。

### 2. 银行卡

银行卡是经批准由商业银行(含邮政金融机构)向社会发行的具有消费信用、转账结算、存取现金等全部或部分功能的信用支付工具。持卡人可凭在发卡机构指定的商户购物和消费,也可以在指定的银行机构存取现金。银行卡按是否给予持卡人授信度分为信用卡和借记卡。信用卡可以透支,而借记卡不具备透支功能。

### 3. 网络货币

网络货币是以互联网为基础,以计算机技术和通信技术为手段,以电子数据(二进制数据)形式存储在计算机系统中,并通过网络系统以电子信息传送形式实现流通和支付功能的货币。网络货币包括信用卡型网络货币、电子现金、数字货币、电子支票和电子钱包等。

在网上交易中,消费者发出的支付指令在由商户送到支付网关之前,是在公用网上传送的。保障公用网上支付信息的流动规则及其安全保护是支付协议的责任。一般一种协议针对某种支付工具,对交易中的购物流程、支付步骤、支付信息的加密、认证等方面做出规定,以保证在复杂的公用网中的交易双方能快速、有效、安全地实现支付与结算。

## 7.3 第三方支付和移动支付

传统的支付方式往往是简单的即时性直接付转,一步支付,而在虚拟的电子商务无形市场中,交易双方互不认识,不知底细,因此,支付问题一度成为电子商务发展的瓶颈之一。卖家不愿先发货而承受可能收不回货款的风险,买家也不愿先支付货款而承受拿不到商品或商品货不对版的风险。博弈的结果是双方都不愿意冒险,网上购物无法进行。为满足同步网上商品交换的市场需求，还为了确保买卖双方交易的安全，第三方支付平台应运而生。

### 案例 7-2

#### 机上"双离线支付"，航空互联网场景新玩法

2020 年 1 月，长龙航空与阿里云共同研发的"双离线支付"技术上线，长龙航空也因此成为国内首家实现"双离线支付"技术上线的航空公司。该功能上线后，在长龙航空的航班上，旅客只需挑选好商品，扫描乘务员手中的二维码下单，然后乘务员扫描旅客成功付款凭证二维码，即可完成交易。旅客通过智能手机，即使在万米高空无法联网的客舱中，依然能像在地面一样，完成无现金交易。

这个"双离线"的支付场景实际上是一个先享后付的过程，在特定场景下支付宝根据风控环境和信用等级给予一定可信额度用于离线支付，然后通过扫码进入特定界面进行下单并生成特定付款码，乘务员使用专门设备扫描该付款码完成付款。尽管交易双方完成了交互，但是实际上支付信息仅存在于两个设备应用之中，数据并未上传至服务器，需要延迟联网清算。航空场景的"双离线支付"对于部分有消费需求又没有携带足够现金的用户提供了更多选择，同时也提高了工作人员的收款与对账效率。

（资料来源：https://m.thepaper.cn/baijiahao_10581272.(2020-12-30)[2024-12-04].）

### 7.3.1  第三方支付

维基百科给出第三方支付的解释是：由第三方支付平台居中于买卖家之间进行收付款作业的交易方式。第三方支付平台是买卖双方在缺乏信用保障或法律支持的情况下资金支付的"中间平台"，买方将货款付给买卖双方之外的第三方支付平台，第三方支付平台提供安全交易服务。其运作实质是在收款人和付款人之间设立中间过渡账户，使汇转款项实现可控性停顿，只有双方意见达成一致才能决定资金的去向。第三方支付平台承担中介保管及监督的职能，并不承担风险。所以，确切地说，这是一种支付托管行为，通过支付托管实现支付保证。

第三方支付平台主要分为两大类。

（1）以支付宝、微信支付为首的互联网型支付企业，他们以在线支付为主，捆绑大型电子商务网站。

（2）以银联云闪付、快钱、汇付天下为首的金融型支付企业，侧重行业需求和开拓行业应用。

在市场占有率方面，第一梯队的支付宝、财付通（微信支付）分别占据了 55.4%和 38.8%的市场份额，第二梯队的支付企业在各自的细分领域发力。第三方支付平台与各个主要银行之间签订有关协议，使第三方支付平台与银行可以进行某种形式的数据交换和相关信息确认。这样，第三方支付平台就能在持卡人或消费者与各个银行以及最终的收款人或商家之间建立一个支付流程。根据中国人民银行官网发布的名单，自 2011 年中国人民银行开始为支付企业颁发牌照以来，已获得《支付业务许可证》的机构达 237 家。

表 7.3 列举了四家第三方支付平台，并在支付方式、服务对象、业务范围、优势方面作了对比。

表 7.3 第三方支付平台的对比

| 名称 | 创立机构/人 | 支付方式 | 服务对象 | 业务范围 | 优势 |
|---|---|---|---|---|---|
| 银联在线 | 中国银联+商业银行 | 认证支付<br>快捷支付<br>小额支付<br>网银支付 | 银联在线商城会员 | 境内外网上购物、水电气缴费、商旅预订、转账还款、基金申购、慈善捐款以及企业代收付等 | 发卡银行接入方式灵活；<br>受理银行数量广泛；<br>支付模式多样；<br>支付功能丰富；<br>适用卡种全面；<br>业务模式多方共赢 |
| 支付宝（Alipay） | 阿里巴巴集团 | 扫码支付<br>刷脸支付<br>转账支付<br>快捷支付<br>声波支付<br>…… | 商家、合作伙伴 | 网上购物、航旅机票、生活服务、理财、公益等 | 中国互联网商家首选的网上支付方案之一；<br>商家在享受服务同时拥有潜力消费市场；<br>金融机构在电子商务支付领域最信任的合作伙伴之一 |
| 首信易（PayEase） | 北京市政府+人民银行+信息产业部+国家国内贸易局等 | 扫码支付<br>快捷支付<br>银行卡支付 | 大中型企事业单位、政府机关、社会团体 | B2C、B2B、G2C等在线支付 | 跨银行、跨地域广泛应用于电子商务和电子政务领域 |
| PayPal | Peter Thiel<br>Max Levchin | 直连<br>密钥<br>Invoice<br>邮箱 | 消费者、商家 | 全球化支付服务 | 保护敏感金融数据安全性；<br>方便的付款方式；<br>支持个人之间转账 |

第三方支付能取得如此大的市场规模，其核心价值主要有以下三点。

① 对接简单快捷：仅对接第三方支付平台，由第三方支付平台负责和各大银行对接，节省客户的时间。

② 支付体验好：网银支付和银行自建的支付体系体验较差、流程长、交付复杂，而第三方产品一般在交易流程上非常清晰和简洁，用户体验极佳。

③ 提升电商效率：第三方支付解决了电商交易的信誉问题，消除了买卖双方的交易顾虑，能够让交易提效。

## 7.3.2 移动支付

2023年2月17日，中国银联发布《2022年移动支付安全大调查研究报告》。参与调研的有近10万名受访者，他们的平均消费总支出中由移动支付完成的消费金额所占比例已经达到86.1%，77.5%的手机用户每天都会使用移动支付。

移动支付是指交易双方通过移动设备，采用无线上网方式对购买的产品进行结算支付。移动支付使用的移动终端通常是手机、智能手表、平板电脑和个人计算机。我们所指的移动支付主要表现形式是手机支付。移动支付是第三方支付的衍生品。

单位或个人通过移动设备、互联网或者近距离传感设备，直接或间接向银行金融机构发送支付指令，产生货币支付与资金转移行为，从而实现移动支付功能。移动支付将终端设备、互联网、应用提供商及金融机构相融合，为用户提供货币支付、缴费等金融服务。

移动支付的特征主要体现为以下几个方面。

（1）时空限制小。

互联网时代下的移动支付打破了传统支付对于时空的限制，使用户可以随时随地进行支付活动。传统支付以现金支付为主，需要用户与商户面对面完成支付，因此，对支付时间和地点都有很大的限制；移动支付以手机支付为主，用户可以用手机随时随地进行支付，不受时间和空间的限制。

（2）方便管理。

用户可以随时随地通过手机进行各种支付活动，并对个人账户进行查询、转账、缴费、充值等功能的管理，用户也可随时了解自己的消费信息。这给用户的生活带来了极大的便利，也更方便用户对个人账户的管理。

（3）隐私度较高。

移动支付需要用户将银行卡与手机绑定，进行支付活动时，要输入支付密码或使用指纹，且支付密码一般不同于银行卡密码，这使得移动支付较好地保护了用户的隐私。因此，移动支付的隐私度较高。

（4）综合度较高。

移动支付有较高的综合度，其为用户提供了多种不同类型服务。例如：用户可以通过手机缴纳家里的水、电、燃气费，可以通过手机进行个人账户管理，可以通过手机进行网上购物等各类支付活动。

按照不同的分类标准，移动支付主要包括以下三种分类方式。

（1）根据支付金额的大小，移动支付可以分为小额支付和大额支付。

小额支付是指运营商与银行合作，建立预存费用的账户，用户通过移动通信的平台发出划账指令代缴费用。大额支付是指把用户银行账户和手机号码进行绑定，用户通过多种方式对与手机捆绑的银行卡进行交易操作。

（2）根据支付时支付方与受付方是否在同一现场，移动支付可以分为近场支付和远程支付。

近场支付也称现场支付或近距离无线通信（Near Field Communication，NFC）支付。NFC技术是一种非接触式识别和互联技术。远程支付也称线上支付，它是指利用移动终端通过移动通信网络接入支付后台系统，完成支付行为的支付方式。如通过手机购买铃声就是远程支付，而通过手机在自动售货机上购买饮料则是现场支付。

（3）根据支付实现方式和技术手段的不同，移动支付可以分为两种：一种是通过短信、WAP等远程控制完成支付；另一种是通过RFID、NFC、蓝牙等近距离通信技术完成支付。

移动支付业务是由移动运营商、移动应用服务提供商和金融机构共同推出的、构建在移动运营支撑系统上的一个移动数据增值业务。移动支付系统将为每个移动用户建立一个与其手机号码关联的支付账户，其功能相当于电子钱包，为移动用户提供了一个通过手机进行交易支付和身份认证的途径。用户通过拨打电话、发送短信或者使用WAP功能接入移动支付系统，移动支付系统将交易的要求传送给移动应用服务提供商，由其确定交易的金额，并通过移动支付系统通知用户。在用户确认后，付费可通过多种途径实现，如直接转入银行、用户电话账单或者实时在专用预付账户上借记，这些都将由移动支付系统来完成。

## 7.4 电子商务支付安全与加密技术

### 7.4.1 电子商务支付安全

在日常的网络购物过程中，支付是必不可少的一个环节。而网络购物支付行为完成后，消费者容易疏忽如何保管自己的信息，如何预防网上支付平台工作流程的漏洞等问题，因此提高自身安全意识成为当务之急。

**1. 电子商务支付中的安全问题**

电子商务支付对安全性的要求分为以下四个方面。

（1）支付信息的保密性。

支付信息的保密性是指在交易过程中，支付信息在传输或存储中不被他人窃取。电子商务支付系统必须保证信息在商户、消费者、银行、认证机构等几个对象之间存储、传递的过程中不会泄露，不被非法人员利用。在支付过程中，用户关键信息的保密性是账户安全与否的重点。在开放的网络环境中进行支付，不仅需要通过支付网关，还需要支付平台提供一系列措施来保证交易信息的私密性。在登记用户信息时，应对用户信息中的密码、密码问题和答案采用加密存储的方式，以保证交易信息的安全性。另外，用户自身也需提高警惕，避免在无意中泄露关键信息，给他人造成可乘之机。

（2）支付信息的完整性。

信息的完整性包括信息存储和信息传输两方面的完整性。信息在存储时，要防止被非法篡改和破坏；在传输过程中，接收方收到的信息与发送方发送的信息完全一致，说明在传输过程中信息没有遭到破坏。

在电子商务支付过程中，面对具备特定知识和工具的攻击者，数据信息很可能被篡改，因此必须预防对信息的随意生成和修改，同时要防止数据信息在传输过程中丢失和重复输入，并保证信息传送次序的统一。

（3）交易信息的不可否认性。

信息的不可否认性是指信息发送方和接收方不能否认自己曾经发出或接收过信息。在传统的支付过程中，交易双方主要通过盖章和签名来预防否认行为。在网络环境中，交易发生时，主要依靠电子签名及收发信息的确认回复来预防否认行为。《中华人民共和国电子签名法》（以下简称电子签名法）于 2005 年 4 月 1 日起施行，该法明确了电子签名的法律效力和有效范围，可以防止接收方更改原始记录，或者否认已收到的数据。

电子签名法解读：
保障交易安全，
助力数字化转型

（4）交易双方身份的真实性。

交易双方身份的真实性是指交易双方的身份是真实存在的，不是假冒的。网络的虚拟性决定了交易双方面对面进行交易的可能性很低,双方距离远,且互不认识。因此,在开放的互联网环境下,交易双方必须能够互相确认身份,才能保证交易的顺利进行。

网上支付系统,如网上银行系统或第三方支付系统,要考虑客户端用户是不是假冒用户,客户端用户也要识别使用的网上银行系统是自己要访问的真实平台,还是"钓鱼"网站,所以客户端用户和网上支付系统相互间的身份认证成为电子商务支付中很重要的一环。

2. 网络攻击

近年来,网络攻击事件频发,互联网上的木马、蠕虫、勒索软件层出不穷,这对网络安全形成了严重的威胁。互联网的公开性,让网络攻击者的攻击成本大大降低。网络攻击是指针对计算机信息系统、基础设施、计算机网络或个人计算机设备的任何类型的进攻动作。对于计算机和计算机网络来说,破坏、揭露、修改、使软件或服务失去功能、在没有得到授权的情况下窃取或访问任何一台计算机的数据,都会被视为对计算机和计算机网络的攻击。

目前常见的网络攻击的方法有:口令入侵、特洛伊木马、WWW欺骗、电子邮件、节点攻击、网络监听、黑客软件等;网络攻击的常见技术包括:系统漏洞、计算机木马、嗅探器(网络监听)、物理介质(如公用U盘等储存介质)。随着移动支付的飞速发展,移动支付或将成为网络攻击的新目标。我们要提高警惕,及时了解目前的安全风险和安全威胁,以及防范的方法;通过了解网络攻击的类型、层次、攻击方法、攻击的常用技术、攻击步骤等,有的放矢地提升防范能力。

从对信息的破坏性来看,网络攻击的类型可以分为主动攻击和被动攻击。

(1)主动攻击。

主动攻击会导致某些数据流的篡改和虚假数据流的产生。这类攻击包括篡改信息、伪造和拒绝服务。

① 篡改消息是指一个合法消息的某些部分被改变、删除,消息被延迟或改变顺序,通常用以产生一个未授权的效果。如修改传输消息中的数据,将"允许甲执行操作"改为"允许乙执行操作"。

② 伪造是指某个实体(人或系统)发出含有其他实体身份信息的数据信息,即假扮成其他实体,以欺骗方式获取一些合法用户的权利和特权。

③ 拒绝服务即拒绝服务攻击(Denial of Service,DoS),是指通过向服务器发送大量垃圾信息或干扰信息的方式,导致服务器无法向正常用户提供服务。这种攻击也可能有一个特定的目标,如到某一特定目的地(如安全审计服务)的所有数据包都被阻止。

(2)被动攻击。

被动攻击指的是攻击者通过监听网络通信来获取信息的行动,这种攻击不对数据信息做任何修改,通常不会对目标系统造成明显损害,但是可能会收集大量敏感的信息,给目标带来严重的信息泄露风险。被动攻击通常包括窃听、流量分析、破解弱加密的数据流等方式。

① 流量分析。流量分析攻击方式适用于一些特殊场合,例如,敏感信息都是保密的,

攻击者虽然从截获的消息中无法得到消息的真实内容，但能通过观察这些数据的模式来确定通信双方的位置、通信的频次及消息的长度，从而获知相关的敏感信息。

② 窃听。窃听是网络攻击中最常见的手段。应用最广泛的局域网上的数据传送是基于广播方式进行的，一台主机有可能收到子网上传送的所有信息，如果没有采取加密措施，通过协议分析，可以完全掌握通信的全部内容。窃听者还可以用无线截获的方式得到信息，通过高灵敏接收装置接收网络站点辐射的电磁波或网络连接设备辐射的电磁波，然后对电磁信号进行分析，恢复原数据信号从而获得网络信息。尽管有时数据信息不能通过电磁信号全部恢复，但可能得到极有价值的情报。

3. 交易环境的安全性

网络交易的环境安全是关系到客户、商家和银行三方利益的重要因素。如何建立和完善网上支付环境，如何提升客户安全体验感，是电子商务发展必须考虑的问题。

网络交易环境的安全性包括以下几个方面。

（1）客户机的安全性。

客户机面临的安全威胁主要来自欺骗和盗用，病毒和木马威胁着网上银行和用户账户安全和支付过程的安全。最常见的客户机安全威胁是不法入侵者利用病毒和木马盗窃资料，其中木马病毒如"网银大盗""网银窃贼"等。虽然网银或第三方支付机构提供了一些技术手段来增强客户支付的安全性，但其通常是防范已知的危险行为，不法入侵者可能并不需要破解这些防护手段，而是通过别的漏洞绕过防护。例如，利用"钓鱼"的假名网站欺骗客户和劫持客户机。

（2）通信信道的安全性。

通信信道是数据传输的通路，在计算机网络中分为物理信道和逻辑信道。物理信道是指用于传输数据信号的物理通路，它由传输介质和有关通信设备组成；逻辑信道是指在物理信道的基础上，发送与接收数据信号的双方通过中间节点形成的逻辑通路。

通信信道被侵入，后果不堪设想。建立通信信道的安全体系可以从以下几个方面入手：确保机房环境安全；加强硬件防护措施，防止设备被盗、被毁；采用专用的通信线路进行交互信息的传输；选用没有电磁泄漏的光缆传输，提高安全保密性能。

（3）服务器的安全性。

服务器是网络环境中为客户机提供各种服务的、特殊的计算机系统，在网络中具有非常重要的地位，它的安全性显得尤为重要。网络服务器上的漏洞主要有以下几个方面。

① 网络服务器因各种原因而不能返回客户要访问的秘密文件、目录或重要数据。

② 远程用户向服务器发送信息时，特别是信用卡信息，中途遭不法分子非法拦截。

③ 网络服务器本身存在一些漏洞，使不法分子能侵入主机系统，破坏一些重要的数据，甚至造成系统瘫痪。

④ 通用网关接口（Common Gateway Interface，CGI）安全方面的漏洞，如暴露不该暴露的信息，执行不该执行的命令。

（4）网上银行和手机银行的安全性。

从网上支付流程中可知，整个支付系统的安全包括银行系统安全、第三方支付机构系统安全、客户（收款人、付款人）安全和网络支持系统安全四个方面。绝大多数支付行为都离不开银行系统的支持，因此，网上银行的安全成为网上支付安全的核心。

网上银行的安全风险主要有经营风险、环境风险（如水灾、火灾）、设备风险等。在技术方面，网上银行的安全风险有业务系统安全风险、数据安全风险、操作系统及网络安全风险、网络攻击风险、网站被假冒风险。

如何增强银行系统的安全性呢？综合来说，银行系统、第三方支付系统、网络支持系统的安全措施主要体现在技术方面，包括两层防火墙（保护核心数据库不受攻击）、网络数据传输加密（保证口令、数据和控制信息的安全）、权限控制（内部权限控制和外部网络访问权限控制）、备份与灾难恢复、入侵检测等。通过以上措施，能够保证核心数据库的安全，但灾害、拒绝服务攻击等有可能让服务器中断服务，让与外部紧密联系的访问服务器也被阻断。另外，身份验证也可以降低网上银行的安全风险，因为网上支付时，会涉及网络和前台客户端，而客户端很容易产生漏洞，所以银行系统要不断完善自身的安全机制。

对于手机银行而言，随着移动互联网技术的发展，传统银行"物理网点+电子银行"的业务模式正在向"柜台—鼠标—拇指"的新模式演变。手机银行作为一种结合货币电子化与移动通信的崭新服务，不仅可以使人们在任何时间、任何地点处理多种金融业务，而且极大地丰富了银行服务的内涵，使银行能以便利、高效而又较为安全的方式，为客户提供传统的和创新的服务。但同时，客户仍要有足够的安全意识，确保在银行官方网站下载手机银行App，并给手机安装杀毒软件，防止木马入侵，谨慎开通免密支付或其他便捷服务，以免带来不必要的损失。

4. 网络安全防范

电子商务支付系统是否安全是消费者能否放心网购的重要因素。无论是计算机端还是移动端，消费者都需要一个值得信赖的网络安全环境。因此，如何构建安全网络是一个非常重要的课题。构筑网络安全体系，主要从两方面入手：一是采用一定的技术；二是不断改进管理方法。从技术角度看，目前常用的安全手段有内外网隔离技术、加密技术、身份认证、访问控制、安全路由等，这些技术对防止非法入侵系统起到了一定的防御作用。防火墙作为一种将内外网隔离的技术，普遍应用于校园网、电子商务网站等的安全建设中。从管理方法的角度看，组织的管理意识及管理策略决定了网络安全体系的强度。

网络安全规划是在电子商务支付系统中为安全管理和保护敏感信息资源而采取的一系列措施的总和。因为网络安全与网络应用是相互制约和相互影响的，网络应用需要安全措施保护，但过于严格的安全措施会影响应用的易用性。因此，在采取网络安全措施之前，必须进行严格的规划。网络安全管理遍布网络的所有分支，包括设备安全、访问安全、服务器安全、客户端安全等。网络安全的具体技术和方案包括：防火墙、病毒的防治与管理、物理安全控制以及移动端安全解决方案。

（1）防火墙。

一种在内部网和公众访问网（如Internet）之间构建一道相对隔绝的保护屏障，以保护用户资料与信息安全性的一种技术，称为防火墙技术。它实际上是一种建立在现代通信网络技术和信息安全技术基础上的应用性安全技术、隔离技术。防火墙是最重要的网络防护设备之一，成为不同安全级别的网络或安全域之间的唯一通道，只有被防火墙明确授权的通信才可以通过。

防火墙的功能体现在以下几个方面。

① 实现安全策略。安全策略对哪些人和哪些行为被允许做出规定。防火墙可以使用两

种基本的安全策略：用规则规定拒绝哪些访问，允许其余没被规定的访问；用规则规定允许哪些访问，拒绝其余没被规定的访问。第二种策略具有较高的安全性。

② 创建一个阻塞点。防火墙是在一个公司私有网络和公共网络间建立一个检查点。这要求所有的流量都通过这个检查点。防火墙设备在该检查点可以监视、过滤和检查所有进出的流量。网络安全行业称这些检查点为阻塞点。

③ 记录网络活动。防火墙能够监视并记录网络活动，并且具有警报功能。根据防火墙记录的数据，管理员可以发现网络中的各种问题。

④ 限制网络暴露。防火墙在网络周围创建了一个保护的边界，并且对公网隐藏了内部系统的一些信息，以增强保密性。当远程节点侦测你的网络时，对方仅能看到防火墙，远程设备并不知道内部网络的布局。

⑤ VPN 网关。虚拟专用网络（Virtual Private Network，VPN）是指在公用网络上建立专用网络的技术。校内网就是利用 VPN 网关与互联网连接的。

（2）病毒的防治与管理。

预防计算机感染病毒，首先要明确病毒都有哪些种类，计算机会产生何种现象，而针对不同类型的病毒，治理的方法也不尽相同。计算机被感染病毒后，通常会有这些现象：死机、黑屏、蓝屏或非法操作；应用软件不能运行；计算机运行速度明显下降；设备被禁用，数据不能保存；在局域网环境下，网络堵塞，服务器不能正常工作。计算机病毒的种类主要有系统病毒、蠕虫病毒、木马或黑客病毒、脚本病毒、宏病毒、后门病毒、病毒种植程序病毒、破坏性程序病毒、玩笑病毒、捆绑机病毒等。

计算机病毒的防治主要遵循两个原则：一是安装一款功能强大的防毒软件；二是养成良好的使用习惯，不浏览不良网站、不随意打开陌生人的邮件、链接等。

（3）物理安全控制。

物理安全面临的风险包括：因为水灾、火灾、地震等环境因素造成的系统安全风险；设备被盗、毁坏等造成的数据丢失风险；报警、治安等措施不力造成的安全风险。相应的安全防范策略就是要保护硬件实体和通信链路免受自然灾害、人为破坏和搭线攻击，确保计算机系统有一个良好的电磁兼容环境，防止他人非法进入计算机控制室和各种偷窃、破坏活动的发生。

（4）移动端安全解决方案。

虽然移动支付的交易规模增长迅猛，但是我国手机支付大多数额较小，安全级别要求较低。从移动支付业务的推广来看，主要面对的还是通信运营商的客户群，而且目前支付业务多数以短信验证的方式接入，安全性较低。面对丰富的移动应用场景，主要存在以下安全隐患。

① 无线通信网络隐患。开放的无线接口使移动设备互联变得更加方便，在这样的环境中，任何适当的移动终端设备都能接入网络，甚至可以侦测、窃取无线信道中传输的消息。

② 信用制度隐患。我国信用体系建设起步晚、基础薄弱，信用系统尚不完善，直接影响和限制移动支付的发展。

③ 法律体系隐患。目前我国只有电子签名法涉及电子金融行业。从立法主体看，电子商务支付领域的大多数法律文件是由中国人民银行和中国银行保险监督管理委员会（简称银保监会）等机构制定的，属于部门规章及规范性文件，法律效力有限。

④ 移动支付信息传递的复杂性带来安全隐患。支付过程融合了通信、金融、互联网等技术，在这一过程中，支付信息需要在不同机构的多个环节进行传递。目前，虽然各参与方在一定程度上已经建立起协作关系，但不同主体采用的技术方案、业务模式、安全控制手段差别很大，消费者对移动支付整个流程的安全防护水平仍缺乏信心。

解决移动端支付安全隐患主要从以下几方面着手。

① 建立健全移动支付法律规范。借鉴国外的移动电子商务相关法律规范，完善现有的关于移动支付方面的法律规范，以适应移动支付发展的需要。

② 营造完善的信用制度。政府和信用服务部门应注重提高人们的诚信观念和意识，建立成熟的信用评价服务体系，加快信用数据库建设，建立合理的信用评价机制，使信用信息更透明、远程交易更放心、监管指标更明确，从而营造良好的信用环境。

③ 网络消费注意防范。由于网络环境复杂，各种诈骗信息充斥其中，消费者应具有一定的防范意识和辨别能力，加强保护在交易过程中涉及的交易信息，尽量选择具有公信力的支付平台。政府部门和相关机构也要有针对性地开展消费者安全教育，加强风险提示，以保护移动支付使用者的合法权益不受侵害。

④ 移动支付产业链参与方多，应建立支付环节中的银行、电信公司、第三方支付平台等主体共同参与的联盟，在统一的安全架构下设计安全支付流程，提升支付终端设备、加密认证、应用程序等软硬件方面的兼容性，完善应对移动支付安全事件的协同处理机制。

## 7.4.2　电子商务支付加密技术

在传输文件、进行电子邮件商务往来等业务过程中存在许多不安全因素，尤其是一些机密文件在网络上传输时，除加密外别无选择。而且，这种不安全性是 TCP/IP 固有的，包括一些基于 TCP/IP 的服务。目前解决上述难题的方案就是加密。

1. 加密的原理

对数据加密的基本过程就是对原来明文的文件或数据按某种算法进行处理，使其成为不可读的一段代码，通常称为"密文"，在输入相应的密钥之后才能显示出本来的内容，以此达到保护数据不被非法窃取的目的。该过程的逆过程称为解密，即将编码信息转化为原始数据的过程。在加密和解密的过程中，两个元素缺一不可，即算法和密钥。简单地说，算法就是加密或解密的过程，在这个过程中需要一串数字，这串数字就是密钥。对于不知道密钥的第三者，是无法破译密文的。

2. 密钥的形式

按密钥的形式可以将密码技术分为两类：私有密钥密码技术和公开密钥密码技术。私有密钥密码技术也称对称加密技术，在这种机制中，发送方和接收方使用的密钥是相同的。公开密钥密码技术也称非对称加密技术，在这种机制中，加密密钥和解密密钥是不同的。私有密钥由发送者持有，必须保密，而公开密钥是对外公开的，接收方可以下载并使用。公开密钥密码最早的算法是 1978 年出现的 RSA（取名来自三位开发者姓氏的首字母）算法，通常被称为 RSA 公开密钥加密算法。RSA 是目前最有影响力的公开密钥加密算法，它能够抵抗目前已知的所有密码攻击手段,已被国际标准化组织推荐为公开密钥数据加密标准。在公开密钥密码机制中,加密密钥(公开密钥)是公开信息,而解密密钥(秘密密钥)是需要保密的。加密算法和解密算法也是公开的。虽然解密密钥是由公开密钥决定的,但不能根据公开密钥计算出来。

RSA 算法

3. 数字认证

数字认证是指使用数字技术对身份、权利、资产等进行认证的过程。在数字化时代,随着数据交换和网络交流的日益普及,数字认证已经成为一种必需的手段,许多重要的业务和服务都依赖于数字认证来保障其安全性和可信度。数字认证通常以数字证书、数字签名等方式实现,它们可以确保数字信息的完整性、保密性和真实性,从而有效地防止信息的篡改和伪造。

(1)数字签名技术。

在利用计算机网络传送报文时,显然不能用传统手签的方法。在计算机系统中,可以利用公开密钥来实现数字签名,从而代替传统签名。

数字签名技术的作用与书面文件签名有相同之处,且能确认以下两点:其一,信息是由签名者发送的;其二,信息从签发到被收到未有任何修改。这样,数字签名就可以用来防止电子信息被伪造、冒用他人名义发送信息,或发出信息后又否认等情况的发生。

哈希算法(Secure Hash Algorithm,SHA)是最主要的数字签名方法,也称数字摘要法、数字指纹法。该数字签名方法是将数字签名与要发送的信息紧密联系在一起,更适合电子商务活动。传递带有签名的商务合同,比分开传递合同和签名,更具可信度和安全性。

哈希算法

在电子商务交易中,时间和签名同等重要。数字时间戳(Digital Time Stamp,DTS),是由专门机构提供的电子商务安全服务项目,用于证明信息的发送时间。用户将需要加上时间戳的文件用哈希算法加密,形成摘要,将摘要发送到 DTS 机构,由 DTS 机构在文件摘要中加上时间信息,再对该文件进行数字签名,即用自己的私有密钥加密,然后发回给用户。获得数字时间戳后,用户就可以将它发送给自己的商业伙伴,以证明信息的发送时间。DTS 工作示意图如图 7.2 所示。

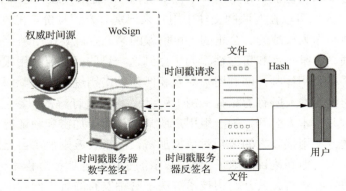

图 7.2 DTS 工作示意图

(2) 身份认证技术。

身份认证是指在计算机网络中确认操作者身份的过程，它是信息认证技术中十分重要的内容。身份认证一般涉及两方面的内容：一是识别、二是验证。所谓识别就是要明确用户是谁，要求对每个合法的用户都有识别能力。要保证识别的有效性，就需要保证任意两个不同的用户具有不同的识别符。所谓验证就是在用户表明自己的身份后，认证方还要对它所称的身份进行验证，以防假冒。一般来说，用户身份认证可通过三种方式来实现：其一是用户知道的某种秘密信息，如用户的口令；其二是用户持有的某种秘密信息（硬件），用户必须持有合法的随身携带的物理介质；其三是用户具有的某些生物学特征，如指纹、声音、DNA 图案、视网膜等。身份认证技术解决了操作者的物理身份与数字身份相对应的问题。

身份认证技术根据不同的维度有不同的分类。在信息系统中，根据是否使用硬件，身份认证技术可以分为软件认证和硬件认证；根据认证需要验证的条件，身份认证技术可分为单因子认证和双因子认证；根据认证信息的状态，身份认证技术可以分为静态认证和动态认证。身份认证技术的发展，经历了从软件认证到硬件认证，从单因子认证到双因子认证，从静态认证到动态认证的过程。根据证明身份的认证信息不同，身份认证技术又可以分为基于秘密信息（如用户 ID、口令、密钥等）的身份认证技术、基于信物（如信用卡、智能卡、令牌）的身份认证技术以及基于生物特征（如指纹、声音、视网膜等）的身份认证技术。

身份认证技术的实现方式包括静态密码、智能卡、短信密码、动态口令、USB Key、生物识别等。

(3) 数字证书和认证机构。

电子商务系统技术使网上购物的用户能够极其方便、轻松地获得商家和企业的信息，但同时也增加了对某些敏感或有价值的数据被滥用的风险。为了保证互联网上电子交易及支付的安全性、保密性等，防范交易及支付过程中的欺诈行为，必须在网上建立一种信任机制。这就要求参与电子商务的买方和卖方都必须拥有合法的身份，并且能够通过有效无误的验证。

数字证书是一种权威性的电子文档。它提供了一种在互联网上验证身份的方式，其作用相当于日常生活中的身份证。它是由一个权威机构——证书授权（Certificate Authority，CA）中心发行的，人们可以在互联网交往中用它来识别对方的身份。在数字证书认证的过程中，证书授权中心作为权威的、公正的、可信赖的第三方，其作用是至关重要的。

数字证书必须具有唯一性和可靠性。为了达到这一目的，需要采用很多技术来实现。通常，数字证书采用公钥体制，即利用一对互相匹配的密钥进行加密、解密。每个用户自己设定一把特定的仅为本人所有的私有密钥（私钥），用它进行解密和签名；同时设定一把公共密钥（公钥）并由本人公开，为一组用户所共享，用于加密和验证签名。当发送一份保密文件时，发送方使用接收方的公钥对数据加密，而接收方则使用自己的私钥解密，这样信息就可以安全无误地到达目的地了。通过数字的手段保证加密过程是一个不可逆过程，即只有用私有密钥才能解密。公开密钥技术解决了密钥发布的管理问题，用户可以公开其公开密钥，而保留其私有密钥。

数字证书包括以下内容：证书的版本信息；证书的序列号，每个证书都有一个唯一的证书序列号；证书使用的签名算法；证书的发行机构名称；证书的有效期；证书的主体或使用者；证书所有人的公开密钥信息；其他额外的特别扩展信息；证书发行者对证书的数字签名。

从数字证书使用对象的角度，可以将数字证书分为：个人身份证书、企业或机构身份证书、支付网关证书、服务器证书、安全电子邮件证书、个人代码签名证书等。从数字证书的技术角度，可以将数字证书分为：SSL[①]证书和 SET[②]证书。一般来说，SSL 证书是服务于银行对企业或企业对企业的电子商务活动的；而 SET 证书则服务于持卡消费、网上购物。

在电子交易中，数字证书的发放需要由一个具有权威性和公正性的第三方机构来完成。认证机构就是承担网上电子交易认证服务、签发数字证书并能够确认用户身份的服务机构。认证机构通常是企业性的服务机构，主要任务是受理数字证书的申请，签发数字证书及管理数字证书。1999 年，我国第一家数字认证机构——中国电信电子商务安全认证中心成立，随后出现百余家认证机构。电子签名法颁布以后，合法的认证机构必须取得工业和信息化部颁发的电子认证服务行政许可，随后经审批的合法认证机构逐渐增多。到 2024 年，国内拥有许可资质的电子认证服务机构已增至 60 余家。

## 7.5　电子商务支付安全协议

安全是电子商务的基石，如何保证电子商务交易活动中信息的机密性、真实性、完整性、不可否认性和存取控制等是电子商务发展中迫切需要解决的问题。为了保障电子商务交易安全，人们开发了各种用于加强电子商务安全的协议。

安全协议可用于计算机网络信息系统中秘密信息的安全传递与处理，确保网络用户能够安全、方便、透明地使用系统中的密码资源。安全协议在金融系统、商务系统、政务系统、军事系统和社会生活中的应用日益广泛。

### 7.5.1　安全协议概述

电子商务安全体系由五部分组成，分别是网络服务层、加密技术层、安全认证层、安全协议层、应用系统层，如图 7.3 所示。从图中的结构层次可以看出，下层是上层的基础，为上层提供技术支持；上层是下层的扩展与递进。各层次之间相互依赖、相互关联，构成统一的整体。各层通过控制技术的递进，实现电子商务系统的安全。

---

① Secure Socket Layer，安全套接字层。
② Secure Electronic Transaction，安全电子交易。

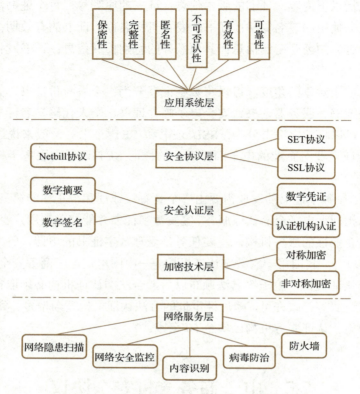

图 7.3 电子商务安全体系

为确保电子商务系统安全,必须建立完善的加密技术和认证机制。在图 7.3 所示的电子商务安全体系中,加密技术层、安全认证层、安全协议层,即为电子交易数据的安全而构筑的。其中,安全协议层是加密技术层和安全认证层的安全控制技术的综合运用和完善。

安全协议有时也称密码协议,是以密码学为基础的信息交换协议,其目的是在网络环境中提供各种安全服务。密码学是网络安全的基础,但网络安全不能仅依靠安全的密码算法,还需要安全协议。安全协议是网络安全的一个重要组成部分,用于实体之间的认证、在实体之间安全地分配密钥或其他秘密、确认发送和接收的消息的不可否认性。

安全协议是建立在密码机制基础上的一种交互通信协议,它运用密码算法和协议逻辑来实现认证和密钥分配等目标。

近年来,针对电子交易安全的要求,信息技术行业与金融行业共同推出了不少有效的安全交易标准(协议),主要有安全超文本传输协议(Secure Hypertext Transfer Protocol,S-HTTP)、SSL 协议、3D 安全(3-Domain Secure)协议、安全电子交易 SET 协议等。

## 7.5.2 安全套接字层协议

HTTP 作为万维网服务数据的传输通道,是互联网最常见、最重要的应用层协议之一。但随着网络交易、网上支付、网上银行等的兴起,万维网服务的安全性问题日益严峻,因此对传输通道 HTTP 的安全性要求,也达到了前所未有的高度。

HTTP 先天固有的安全缺陷有可能导致服务器被入侵、传输信息被截取、客户机被攻击、服务被拒绝等情况。为了加强万维网服务的安全性，Netscape 公司开发并引入 SSL 协议，用于对 HTTP 传输的数据进行加密，诞生了超文本传输安全协议（Hypertext Transfer Protocol Secure，HTTPS）。HTTPS 可以理解为，针对 HTTP 的安全缺陷，通过在 TCP 层与 HTTP 层之间增加一个 SSL 来加强安全性。

SSL 协议采用公开密钥技术，其目标是通过在浏览器和万维网服务器间建立一条安全通道，保证两个应用之间通信的保密性和可靠性，从而实现在互联网上传输保密文件，该协议可在服务器和客户机两端同时得到支持。目前，利用公开密钥技术的 SSL 协议已经成为互联网上保密通信的工业标准。现行万维网浏览器普遍将 HTTP 和 SSL 相结合，从而实现安全通信。

SSL 协议采用 TCP 作为传输协议，实现数据的可靠传送和接收。SSL 协议工作在安全协议层上，独立于应用层协议，可为更高层协议（如 Telnet、FTP、HTTP）提供安全服务。

SSL 协议提供的服务可以归纳为以下三个方面。

（1）用户和服务器的合法性认证。

SSL 协议可以用来认证用户和服务器的合法性，使它们能够确信数据将被发送到正确的客户端和服务器。客户端和服务器都有各自的识别号，这些识别号由公开密钥进行编号。为了验证用户是否合法，SSL 协议要求在握手交换数据时进行数字认证，以此确保用户的合法性。

（2）加密数据以隐藏被传送的数据。

SSL 协议采用的加密技术既有对称密钥技术，也有公开密钥技术。在客户端与服务器进行数据交换之前，双方交换 SSL 初始握手信息，SSL 握手信息采用各种加密技术，以保证机密性和数据的完整性，并用数字证书进行验证。这样就可以防止非法用户进行破译。

（3）维护数据的完整性。

SSL 协议采用哈希算法和机密共享的方法来提供完整性的服务，建立客户端与服务器之间的安全通道，使所有经过处理的业务在传输过程中都能完整、准确无误地到达目的地。

### 7.5.3 安全电子交易协议

SSL 协议运行的基础：商家信息对消费者来说是保密的，这一点有利于商家，却不利于消费者。消费者的资料对于商家来说是完全透明的，但整个过程缺少消费者对商家的认证。在电子商务初级阶段，由于运作电子商务的企业大多是信誉较好的大型公司，因此该问题还没有充分暴露出来。随着电子商务的发展，中小型公司也纷纷参与进来，这样在电子支付过程中的单一认证问题就越来越突出。在 SSL3.0 协议中，通过数字签名和数字证书可实现浏览器和万维网服务器双方的身份验证，但 SSL 协议仍存在一些问题。例如，只能提供交易中客户端与服务器间的双方认证，在涉及多方的电子交易中，SSL 协议并不能协调各方之间的安全传输和信任关系。在这种情况下，维萨和万事达两大信用卡组织制定了 SET 协议，为网上信用卡支付提供了全球的标准。

SET 协议为在互联网上进行安全的电子商务活动提供了一个开放的标准。SET 协议主要使用电子认证技术，其认证过程使用 RSA 和 DES 算法，可以为电子商务提供很强的安全保护。可以说，SET 协议是目前电子商务中最重要的协议，它的推出大大促进了电子商务的繁荣和发展。SET 协议将建立一种能在互联网上安全使用银行卡进行购物的标准。SET 协议是一种为基于信用卡而进行的电子交易提供安全措施的规则，是一种能广泛应用于互联网的安全电子付款协议，它能够将信用卡使用的起始点从商家扩展到消费者的个人计算机中。

SET 协议采用公开密钥密码机制和 X.509 数字证书标准，主要应用于 B2C 商务模式中保障支付信息的安全性。SET 协议提供了消费者、商家和银行之间的认证，能够确保交易数据的安全性、完整性和交易的不可否认性，特别是能够保证不将消费者银行卡卡号暴露给商家，因此成了目前被公认的利用信用卡、借记卡进行网上交易的国际安全标准。

SET 协议具有以下特点。

（1）保证信息在互联网上安全传输，保证网上传输的数据不被黑客窃听。

（2）订单信息和个人账户信息隔离。在将包括持卡人账户信息在内的订单送到商家时，商家只能看到订货信息，看不到持卡人的账户信息，从而保证电子商务参与者信息的相互隔离。

（3）持卡人和商家相互认证，以确定通信双方的身份，一般由第三方机构负责为在线通信双方提供信用担保，从而解决了多方认证问题。

（4）保证网上交易的实时性，使所有的支付过程在网络上进行。

（5）要求软件遵循相同的协议和消息格式，使不同厂家开发的软件具有兼容性和互操作功能，并且可以运行在不同的硬件和操作系统平台上。

在基于 SET 的认证中，根据交易角色的不同，认证机构向持卡人颁发持卡人证书，向商户颁发商家证书，向支付网关颁发支付网关证书，利用这些证书可以验证持卡人、商户和支付网关的身份。

SET 协议的工作流程如下。

（1）消费者在互联网上搜索所要购买的商品，通过计算机输入订单。

（2）通过电子商务服务器与有关在线商店联系，在线商店做出应答，以确认订单条款的准确性。

（3）消费者选择付款方式，确认订单，签发付款指令。

（4）消费者对订单和付款指令进行数字签名，同时利用双重签名技术保证商家看不到消费者的账户信息。

（5）在线商店接到订单后，向消费者所在银行请求支付认可。信息通过支付网关到收单银行，再到电子货币发行公司确认，交易被批准后，给在线商店返回确认信息。

（6）在线商店给消费者发送订单确认信息。

（7）在线商店发送货物或提供服务，并通知收单银行进行转账，通知发卡银行，请求支付。

在处理过程中，通信协议、请求信息的格式、数据类型的定义等，SET 协议都有明确的规定。在操作的每个步骤中，消费者、在线商店、支付网关都通过认证机构来验证通信主体的身份，以确保通信的对象不是被假冒的。

SET 协议也存在不足之处，具体如下。

（1）没有说明收单银行给在线商店付款前，是否必须收到消费者的货物接收证书，如果在线商店货物不符合质量标准，消费者提出异议，责任该由谁来承担。

（2）没有担保"非拒绝行为"，这意味着在线商店没有办法证明订购是不是由签署证书的消费者发出的。

（3）没有提及事务处理完成后，如何安全地保存或销毁此类数据，是否应当将数据保存在消费者、在线商店或收单银行的计算机里。这些数据有可能受到潜在的攻击。

（4）协议过于复杂，使用成本高，数据处理时间较长，而且只适用于客户具有电子钱包的场景。

SET 的证书格式比较特殊，虽然遵循 X.509 数字证书标准，但主要是由维萨和万事达卡开发并按信用卡支付方式定义的，因此主要支持信用卡支付业务，对其他支付方式存在一定的限制。

在 SET 协议中，虽然用户账号不会被明文传递，通常采用 1 024 位 RSA，但实际上大多数商户会收到持卡人的账号，所以用户账号泄露问题仍然存在。

## 本 章 小 结

电子商务支付是电子商务得以实现的重要条件，电子商务支付工具的发展与第三方支付平台、移动支付的兴起满足了同步交换的市场需求。但在开放的网络环境中进行支付，可能会面对层出不穷的网络攻击，网上支付流程的安全性成为电子商务发展的瓶颈。网上支付安全和加密技术、数字认证技术、数字证书、支付安全协议等对网络交易各方的资源和信息形成了安全防护。通过本章学习，可以了解电子商务支付系统的构成、第三方支付和移动支付等新应用，掌握电子商务安全防范与各种技术手段，对电子商务的支付与安全形成全面的认知。

## 思考与练习

一、选择题

网上支付是将（　　）作为运行平台。

  A．公用计算机网络
  B．银行内网
  C．局域网
  D．企业内部网

## 二、简答题
简述我国电子商务支付与传统支付的区别。

## 三、实践题
选择一家电子商务企业，提出电子商务安全规划的建议。

**拓展案例**

### 生物识别技术的应用有哪些

要说当今智能设备行业的热搜词是什么，莫过于刷脸！可以说，刷脸已经无处不在。有新闻报道用照片就可以代替真人刷脸取快递，那么刷脸真的这么不安全吗？

话说某外国语学校科学小队在一次课外科学实验中发现，只要用一张打印照片就能代替真人刷脸、骗过小区里的丰巢智能柜，取出了父母的货件。随后被某报社实验后证实，用照片开丰巢储物柜属实。

对此，丰巢智能柜官方微博也进行了回应：该应用为试运营 beta 版本，是在进行小范围测试。刷脸取快件这么不严谨，那刷脸支付安全吗？会不会不知不觉账上的钱也被别人划走了？

目前我们运用的人脸识别技术可以分为两大类：基于 2D 人脸图像和基于 3D 人脸图像的识别技术。

丰巢快递柜试运营的 beta 版本，摄像头采集人脸的时候，形成的只是一张 2D 的平面图像，也就相当于一张照片。而如今市场普遍运用的微信、支付宝刷脸支付使用是安全等级最高的 3D 活体动态检测技术，综合使用 3D、红外、RGB 等多模态信息，可以有效抵御视频、纸片、面具等的攻击。同时微信支付时，部分用户需要输入与微信账号绑定的手机号或扫描二维码等进行校验，进一步提高了安全性。同时，微信、支付宝官方也对刷脸支付安全承诺：若因刷脸支付导致资金损失，可申请全额赔付。

# 第 8 章
# 电子商务发展环境

**学习目标**
1. 了解电子商务发展环境的特征。
2. 掌握全球、分区域和我国电子商务发展的经济环境。
3. 了解国内外电子商务立法现状和法律环境。
4. 了解电子商务的技术环境。
5. 熟悉电子商务政策环境的要点和内容。

思维导图

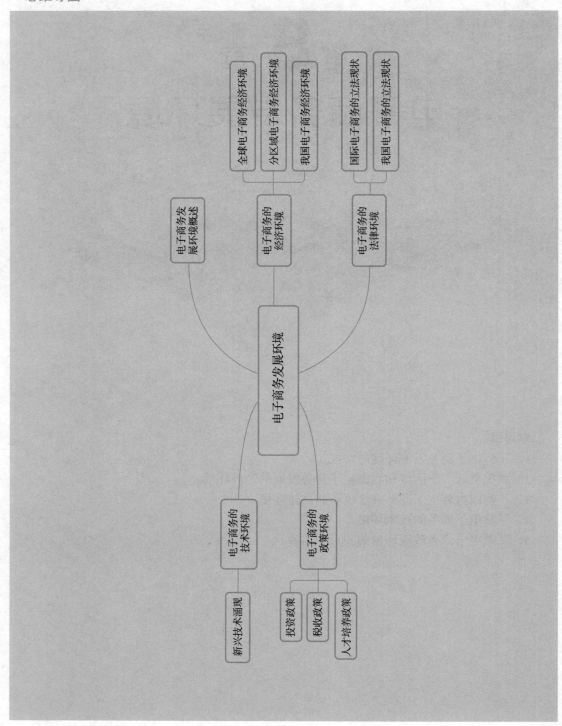

**引例**

## 麦考林的品牌历程

麦考林（mecoxlane）前身为成立于1996年的上海麦考林国际邮购有限公司，它是我国第一家获得政府批准的从事邮购业务的三资企业，以会员营销方式为主，专注于为用户提供与健康美丽相关的产品和服务的多渠道、多品牌零售。以下是其品牌发展历程。

1996年，麦考林公司成立，是我国第一批获得政府批准的从事邮购业务的中外合资企业。

2002年，麦考林推出送货上门及30天无条件退换货服务，引领了邮购与电子商务服务的服务新方式。

2006年，麦考林在上海开设了第一家实体店，正式进入了以网络、电话、店铺及邮购相结合的多渠道服务及分销模式。

2010年，麦考林在美国纳斯达克上市，成为我国电子商务B2C企业上市第一股。

2016年，麦考林设立并打造了生活家及会员制度，构建消费者、分享者、经营者三位一体的生活家会员体系。

2017年，麦考林开启分享式营销模式，建立微商城平台，打造以全新健康美丽生活方式为核心的全方位的营销体系。

2022年，麦考林进行升级焕新，重点聚焦绿色溯源。

（资料来源：网络资料整理。）

## 8.1 电子商务发展环境概述

电子商务不仅是一种多技术的集合体，也是一种社会活动，必然会受到经济、法律、技术、政策、人文等各种社会因素的影响。

随着信息技术的飞速发展和互联网的普及，电子商务已经成为全球经济中不可或缺的一部分。电子商务的发展不仅改变了人们的购物方式和消费习惯，也对企业的经营模式和市场竞争格局产生了深远的影响，为更好把握电子商务的发展趋势和特点，需要对电子商务发展环境进行全面分析。

相比于传统商务发展环境，如今的电子商务发展环境有着诸多截然不同的特征。

（1）突破时空、移动化。

在空间上，互联网可以进行全球信息传播，减少全球性商务活动中由于地理位置相距较远带来的不便；在信息资源上，互联网体系因近乎无限的信息存储空间，可以便捷地检索、迅速地传输数据，因而使不同地域的经济联系更加便利。对时空的突破使"无国界"购物成为可能，电商全年无休成为常态。2022年，IBM与腾讯在《无边界零售》白皮书中首次提出"无边界零售"的零售新模式。该模式主要由六大核心要素组成，包括零售生态、全域经营、科技和数据、可持续发展、最强零售人、混合云底座。其中，全域经营强调通过把企业内部、企业外部、企业外部之外的参与者紧密连接起来，共同为消费者创造线上线下全平台、公域私域全渠道、现在未来可持续的极致消费体验，以达到"场景无限、货物无边、人企无间"的效果。

与此同时，随着智能手机的普及和移动互联网的发展，移动购物成为趋势。截至 2024 年 6 月，我国手机网民规模达 10.96 亿人，网络购物用户规模达 9.05 亿人，网络支付用户规模达 9.69 亿人。

（2）虚拟化和数字化。

电子商务环境的虚拟性产生于网络虚拟性，转移到网上经营的经济都是虚拟经济。它是与网外物理空间中的现实经济相互依存、相互促进的。数字化的产品具有收益递增的规律，使网络经济的扩张成本接近于零，供给增加，价格下降，信息产品的效用递增特点导致了需求持续增长。虚拟现实技术在电子商务行业的应用也逐渐普及，通过虚拟现实技术，消费者可以更加直观地了解产品特性和使用效果，提高购物的便利性和消费者的参与感。

（3）自动化和智能化。

生产、交换和分配等各种经济活动日益智能化。自动化使生产率大幅度提高，出现了创造价值、协调分工的新形式、新产品和新市场。经济的发展不再是靠体力而是靠知识和信息；财富被重新定义为所拥有的信息、知识和智力的多少；智能工具将日益占据社会的主导地位；传统产品中知识的含量不断增加。人工智能技术在电子商务行业中的应用将进一步扩大。通过人工智能技术，企业可以实现智能客服、个性化推荐等功能。

（4）扁平化和去中心化。

现代信息网络可用光纤传输信息，使网络经济接近于实时地收集数据、处理和应用大量的信息。网络的发展使得各经济主体里最高决策者与最基层执行者之间建立起直接的联系，管理层次减少，中间管理机构和组织没有存在的必要，结构日渐扁平化。生产者和消费者的界限也越来越模糊，他们可以直接沟通，互相掌握对方的信息。可以说，网络经济使中介弱化，社会交易成本不断降低，经济效益不断提高。此外，区块链技术逐渐在电子商务领域发挥重要的作用，通过区块链技术，可以实现电子商务交易的去中心化、透明化和可追溯性，数据难以被篡改，更好地提高了交易的安全性和信任度。

（5）开放与共享。

网络经济建立在现代通信、电子计算机、信息资源、生产交换及消费等各自网络化及相互渗透交织而形成的综合性全球信息网络的基础之上，形成了经济活动在全球范围内相互联动、资源共享的态势。随着世界各国互联网络和各种内部网络的发展，经济中各个领域的相互依存和交流增加，各种经贸往来甚至日常交往都离不开网络，并且都是交互的而非单向的，是开放自由的而非孤立封闭的。

（6）竞争与合作。

信息网络使企业之间的竞争与合作范围扩大了，也使竞争与合作之间的转化速度加快了。世界已进入大竞争时代，在竞争中有合作，合作也是为了竞争。在竞争合作或合作竞争中，企业的活力增强了，企业的应变能力提高了，企业可持续的竞争优势不再依赖天赋自然资源或可供利用的资金，而是更多地依赖信息和知识。人们在竞争中把资源集中在自己的核心业务上，使得与商业伙伴的合作变得越来越重要。在以因特网为基础的创造价值的过程中，合作、结盟和灵活的网上联系成为越来越重要的组成部分。

（7）更为重要的顾客关系。

零售业态不断地演进变革，虽然其本质始终绕不开"人—货—场"，但三者的形态和关系却持续发生着变化。除了"场"的轮番变迁,另一大转变在于——过去是"人"追着"货"跑,今天是"货"追着"人"跑。过去,企业只需要关心产品质量、渠道多寡,而现在,企业要考虑的是如何把"合适的产品"在"合适的地点"用"合适的方式"在"合适的时间"以"合适的价格"卖给"合适的顾客"。并且,决定前面几个因素是否"合适"的密钥,就是顾客。对企业来说,直接或者单独同顾客交往显得越来越重要,单独同顾客建立联系是必要的。互联网可以在这方面发挥作用,通过有目的地增加对顾客优惠的介绍,从而与顾客建立起新的更亲密的关系。由于增加了市场的透明度,相互之间的联系更加方便,因此网络经济使顾客有了新的权利。

(8) 金融环境的变化。

金融业的经营范围、运作方式和管理理念的改变,使企业的金融环境发生了显著的变化。这主要表现在货币形态由实物向电子方向演进,银行概念由实体银行向虚拟银行渐进,金融服务逐渐打破时空限制,银行的运行机制更趋简单化,银行业务服务范围更广,业务边界更加模糊。对个人来说,手机银行意味着快速交易和更好地掌控银行账户。对于亚洲或非洲的一些国家而言,手机银行是重要的普惠金融形式。

(9) 社交电商、内容电商等新型电子商务展现强劲势头。

社交电商则是基于社交关系链开展的电商销售行为。从消费者的角度来看,社交电商既体现在消费者购买前的店铺选择、商品比较等,又体现在购物过程中通过即时通信、论坛等与电商企业之间的交流与互动,还体现在购买商品后的消费评价及购物分享等;从电商企业的角度来看,通过社交化工具及与社交化媒体、网络的合作,可以获得更多潜在客户的关注,完成企业的营销、推广和商品的最终销售。例如,一些社交平台开始推出购物功能,有些视频网站正在测试不同版本的"立即购买"按钮。

内容电商则更注重内容的创作和传播。它们用非常碎片化的内容重新定义广告,用内容来沉淀消费行为。像百度、微信视频号等都是内容电商的代表。内容电商的核心是以内容为中心,通过内容塑造电商新生态。也就是说,这些平台会根据你的兴趣和需求来推荐商品,而不是简单地展示商品信息。

(10) 购物理念和习惯正在发生改变。

随着人们越来越意识到地球环境所面临的挑战,人们的购物习惯也愈加趋向环保主义,消费选择趋于可持续性和环保健康。20 世纪 90 年代,联合国环境规划署发布的《可持续消费政策因素》报告中丰富了绿色消费的内涵;2016 年,我国首次对绿色消费的内涵进行了定义;2017 年,党的十九大报告中进一步明确了绿色消费的内涵,对推动绿色生产和消费的问题作出了专门部署;2022 年,党的二十大报告中提出了绿色化发展的要求。

更多 Z 世代愿为"绿色"买单

在电商领域,消费者绿色低碳的消费意识也在逐渐觉醒。例如,阿里巴巴、京东均会在"双十一"这样的全国性线上购物消费节中,积极践行绿色低碳理念,纷纷开通相应的"绿色会场",通过与商家联合、平台补贴等形式,传递绿色消费的理念。京东物流在 2017 年还正式启动了"青流计划",在包装、仓储、运输、回收等多个方面探索绿色物流解决方案,推动物流行业绿色化发展。截至 2023 年,京东已投入使用数万辆新能源物流车,覆盖全国数百个城市。这些车辆以电力或其他清洁能源为动力,有效减少了二氧化碳和其他有害气体的排放。同时，京东还积极探索无人车和无人机的应用，通过技术创新进一步降低物流环节的环境影响。据 NielsenIQ（NIQ）与世界数据实验室联合发布的《Z 世代消费报告》显示，预计到 2030 年，全球 Z 世代（网络流行语，也称网生代）市场的购买能力将达到 12 万亿美元。在这个庞大的消费群体中，商品的"可持续性"成为他们购物决策中的重要考虑因素。77%的受访 Z 世代表示，他们更愿意为具有"可持续性"的品牌买单，并愿意为此多支付 10%的费用。

## 8.2　电子商务的经济环境

### 8.2.1　全球电子商务经济环境

一个良好的宏观经济环境有利于电子商务的顺利发展。所谓良好的宏观经济环境是指电子商务所依托的全球或国民经济体系能够稳定健康、持续发展，经济结构合理，市场化程度高，政府宏观调控能力强、效率高，就业比较充分，物价相对稳定，同时具有成熟的宏观金融条件，对外开放程度高，经济体系的整体抗风险能力强。

1. 全球电子商务的市场规模

在过去十几年里，全球互联网用户数量快速增长。根据世界银行和互联网世界统计公布的数据，截至 2024 年 6 月，全球互联网用户数量达 54.4 亿，互联网普及率达 67.1%，预计到 2025 年，全球互联网用户数量将达到 65.4 亿。截至 2023 年，全球网络购物者数量已达 26.4 亿，这是十分庞大的一个群体。

由于信息技术和互联网经济的迅猛发展，线上购物越来越受欢迎，全球电商市场规模持续扩大，在 2014 年至 2022 年间几乎增长了三倍，2023 年全球电商销售总额为 5.8 万亿美元，预计到 2027 年将超过 8 万亿美元。

2. 全球电子商务的市场特征

全球电商零售总额占社会零售总额的比重正在逐年增加。亚太、中东欧、拉丁美洲、中东和非洲地区的电子商务发展较快。据预测，到 2026 年，在线部分将占全球零售总额的近四分之一。

在全球电商市场中，亚洲电商的销售额遥遥领先。2023 年，全球零售电商增长最快的五个国家都在亚洲，分别是菲律宾、印度、印尼、马来西亚和泰国。

随着亚洲地区互联网普及率和电子商务规模的不断扩大，电子商务创新发展也在全面走向成熟，例如，由中国领头的直播购物方式正在帮助世界各地塑造新兴消费行为。

3. 全球电子商务的市场表现

根据 Dynata 对全球范围内 39 个国家的跨境购物者的调查，中国是最受欢迎的线上跨境购物市场，30%的受访者表示他们通过中国电商平台购物，德国、英国和美国等国家是中国跨境电商平台的主要市场。此外，中国电商渗透率（线上零售额占社会零售总额的比重）也是世界第一。中国作为世界上最大的电商市场，线上销售额占中国零售额的近 50%。同时，中国也是世界上电商渗透率最高的国家，其次是印度尼西亚、英国、韩国等。

世界领先的电商销售平台主要有（以销售额计）：阿里巴巴、亚马逊、京东、拼多多、Apple、eBay、小米、沃尔玛等。

4. 全球电子商务的主要问题

（1）海外多国陆续加强电商税收征管。

近年来，海外多国政府纷纷出台税收政策，加强对跨境电商的税收管理。欧洲各国自 2016 年开始纷纷发起"税务合规化"行动，从 2021 年 7 月 1 日起，欧盟增值税改革正式实施，明确电商平台增值税纳税义务。美国最高法院于 2018 年 6 月通过法案，规定各州政府有权征收电商跨州销售消费税，全美已有 45 个州全面征收电商税，其余 5 个州也正在进行新税法的协商和落地。巴西政府为保护本国的工业生产，升级了对国外进口货物的征税贸易保护政策。2019 年 4 月，日本改变了对跨境电商进口商品的征税方式，取消了 3 000 日元以下的商品免税政策，并提高了进口免税额度。自 2019 年 7 月起，韩国推出了新的跨境电商进口税收政策，对于跨境电商进口商品实行普遍税率 10%的消费税。马来西亚从 2023 年 4 月 1 日起对该国网上销售的低价值商品征收 10%的销售税。

（2）竞争激烈导致跨境卖家盈利能力下降。

电商行业竞争的进一步加剧导致跨境卖家盈利下降。Feedvisor 和 Zogby 在 2022 年的一项调查显示，亚马逊电商卖家在美国面临的最大挑战是竞争日趋激烈，三分之二的亚马逊商家担心与其他卖家相比竞争力下降，而 67%的商家认为亚马逊的自有品牌和独家产品阻碍他们在热门细分市场上的商业活动。另外，中国出口跨境电商存在商品同质化程度偏高的现象，出口商品主要以服装、鞋类等初加工产品为主，高附加值产品占比较低，且存在跨境电商物流成本趋高、跨境支付存在风险等问题，导致企业盈利能力呈下降趋势。

（3）消费者信心和消费能力不足。

曾经肆虐的新冠疫情带来的"疤痕效应"、通货膨胀以及对未来的不确定性的担忧，使消费者购买力和消费信心正在减弱。在过去五年中，可支配收入已成为决定电商行业需求的一个越来越重要的因素。但随着经济不确定性的增加和失业率达到历史高位，一些消费者正在推迟非必需品的购买。

（4）商家面临多重欺诈风险。

跨境电商促进了世界经济贸易的普惠共赢，带动了流通基础设施的现代化建设，推动了生产和流通的深度融合。但同时，商家也面临着多重欺诈的风险。根据纳斯达克发布的《2024 年度全球金融犯罪报告》，2023 年，支付欺诈占金融诈骗总量的 80%。造成这种情况的原因之一是芯片卡的采用使欺诈者更难在实体店犯罪，因此他们转向了线上电商。在德国，近三分之一的商家认为此类欺诈行为激增，而一半的商家则发现滥用促销的行为有所增加。受访者中，加拿大和澳大利亚是遭遇过在线支付欺诈的商家数量增加最多的国家，约 70%的受访者表示受到过此类欺诈。

## 8.2.2 分区域电子商务经济环境

### 1. 北美洲

美国电商市场的收入在过去几年中持续增长。2023年，美国电商销售额超过1.1万亿美元，尽管电商销售额在美国零售市场中所占的份额并不高，但其规模在不断扩大。亚马逊占美国电商市场40%的份额，但只占整个美国零售业（包括所有实体店）的4%。对于线下实体零售来说，亚马逊的存在并没有带来太大威胁，然而，对于其他电商企业而言，亚马逊仍是不可撼动的竞争对手。数据显示，亚马逊在美国市场平台中占据了80%的市场份额。

北美洲（以下简称北美）的加拿大经济高度发达，是世界知名的贸易大国。2023年，加拿大电商市场规模达到616亿美元，预计到2027年，将达到926亿美元。

目前全球主流的电商平台中，大多数来自北美，例如亚马逊、eBay、Shopify。与此同时，北美的跨境电商交易越来越普遍，也是众多中国电商出海企业的目标市场，Temu、SHEIN的起点均在美国。其中，时尚服饰是北美电商市场的主流商品品类，预计到2030年收入将达2.6万亿美元。2024年，有近7 200万美国消费者参与跨境零售电子商务。

### 2. 亚洲

根据Statista的数据预测，从2023年到2028年，亚洲电子商务买家数量将增长约52%，从13.3亿增长到20.3亿。电商买家数量的飞速增长，反映出亚洲电商市场正蓬勃发展。在2023年，仅中国市场就有8.84亿在线购物者。除了中国电商市场发展火热，东南亚电商市场也有一支不容忽视的庞大消费群体。来自eMarketer发布的《2023年全球零售电商预测报告》显示，2023年东南亚电商增速在全球排名第一，这也是东南亚连续第3年成为全球电商规模增长最快的地区。东南亚成为亚洲电商市场中一个充满活力的新兴市场。

在跨境电商发展方面，中国因庞大的电商规模而具有突出优势。在亚洲范围内，韩国、新加坡和日本是跨境电商发展较为成熟的市场。新加坡虽然市场整体规模较小，但其跨境电商规模占电商整体规模的比例较高，高昂的物流成本是开展跨境电商最紧迫的挑战；日本和韩国电商市场发展较为成熟，但目前跨境电商占电商整体规模较低。未来，随着电商市场取得更大程度的开放，国民的购买力和发达的电商供应链能有效促进跨境电商市场的持续增长。

### 3. 欧洲

在电商市场规模上，欧洲也展现出惊人的发展潜力，2023年市场规模为8 000多亿美元，伴随着强劲的增长趋势，这一数字将在2026年突破万亿美元大关，达到1.1万亿美元。根据ecommerceDB发布的报告显示，2022年欧洲电商活跃用户规模庞大，用户数多达5.23亿，欧洲各国大约有62%的消费者倾向选择在线购物，欧洲电商市场需求旺盛。

近几年，欧洲B2C电商用户数量一直呈稳定上升趋势，2023年用户数量达到3.85亿，预计到 2028 年将达到 5.35 亿。B2C 电商营业额领先的国家分别是英国、法国、德国和西班牙。电商营业额增长率（未按通货膨胀率调整）最高的国家依次是爱沙尼亚（106%）、罗马尼亚（51%）、保加利亚（31%）、西班牙（31%）和比利时（22%）。

4. 拉丁美洲

过去几年，受益于人口红利等因素，拉丁美州（以下简称拉美）电商市场增速领先全球，电商在该地区各个经济体中呈现了前所未有的增长。2023 年拉美电商贸易额达到 5 090 亿美元，预计到 2026 年，将增至 9 230 亿美元。尽管同 2021 年和 2022 年超 35% 的年增速相比，拉美电商增速会有所放缓，但增长态势依然稳健。拉美地区将成为全球增长最快的电商市场，截至目前，拉美地区的互联网渗透率已突破 85%，电商渗透率也达到 66%，是一片当之无愧的电商蓝海。

据 eMarketer 数据预计，2023 年全球电商增长最快的十个国家中，阿根廷和墨西哥上榜。随着移动互联网使用时长的增长，巴西在线购物使用时长也增至全球第三，持续带动拉美电商渗透率的提高。预计 2025 年，拉美国家中巴西、墨西哥的电商渗透率将达到和美国同等水平，超过东南亚地区。

## 8.2.3 我国电子商务经济环境

以下主要从宏观（国民经济总体状况、经济体制、产业状况、就业状况和通货状况等）、中观（行业状况和区域经济状况等）、微观（企业内部环境、行业面对的微观市场环境及企业面临的消费需要）三个层面来考察我国电子商务的经济环境。

宏观经济环境是指从全球和国家视角对经济的总量和结构进行的分析和把握，它是基本国情之一，是制定国家社会经济发展政策的基础，也是开展电子商务活动的基础。中观经济环境是指行业发展状况

我国电子商务营商环境不断优化

和区域经济发展状况，它是相对于宏观经济视角和微观经济视角而言的。把握中观经济环境对于制定电子商务的行业和区域政策、规划等十分必要。微观经济环境是以从事电子商务活动的个体为考察的环境，这些个体可以是机构、企业或个人，其中最为重要的是企业。考察的环境包括企业的内部环境，具体企业面临的专业市场（或称企业市场）以及具体企业面对的消费者，即企业经济环境、市场经济环境和消费者经济环境。

1. 我国电子商务宏观经济环境

在全球电子商务快速发展的大背景下，虽然我国电子商务起步较晚，但是基于庞大的消费群体和先进的互联网技术，我国电子商务市场的发展取得了突出成效。根据中国互联网络信息中心发布的《第 54 次中国互联网络发展状况统计报告》，截至 2024 年 6 月，我国网民规模约 11 亿人，较 2023 年 12 月增长 742 万人，互联网普及率达 78%。

我国网民规模再创新高

截至2024年6月，在网络基础资源方面，我国域名总数为3 187万个；IPv6地址数量为69 080块/32，IPv6活跃用户数达7.94亿；互联网宽带接入端口数量达11.7亿个；光缆线路总长度达6 712万公里。在移动网络发展方面，我国移动电话基站总数达1 188万个，其中累计建成开通5G基站391.7万个，占移动基站总数的33%；移动互联网累计流量达1 604亿GB，同比增长12.6%；移动互联网应用蓬勃发展，进一步覆盖网民日常学习、工作、生活。在物联网发展方面，三家基础电信企业发展蜂窝物联网终端用户25.29亿户，较2023年12月净增1.97亿户，占移动网终端连接数的比重为58.9%，万物互联基础不断夯实。

与此同时，我国工业互联网基础设施持续完善，"5G+工业互联网"快速发展。一是工业互联网网络体系快速壮大，平台体系逐步完善。数据显示，全国5G行业虚拟专网超过1.6万个，工业互联网标识解析体系覆盖31个省。具有一定影响力的工业互联网平台超过240家，我国基本形成综合型、特色型、专业型的多层次工业互联网平台体系。二是数据汇聚初见成效，安全保障日益增强。国家工业互联网大数据中心体系基本建成，工业互联网数据要素登记（确权）平台体系建设持续推进。国家级工业互联网安全技术监测服务体系不断完善，态势感知、风险预警和基础资源汇聚能力进一步增强。三是融合应用不断涌现，"5G+工业互联网"快速发展，2023年第一季度，工业和信息化部发布了5G工厂、工业互联网园区、公共服务平台等218个工业互联网试点示范项目。

移动互联网的出现加速了电子商务的发展。随着网民规模的增长和互联网普及程度的提高，我国网络购物用户规模每年稳定增长。与此同时，电子商务的快速发展在零售端不断驱动消费格局的重建，用户网络购物的消费习惯已逐步形成。

随着经济全球化程度的加深，国与国之间的联系更加密切，交易更加频繁，我国"一带一路"倡议进一步促进了各国之间要素的自由流动和商品的自由贸易。在这一趋势下，跨境电商这一新型贸易方式，通过跨境电商交易平台简化了传统国际贸易方式的交易流程、降低了交易成本、扩大了交易数量。智研咨询发布的《2022—2028年中国跨境电商行业投资潜力分析及发展前景展望报告》数据显示，跨境电商依托网络非接触交易，受疫情负面影响较小，同时部分线下交易转至线上，带动我国跨境电商蓬勃发展，跨境电商进出口规模五年内增长近10倍。海关总署数据显示，2023年我国跨境电商进出口规模达2.38万亿元，同比增长15.6%。

2. 我国电子商务中观经济环境

在产业层面，中国电子商务交易规模持续扩大，近年来稳居全球网络零售市场首位。国家统计局《2022年中国经济发展新动能指数》数据显示，2022年，中国电子商务市场规模再创新高，全国电子商务平台交易额为43.8万亿元，按可比口径计算，同比增长3.5%；全国网上零售额13.8万亿元，按可比口径计算，同比增长4.0%，其中，实物商品网上零售额增长6.2%，占社会消费品零售总额的比重为27.2%，比上年提高2.7个百分点。

2012—2022年，我国电子商务服务业持续稳步增长，市场规模不断扩大。电子商务服务业为电子商务交易提供交易服务、支撑服务、衍生服务三类服务。其中，衍生服务是指伴随着电子商务应用的深入发展而催生的各类专业服务，如电商代运营服务、电子商务品牌服务、电子商务安全服务等。2022年我国电子商务服务业的营业收入规模达6.79万亿元，同比增长6.1%。其中，电商交易平台服务营业收入为1.54万亿元，同比增长10.7%，支撑服务领域中的电子支付、电商物流、信息技术等服务营业收入为2.50万亿元，同比增长3.7%，衍生服务领域业务营业收入持续增长，为2.75万亿元，同比增长5.8%。

随着移动互联网的普及以及电商平台的不断下沉，农村电商市场愈发活跃，越来越多的传统行业不断开拓电子商务领域，创新了电子商务应用模式。截至2022年年底，中国农村网民规模超过3亿人，农村网络零售额达到2.17万亿元。农贸电商行业发展势头良好，但竞争也很激烈，整体已进入资本经营的规模化发展阶段。同时农村电商远未达到饱和状态，农贸电商市场挖掘空间依然很大。

在区域层面，电子商务在地区间发展较不平衡。2020年，电商市场交易额最高的五个省（自治区、直辖市）分别为广东省、北京市、上海市、山东省和江苏省。它们的交易总额占全国电商市场交易额的一半以上，共计58.2%。电子商务活动最活跃的广东省交易额超过5万亿元，处于全国领先水平，是我国电商行业领域的"领头羊"。可以看出，电商行业的发展东中西部地区的差距较大，发展最好、最快的区域大多位于东部沿海地区，尤其以几大网络消费核心区如京津、江浙沪、珠三角地区为主，这些区域经济发展水平较高，居民消费能力高且网络消费意识强，企业自主创新能力突出，对于新兴经营理念和管理模式接受程度高。我国电子商务在省域间的发展水平差异十分显著。以2020年电子商务上市公司情况为例：从四大区域板块看，几乎全部电商上市公司分布于东部、中部地区；其中，东部地区上市公司数量占全国的90.5%，市值规模占全国的96.4%，平均市值为1 575亿元人民币，分别为中部地区的11.2倍、81.6倍和7.3倍。从重点区域看，全国电子商务上市公司主要集中在长三角、北京、粤港澳、湖南、湖北等地区；其中，长三角地区和北京显著优于其他地区，上市公司数量分别占到全国的41.9%、32.4%，上市公司市值分别占到全国的56.4%、37.7%，两者合计的上市公司数量和市值规模分别占到全国的74.3%、94.1%，且上市公司平均市值远高于其他地区；进一步看，市值最高的前六家公司市值总和已经达到全国电商上市公司市值的82.8%，前十家公司市值总占比达到91.1%，集中度非常高。同时，从上市公司业务结构看，中部地区电商上市公司多为零售电商和跨境电商，而东部地区电商类型则更为丰富，还包括生活服务类、电商服务类上市公司。中国电子商务发展水平呈现由东南向西北逐渐下降的格局。其中，人均电子商务销售额最高的地区是北京、上海、广东和浙江，其次是江苏、天津、山东、福建等沿海地区，在长三角地区、珠三角地区、环渤海地带也有着活跃的电子商务供应市场；在中部地区中，湖南、湖北、安徽表现相对较好，而西部和东北地区由于产业发展滞后、物流不便等因素，电子商务供给侧发展相对滞后。

3. 我国电子商务微观经济环境

电子商务微观经济环境主要包括行业基本情况、供应链各环节成员、企业内部环境、从业人员等。在行业基本情况方面，企查查数据显示，2023年，电商相关企业的注册量达到了82.35万家，同比增长38.32%，创下了近十年的新高。

在供应链各环节成员方面，优秀的电商供应链不仅指线下可以拿到很好的商品（品质、价格），还需要链条上面的各个角色（供应方、销售方、仓储等）以及各种线上系统（ERP、OMS、WMS、TMS、商家系统）紧密高效的配合，达到更快的配送、更好的服务、更优的成本，这应该是电商企业的核心。在供应链环节方面，目前国内很多大公司实行了基于电子商务的供应链管理，比如海尔、华为等。海尔公司通过BBP采购平台，所有的供应商均在网上接受订单，并通过网上查询规划与库存，及时补货，货物入库后，物流部门可依据第二天的生产规划应用ERP系统进行配料，同时依据看板管理四小时送料到工位；生产部门依照B2B订单的需求完成订单之后，满足用户个性化需求的定制产品通过海尔全球配送网络投递到用户手中。目前海尔在中心城市实现8小时配送到位，区域内24小时配送到位，全国4天之内到位。通过基于电子商务的供应链管理，可以增强企业的核心竞争力。

在企业内部环境方面，我国的企业已充分认识到应用计算机对提高企业竞争力的作用。面对激烈的市场竞争，很多中小企业意识到资本和实力不足，难以匹敌大企业，同时全球化趋势使得资源优势取胜的经济策略已经很难获得，挺进电子商务这个新领域是时代不可阻挡的趋势。电子商务降低了企业的运营成本、采购成本和营销成本。利用"互联网+"，企业可以不断创造新的发展机会。

在从业人员方面，电子商务从业人员需求快速增长。2023年，我国电子商务行业直接从业人员达755万人，同比增长4.57%；间接从业人员达6 550万人，同比增长3.55%。随着电子商务产业链不断延长，电子商务相关企业的不断增加，对于各类电商人才的需求也在快速增长。根据《"十四五"电子商务发展规划》的要求，到2025年，电子商务相关从业人员数量将达到7 000万。

此外，电子商务行业内部专业化分工越来越细，专业技能要求越来越高，也对人才培养体系提出新的要求。跨境电商、农村电商、直播电商等新模式的出现，对电子商务人才在垂直行业的专业技能提出更高的要求。随着新业态的产生，对电子商务人才的培养更突出了行业背景和专业技能的特色。为了应对行业发展的新需求，2019年教育部在本科、高职（专科）电子商务类专业中新设了跨境电子商务专业；2021年新设了农村电子商务专业，并且将网络营销更名为网络营销与直播电商专业。我国开设电子商务类专业的院校逐年增加，为电子商务产业的发展培育了大量的专业人才。

## 8.3　电子商务的法律环境

电子商务的突出特征是利用互联网使商业活动过程和商业活动内容在以计算机及信道构成的网络中完成。交易的当事人只需要打开相应商务网站，搜索点击交易对象的事务处理系统所对应的用户界面，不需要和交易对象直接见面，不需要使用传统的笔墨，瞬间即可完成合同的缔结、货款的支付与结算等一系列商务活动。这种交易环境和手段的变革，使得在传统交易方式下形成的规则难以在新环境下完全适用，因此，有必要建立新的法律法规，创造适应电子商务运作的法律环境。

电子商务也会引发很多法律问题，如电子商务运作平台建设及其法律地位问题、在线交易主体及市场准入问题、电子合同问题、网上电子支付问题、网上个人隐私保护问题等。要推动电子商务健康发展，就要解决以上问题，建立人们对网络交易的安全感和依赖感。这不仅要靠科技构建安全的防范体系，而且更需要在法制体系上予以足够的支持与配合，建立规范健全的法律环境。随着电子商务的蓬勃发展，国内外陆续研究并出台了相关法律规范，为其健康快速的发展提供有力的保证。

### 案例 8-1

#### 限制民事行为能力人网购行为的效力

最高人民法院公布的网络消费典型案例中，有以下一则案件。

原告张某某的女儿张小某为小学五年级学生。张小某于 2022 年某晚在原告不知情的情况下使用原告的手机观看某直播平台，在主播诱导下使用原告支付宝账户支付给被告某数码科技有限公司经营的"某点卡专营店"近 6 000 元，用于购买游戏充值点卡，共计 4 笔。原告认为，张小某作为限制民事行为能力人使用原告手机在半个小时左右的时间里从被告处购买游戏充值点卡近 6 000 元，且在当天相近时段内向其他游戏点卡网络经营者充值及进行网络直播打赏等总计 10 余万元，显然已经超出与其年龄、智力相适宜的范围，被告应当予以返还，遂诉至法院。

审理法院认为：限制民事行为能力人实施的纯获利益的民事法律行为或者与其年龄、智力、精神状况相适应的民事法律行为有效；实施的其他民事法律行为经法定代理人同意或者追认后有效。本案中，原告张某某的女儿张小某为限制民事行为能力人，其行为明显已经超出与其年龄、智力相适宜的程度，现原告对张小某的行为不予追认，被告应当将该款项退还原告。

当前，随着互联网的普及，未成年人上网行为日常化，未成年人网络打赏、网络充值行为时有发生。本案裁判结合原告女儿在相近时间内其他充值打赏行为等情况，认定案涉充值行为明显超出与其年龄、智力相适宜的程度，被告应当返还充值款，依法维护未成年人合法权益，有利于为未成年人健康成长营造良好的网络空间和法治环境。

（资料来源：最高人民法院官网。）

### 8.3.1　国际电子商务的立法现状

国际电子商务立法主要是指有关的国际电子商务条约、国际电子商务惯例及重要国际组织的决议、指南和示范法，内容主要涉及规范国际电子商务的交易性内容的商事法律规范和对国际电子商务进行管理的法律规范。其中规范国际电子商务的交易性内容的商事法律规范是其核心组成部分。

（1）联合国对电子商务交易安全的法律保护。

在各种国际组织中，对电子商务进行立法的主要有联合国、世界贸易组织、国际商会、经济合作与发展组织和欧盟等。国际组织中最早关注和研究电子商务立法的是联合国。联合国国际贸易法委员会于 1984 年向联合国秘书长提交了名为《自动数据处理的法律问题》的报告，建议审视有关计算机记录和系统的法律要求，1985 年发布了《计算机记录的法律价值》的报告，从此揭开了电子商务国际立法的序幕。

1996年，联合国国际贸易法委员会经过5年时间起草的《电子商务示范法》经联合国大会讨论通过，为各国电子商务立法提供了指导性规范。该法是第一个世界范围内的电子商务的统一法规，其对数据电文的法律承认、数据电文的可接受性和证据力、利用数据电文订立合同的有效性等重要问题都做了明确的规定。

2001年，联合国国际贸易法委员会起草的《电子签名示范法》经联合国大会讨论通过。该法试图通过规范电子商务活动中的签字行为，为电子签名和手写签名之间的等同性规定技术可靠性标准，以促进电子签名在世界贸易活动中的全面推广。

目前，在全球范围内，已有60多个国家和地区制定了自己的电子签名和数字交易法律和标准。

联合国国际贸易法委员会从2000年开始制定关于电子合同的法律规范，2005年，《联合国国际合同使用电子通信公约》获得通过。该公约针对国际合同使用电子通信提出了一定要求，目的是消除国际合同使用电子通信的障碍，加强国际贸易合同的法律确定性和商业上的可预见性，促进国际贸易的稳定发展。该公约自2006年1月1日起开放供各国签署。我国于2006年正式签署该公约。

2016年，《联合国国际贸易法委员会关于网上争议解决的技术指引》获得通过。该指引对网上争议解决的基本流程、争议解决平台、相关管理人、中立人等提出了指引性要求，目的是为跨境商业交易的买卖双方寻求解决争议的办法。这一提案从开始提出到大会通过历经6年时间，中国代表团全程参与了整个文件的起草工作。

2017年，《联合国国际贸易法委员会电子可转让记录示范法》获得通过。该法适用于可转让单证和票据功能等同的电子可转让记录，旨在从法律上支持电子可转让记录的国内使用和跨境使用。自1996年联合国颁布《电子商务示范法》之后，一些国际组织与国家纷纷合作，制定各种法律规范，促进了国际电子商务立法的高速发展。其成果主要体现在以下四个方面：一是世界贸易组织的三大突破性协议，即《全球基础电信协议》《信息技术协议》《开放全球金融服务市场协议》；二是国际性组织加快制定电子商务指导性交易规则；三是地区性组织积极制定各种电子商务政策；四是世界各国积极制定电子商务法律规范。

（2）国际商会在电子商务立法方面的贡献。

国际商会对联合国国际贸易法委员会的工作给予了积极协助和支持，并在电子商务立法方面也做出了重大贡献。国际商会于1997年11月发布了《国际数字签署商务通则》，该通则被认为是第一部真正意义上的电子商务的全球性自律性规范。国际商会制定的《UCP500电子交单附则》于2002年4月1日正式生效。2005年4月国际商会发布了经过修订的《营销和广告使用电子媒体指南》。此外，国际商会在2004年制定了《国际商会2004年电子商务术语》（载有《国际商会电子订约指南》），为当事人提供了两个易于纳入合同中的简短条款，以此表明当事人打算商定一项具有法律约束力的电子合同。

（3）世界贸易组织在电子商务立法领域的工作。

世界贸易组织（World Trade Organization，WTO）在1996年的WTO第一届部长级会议上将电子商务纳入多边贸易体制，这是电子商务在全球贸易中日益重要性的体现。之后，WTO一直致力于研究、讨论和审查有关电子商务的问题，旨在将其纳入WTO的多边贸易体制，并为国际电子商务制定新的"游戏规则"。1998年第二届部长级会议上通过了《全球电子商务宣言》，该宣言指出 WTO 总理事会制订综合工作计划，以审查所有产生于电子商务的与贸易有关的问题，WTO 关于电子商务的立法工作既涉及 WTO 现有规则体系的可适用审查，也涉及电子商务所产生的新问题的新规则制定。除了对电子传输暂时维持不征收关税的实践，目前对所涉及的诸多新问题仍然停留在讨论和研究阶段。

（4）欧盟的电子商务立法。

从全球电子商务立法的角度看，欧盟的电子商务立法无论在立法思想、立法内容还是立法技术上都是很先进的。欧盟在 1997 年 4 月 15 日发布了《欧洲电子商务行动方案》，就电子商务问题阐明了欧盟的观点。在有关法律环境方面，欧盟强调，为了保证欧洲企业有效进入全球市场，欧洲必须在基础设施、技术及服务方面做好充分准备；欧洲必须特别重视与电子商务有关的法律问题的研究与开发，并且应当在欧盟范围内建立一个适用于电子商务的法律和管理框架；欧洲议会于 1999 年 12 月通过了《电子签名统一框架指令》，于 2000 年 5 月又通过了《电子商务指令》，这两部法律文件构成了欧盟国家电子商务立法的核心和基础。自 2000 年 5 月起的 18 个月内，欧盟成员国将《电子商务指令》制定成本国法律。

（5）美国的电子商务立法。

美国于 1995 年颁布了《犹他州数字签名法》（*Utah Digital Signature Act*），这是世界上最早的关于电子签名的立法。《犹他州数字签名法》以"技术特定化"为基础，即规定采用某种电子技术的数字签名才能具有法律效力。

1997 年 7 月 1 日，《全球电子商务纲要》（*A Framework For Global Electronic Commerce*）正式发布，是世界上第一份官方正式发表的关于电子商务立场的文件。纲要中提出了关于电子商务发展的一系列原则，系统阐述了一系列政策。目的是为电子商务的国际讨论与签订国际协议建立框架。美国政府的《全球电子商务纲要》目前已成为主导全球电子商务发展的宪章性文件。

美国自发布《全球电子商务纲要》之后，还陆续通过了《互联网免税法案》（*Internet Tax Freedom Act*，ITFA）、《政府文书作业简化法案》（*Government Paperwork Elimination Act*）、《数字千禧年著作权法案》（*Digital Millennium Copyright Act*）、《儿童网上隐私权保护法案》（*Children's Online Privacy Protection Act*）、《儿童少年在线隐私保护法》（*Children and Teens' Online Privacy Protection Act*，COPPA 2.0）、《儿童在线安全法》（*Kids Online Safety Act*，KOSA）等与电子商务发展密切相关的法案。

1998 年 5 月 14 日，美国参议院商业委员会通过《互联网免税法案》。法案规定：在未来 6 年内，对在互联网上从事各种电子商务的企业和各种互联网接入提供商、互联网服务提供商和互联网信息提供商，禁止联邦政府和各州政府征税，并且取消现行的不合理税收。1999 年 8 月 4 日，美国统一州法全国委员会颁布了《美国统一电子交易法案（修订稿）》，并建议各州在立法中采纳。其目的在于为美国各州建立一个统一的电子商务交易规范体系，从操作规程上保障电子商务的顺利开展。2000 年 9 月 29 日，美国统一州法委员会颁布了《统一计算机信息交易法》。2000 年 6 月 30 日，《国际与国内商务电子签名法》（*Electronic Signature in Global and National Commerce*，E-SIGN Act）正式颁布，在全美实施统一的电子签名法案。

## 8.3.2 我国电子商务的立法现状

我国关于电子商务的立法主要是针对互联网的管理、安全和经营。

1. 涉及计算机安全的主要法律规范

1981年,中华人民共和国公安部(简称公安部)成立计算机安全监察机构,着手制定有关计算机安全方面的法律规范。随后,国务院陆续颁布了一系列的行政法规与规章,包括《中华人民共和国计算机信息系统安全保护条例》(1994年2月18日颁布并实施)、《中华人民共和国计算机信息网络国际联网管理暂行规定》(1997年5月20日颁布并实施)、《中华人民共和国计算机信息网络国际联网管理暂行规定实施办法》(1998年3月6日颁布并实施)、《中国互联网络域名注册暂行管理办法》和《中国互联网络域名注册实施细则》。公安部还颁布了《计算机信息网络国际联网安全保护管理办法》和《计算机信息系统国际联网保密管理规定》等。

1997年10月,在我国新修订的刑法中,第一次增加了计算机犯罪的罪名,包括非法侵入计算机系统罪,破坏计算机系统功能罪,破坏计算机系统数据程序罪,制作、传播计算机破坏程序罪等。这表明我国对计算机领域进行法制管理步入了一个新的阶段。

2. 涉及网络安全的主要法律规范

2017年6月1日,《中华人民共和国网络安全法》(以下简称网络安全法)正式实施。该法是我国第一部全面规范网络空间安全管理的基础性法律,旨在保障网络安全,维护网络空间主权和国家安全、社会公共利益,保护公民、法人和其他组织的合法权益,促进经济社会信息化健康发展。

网络安全法由总则、网络安全支持与促进、网络运行安全、网络信息安全、监测预警与应急处置、法律责任以及附则组成。该法针对的是我国境内的一切网络设施,即在我国境内建设、运营、维护和使用网络,以及对网络安全的监督管理。该法的出台有助于解决长期困扰网络安全的一些基础性问题,对于确立国家网络安全管理制度具有重大意义。

网络安全法第一次提出了维护网络空间主权的基本原则;全面设定了网络运营者的安全保护义务;引入了"关键信息基础设施"的概念,对"关键信息基础设施"这个关乎国家安全和利益的战略性资源在法律和制度层面进行重点保护。

网络安全法的出台为各方参与互联网业务提供了重要准则,使所有网络行为有法可依、有法必依,不仅对国内网络空间治理具有重要的作用,同时也是国际社会应对网络安全威胁的重要组成部分。

3. 涉及电子商务交易安全的法律规范

目前,我国没有出台专门的针对电子商务交易安全的法律规范。现行的涉及交易安全的法律规范主要有四类,一是综合性法律,如《中华人民共和国刑法》(以下简称刑法)中有关保护交易安全的条文;二是规范交易主体的有关法律,如《中华人民共和国公司法》《中华人民共和国合伙企业法》《中华人民共和国外资企业法》等;三是规范交易行为的有关法律，包括产品质量法、财产保险法、价格法、消费者权益保护法、广告法、反不正当竞争法等；四是监督交易行为的有关法律，如会计法、审计法、票据法、银行法等。

为了适应迅速发展的电子商务交易形式，保护当事人的合法权益，我国借鉴联合国国际贸易法委员会在1996年发布的《电子商务示范法》的相关规定，将数据电文（包括电报、电传、传真、电子数据交换和电子邮件）作为书面形式之一，在1999年3月15日颁布的《中华人民共和国合同法》中，在合同形式条款中加入了"数据电文"这一新的电子交易方式。

为了适应国际通行趋势，《中华人民共和国专利法实施细则》规定可以用电子通信方式提出专利申请。

2005年4月1日，《中华人民共和国电子签名法》正式实施。该法涉及网络商务活动中有关数据电文（电子票据、单证、商务协议文本等）、电子签名（包括用签名加密的电子印章）以及认证机构等各方面，为电子商务中信息流、金融流和物流的发展提供了法律依据和法律环境，对我国电子商务的发展起到了极大的推动作用，也标志着我国首部真正意义上的信息化法律已正式诞生。

4. 涉及电子商务商事关系的法律规范

2013年10月25日，《中华人民共和国消费者权益保护法》修订，该法进一步规范了网络购物等消费方式。该法通过相关条款，解决消费者和经营者之间信息不对称的问题，保护消费者的权益，明确了网络交易平台提供者作为第三方承担有限责任。另外，该法对于使用格式条款、消费者个人信息保护等也做出了明确的规定。

2018年8月31日，《中华人民共和国电子商务法》（以下简称电子商务法）正式通过并于2019年起实施。该法主要对电子商务的经营者、合同的订立和履行、争议解决、促进和法律责任五个部分做出规定。

电子商务法的立法意义在于，开创了我国电子商务立法的先河，明确了国家促进和鼓励电子商务发展的基调，使电子商务的发展有法可依；进一步明确了电子商务与实体经济在法律层面的关系是公平竞争的关系，促进了线上线下的公平竞争；针对当前社会关注的电子商务发展中存在的假冒伪劣产品、消费者权益受损，以及线上线下不公平竞争等问题，在法律层面给出了明确的要求与规范；同时对完善电子商务交易与服务、强化电子商务交易保障、促进和规范跨境电子商务发展、加强监督管理、实现社会共治等若干重大问题也进行了规定。

电子商务法重点明确了以下内容：微信、网络直播销售商品、提供服务纳入管理；制约大数据"杀熟"；禁止"默认勾选"和强制搭售；平台经营者未尽义务应依法担责；押金退还不得设置不合理条件；规范电子商务合同的订立与履行中的难点问题；强化经营者的举证责任；平台经营者自营应显著标记；不得以格式条款等方式约定消费者支付价款后合同不成立；加大了电子商务平台经营者知识产权侵权打击力度；建立健全信用评价制度。

在我国，涉及电子商务的法律有《中华人民共和国著作权法》《中华人民共和国专利法》等，同时，我国在法律调整中增加了适应电子商务发展的有关内容，刑法中增加了计算机犯罪的罪名，《中华人民共和国行政许可法》中明确了数据电文的有效性。最高人民法院近年来先后出台了若干涉及互联网和电子商务的司法解释，广东、上海、海南等地区已经开展电子商务地方立法起草工作，这些在一定程度上规范了电子商务活动的秩序。但在我国，关于电子商务直接相应的法律、法规以及相关的标准还都没有建立，跨部门、跨地区的协调仍存在较大问题。因为参与电子商务的不仅涉及交易双方，更重要的是还涉及工商行政管理、海关、保险、财税、银行等众多部门和不同地区、不同国家，这就需要有统一的法律、政策框架，以及跨部门、跨地区的强有力的综合协调组织，才能促进电子商务的蓬勃发展。

## 8.4 电子商务的技术环境

电子商务的发展有赖于以下计算机和网络技术的支撑。

（1）计算机的广泛应用。从20世纪70年代中期以来，计算机的处理速度越来越快，处理能力越来越强，价格越来越低，成本与性能比迅速下降，应用越来越简单、越来越广泛，这为电子商务的应用提供了基础条件。

（2）网络的普及和成熟。由于互联网技术日益成熟，连接互联网的计算机网络越来越多，全球上网用户呈指数增长，互联网成为连接全球用户的一个虚拟社区，为电子商务的发展提供了一个快捷、安全、低成本的信息交流平台，并为电子商务的发展提供了大量的潜在客户。

（3）信息系统的形成与发展。信息系统的形成和发展是由于计算机的产生而逐步形成和发展起来的。早在1946年人类发明了第一台计算机，由于条件所限只能做数值处理，其应用仅局限在军事和科学领域的运算，但随着技术的不断进步，计算机可以进行数据处理，开始进入管理领域，逐步建立起信息系统。网络时代的发展对于信息系统的建设和应用产生了极大的促进作用。其中，最有代表性的就是电子商务系统的建立。电子商务的出现极大地扩展了传统的信息技术和信息系统应用的范围，把信息系统的应用范围从传统的仅能处理管理问题扩展到能够处理经营问题。

（4）信用卡及其他电子支付手段的普及。信用卡以其方便、快捷、安全等优点成为消费支付的重要手段，并由此形成了完善的信用卡计算机网络支付与结算系统；同时，电子资金转账（Electronic Funds Transfer，EFT）已逐渐成为企业间资金往来的主要手段，从而为电子商务中的网上支付提供了重要保证。

（5）安全交易标准和技术的应用。近年来，针对电子商务安全的要求，IT行业和金融行业共同推出了不少有效的安全交易标准和技术。目前，常用的标准和技术主要有：电子商务认证技术、协议标准和安全技术。

技术环境推动着电子商务的发展，电子商务的快速发展也倒逼着技术环境不断进行变革。近年来，物联网、云计算、大数据、人工智能等新兴技术涌现，应用于电子商务并对电子商务产生重要的影响。

（1）物联网：利用智能装置和感知技术，对物理世界进行感知识别，通过无线射频技术、网络传输互联进行处理和计算，实现人物、物物信息共享和无缝连接，达到实时监控、精确管理和科学决策的目的。

（2）云计算：通过构建虚拟数据中心，把用户端的存储、传输以及计算功能聚集并形成一个虚拟数据池，将数据信息通过网络传输为客户端提供服务。依靠云计算技术，电子商务行业能够把不同终端设备之间的数据互联互通，形成数据资源中心，并存储在云端。用户通过终端设备联网，能够随时随地对共享数据资源进行调取与访问。同时，用户可以自由地在共享资源中选择自己需求的信息，极大地方便了用户使用共享信息。云计算的应用为电商企业节省了大量的设备准备及人才培养费用，大大降低了电商行业的投入成本；促进了商业活动跨越时间以及空间范围的障碍，能够自由地进行移动交易；用户可以更加便捷地搜索所需商品、浏览推荐产品、完成网络购物，大大提高了商业活动的效率，为网络购物提供了个性化、自由化的服务。

（3）大数据：大数据技术的战略意义不是掌握庞大的数据信息，而是对这些含有意义的数据进行专业化处理。换而言之，如果把大数据比作一种产业，那么这种产业实现盈利的关键是提高对数据的"加工能力"，通过"加工"实现数据的"增值"。以跨境电商为例，它是一种与互联网紧密集成的商业模式，包含大量数据，如消费者个人消费数据、商业运营管理数据和商品数据。数据挖掘和分析技术可用于根据跨境电商平台的背景进行分析。通过分析点击次数、转化率、回购率和产品评估，能够分析和预测哪些产品将成为热销产品，实现科学选择。电商企业可以通过大数据来实时掌握消费者的各种喜好以及购买力，及时调整销售模式和销售方向。

（4）人工智能：人工智能技术在电商行业的应用可以涵盖智能客服机器人、推荐引擎、图片搜索、库存智能预测、智能分拣、趋势预测、商品定价等环节。人工智能的发展催生了一批新生产业，创造了大量的就业机会，改善了就业条件，拓展了就业空间。

作为电子商务业务流程中重要一环的物流，也因技术的创新与应用出现了新的变化。

（1）物流的信息化。物流信息化表现为物流信息的商品化、物流信息搜集的数据库化以及代码化、物流信息处理的电子化以及计算机化、物流信息传递的标准化以及实时化、物流信息存储的数字化等。因而，条码技术、数据库技术、电子订货系统、电子数据交流、快速反应及有效的客户反应、企业资源规划等先进技术与管理策略在我国的物流中得到普遍应用。

（2）物流的自动化。自动化的基础是信息化，自动化的外在表现是无人化，自动化的效果是省力化，此外还可以扩展物流作业能力、提高劳动生产率、减少物流作业的差错等。物流自动化的设施有条码/语音/射频自动辨认系统、自动分拣系统、自动存取系统、自动导引车、货物自动跟踪系统等。

（3）物流的网络化。物流领域的网络化包括两层含义：一是物流配送系统的计算机通信网络，包括物流配送中心、供应商或者制造商、下游用户之间通过计算机网络进行联络；二是组织的网络化，即需要建立完善健全的物流网络体系，网络上各节点之间的物流活动保持系统性、一致性，以实现物流系统的快速反应和最优总成本的要求。

（4）物流的智能化。这是物流自动化、信息化的高层次利用。物流通过大量的运筹及决策，如库存水平的确定、运输（搬运）路径的选择、自动导引车的运行轨迹、自动分拣机的运行、物流配送中心经营管理的决策支撑，实现整个物流系统的智能化运作，实现物流各环节精细化、动态化、可视化管理，提高物流系统智能化分析决策和自动化操作执行能力，提升物流运作效率。

（5）物流的柔性化。柔性化是为实现"以顾客为中心"的理念在生产领域提出的。物流的柔性化是为了使物流作业适应"多品种、小批量、多批次、短周期"的消费需求趋势，使其可以灵活地组织和实施。诸如弹性制造系统、计算机集成制造系统、制造资源系统、企业资源规划和供应链管理等概念的提出以及技术的应用，实质是要将生产、流通进行集成，根据需求端的需求组织生产安排和物流活动。

## 8.5 电子商务的政策环境

电子商务政策法规环境

电子商务政策制定的目的在于促进电子商务的健康发展，保护消费者权益，同时与传统商业进行协调与整合。随着电子商务行业的快速发展，各国政府纷纷制定了相关的政策法规，以适应电子商务产业的快速演进。

### 8.5.1 投资政策

投资政策是指政府应注入作为引导、启动或配套资金，以表明政策支持那些经济、社会效益均好，或社会必需的行业、产业。政府投资规模的大小体现了其重视程度或工程的难易程度。在社会主义市场经济环境下，投资主体应该由政府转向广大企业，尤其是中小企业，因为其更具灵活性和积极性。政府应鼓励中小电商企业营造投资的资金市场和营商环境，当然也包括融资环境。

对于电子商务这样的系统化大型工程，国家应做好宣传、知识普及、制定投资政策等工作。例如，在通信网络方面，国家投资可占较大的比例；在计算机网络建设方面，国家投资可占较小的比例；对信息资源网，则视行业信息情况酌情给予投入；对电子商务增值网，则主要是给予法律、法规上的指导，帮助企业解决新问题，原则上不宜进行较大的投资，应促进企业的市场行为。典型的示范工程投资应该是国家投资的主体领域，这种工程耗资不大，但对社会影响大，示范带动作用明显。

### 8.5.2 税收政策

税收政策是为了促进新兴电子商务的发展。政府对该行业扶持所制定的相关税收政策也是电子商务快速发展的重要影响因素。不同国家的电子商务税收政策也不尽相同，但在税收监管方面基本上都经历了由松到严的过程。为了维护市场公平竞争、提高经济资源配置效率，将电子商务纳入征管体系逐渐成为国际上的普遍做法。依法纳税也是电子商务走向成熟所必须承担的社会责任。

1. 美国电子商务税收政策

美国作为电子商务应用最广、普及率最高的国家，已对电子商务制定了明确的税收政策。这些政策不仅对其本国电子商务发展产生影响，也对全球贸易产生了冲击。

美国财政部于1996年下半年颁布了《全球电子商务税收政策解析》白皮书，提出为鼓励互联网这一新兴技术在商务领域的应用，各国税收政策的制定和执行应遵照一种"中立的原则"，即不提倡对电子商务征收任何新的税收。1997年颁布的《全球电子商务纲要》中指出，互联网应宣告为免税区，凡网上交易，如电脑软件、网上服务等，应一律免税；在网上达成的有形商品的交易应按常规方式办理，不应另行课税。1998年美国国会通过《互联网免税法案》，规定三年内禁止对电商课征新税、多重课税或税收歧视。直到2004年，美国各州才开始对电子商务实行部分征税政策。2013年5月6日，美国通过了关于征收电商销售税的法案——《市场公平法案》，此法案以解决不同州之间在电子商务税收领域划分税收管辖权的问题为立足点，对各州年销售额100万美元以上的网络零售商征收销售税（在线年销售额不满100万美元的小企业享有豁免权），以电商作为介质进行代收代缴，最后归集于州政府。2022年，美国实施进口商品税收限制政策，跨境电商企业将不能再享受"进口到美国的商品总额不超过800美元，可以免税"的资格，跨境电商自此告别了免税时代。

2. 欧盟电子商务税收政策

在电子商务税收问题上，欧盟委员会早在1997年4月就发表了《欧洲电子商务动议》，认为修改现行税收法律和原则比开征新税和附加税更有实际意义。

1997年7月，在20多个国家参加的欧洲电信部长级会议上通过了支持电子商务的宣言——《伯恩部长级会议宣言》。该宣言主张，官方应当尽量减少不必要的限制，帮助民间企业自主发展以促进互联网的商业竞争，扩大互联网的商业应用。

欧盟为电子商务发展创建了清晰与中性的税收环境的基本政策原则。1998年起，欧盟开始对电子商务征收增值税，对提供网上销售和服务的供应商征收营业税。1999年，欧盟委员会公布网上交易的税收准则：不开征新税和附加税，努力使现行税特别是增值税更适应电子商务的发展。为此，欧盟加紧对增值税的改革。2000年6月，欧盟委员会通过法案，规定对通过互联网提供软件、音乐、录像等数字产品应视为提供服务而不是销售商品，和目前的服务行业一样征收增值税。2003年7月1日起施行的电子商务增值税新指令将电商纳入增值税征收范畴，包括网站提供、网站代管、软件下载更新以及其他内容的服务。

在增值税的管辖权方面，欧盟对提供数字化服务实行在消费地课征增值税的办法，也就是由作为消费者的企业在其所在国登记、申报并缴纳增值税。只有在供应商与消费者处于同一税收管辖权下时，才对供应商征收增值税。这可以有效防止企业在不征增值税的国家设立机构以避免缴税，从而堵塞征管漏洞。因个人无须进行增值税登记而无法实行消费地征收增值税，所以只能要求供应商进行登记和缴纳。为此欧盟要求所有非欧盟国家数字化商品的供应商要在至少一个欧盟国家进行增值税登记，并就其提供给欧盟成员国消费者的服务缴纳增值税。

2002年8月,英国《电子商务法》正式生效,明确规定所有在线销售商品都需缴纳增值税,税率分为三等:标准税率(17.5%)、优惠税率(5%)和零税率(0%),根据所售商品种类和销售地不同,实行不同税率标准。德国网上所购物品的价格已含增值税,一般商品的普通增值税为19%,但图书的增值税仅为7%。

2021年,欧盟正式取消了跨境电商免税政策。

3. 我国电子商务税收政策

我国电子商务税收政策的制定遵循国际上公认的电子商务税收的基本原则,即:为促进新兴的电子商务的发展,网上交易的税率至少应低于实体商品交易的税率;网上税收手续应简便易行,便于税务部门管理和征收;网上税收应当具有高度透明性,有利于网络用户的了解和查询;对在互联网上进行的电子商务的课税应与国际税收的基本原则相一致,应避免不一致的税收管辖权和双重征税。

我国在电子商务企业征税方面给予一定的优惠,如对年销售额不超过500万元的一般纳税人(电商企业),可以采用简易计税方法,即按照销售额的一定比例进行计税。这一政策简化了电商企业的纳税程序,减轻了企业的税收负担。电商平台佣金收入采取优惠税率,即对电商平台从交易中收取的佣金收入,可以适用较低的增值税税率。这一政策的实施,降低了电商平台的经营成本,促进了电商平台的发展。

## 8.5.3 人才培养政策

要想使电子商务在我国蓬勃开展,电子商务的人才培养是关键因素。电子商务的开展是商务管理、商务活动、商务理论与现代电子工具的有机结合,无论是从事电子商务管理,还是从事电子商务活动,都需要掌握商务理论与实践及电子工具应用的复合型人才。如果没有这样的人才,电子商务的开展就无法实现。因此,政府应该制定相应的政策,推进我国电子商务人才培养工作的开展。

(1) 强化电子商务高质量人才培养的顶层设计、高端引领。

完善电子商务职业分类,探索开发职业标准和开展能力评价,从政策制定、责任到位,到育人用人机制逐步完善,推动我国电子商务高质量人才培养工作取得丰硕成果。探索出台相应的电子商务人才扶持政策,营造积极的人才政策环境,鼓励发展灵活多样的人才使用和就业方式,加强灵活就业人员的权益保障,并进一步精准施策,释放效能,将电子商务高质量人才培养的条块激励政策向统筹激励政策转向,使激励政策的效用最大化。

(2) 通过多种灵活手段,搭建高效能电子商务人才市场。

充分利用线上电子商务人才市场资源,快捷对接校企资源,提供全天候的电子商务人才就业服务。线下方面,各级电子商务协会与学会、各地人才交流市场,熟悉电子商务企业需求,在电子商务人才对接方面,应进一步发挥其巨大作用。同时,高校作为人才输出的重要平台,定期举办多场次人才市场,协同解决电子商务人才的输出问题。

(3) 构建多层次电子商务人才体系,实现电子商务人才的多元联动。

高校作为电子商务人才培养的主力军,应与时俱进,开展目标性与前瞻性培养。鼓励电子商务企业与高校深度合作,采用订单培养、嵌入式培养等多种灵活方式,定向满足企业人才需求。推动政府、高校、培训机构等的电子商务优质教育资源数字化、在线化,加大面向社会的开放力度。

(4) 在岗人员电子商务技能培训。

制定政策规定,凡是进行商务活动的单位都应对有关人员进行电子商务岗位知识和技能的培训,培训可针对不同岗位的人有区别地进行。可以由国家颁发电子商务培训证书,逐步实现培训证书作为应聘上岗的条件之一。在岗人员电子商务培训是培养电子商务人才的重要途径。

## 本 章 小 结

随着电子商务的发展,出现了与传统经济环境截然不同的特征。电子商务不仅有新技术、新关系、新习惯,而且在经济、法律、技术、政策等各方面都日新月异。通过本章学习,可以从各个层面了解电子商务环境的现状和变化,掌握国内外电子商务环境的新动向、新趋势,对电子商务的发展环境形成全面的认知。

## 思考与练习

一、选择题

"无边界零售"的概念体现了电子商务发展的(　　)特点。

　　A. 数字化和虚拟化
　　B. 自动化和智能化
　　C. 扁平化和去中心化
　　D. 突破时空

二、简答题

简述我国电子商务的立法现状。

三、实践题

谈谈热点技术如 AI、ChatGPT 等在电子商务领域如何应用。

 **拓展案例**

### 电商经营者销售未标明生产日期的纠纷

原告彭某某在被告某电子商务公司开立的网络商铺购买了 4 份 "XX 压力瘦身糖果",该商铺通过快递向彭某某送达货物。彭某某收到上述货物并食用一部分后发现,商品包装盒上虽然注明:保质期 24 个月,生产日期见喷码,但是产品包装上均无相关生产日期的喷码标识,亦未查询到生产商的相关信息。彭某某遂以某电子商务公司销售不符合食品安全标准的食品为由诉至法院,要求某电子商务公司退还货款并支付货款金额十倍的惩罚性赔偿金。

审理法院认为,某电子商务公司作为食品经营者,在电商平台上销售无生产日期标识、虚构生产厂家的"XX 压力瘦身糖果",属于《中华人民共和国食品安全法》第一百四十八条规定的"生产不符合食品安全标准的食品或者经营明知是不符合食品安全标准的食品"的情形,依据《最高人民法院关于审理食品安全民事纠纷案件适用法律若干问题的解释(一)》第十一条规定,应当承担惩罚性赔偿责任,判决某电子商务公司退还彭某某货款 1 475.60 元,并支付货款金额十倍的赔偿金 14 756 元。

目前,大众通过网络购买食品的现象十分普遍,同时,于消费者而言,网络食品因交易环境的虚拟化潜藏着一定的风险。包装食品包装标签上缺少生产日期信息,消费者无法对食品安全作出判断,存在损害消费者身体健康和生命安全的重大隐患。本案判定电商经营者销售未标明生产日期的预包装食品,应承担惩罚性赔偿责任,压实食品经营者主体责任,进一步规范网络食品交易秩序。

# 第 9 章
# 跨境电子商务

**学习目标**
1. 了解跨境电子商务的定义与特点。
2. 掌握跨境电子商务的不同分类。
3. 掌握第三方跨境电商的代表性平台及其特点。
4. 了解独立站模式及建站要素。
5. 掌握跨境电子商务的物流模式。
6. 了解跨境电商主流收款方式及其特点。
7. 了解跨境电商的常见海外营销渠道。

**思维导图**

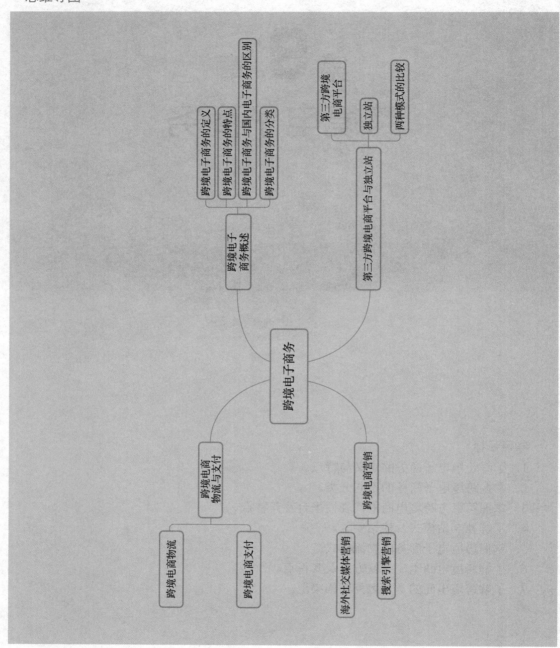

**引例**

## Anker：以品质赢得口碑

安克创新科技股份有限公司（Anker）成立于2011年，致力于塑造享誉世界的消费电子品牌，以创新技术和管理硬件为核心，通过持续不断地研发创新和市场开拓，为全球消费者提供富有科技魅力的领先产品，弘扬中国智造之美。在一众做海外贸易的中国公司中，它是少见的"品牌"公司，没走常见的"贴牌"外贸路线。企业业务从线上起步，主要销售渠道为亚马逊、eBay等海外线上平台。

Anker作为全球高品质智能充电专家，主营产品涵盖移动电源、充电器、数据线、蓝牙外设等智能数码设备。Anker自成立以来，持续增加在研发上的投入，推出了多款高品质产品，获得了全球消费者的认同，在全球100多个国家和地区拥有超过8000万忠实用户。Anker位列2023年BrandZ™中国全球化品牌50强第13位。

在2011年公司创立之始，Anker的眼光即瞄准海外市场。Anker在美国加州注册并成为全球注册品牌，主营移动充电设备，并通过亚马逊进入美国、英国、德国、法国、意大利等欧美市场销售其产品，月销量突破了100万美元。2012年，Anker便获得美国亚马逊"2012年度假日销量冠军"，并通过亚马逊进一步拓展至日本、西班牙、加拿大等市场，同年Anker自主研发的第一款产品"Anker4500mAh"超薄移动电源上市。此后，Anker的产品在亚马逊上的销量不断攀升，到2014年，Anker多款产品已成为亚马逊北美、欧洲、日本等市场移动电源品类销量冠军。2015年，Anker获得亚马逊颁发的"杰出中国制造奖"，2018年，Anker获亚马逊全球开店年度卖家大奖，2019年，又蝉联亚马逊全球开店唯一年度卖家大奖。2022年，Anker获得了9项iF设计奖和6项红点设计奖。

Anker从2015年开始，持续地在各个国家因地制宜地拓展线下渠道，以覆盖更多的消费群体。例如，在美国，通过沃尔玛、百思买大卖场中有专业经验的采购经理去沟通洽谈合作；在巴西，则是通过本国的分销商进行销售。海外市场线下渠道的铺展进一步扩大了Anker品牌的影响力。

（资料来源：司佳，薛黎，2023. 跨境电子商务[M]. 北京：中国商务出版社.）

## 9.1　跨境电子商务概述

### 9.1.1　跨境电子商务的定义

跨境电子商务（Cross-border Electronic Commerce，简称跨境电商），是指分属不同关境的交易主体，通过互联网或其他相关信息平台达成交易，进行支付结算，并通过跨境物流及异地仓储送达商品、完成交易的一种国际商业活动。跨境电商是将传统国际贸易加以电子化、网络化的新型贸易方式，跨境电商打破了国家与地区之间的壁垒，以贸易为核心，将传统贸易的信息展示、支付交易等环节转移到互联网，实现贸易的全球化、网络化、无形化、一体化及个性化等。党的二十大报告提出要"加快建设贸易强国"。作为一种新业态、新模式，跨境电子商务已成为我国外贸发展的新动能、转型升级的新渠道和高质量发展的新抓手。

跨境电商成为
我国外贸发展新动能

### 9.1.2 跨境电子商务的特点

跨境电子商务的特点如下。

(1) 全球化。

互联网是一个没有边界的媒介，具有全球性和非中心化的特点。依附于互联网产生的跨境电商也因此具有了全球性和非中心化的特点。电子商务的交易方式与传统的交易方式相比，一个重要的特点就是无边界性，它丧失了传统交易方式所具有的地理因素。参与跨境贸易的各方通过互联网在全世界范围内进行贸易，互联网用户不需要考虑跨越国界，就可以把产品尤其是高附加值产品和服务提供给全球市场，同时全球的消费者只要接入互联网就可以实现交易，无须太多关注制造商所在地。

(2) 信息化。

互联网的发展给数字化产品和服务的传输提供了巨大的便利，而数字化传输是通过不同类型的媒介，如数据、声音和图像在全球化网络环境中集中进行的，这些媒介在网络中是以计算机数据代码的形式出现的。跨境电商以现代技术和网络渠道为主要交易途径，其信息化表现在两个方面，一是跨境电商通过互联网实现信息传递，跨境电商商务活动各个环节的信息多以无纸化的方式呈现，交易双方通过即时通信工具或邮件实现信息的无纸化发送和接收，这种无纸化交易既可以保证交易的顺利进行，同时也更高效、安全；二是随着网络信息技术的发展，音乐、影视作品、软件等数字化商品的品类和交易量不断增长，此类商品通过跨境电商进行交易的趋势也更加明显。

(3) 复杂性。

跨境电商具有复杂性，主要体现在其流程的复杂性且涉及多方业务配合，跨境电商具备电子商务的特点，其运行需要信息流、资金流及物流的紧密结合，任何一个方面的不足或衔接不够都会影响整体跨境商务活动的顺利完成。此外，跨境电商作为国际贸易的一种交易方式，其业务涉及海关、外汇、税收及货运等多个环节，在通关、支付、税收等领域还需要法规政策的进一步支持及规范。跨境电子商务目前处于快速发展时期，未来不管是技术还是商务模式等方面都具有很大的成长空间。跨境电商容易受到各国政策及国际经济政治环境的影响，其风险触发因素包括市场汇率风险、知识产权纠纷风险及政治风险等。

### 9.1.3 跨境电子商务与国内电子商务的区别

跨境电商与国内电商的区别主要体现在交易主体的差异、交易流程的差异、交易风险的差异等方面。

(1) 跨境电商的交易主体是指不同关境的主体，包括国内企业、国内个人、境外企业及境外个人等，交易主体遍布全球，而国内电商的交易主体一般是国内企业、国内个人等。

(2) 由于交易主体的不同，导致跨境电商的交易流程有别于国内电商。跨境电商的交易流程相对复杂，需要经过海关通关、检验检疫、外汇结算和缴税退税等更多环节。此外，跨境电商的物流由于路途遥远、时间较长、货损率较高及投递时效的不确定性，导致其系统更复杂，跨境物流解决方案相较于国内电商物流而言更多样。在支付方面，国内以第三方支付和移动支付为代表的支付体系发展较为完善，解决了国内电商的支付需求；而跨境电商由于其全球性的特点，交易主体可遍及全球，且不同地区的支付结算发展阶段高度不平衡，国际支付的解决方案更复杂。

（3）跨境电商与国内电商的交易风险也存在差异。跨境电商的主体一般分布在不同的国家，每个国家的法律存在不同，跨境电商更容易受到国际经济、政治宏观环境及各国法律政策的影响。在跨境电商市场中，侵犯知识产权的现象更易发生，而后续的司法诉讼和赔偿手续都更加烦琐。

### 9.1.4 跨境电子商务的分类

跨境电商可以按照不同的维度进行分类，其分类标准包括进出口方向、交易主体类型、销售渠道、第三方平台服务类型等。跨境电商的分类如表 9.1 所示。

表 9.1 跨境电商的分类

| 分类标准 | 具体分类 |
| --- | --- |
| 按进出口方向划分 | 出口跨境电商；<br>进口跨境电商 |
| 按交易主体类型划分 | 企业与企业（B2B）之间的跨境电商；<br>企业与个人消费者（B2C）之间的跨境电商；<br>个人消费者与个人消费者（C2C）之间的跨境电商 |
| 按销售渠道划分 | 第三方跨境电商平台；<br>独立站 |
| 按第三方平台服务类型划分 | 信息展示平台；<br>在线交易平台 |

（1）按进出口方向划分。

根据进出口方向的不同，跨境电商可以划分为进口跨境电商和出口跨境电商两种类型。

① 进口跨境电商是指境外企业借助跨境电商平台与境内企业或个人消费者达成交易，并通过跨境物流将商品送至境内，最终完成交易的商业活动。其代表平台包括天猫国际、京东国际、考拉海购等。

② 出口跨境电商是指境内企业借助跨境电商平台或其他销售渠道与境外企业或个人消费者达成交易，然后通过跨境物流将商品送至境外，最终完成交易的商业活动。其代表平台包括阿里巴巴国际站、敦煌网、全球速卖通、亚马逊等。

跨境电商品牌出海

（2）按交易主体类型划分。

根据交易双方主体类型的不同，跨境电商可划分为 B2B 跨境电商、B2C 跨境电商、C2C 跨境电商三种类型。

B2B 跨境电商是指分属不同关境的企业之间，通过电商平台达成交易，进行支付结算，并通过跨境物流送达商品、达成交易的一种国际商业活动。典型的 B2B 跨境电商平台主要有阿里巴巴国际站、敦煌网，中国制造网等。

B2C 跨境电商是指不同关境的企业直接面向消费者开展在线销售产品和服务业务，通过电商平台达成交易，进行支付结算，并通过跨境物流送达商品、完成交易的一种国际商业活动。典型的 B2C 跨境电商平台有亚马逊、全球速卖通、Shopee 等。

C2C 跨境电商是指分属于不同关境的个人卖家对个人买家开展在线销售产品或服务，个人卖家与个人买家在电商平台上完成各项活动，并通过跨境物流实现商品交易的一种模式。其代表平台包括淘宝全球购、洋码头等。

（3）按销售渠道划分。

跨境电商企业可以选择入驻第三方跨境电商平台或通过独立站模式开展跨境业务。

① 第三方跨境电商平台主要通过线上搭建商城，并整合物流、支付、运营等服务资源，吸引商家入驻，为其提供跨境电商交易服务，而跨境电商平台多以收取商家佣金以及增值服务佣金作为其主要盈利模式。

② 独立站主要是指拥有独立域名、内容、数据且权益私有，具备独立经营主权和经营主体责任，由社会化云计算能力支撑，并可以自主、自由对接第三方软件工具、宣传推广媒体与渠道的网站。

（4）按第三方平台服务类型划分。

根据第三方平台提供服务类型的不同，跨境电商平台可进一步划分为信息服务平台和在线交易平台。

① 信息服务平台主要是指为其会员提供商品或服务信息展示的平台，这类平台通过传递供应商或采购商等商品或服务信息，促使买卖双方完成交易。其代表平台包括阿里巴巴国际站等。其主要盈利模式包括收取会员服务费用和增值服务费用。会员服务是指入驻卖家缴纳一定的会员费用后才可以享受的平台提供的各种服务；增值服务包括竞价排名及展位推广在内的多种付费服务。

② 在线交易平台为买卖双方之间的网上交易和在线电子支付提供平台。该类平台不仅提供商品、服务等多方面信息展示，还可以让用户通过线上平台完成检索、咨询、对比、下单、支付、物流和评价等全购物环节。典型的在线交易平台包括亚马逊、全球速卖通、敦煌网等。其主要盈利模式包括收取交易佣金及其他增值服务费用，其中，佣金是指交易成功后平台按照一定比例收取的卖家交易佣金费用。不同平台的不同类目可能采用不同的佣金比例。

## 案例 9-1

### 跨境电商第一股——兰亭集势

兰亭集势成立于 2007 年 6 月，其英文名是：Light in the box，意指盒子里的光。兰亭集势最初主要销售的产品是婚纱礼服，后来公司销售的产品品类不断拓展，目前销售的产品涵盖服装、饰品、玩具、家居用品、电子产品等 14 大品类。兰亭集势主要销售市场为北美洲和欧洲。2013 年，兰亭集势在美国纽交所挂牌上市，成为我国跨境电商第一股。

兰亭集势作为外贸 B2C 网站，其主要的运营模式是将我国本土的商品售卖到海外的消费者手中，凭借产品采购及销售产品中间的差价来盈利。兰亭集势建立了高效的供应链管理机制,直接从制造商进货并直接面向销售者销售,缩短了供应链环节,实现了从工厂到网站再到消费者的最短销售链条,实现较高毛利率。为了进一步提升供应链管理的广度与深度,兰亭集势一方面与更多的供应商合作,不断增加商品的品类以提升网站货品的丰富度;另一方面,吸引优质的供应商并纳入产业链条,进一步整合供应链,以实现小批量、多批次的生产需求。兰亭集势的订单处理模式是,消费者下单后,订单会通过信息系统传送给仓库,基于公司独特的供应链网络,在订单数量较少的情况下,订单会被直接提交到供应商,大多数情况下,非定制的商品在消费者下单后的14天内会送到消费者手里。

2014年5月,兰亭集势开始平台招商,发布全球时尚开放平台战略,吸引优质商家入驻到平台中,并承诺向接入平台的卖家提供全球本地化、订单履行、客户服务、开放数据等基础服务。招商对象主要为国内线下传统品牌、互联网品牌和外贸工厂,兰亭集势会收取商家的交易佣金作为分成。2015年1月,兰亭集势启动"兰亭智通"全球跨境电商物流平台,"兰亭智通"旨在以开放平台模式为跨境电商卖家整合全球各地物流配送服务商,通过提供开放比价竞价、多物流商协调配送、全球智能路径优化等一系列功能,为卖家提供高性价比的物流服务,从而降低跨境物流成本。

(资料来源:逯宇铎,陈璇,孙速超,2019.跨境电子商务案例[M].北京:机械工业出版社.)

## 9.2 第三方跨境电商平台与独立站

对于跨境电商企业,既可以选择入驻第三方跨境电商平台,也可以通过自建独立站的模式开展跨境业务,两种模式各有其优劣势,商家可以根据自身的业务需求及企业客观条件进行销售渠道的选择,也可以选择同时搭建这两种模式,以下将针对这两种模式进行介绍。

### 9.2.1 第三方跨境电商平台

目前,市场上较为活跃的跨境电商平台很多,每个平台都有自己的特点及优势,也有自己的入驻门槛和运营规则。以下列举几家有代表性的第三方跨境电商平台。

1. 亚马逊

亚马逊公司成立于1995年。2015年亚马逊全球开店业务进入中国,旨在借助亚马逊全球资源,帮助中国卖家抓住跨境电商新机遇,发展出口业务、拓展全球市场、打造国际品牌。目前,亚马逊美国、加拿大、英国、法国、德国、意大利、西班牙、日本等海外站点已面向中国卖家开放,吸引了数十万中国卖家入驻。

亚马逊的入驻门槛较高。首先,亚马逊对卖家的企业资质进行严格的审核,审核通过后商家才能入驻亚马逊平台。而入驻到亚马逊平台的商家也需严格遵守平台的规则,例如,亚马逊规定卖家不得试图影响买家评分、反馈和评论,不得发送未经请求或不恰当的沟通信息等。若违反亚马逊的行为准则或任何其他亚马逊政策,亚马逊可能会对卖家的账户进行相应的处罚,包括产品下架、暂停或没收付款以及撤销销售权限等。

亚马逊非常重视优质产品的展示,会根据短时间内的订单数量,不定期更新产品排名。排名越靠前,则订单越多。而订单越多,也会促使商品的排名越靠前。亚马逊平台始终坚持"买家至上"的理念，在平台规则的制定上，非常重视保护消费者的权益。亚马逊对在平台上购买商品的所有买家实施保护政策，如果买家不满意第三方卖家销售的商品或服务，可以发起亚马逊商城交易保障索赔（Amazon A-to-Z Guarantee claim，A-to-Z 索赔），以保障自己的利益。

亚马逊平台构建了完善的物流体系 FBA，为卖家提供包括仓储、拣货、包装、终端配送、客户服务与退货处理等在内的一站式物流服务，帮助卖家提高物流服务水平。此外，亚马逊平台推出了 Prime 会员服务（亚马逊付费会员制度），以美国站点为例，平台为 Prime 会员提供美国境内不限次数的免运费两日达服务（个别商品除外），Prime 会员还可以享受提前闪购、免费试听音乐、会员专属折扣、观看海量电影和影视剧等多种增值服务。

2. 全球速卖通

全球速卖通（AliExpress）平台成立于 2010 年，是阿里巴巴为了帮助我国中小企业接触境外买家，实现小批量、多批次快速销售，拓展利润空间而全力打造的集订单、支付、物流于一体的外贸在线交易平台。截至 2022 年年底，全球速卖通已覆盖 220 个国家和地区，主要交易市场为俄罗斯、美国、西班牙、巴西、法国等国家，共支持 18 种语言站点，平台覆盖 22 个行业，囊括大多数日常消费类目，其在售商品备受海外消费者欢迎。全球速卖通平台流量较大，并且支持全球 51 个国家的当地支付方式。

全球速卖通是阿里巴巴集团旗下的平台，其页面整洁、操作简单，非常适合新人上手。另外，阿里巴巴一直有非常完备的社区和客户培训体系，通过社区和客户培训，跨境新卖家可以快速入门。因此，速卖通非常适合跨境新卖家，尤其是所售商品符合新兴市场的卖家，以及商品有供应链优势、价格有明显优势的卖家。

3. 阿里巴巴国际站

阿里巴巴国际站成立于 1999 年，是阿里巴巴集团的第一个业务板块，现已成为全球领先的 B2B 跨境电商平台之一。阿里巴巴国际站致力于打造全球领先的数字化出海服务平台，重构跨境电商全链路，帮助跨境电商买卖双方精准匹配需求，为商家提供数字化营销、交易、金融及供应链服务。截至 2024 年 6 月，阿里巴巴国际站覆盖了 200 多个国家和地区，拥有超过 4 000 万的活跃海外买家，是出口企业拓展国际贸易的重要平台之一。

阿里巴巴国际站不仅能为卖家提供一站式的店铺装修、商品展示、营销推广、生意洽谈等服务和工具，还能提供类目搜索、产品搜索、供应商搜索以及供应商店铺内搜索功能，能让用户快速高效地匹配到最合适的产品、供应商或资讯。此外，阿里巴巴国际站通过构建数字化及多元化营销场景，帮助卖家获取海量买家。在商机获取方面，阿里巴巴国际站提供的服务包括出口通、金品诚企、顶级展位、外贸直通车、明星展播和橱窗等，均可供供应商进行选择。阿里巴巴国际站还能为卖家提供较新的行业发展和交易数据信息，帮助卖家寻找更多的商机。此外，阿里巴巴国际站还能为卖家提供专业、系统的培训，帮助卖家全方位提高运营能力。

4. eBay

eBay 成立于 1995 年，是一个可让全球用户在网上买卖物品的线上拍卖及购物网站。借助强大的平台优势、安全快捷的支付解决方案以及完善的增值服务，eBay 成为全球领先的线上购物网站之一。eBay 在全球拥有数量庞大的网上店铺,每天更新的商品可达数百万件。根据官网统计,截至 2023 年,eBay 平台目前在全球共有 190 个市场,活跃买家数达 1.32 亿,此外平台上的活跃商品数已达 16 亿。

eBay 平台的优势主要体现在以下几个方面:①入驻门槛低。卖家只需要注册 eBay 账号,就可以在 eBay 设立的全球各个站点上轻松地开展销售。入驻 eBay 可以以企业卖家身份入驻,或者以个人卖家身份入驻。②销售方式灵活。eBay 平台为卖家提供了多种销售方式,包括拍卖方式、一口价方式及"拍卖+一口价"方式等,让卖家有更多的选择。③销售品类的独特性。eBay 是一个成熟的二手商品交易平台,卖家销售的商品只要不违反法律和 eBay 平台政策规定,均可在 eBay 平台上刊登销售。卖家刊登的商品可以是稀有且珍贵的物品,也可以是个人收藏的小物品。

5. Shopee

2015 年,Shopee 平台在东南亚成立,在 Shopee 上线后不到一年,其应用程序下载量即突破 300 万次,每月成交商品数达到 1 000 万件,并且在 Shopee 上线第一年的成交总额就达到了 18 亿美元,被称为东南亚地区的"电商黑马"。截至 2022 年 7 月,Shopee 平台共上线新加坡站、马来西亚站、菲律宾站、印度尼西亚站、泰国站、越南站、巴西站、智利站、哥伦比亚站、墨西哥站等站点。

东南亚市场是 Shopee 平台的主要市场之一。东南亚市场人口基数大,具有较大的人口红利。同时东南亚地区是全球互联网发展较快的地区之一,随着互联网技术的发展和智能手机在东南亚地区的普及,当地用户对于网购的需求日益加深,这为 Shopee 平台带来了庞大的用户基础。

在东南亚市场,Shopee 平台因地制宜开展本土化运营,根据不同区域消费者个性化的网购需求及习惯,针对每个站点都制定符合当地网购需求和趋势的本土化方案,推出了各市场专属的独立应用程序,由了解本地消费者的本土团队独立运营。

6. 敦煌网

敦煌网于 2004 年创立,是中国领先的 B2B 跨境电商交易平台,敦煌网致力于打造帮助我国中小企业走向全球市场的跨境电商交易平台,且敦煌网是我国首家提供 B2B 线上交易服务的网站。截至 2022 年 6 月,敦煌网已拥有 230 万以上累计注册供应商,年均在线产品数量超过 2 500 万,累计注册买家超过 3 640 万,覆盖全球 223 个国家及地区,拥有 100 多条物流线路和 10 多个海外仓,以及 71 个币种支付能力。

敦煌网是一个专注于小额 B2B 领域的跨境电商平台,侧重于帮助我国中小企业开展小批量的 B2B 跨境交易。通过整合传统外贸企业在关检、物流、支付、金融等领域的生态圈合作伙伴,敦煌网打造了集相关服务于一体的全平台、线上化外贸闭环模式,降低中小企业对接国际市场的门槛。

7. Wish

Wish 是移动跨境电商平台的领先者,成立于 2010 年,总部位于美国旧金山,是欧美领先的移动电商平台,专注于以线上购物中心的形式直接面向全球消费者,提供高性价比的优质产品。与其他跨境电商平台同时兼顾 PC 端流量和移动端流量不同,Wish 是一个专注于移动端的跨境电商平台。Wish 平台采取了瀑布流的形式展示商品,商品图片能够不断地自动加载到页面底端，买家在 Wish 平台上浏览商品时无须翻页，就能不断地看到商品图片。

与其他电商平台注重用户主动搜索商品不同，Wish 平台能够根据用户的注册信息和过往行为分析并推测某一群体的喜好，并为用户提供个性化的商品推荐。Wish 依托于平台的智能算法，根据用户的购物行为为买家贴上相应的个性标签，并将买家标签与平台上的商品标签进行匹配，从而向买家精准地推荐符合其购买偏好的商品。从某种意义上来说，Wish 平台的智能推荐使适合用户的商品能够"主动"地展现在买家面前，而不是被动地依赖买家的搜索才能展现在买家面前。

### 9.2.2 独立站

独立站是指在电商领域中拥有独立的域名、空间、页面的网站，通过该网站可以进行商品线上推广、销售、售后等一系列交易和服务。"独立"是其最大特点，因为它不从属于任何平台。在合法合规的情况下，流量、品牌、知名度等都完全属于这个独立站。独立站与第三方平台在定位、支出、运营等方面都不同。

从某种程度上说，独立站是跨境电商在全球贸易竞争中遵循本地化原则的产物。独立站不同于亚马逊、eBay 等第三方跨境电商平台，主要通过企业自己的官方线上商店直接与消费者互动，进行销售活动。一般情况下，一个刚成立的独立站几乎没有任何自然流量。

1. 独立站模式简介

近年来，独立站模式伴随着跨境电商的发展而不断变化，并通过不断调整产业模式来顺应市场需求。从初期粗放型铺货零售，转型到精准识别市场需求的爆品站群，独立站卖家根据自身条件和市场环境，衍生出了精品零售、铺货零售、精品小额批发、爆品单站、批发分销、代发货等多种独立站模式。

其中，精品零售主要为深耕某个品类或者某个属性的卖家。针对专业度较强的商品，零售商适合选用精品零售的模式。代发货模式下的零售商不再需要商品库存，而是把客户订单和装运细节提供给供应商，供货商再将货物直接发送给最终客户，零售商赚取批发价格和零售价格之间的差价。

2. 独立站运作流程

图 9.1 展示了独立站的基础运作流程，包括选品、网站建站、网站运营及站外营销。

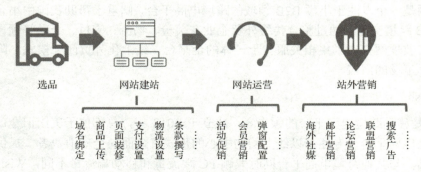

图 9.1 独立站的基础运作流程

当前商家搭建网站主要有三种方式：
① 利用 SaaS 系统建站，例如 Shopify、Shoplazza、Shopline 等；
② 利用 WordPress、Magento、Opencart 等开源程序搭建；
③ 自建团队开发网站。

三种方式的开发难度依次递增：SaaS 系统建站 < 开源程序搭建 < 自主开发。后两种方式都有一定的技术门槛，需要专门的团队进行开发和后期运维，对于普通卖家来说成本昂贵。而 SaaS 系统建站工具已经预先完成了复杂的底层建构工作，不需要卖家具备代码基础，大大降低了独立站的建站门槛。卖家使用时只要按自身需求对商品、店铺装修、营销方式等模块进行简单设置即可。

### 9.2.3 两种模式的比较

近年来，越来越多的出口卖家将目光投向了独立站，独立站成为企业拓展新市场的重要渠道。相比第三方跨境电商平台，跨境电商独立站的自主性、成长性优势突出。表 9.2 从基本属性、产品特性、站内运营、推广营销、支付、物流和佣金七个方面对独立站与第三方跨境电商平台进行了对比。

表 9.2 独立站与第三方跨境电商平台的对比

| 项目 | 独立站 | 第三方跨境电商平台 |
| --- | --- | --- |
| 基本属性 | 卖家自建网站，网站只售卖其自有商品，无平台流量导入 | 卖家通过入驻平台来搭建自己的店铺，与其他卖家共享平台流量 |
| 产品特性 | 经营的优势产品具备差异性、品牌优势明显、复购率较高等 | 多数为价格优势产品，多依靠平台监管完成信用保障 |
| 站内运营 | 网站运营由卖家自己决定 | 需要卖家严格遵循第三方跨境电商平台既定的规则 |
| 推广营销 | 社媒营销、搜索引擎营销、联盟营销等 | 第三方跨境电商平台站内推广、社媒营销、搜索引擎营销、联盟营销等 |
| 支付 | PayPal、第三方信用卡收单、线下转账、本地支付等 | 一般由第三方跨境电商平台提供相应的收款渠道供卖家进行选择 |
| 物流 | 国内直邮、海外仓 | 国内直邮、海外仓、第三方平台自建物流模式 |
| 佣金 | 建站相关费用、支付费率等 | 平台交易佣金、店铺月租费、支付费率等 |

总体而言，相较于第三方跨境电商平台模式，独立站模式下的跨境商家自主权较高，可以避免第三方跨境电商平台的规则制约带来的风险。独立站模式支持跨境商家自主积累和应用客户数据，商家可以自行展开会员管理、优惠积分等多样化营销活动，有利于用户认知、识别，可以提高用户黏性和复购率，更适合跨境商家塑造自己的品牌。近年来，快速建站工具的兴起，极大降低了企业的建站门槛，且运营成本并不高于第三方跨境电商平台。而独立站模式的核心难点在于网站流量的获取，前期需要商家持续为网站流量的获取付出相应的成本。

第三方跨境电商平台模式比较适合处于起步阶段的中小卖家，但是部分第三方跨境电商平台的规则较严格，且以买方利益为重，资金结算较慢，卖家在运营过程中可能会遭遇到账号受限等风险。同时，第三方跨境电商平台卖家众多，增速放缓，同质化竞争较为激烈，整体营销自主性、创新性和服务深度都有很大的局限性。因此，相较于搭建独立站，第三方跨境电商平台模式不利于品牌自有用户的沉淀。

**案例 9-2**

### SHEIN：独立站模式的"天花板"

中国快时尚跨境电商企业 SHEIN 已成为全球最大的在线快时尚零售商之一。其凭借超高性价比、快速上新且琳琅满目的商品，得到了欧美年轻女性的关注，席卷了欧美年轻女性用户的衣柜。2022 年 5 月，SHEIN 登上苹果商店美国地区所有类别 App 下载排行榜榜首。在营收方面，SHEIN 实现连续八年超过 100%的增长。在融资方面，2020 年完成 E 轮融资后的 SHEIN 估值已超 150 亿美元。

SHEIN 主打上新快、价格低，以增强用户黏性，SHEIN 商品的平均单价在 10～20 美元，价格远低于老牌快时尚企业 Zara，且上新数量远超 Zara，凭借其性价比切中用户最主要需求。SHEIN 的成功不仅仅依靠极致的供应链管理，其精细化全链路海外营销策略更是国内出海企业学习的典范。总体而言，SHEIN 的营销策略也十分清晰：从搜索引擎到社交媒体，再到独立站及移动应用的全渠道用户触达和激活链路。

SHEIN 创始人许仰天曾从事搜索引擎优化工作，外贸线上营销经验丰富，SHEIN 在 2009—2012 年通过谷歌广告积累了第一波用户。除了搜索引擎营销，在社交媒体内容运营方面，SHEIN 始终保持内容的"快速迭代"，以 Instagram 为例，每年新增 SHEIN 相关的帖子数量达 100 万以上。此外，该公司早在 2012—2014 年就开始在 Facebook、YouTube 及 Pinterest 等主流社交平台上开展社交媒体营销，获取了早期的海外社交媒体营销红利。在 Instagram 上，SHEIN 官方账号之一"shein offical"发帖数量达到 2.3 万。同时在 Instagram 上，仅与"SHEIN"标签相关的帖子数量就高达 620 万以上，成千上万的女孩分享她们的 SHEIN 穿搭。在 YouTube 上，SHEIN 官方频道拥有超过 20 万的订阅者，有海量的关于 SHEIN 的"试穿视频""开箱视频"以及"我的衣柜"等由 KOL/KOC 创作的视频，其中有大量视频的播放量超过百万甚至千万。如今 TikTok 也成为 SHEIN 海外营销的主阵地，shein offical 的粉丝数量达到 500 万以上，且根据不完全统计，SHEIN 相关视频的播放量已超过 200 亿。

为提升 SHEIN 的品牌影响力，SHEIN 通过小成本合作了大量"网红"，进行"网红营销"，并在 YouTube 等平台上合作发布海量的合作视频。目前与 SHEIN 合作的"网红"，既包括粉丝量不足一万的垂直领域 KOC，也包括粉丝数量达到几百万上千万的"量级红人"，巨量的内容营销给 SHEIN 带来了病毒式传播效果。在这种爆炸式的内容输出影响下，当由"网红"带来的 SHEIN 消费热潮形成后，消费者会自发分享 SHEIN 衣物穿搭，并成为品牌的免费推广者，而这些消费者又会进一步影响他人，形成口碑效应。

除了常规的网红营销，SHEIN 还采取联盟营销的方式，在其官网宣传联盟营销计划，邀请世界各地的粉丝加入推广其产品的阵营，并根据销售额的比例给推广者进行返佣，返佣比例可达 10%～20%。该举措又进一步刺激了大量的粉丝自发宣传 SHEIN 的产品，生成大批优质内容，SHEIN 借此获取大量的引荐流量。

（资料来源：司佳，薛黎，2023. 跨境电子商务[M]. 北京：中国商务出版社.）

## 9.3 跨境电商物流与支付

无论是国内电商还是跨境电商，其产业链均涉及物流环节与支付环节。跨境电商的顺利开展需完备的物流与支付解决方案。由于交易主体的不同，跨境电商的交易流程相较于国内电商更加复杂。跨境电商的物流解决方案相较于国内电商更多样，而国际支付的解决方案更复杂。

### 9.3.1 跨境电商物流

本书主要针对出口跨境电商物流进行介绍。整体而言，出口跨境电商的物流可以分为国内直邮模式和海外仓模式，两种模式均有其特点及优势与劣势，商家可以根据自身的需求进行物流模式的选择。

1. 国内直邮模式

国内直邮模式主要涵盖邮政物流、国际商业快递以及跨境专线物流三大类。邮政物流是指各国和地区邮政部门所属的物流系统。邮政物流包括各国邮政局的邮政航空小包、大包以及中国邮政旗下的产品如 e 邮宝、e 特快、国际平常小包、国际挂号小包、中速快件等物流产品。邮政物流的优势是邮寄范围广，可以寄到全球大多数地区，价格相对实惠，尤其相对于商业快递有绝对的价格优势。邮政物流的缺点为速度较慢，运送时间较长，且丢包率较高。此外，邮政物流一般以私人包裹形式出境，无法享受正常的出口退税，且不方便海关统计。

国际商业快递也称国际快递，是指在两个或两个以上国家或地区之间进行的快递、物流业务。在跨境电商中常见的商业快递主要包括 DHL、FedEx、UPS、TNT 等，不同的国际快递公司在运输渠道、服务内容上具有不同的优势。这些国际快递基于其 IT 系统和通达全球的自建全球物流网络，实现将商品快速送达。国际商业快递的优势为覆盖范围广、速度快、服务好，且丢包率低，在包裹发往欧美地区时，国际商业快递更具有服务优势。例如，使用 DHL 从中国邮寄包裹到欧洲，可实现 3 个工作日到达，给消费者带来优质的物流体验。但是国际快递的价格较昂贵，且资费会有明显的价格波动，一般在买家强烈要求时效性的情况下，才会使用商业快递进行发货，且通常会向客户收取运费。

跨境专线物流是指从一个国家（地区）到另一个国家（地区）的专线运输。跨境专线物流一般是指从国内仓库集货，使用飞机固定时间和航线将跨境电商货物批量直接发往特定国家或地区的专门设计的跨境专用物流线路。通常情况下，跨境专线物流会使用航空包仓的方式完成货物的跨境运输，或者通过海运、铁运等其他运输方式将货物运输到目的国，然后由第三方合作企业对货物进行目的地范围内的派送。目前，市面上较普遍的物流专线包括美国专线、欧洲专线、俄罗斯专线以及澳大利亚专线等，有物流公司曾推出南美专线、中东专线等新型物流专线。此外，按照跨境专线物流的运输方式，也可以将其划分为航空专线、铁路专线、大陆桥专线以及多式联运专线等。

2. 海外仓模式

海外仓模式

海外仓是指设在海外的仓库。海外仓通常由网络外贸交易平台、物流服务商单独或合作设立，为卖家在目的国提供货品存储、分拣、包装、派送一站式控制与管理服务。海外仓可助力卖家提升订单交付能力，在接近买家的地区设立仓储物流节点，通常具有货物储存、本地配送和售后服务等功能。

海外仓模式有很多优点。首先，使用海外仓可以助力卖家扩展销售品类。相较于国内直邮模式，海外仓模式可支持运输更多品类，例如，体积、重量大的产品，或者是易碎产品、带电带磁产品等。针对这些产品，若卖家选择从国内直接发货，不仅限制较多且成本高昂。而选择海外仓模式不仅不受限制，且通过规模优势可降低商家的物流成本。其次，使用海外仓可以加快物流时效，大大缩短物流运输时间，且物流时效较稳定，当买家要求退换货时，商品可以直接退回商家的海外仓，方便商品的售后处理。因此，海外仓模式对于提升用户的购物体验，提高客户满意度具有重要意义，更容易获得国外买家的认可。最后，选择海外仓还可以提高产品的曝光率。以亚马逊为例，该平台通常会增加可提供海外仓服务的商品及店铺的曝光率，进而增加店铺的销量。

虽然海外仓模式存在诸多优点，但缺点也是不可忽视的。选择海外仓模式需要商家投入大量的资金，包括备货的资金、仓储的资金等，整体资金的回流周期较长，如果卖家的资金无法得到周转，可能会造成企业资金链断裂等严重后果。此外，选择海外仓模式的卖家需要提前备货，而提前备货又容易造成货物积压，因此对卖家的供应链管理、库存管控等提出了更高的要求。

### 案例 9-3

**递四方：跨境电商供应链综合服务提供商**

深圳市递四方速递有限公司（以下简称递四方）成立于 2004 年，是一家全球跨境电商供应链综合服务提供商。自公司成立以来，专注跨境电商物流一个领域深耕发展，以 IT 技术和大数据为核心驱动力，通过全球仓配网络和末端交付网络，用创新可靠的物流供应链服务赢得广大跨境电子商务卖家的信赖，已经发展成为跨境电商物流领域的龙头企业。公司在全球共拥有约 10 000 多名员工，超过 100 家分支机构，服务全球约 100 万家跨境电商商户与超过 2 亿名跨境电商终端用户。递四方于 2016 年获得菜鸟网络战略投资，成为阿里巴巴买全球卖全球战略的重要合作伙伴与物流服务提供商，逐步成为跨境电商综合物流服务商之一。

目前，递四方以全球包裹递送网络（GPN）及全球订单履约网络（GFN）两张网络为基础，提供包括全球订单履约服务、仓储与物流管理系统服务、全球退件解决方案、全球包裹直发服务以及全球转运进口等五大服务。其具体的产品包括订单宝、国际空运、亚马逊 FBA 头程物流、4PX 物流专线、新加坡邮政小包等物流服务。

在专线物流方面，4PX 物流专线通过整合全球的速递资源，将货物在国内集中分拣，配载直飞航班，由递四方的海外代理在当地完成清关和本地派送。4PX 物流专线服务覆盖范围广、时效快，操作灵活，适合运送高价值、时效要求高的物品，且大部分地区无须收取偏远地区附加费。

在海外仓储服务方面，递四方持续不断对海外仓服务进行投入，递四方已在全球铺设海外仓 40 余个，面积近 100 万平方米，覆盖美国、加拿大、澳大利亚、日本、英国、德国、西班牙、捷克等 16 个国家。订单宝是递四方为卖家量身定做的集采购管理、仓储管理、订单管理、库存管理、物流配送管理于一体的仓储外包服务。电子商务卖家只需要把货物寄存在递四方分布在全球的仓库，由递四方完成入库质检、货物上架、库存管理、接收订单、订单分拣、订单复核、多渠道发货等所有物流环节的操作。

（资料来源：网络资料整理。）

## 9.3.2 跨境电商支付

境支付是指两个或两个以上的国家或地区之间因国际贸易、国际投资以及其他方面所发生的国际债权债务，借助一定的结算工具和支付系统实现的资金跨国或跨地区转移的行为。跨境电商支付即基于电商平台的跨境支付。全球不同地区的支付体系发展存在较大的差别，不同地区的跨境电商买家的主流付款方式也存在较大的差别。例如，北美地区信用卡的普及率较高，且因信用卡线上支付较为方便，所以信用卡支付是当地最常见的线上支付方式。而在跨境电商的新兴市场——中东地区，部分用户习惯用信用卡支付，也有用户选择通过本地化支付方式进行网上支付，此外，货到付款也是当地部分用户进行支付的选择。

（1）跨境电商收款。

跨境电商收款主要是指跨境卖家提取货款到自己账户的过程。常见的跨境电商收款方式主要包括信用卡直接收款、第三方支付工具收款、专业汇款公司支付以及传统的银行电汇支付等。第三方支付工具收款是指第三方支付机构为跨境电子商务的交易双方提供跨境互联网支付或移动支付服务，包含外汇、资金集中收付及相关结算等业务，具有快速便捷、安全性高等特点。常见的第三方支付工具包括 Paypal、连连支付、Payoneer、PingPong 等。

（2）跨境电商结售汇。

我国消费者在网上购买国外商家产品或国外消费者购买我国商家产品时，因支付币种不一样，需要通过一定的结算工具和支付系统实现两个国家或地区之间的资金转化，最终完成交易。跨境电商支付与国内支付的主要区别在于跨境电子支付涉及资金结售汇和收付汇。从支付资金的流向来看，跨境电商出口业务涉及跨境收入结汇，结汇是指出口跨境卖家将销售商品所获得的海外货币，按照国家公布的外汇牌价进行销售，并折合成本国货币。

常见的结汇途径包括第三方收结汇、通过国内银行收结汇、以个人名义拆分结汇流入等。可供商家选择的第三方机构很多，不同的第三方机构可以提供不同服务标准的结汇服务，不同机构的结汇费率也不同，商家可以根据自己需求选择合适的第三方机构。

（3）跨境电商支付的风险点与对策。

跨境电商支付是一个很庞大且精细的系统，因为跨地域、跨行业、多场景，跨境支付系统相对复杂，跨境交易过程中会产生一定的风险，包括交易信用风险、网络支付安全风险以及资金管理风险等。表 9.3 展示了跨境电商支付业务面临的主要风险的引发原因及防范措施。

表9.3 跨境电商支付业务面临的主要风险的引发原因及防范措施

| 主要风险 | 引发原因 | 防范措施 |
| --- | --- | --- |
| 交易信用风险 | ①跨境电商的交易双方信用问题，比如买家欺诈，卖家虚假发货。②网络交易，现金流和物流在时空上是分离的。如果没有可靠的信用保证（比如第三方机构），交易很难正常进行 | ①增强风险防控意识，记录交易数据，设置购买条件，电话核对卖家信息，建立卖家黑名单，借助管控交易数据等手段降低交易欺诈发生的可能性。②企业通过建立以数据驱动为核心的反欺诈系统来进行风险管控。比如通过签名识别、证照校验、设备指纹校验、IP 地址确认等审核方式，核实买家信息、送货地址。③第三方支付机构加强行业内部的风险共享和合作机制，将识别出的高危信息做行业内共享警示 |
| 网络支付安全风险 | ①网络安全问题：中断、截获、修改、伪造手段造成个人信息泄露，资金被盗取，常见手段如黑客攻击，病毒及木马程序等。②网络系统问题：网络支付的业务操作和大量的风险控制工作均由软件系统完成，全球电子信息系统的技术和管理中的缺陷或问题成为网络支付运行的最为重要的系统风险 | ①加强技术安全防范建设，通过数据加密、数字签名、安全协议、安全通信通道等技术手段确保网络支付等安全性。②完善跨境电商支付监管体系，建立安全可靠的支付系统 |
| 资金管理风险 | ①资金滞留：在使用第三方平台支付时，买家先打款给第三方平台，待买家确认收货后，货款才会打给卖家，这会产生一个资金滞留时间。或者由于部分第三方支付平台提现手续费高的原因，卖家为了节省提现成本没有及时提现，也会产生资金滞留风险。②汇率变动：在宏观经济环境和全球局势不稳定的情况下，各国之间汇率波动相差较大，行业竞争或者销售端没有根据汇率调价的情况下，就可能导致卖家承受汇率损失 | ①对于流程冗长造成的资金滞留，可以通过简化流程，提高资金的流转效率，降低资金滞留风险。对于第三方支付平台造成的资金滞留，则要加强第三方支付平台的市场竞争和监管力度。②应对汇率变化，在商务层面上，可以通过选择交易的定价货币、设置报价备注、在合同中增加保值条款、正确锁汇等办法进行规避，同时在技术层面上，可以关注缩短回款周期与快速结汇的技术方案 |

## 案例 9-4

### XTransfer：打造一站式外贸收款账户

XTransfer 是一站式外贸企业跨境金融和风控服务公司，致力于帮助中小微企业大幅度降低全球展业的门槛和成本，提升全球竞争力。XTransfer 于 2017 年成立，已经服务了超过 30 万家客户，业务范围覆盖了全球 200 多个国家和地区。XTransfer 通过与知名跨国银行及金融机构合作，建设全球多币种统一结算平台，让中小微企业享受到和大型跨国集团企业同等水平的跨境金融服务。XTransfer 已在英国、美国、加拿大、澳大利亚等地获得当地支付牌照。

跨境电商商家无论是个体工商户还是公司，均可以申请开通 XTransfer 全球收款账户，账户的开立成本为 0，一天最多可申请 12 个账户。XTransfer 的全球收款账户是通过与国际知名银行合作以收取全球款项。XTransfer 全球收款账户支持 14 个主流币种，且 0 维护费 0 入账费。此外，XTransfer 也支持商家办理本地收款账户，支持商家像国内收款一样收取国际汇款。

XTransfer 的产品服务具有"超快、超省、超稳、开户方便、服务贴心、结汇轻松"六项优势。其中，XTransfer 支持极速结汇最快一小时到账，且本地收款账户可实现快速收款。外贸企业均可在线申请开户，无须进出口权，开户非常方便。在跨境结汇方面，支持提现至境内个人/企业账户，且不占用个人结汇额度，助力跨境卖家轻松结汇。

（资料来源：网络资料整理。）

## 9.4　跨境电商营销

在跨境电商爆发的今天，跨境卖家需要不断地引流，以提高商品和店铺的曝光量和知名度，进而提升店铺销量。海外营销的渠道非常的多样，包括海外社交媒体营销、搜索引擎营销、联盟营销等。本节将重点介绍海外社交媒体营销和搜索引擎营销。

### 9.4.1　海外社交媒体营销

海外社交媒体营销是基于社交网络服务的互联网营销方式，是海外数字营销的主要渠道之一，其核心优势是社交媒体传播的交互性和快速传播性。常见的社交媒体形式包括社交网络、微博、博客与论坛等，目前海外社交媒体较多，具有代表性的社交媒体包括 Twitter、Instagram、YouTube、WhatsApp、TikTok、LinkedIn、Pinterest 等。

（1）Twitter。

Twitter 是一家美国社交网络及微博客服务公司，致力于服务公众对话，是全球访问量较大的网站之一。它可以让用户更新不超过 280 个字符的消息，并被形容为"互联网的短信服务"。根据 Twitter 发布的财报显示，截至 2024 年 9 月，Twitter 的日活跃用户数量达 2.45 亿，是跨境电商卖家进行营销推广的重要平台之一。有别于大多数社交媒体网络，Twitter 对推文字数有 280 个字符的限制，这就要求推文的内容要做到精炼。

（2）Instagram。

Instagram 是一款在移动端上运行的社交应用，它允许用户以快速、美妙和有趣的方式将自己随时抓拍的图片进行分享。自 2010 年问世以来，Instagram 已成为领先的社交媒体平台之一。该平台最大的亮点是具有极高的用户参与度。据统计，Instagram 上的品牌互动比 Twitter 高出 84 倍。商家注册了 Instagram 账号后，可以定期分享照片和视频、上传快拍及创建快拍精选等账号内容运营，打造自己的品牌账号。

（3）YouTube。

YouTube 成立于 2005 年 2 月，自成立以来一直以惊人的速度发展，目前是全球最知名的视频网站之一。截至 2024 年 9 月，YouTube 的月登录用户数量达 25 亿，每天都有成千上万的视频被用户上传、浏览和分享。相较于文字或图片，利用视频进行产品或品牌宣传可以传达更丰富的信息，通过视频进行展示可以带给用户更直观、更立体的印象，也更容易获取用户的信任与支持。因此相较于其他社交网络平台，YouTube 的视频更容易带来"病毒式"的推广效果，是跨境商家开展海外营销不可或缺的工具之一。

（4）WhatsApp。

WhatsApp Messenger（简称 WhatsApp）是一款用于智能手机之间通信的应用程序，支持 iPhone 手机和 Android 手机。本应用程序借助推送通知服务，可以即刻接收亲友和同事发送的信息。WhatsApp 是基于手机号码注册的，可免费从发送手机短信转为使用 WhatsApp 程序，以发送和接收信息、图片、音频文件和视频信息。

（5）TikTok。

TikTok 是字节跳动旗下的短视频社交平台，于 2017 年 5 月上线，愿景是"激发创造，带来愉悦"，已覆盖全球 150 多个国家和地区。2021 年，TikTok 成为全球访问量最大的互联网网站。2022 年 10 月，TikTok 全球日活跃用户数突破 10 亿。截至 2024 年 4 月，TikTok 全球的月活跃用户数量超过 15.82 亿。

（6）LinkedIn。

LinkedIn 是一家具有影响力的全球职场社交平台，创建于 2003 年，总部位于美国硅谷。截至 2023 年 11 月，LinkedIn 的全球会员总数已超过 10 亿，覆盖 200 多个国家和地区。该平台的主要功能包括职业身份展示、知识洞察与学习与商业机会拓展等。用户可在 LinkedIn 上便捷地制作、管理、分享在线职业档案，全面展现自己的工作经历、教育背景、技能专长等信息，这是开展职业社交的重要基础。用户也能够在该平台上寻找同学、同事、合作伙伴，搜索职位、公司信息等，挖掘无限机遇。此外，该平台上有大量专业人士分享的行业动态、经验见解等内容，用户可以关注行业信息、汲取人物观点、学习专业知识、提升职业技能。

（7）Pinterest。

Pinterest 是一个基于兴趣爱好的图片分享型社交平台，用户通过图片的附带链接进入品牌独立站的概率是其他平台的 3 倍。瀑布流的图片展示形式可实现新图片自动加载，让用户不断发现新的图片。Pinterest 是以食物、居家装饰、服饰配件、美发美容以及健康健身为五大主题的社交平台，如果品牌正好在上述五大类主题之内，便很适合以 Pinterest 作为企业内容运营的社交平台。

### 9.4.2 搜索引擎营销

搜索引擎是指根据一定的策略、运用特定的计算机程序从互联网上搜集信息，在对信息进行组织和处理后，根据用户的搜索关键词为用户提供检索服务，将用户检索相关的信息展示给用户的网络系统。搜索引擎营销是指基于搜索引擎平台进行的网络营销，利用用户对搜索引擎的依赖和使用习惯，在用户检索信息的时候将信息传递给目标用户。搜索引擎营销的推广手段主要包括搜索引擎优化和关键词广告。

海外营销常用的搜索引擎主要包括 Google、Bing、Yahoo、Yandex、NAVER 等。其中 Google 被公认为全球最大的搜索引擎,在全球范围内,Google 以压倒性优势占据了全球 90% 以上的市场份额,Google 每天的搜索量高达 35 亿次,是跨境电商卖家进行海外搜索引擎营销的首选平台。

(1) 搜索引擎优化。

搜索引擎优化是根据搜索引擎对网页的检索特点,让网站建设各项基本要素适合搜索引擎的检索原则并使之对用户更友好,从而尽可能多地获得搜索引擎的收录,并在搜索引擎的自然检索结果中排名靠前,最终达到网站推广及品牌建设的目标。

搜索引擎优化的过程是逆向推理,通过架设符合搜索引擎索引排序算法的网络机构、内容、外链达到预先设定的排名目标,通过排名获取流量达到营销推广的目的。

(2) 关键词广告。

关键词广告是付费搜索引擎营销的一种形式,也可以称为关键词竞价排名推广、付费搜索引擎关键词广告等。关键词广告的原理是当用户利用某一关键词进行检索时,若商家投放了该关键词的付费搜索广告,在竞价排名规则下,在检索结果页面可能会出现投放的广告内容。

## 本 章 小 结

通过本章的学习,读者可以了解跨境电商的特点、不同的分类等,理解跨境电子商务与国内电子商务的区别,掌握跨境电商物流、支付及营销等核心环节,最终对跨境电子商务的产业链形成较全面的认知。

## 思 考 与 练 习

一、选择题

1. 根据商业模式的不同,跨境电商可以分为 B2B、B2C 和 C2C 三种类型,其中 B2C 指(  )。

   A. 企业对消费者个人
   B. 个人消费者对个人消费者
   C. 企业对企业
   D. 企业对政府

2. 以下属于 B2B 跨境电商平台的是(  )。

   A. Wish
   B. 天猫国际
   C. Shopee
   D. 中国制造网

3. 跨境电商相较于国内电商，以下说法错误的是（ ）。
   A. 跨境电商的交易流程更复杂，涉及更多环节
   B. 跨境物流的系统较简单，跨境物流解决方案不及国内物流多样
   C. 跨境电商更易受到国际经济、政治宏观环境及各国法律政策的影响
   D. 由于全球不同地区的支付结算发展高度不平衡，国际支付的解决方案更复杂
4. 国际四大商业快递不包括（ ）。
   A. EMS
   B. UPS
   C. DHL
   D. FedEx
5. 以下（ ）是跨境电商支付业务面临的主要风险。
   A. 交易信用风险
   B. 网络支付安全风险
   C. 资金管理风险
   D. 以上全是
6. 以下（ ）不是全球速卖通的主要市场。
   A. 俄罗斯
   B. 新加坡
   C. 法国
   D. 西班牙

二、简答题

1. 请基于交易主体、运营模式、物流、支付、营销等方面，简述跨境电子商务与国内电子商务的区别。
2. 简述第三方跨境电商平台与独立站的区别及各自的优势与劣势。
3. 跨境电商物流模式有哪些？并说明各自的特点。

三、实践题

1. 选择一家跨境电商企业，基于所学知识分析该企业的跨境业务模式，提出对其跨境电商发展的改进意见。
2. 如果一家家纺传统外贸企业计划要开展跨境电商业务，并决定入驻到第三方跨境电商平台，请为该企业完成前期调研并设计相应的解决方案。

## 国内跨境电商第一股——赛维时代

赛维时代科技股份有限公司（以下简称赛维时代）成立于 2012 年，企业主营出口跨境电商。目前公司拥有全渠道布局，包括公司通过 Amazon、Wish、eBay、Walmart 等第三方电商平台和 SHESHOW、RetroStage 等垂直品类自营网站向全球消费者销售高品质、个性化的时尚生活产品。其在售产品品类包括

服饰配饰、运动娱乐、百货家居等。其客户覆盖美国、德国、英国等 200 多个国家和地区。同时,公司还基于其完善的跨境仓储物流体系向第三方提供物流服务。

"大量开店,海量铺货"的店群模式,使得赛维时代飞速成长壮大。而赛维时代也在寻求转型,其转型方向为品牌化、多渠道布局。作为行业大卖,赛维时代早在 2016 年就开始推行"品牌化战略",不断强化团队的自主开发能力和品牌运营能力,已孵化出 50 个营业收入超过千万元的自有品牌,其中家居服品牌 Ekouaer、男装品牌 Coofandy、内衣品牌 Avidlove、运动器材品牌 ANCHEER 等 19 个品牌在报告期中营业收入超过 1 亿元。截至 2022 年 4 月,上述品牌的多款产品均处于 Amazon Best Sellers 细分品类前五。

作为国内知名跨境电商,基于突出的经营业绩、市场贡献和品牌影响力,赛维时代曾获得全球跨境电子商务协会授予的"最具影响力企业"、深圳市跨境电子商务协会授予的"2017 年度跨境电商行业前十优秀出口商"及"2018 优秀跨境电商出口企业"等多个奖项。

目前公司积极布局线下销售渠道,以线下实体店作为线上消费的补充,提高客户满意度。除此之外,公司还将计划进一步整合发展供应链资源,赋能产业链上下游,实现全球消费者与优质供应链资源的高效链接;作为以技术驱动的企业,赛维时代持续完善信息系统、强化大数据技术的运用以及持续打磨公司的全链路数字化能力。

(资料来源:赛维时代官网资料整理。)

# 第3篇　前沿分析篇

## 第3篇　価格分析論

# 第 10 章
# 电子商务的融合与创新

**学习目标**
1. 掌握旅游电商的发展与特点,旅游电商产业链,以及移动旅游电商的相关知识。
2. 掌握农村电商的主要模式和运营方式,以及农村电商与数字乡村发展的关系。
3. 了解社交电商和生活服务类电商的主要模式和发展特点。

思维导图

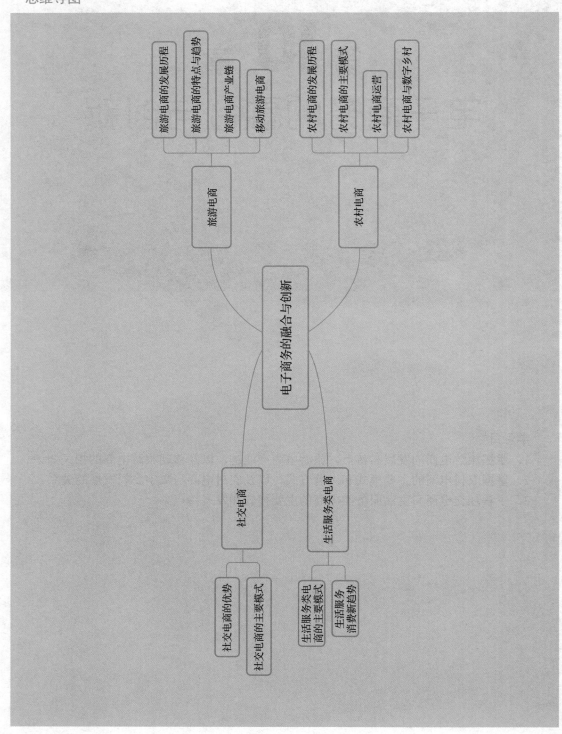

**引例**

### 电商新业态

随着网络技术的不断发展，我国电子商务的创新驱动、融合引领作用越来越明显，市场秩序更加规范，且电子商务的营商环境进一步改善，并成为加快形成内外互促双循环格局的重要引擎。

在新供给、新技术、新模式和新消费关系的共同作用下，新的消费理念和消费价值主张不断涌现，我国正进入新的消费时代，消费人群的代际变迁为新消费品牌带来了巨大的发展机遇。短视频、流媒体直播逐步成为常态化的电商营销渠道，内容驱动的电子商务成为拉动市场规模增长的重要动力，新业态新模式正驱动电子商务规模持续性增长。

新电商是指以数据为核心要素，以大数据、人工智能等数字技术为支撑，以数字化平台为载体，以用户为中心，在新一代信息技术与商贸活动的融合创新下衍生出的电商新业态。新电商主要包括直播电商、社区电商、社交电商等，具有体验式消费、多场景融合和智能化匹配的显著特色。伴随Z世代逐步引领消费趋势变化，兴趣电商也日益呈现出圈层化、品牌化的发展趋势。

# 10.1 旅游电商

当前，旅游业与互联网产业加快融合，成为"互联网+"的创新先锋，在线旅游日益成为旅游业发展的新热点，深刻影响了旅游业的发展进程。移动电商不仅改变了旅游者的购买行为和旅游习惯，也深刻改变了旅游产业链的组织方式，形成了现代大众旅游发展的新模式和新路径。

## 10.1.1 旅游电商的发展历程

20世纪90年代以来，伴随着电子商务的起步与发展，我国旅游业通过借鉴国外旅游电商发展的经验和模式，开始摸索前行，经历了萌芽起步、快速增长、转型升级、高速发展、应用成熟等阶段，一直保持持续快速的增长态势。

（1）萌芽起步阶段。

我国旅游电子商务相较于欧美国家起步较晚。1997年，由中国国际旅行社总社参与投资的华夏旅游网成立，可以视作我国旅游业与互联网的融合开端。1999年，我国第一大旅游电商企业——携程旅行网（以下简称携程）在上海正式成立。同年，艺龙旅行网（以下简称艺龙）在美国特拉华州成立，定位为城市生活资讯网站，并于2001年转型并聚焦在线旅行预定服务行业。此后，国内各类专门提供线上旅游产品和服务的旅游电子商务企业如雨后春笋般纷纷出现，一些知名航空公司、酒店和旅游目的地也逐步开始建立自己的电商网络。

（2）快速增长阶段。

2002年，全国机票中央预订系统启动，标志着以在线预订为主要核心的早期旅游电子商务交易行为全面展开，成为我国旅游电商发展的关键性基础。我国旅游电商规模迎来了快速增长。随着我国成功加入世界贸易组织，国内旅游企业也面临着市场化开放和全球化竞争的局面，经过优胜劣汰和市场洗礼，这些企业获得了突破性的发展。2003年年底至2004年，携程、艺龙先后在美国纳斯达克成功上市，不仅成为中国首屈一指的旅游电子商务企业，也形成了两大旅游电子服务供应商的竞争格局。

（3）转型升级阶段。

随着互联网的全面复苏，2005年开始，我国旅游电子商务企业进入群雄逐鹿的发展阶段，越来越多的旅游供应商涌现，并且各种风险投资也开始大举进入在线旅游市场。

一方面，许多传统旅游企业都转向关注旅游电商的发展，纷纷建立自己的旅游电商平台，凭借强大的线下旅游发展基础，通过线上获取更多的游客流量。例如，春秋旅游集团2004年尝试推出网上支付即可享受优惠的新型旅游预订模式，提供从预订到支付的一站式线上服务，预订支付量显著攀升。

另一方面，2005—2010年，我国涌现出许多大型的在线旅游电商企业，盈利模式日渐多元化，详见表10.1。例如，2005年，去哪儿网成立，是我国第一家旅游搜索引擎网站。去哪儿网敏锐把握了在线旅游市场用户需求变化，实现了可以在线搜索、比价的功能。

表10.1　2005—2010年间旅游电子商务企业成立信息

| 成立时间（年份） | 企业名称 | 具体信息 |
| --- | --- | --- |
| 2005 | 去哪儿网 | 一个中文旅游搜索引擎，为旅游者提供国内外机票、酒店、度假和签证服务的深度搜索，通过对互联网相关旅游信息的整合，为用户提供及时的旅游产品价格查询和信息比较服务 |
| 2006 | 途牛旅游网（以下简称途牛） | 聚焦旅游线路预订服务，提供包括团队、自驾、邮轮、酒店、签证、门票等在内的全面的旅游产品预订服务 |
| 2006 | 马蜂窝 | 核心产品是旅游攻略，提供覆盖全球的旅游目的地攻略、旅行点评、旅游问答等资讯，以及自由行产品及服务，已经成为我国最大的旅行分享网站 |
| 2008 | 驴妈妈 | 第一家以景区分销和精准营销为主的旅游电商网站，其核心产品是自助游和景区门票，通过门票与多种产品的不同组合满足旅游者的多样化需求 |
| 2010 | 淘宝旅行 | 为旅游者提供各类旅游产品的信息搜索、购买、售后等一站式解决方案，并且凭借支付宝平台优势，使得线上交易更安全、更有保障。2014年更名为"去啊旅行"，2016年升级为"飞猪"品牌 |

（4）高速发展阶段。

2011年以来，我国旅游电商进入高速发展期，各类投资、收购、战略合作等十分活跃，市场竞争异常激烈。2011年，去哪儿网与中国旅游研究院建立战略合作伙伴关系，同年，与百度达成战略合作协议，并于2013年在纳斯达克上市。2014年，携程出资2.2亿美元入股同程网络科技股份有限公司（以下简称同程），在在线门票市场领域占据了绝对份额；此后，携程认购了1 500万美元的途牛普通股，在机票、汽车租赁服务等方面加深合作。

2011年6月，12306网站开始试行网络售票，如今已成为全球交易量领先的票务系统，累计注册用户近6亿人，年售票40亿张，单日最高售票量突破1 700万张，互联网售票量占比高达90%。

自 2015 年起，旅游企业和电商平台的双向互动愈加频繁和紧密。携程、途牛、同程等纷纷收购传统旅行社，建立线下服务中心；阿里、百度、海航等自营或投资在线旅游；同程网和艺龙旅行网共同成立同程艺龙公司，打造领先的旅行服务平台。旅游电子商务市场的资源整合与战略合作进一步推动了我国旅游电商的突飞猛进，2017 年前后，在线旅游市场行业格局基本稳定。

（5）应用成熟阶段。

2020 年以来，旅游电商应用逐渐成熟，市场进一步细分和专业化。随着技术的进步和市场需求的变化，旅游电商平台面临新的发展机遇。跨界合作、会员积分体系、创新营销和数字化转型等趋势，进一步推动平台的发展和旅游行业的全面升级。携程以其强大的品牌影响力，通过大数据和人工智能技术提供个性化推荐和精准营销。飞猪依托阿里巴巴强大的电商生态系统，通过整合线上线下资源，提供一站式旅游服务。

### 10.1.2 旅游电商的特点与趋势

旅游业是典型的资源依托型和信息密集型产业，其与电子商务的天然适应性使得旅游电商一直走在产业电子商务应用的前沿，近年来，不断获得创新和发展。信息技术的发展促使旅游消费行为发生了根本性变化，也推动了旅游企业运作模式和盈利方式的改变，传统旅游企业、在线旅游企业都积极寻求与信息科技和互联网的深度结合。截至 2023 年 12 月，我国在线旅行预订用户规模达 5.09 亿人，同比增长超过 20%。

近年来，旅游电商领域主要表现出如下特点。

（1）"互联网+"高度契合。

在全球范围内，旅游业已经成为电子商务应用效果最好的行业之一，电子商务的快速便捷、精准高效，以及低成本等特点非常适合旅游信息搜索、旅游门票预订、纪念商品购买、旅游交通选择等环节，同时，互联网跨时空的特点也符合旅游业空间移动本质，方便旅游企业开展跨国跨区域的线路开发与合作。

2015 年，《政府工作报告》中首次提出"互联网+"行动计划。旅游业提出要积极发展"互联网+旅游"，实施旅游消费促进计划，培育新的消费热点。基于移动端的迅猛发展与普及，旅游电商得以快速发展。例如，在在线机票领域，在线旅行社（Online Travel Agency，OTA）平台机票国际化、规模化发展带来预订量的大幅增长；在酒店预订领域，OTA 平台整合供应链资源，借助 B2B 渠道实现酒店直连，打造核心竞争力，强强联合，打破了原有生态格局。在旅游度假产品预订领域，激发了居民消费水平升级和旅游需求潜力，带动了旅游度假预订市场用户规模的快速增长。

（2）"线上+线下"显著融合。

随着旅游消费方式的改变，传统旅游企业在满足旅游者个性化需求方面日渐乏力，互联网通过可视、可查询、可实时更新的信息平台，能够较好地集聚分散的旅游资源和信息，同时也能使旅游企业对消费者信息、消费偏好、消费次数及水平等进行精细化运营和精准营销。因此，"线上+线下"融合是旅游业发展的必然趋势。

一方面，传统旅游企业，如旅行社积极开展或拓展线上业务、资源及渠道；另一方面，在线旅游企业开始向线下门店渗透。旅游企业逐渐走向"线下店商+线上电商"的融合模式，表现为线下线上双向互动发展趋势。一般可以分为以下三种模式。

① 线下资源+线上平台。

传统旅游企业整合自身资源，利用线上平台进行宣传推广和客户服务，OTA 平台不仅具有渠道作用，而且也是目的地营销的线上补充。具体案例有：2015 年，锦江国际集团与驴妈妈合作，旨在共同打造中国最大的旅游 O2O 一站式产业链集团。2014 年，张家界启动与携程的全方位战略合作，携程为张家界提供 OTA 线上营销推广、特色旅游产品及重点节庆营销活动策划，优先搜索展示、共建线上旅游旗舰店等支持；双方共建线下旅游综合服务体系，携程也参与到景区交通环线及物流等线下服务的环节中。

② 综合资源+线上平台。

经营多元业务的大型旅游集团或上市公司，本身拥有很强的经营能力和资源条件，通过拓展线上平台，不仅能拓展投资并购能力，而且还搭建了线下资源营销平台、用户体验入口平台，以及综合数据的记录运算和挖掘平台。如景域集团逐步形成以线上驴妈妈平台和线下奇创旅游、景域旅发、景域营销、帐篷客酒店一条龙服务的 O2O 企业，旨在建成集资源控制力、渠道能力和地面综合服务能力于一体的生态圈企业。

③ 线上渠道+线下渠道。

随着互联网技术的普及和旅游消费者对便利性和个性化需求的增加，线上旅游服务平台迅速崛起。消费者可以通过在线平台预订机票、酒店、旅游套餐等，比传统订购方式更加方便快捷。然而，线上平台也存在信息不对称、服务质量难以保证等问题，这就需要线下服务的补充。线上线下融合的意义在于将线上和线下的优势结合起来，提供更全面、高效、个性化的旅游服务体验。线上平台可以提供便捷的预订和支付功能，线下服务可以提供专业的咨询和定制服务，二者相辅相成，满足消费者的多样化需求。这一方面的应用实践集中于传统旅行社+OTA，例如，中国国旅+悠哉旅游网、腾邦国际+欣欣旅游、港中旅集团+芒果网、中青旅+遨游网等。

（3）非标、定制、跨界形式多元。

旅游业是服务型行业，旅游电子商务可以帮助旅游企业开展定制化、个性化的旅游产品服务，企业可以根据不同的细分市场提供个性化的信息检索和推送，并开发相应产品，提供针对性服务。2015 年《国务院办公厅关于加快发展生活性服务业促进消费结构升级的指导意见》发布，民宿、公寓、客栈等非标准住宿形式迎来政策利好，由此也涌现出一批垂直类非标准住宿平台，如蚂蚁短租、自在客、小猪短租等。2015 年，全球第一大民宿共享平台爱彼迎（Airbed and Breakfast，Airbnb），正式进入中国，爱彼迎是以短租、民宿和公寓为主营业务的。

随着定制旅游的爆发式发展，旅游行程规划、定制类在线平台也迅速火热起来，包括世界邦、指南猫、路书等，其业务更加符合游客需求多样化、个性化、特色化、非标化的特点，许多综合实力较强的出发地旅行社、资源丰富的目的地地接社，以及定制旅游公司，都可以开发单向组合、主题定制、B2C 定制等多种形式的旅游产品，满足客户的多层次需求。

此外，"旅游+"的融合发展趋势也带动了旅游电商领域更多的跨界融合现象的出现。例如，在旅游跨界金融方面，携程曾推出"携程宝"、去哪儿网推出"拿去花"等互联网金融产品。旅游跨界影视，也通过"IP（知识产权）+旅游"的方式在 OTA 市场流行起来。例如，途牛网曾赞助《极速前进2》、阿里旅行·去啊与《前往世界的尽头》合作、《爸爸去哪儿3》植入同程广告等。

**案例 10-1**

### 去哪儿的"多巴胺式"营销

去哪儿是我国领先的在线旅游平台之一，于2005年5月上线，是国内第一家可以在线进行价格和服务比较的旅游搜索引擎。2015年，携程与去哪儿合并，携程拥有去哪儿45%的股份。在商业模式上，去哪儿一直以来的定位是技术型公司，即通过搜索技术将多家航空公司、酒店以及OTA平台的供给需求集成在一起，致力于让消费者拥有更完善的知情权和自主选择权，提供给消费者最低的价格，并以此方式吸引大量的客户，从而扩大客源市场。近年来，去哪儿聚焦旅游目的地的碎片化产品和内容化的流量分发，旨在打造一个最大的以目的地和自由行为中心的平台式OTA，企业利润增长较为可观，并且在度假旅游产品和专业业务领域取得了突破。

2023年国庆黄金周，去哪儿联合各消费品牌及明星代言人做了一次整合营销，以"十一旅行先比价再出发"为主题贯穿营销全程，覆盖社会化媒体内容营销、产品服务，以低价策略优势在国庆黄金周的角逐中脱颖而出。基于对用户消费行为的洞察，去哪儿与微博联合发布了《十一国民旅行指南》，从平台大数据中总结了下半年最新旅游趋势，为用户提前划定旅行重点。这份指南没有按照常规的人口统计学维度进行用户细分，而是紧跟MBTI（迈尔斯-布里格斯类型指标，一种人格测试模型）热门趋势话题区分用户群体，为"E（外倾）人旅行团""城市显眼包""I（内倾）人聚集地"等分别制定了不同的出游线路，同时根据消费者出游目的差异，搜罗了多种适合假日出行的方式，将谐音梗、多巴胺营销手段应用至极。

为了强化消费者对于"比价"的认知，去哪儿还发布了一个喜感十足的商业电视广告（Television Commercial，TVC），用两个脑洞反转小故事，让"旅行上去哪儿旅行比比看"成为用户出游前的行为模式。广告短片虚构了两个经典"白日梦"幻想：在飞机上遇到迪拜富豪一家出价百万请求互换飞机舱位、成为豪华酒店第9 999位幸运顾客获得总统套房终生免费入住大奖，当幻想掉落到现实，形成强烈的反差时，制造了"天上掉馅饼的快乐很难有，比价的快乐天天有"的趣味化卖点输出。

（资料来源：https://zhuanlan.zhihu.com/p/657310326.(2023-09-20)[2024-11-08]．）

### 10.1.3　旅游电商产业链

伴随旅游电商的蓬勃发展，建立现代旅游产业体系，构建旅游产业链，需要关注互联网背景下旅游者的需求对旅游产业链主动性影响的机制。基于旅游目的地产品和服务碎片化和非标化的特点，旅游产业链网络构成要素复杂多元，既有传统产业要素，也有电商伴生的相关供给主体，因此也形成了旅游电商产业链全新的运行机制。旅游电商产业链的构成包括旅游产品供应商和旅游产品中间商。

**1. 旅游产品供应商**

旅游产品供应商即旅游酒店、航空公司等企业，它们将自身开发的产品和主营业务通过直销、分销渠道提供给旅游消费者。

（1）航空公司电子商务应用。

航空公司很早就认识到高效、快捷、经济、准确的管理其接待容量和与代理商和分销商沟通的必要性，并开发了相应的信息系统。民航计算机预订系统（Computer Reservation

System，CRS）作为一种电子商务工具，主要用于航空公司和旅行社之间的协作和交易。该系统由前台和后台两部分组成，前台主要是管理用户界面，包括客户端、网站、移动端等多个终端，让用户能够通过自己的设备方便地访问和使用系统。后台则是管理系统整体架构，包括数据管理、安全控制等核心功能，用于确保系统的稳定性和安全性。

CRS使得航空公司能够实现多渠道销售，加强与销售代理商的合作，便于实现多家航空公司的销售联盟，提高销售收入。此外，CRS强大的数据分析和预测功能可以帮助航空公司更好地理解市场趋势，制定更为精准的市场营销策略。在内部管理方面，CRS可以实现航班调度、客户管理、预定记录等功能，为航空公司提高运营效率和提升用户体验奠定基础。

该系统也为旅行社带来了很多好处，既能减少与航空公司开展业务的门槛，又能通过便捷的信息查询和比较服务，提高了旅行社的销售率和用户满意度，还降低了经营成本，实现了更加高效和精细的管理业务流程。

（2）酒店集团管理信息系统。

酒店业是较早采用计算机系统实现信息化管理的行业之一，随着市场消费能力的逐步提高，各类型酒店的需求量也快速增长，特别是具备较大市场竞争力的新型酒店，得到了消费者的普遍认可，从而推动酒店信息管理系统行业的快速发展。酒店管理信息系统通常涵盖预订管理、接待管理、收银管理、会员管理、房间解锁、房态管理、客户管理、消费管理、财务管理、日志管理、管理员管理、客服中心等功能。酒店管理信息系统的主要功能如表10.2所示。

表10.2 酒店管理信息系统的主要功能

| 功能项 | 具体业务 |
| --- | --- |
| 预订管理 | 提供在线预订平台，通过在线预订平台，用户可以清楚地了解当前的房源信息，此外，还可以处理用户退房等问题 |
| 接待管理 | 可实时查看远期房态表，历史客人可以快速入住，节省前台办理时间，可查询员工操作痕迹，恢复退房功能，自定义房价，预离房提示 |
| 收银管理 | 可以选择多种结算方式，支持账单汇总或明细打印等多种结账方式 |
| 会员管理 | 可查看会员注册信息，也可以查询、修改、删除会员信息。根据不同会员等级设置相应的优惠价格 |
| 房间解锁 | 可对已锁定的操作系统进行自动解锁，如果不是正常操作退出，可强制进行解锁 |
| 房态管理 | 可实时查看房态现状、房态出售数量和类型，提供预订房间的统计和数据汇总 |
| 客户管理 | 可查询、修改客人入住资料，以及查询客人住店历史 |
| 消费管理 | 添加多种消费项目进行设置和管理，可查看客房的消费明细 |
| 财务管理 | 支持各种报表查询，比如会员积分表、预订单表、收银表、经营表等 |
| 日志管理 | 通过系统可查询所有操作人员的操作记录，防止操作人员不按照规则办事 |
| 管理员管理 | 可设置所有操作人员的操作权限 |
| 客服中心 | 为住宿客人提供服务，使客人可以致电相关的酒店住宿服务内容，并提升客人在酒店住宿的体验感 |

(3)旅游景区电子商务应用。

旅游景区电子商务是电子商务在旅游景区管理运营中的应用,是通过先进的信息技术,以风景名胜区为中心,整合景区门票、酒店、餐饮、娱乐、交通、观光车、演出表演等各方面相关资源,实现网上预订、住宿管理、出行管理、餐饮管理、景区 POS 系统、景区信息板管理、后台管理等功能。目前,旅游景区电子商务的典型发展模式主要有两大类:一类是以旅游景区自建模式、旅游景区联盟为主的第一方电商模式;另一类是以综合服务类中间商、支持服务类中间商、地方性旅游服务网站为主的第三方电商模式。

旅游景区电子商务的应用环节主要包括以下内容。

① 门票预订及支付:景区通过自己的官方网站、微信公众号、第三方在线旅游平台等渠道,提供景区门票的在线预订和支付服务。

② 旅游线路定制:景区联合旅行社或在线旅游平台,根据游客需求提供一系列旅游线路选择,并提供相关的预订和支付服务。

③ 商品销售:景区创建自己的官方网上商城或在第三方电商平台上开设店铺,销售与景区主题或文化相关的纪念品、特产、手工艺品等商品。

④ 私人定制服务:景区提供个性化、定制化的旅游服务,如私人导游、专车接送、VIP 服务、定制餐饮等,通过在线预订和支付方式提供服务。

⑤ 游记分享及社交化营销:景区联合微博、微信朋友圈、抖音以及其他旅游社交媒体平台,鼓励游客在平台上分享旅游经验、游记、照片等内容,同时通过社交媒体加强景区品牌推广和营销。

尽管旅游景区依托第三方开展电子商务应用仍然是主体,但是从长远来看,旅游景区自建电商平台尤为重要,能够有效提高触达用户的效率。例如,旅游景区自营商城系统可以由微信公众号管理、微商城管理、电商预订、订单管理等组成。用户可直接在微信公众号内使用微信支付预订产品,实现线上线下一体化信息服务,真正提高预订效率、提升服务质量。同时,在游客入园游玩的过程中,可直接通过人像识别设备(人像识别闸机)进行人脸比对验证入园,简化游客取票流程,提升游客旅游体验,切实升级景区运营管理。

2. 旅游产品中间商

与传统旅游中间商相比,电子旅游中间商是连接旅游产品供给方和旅游者之间的桥梁与纽带,是提供信息交换的媒介和场所。旅游产品供给方也可以省去自建网站、网站推广和电子商务系统建设的费用,减少电子商务管理费用,并通过虚拟交易市场增加交易机会,提高交易效率。

常见的旅游产品中间商平台模式包括以下类型。

(1)产品目录式。将高度分散的需求方和供给方聚集在一起,提供"一站式"服务,产品目录式的 B2B 平台可以为卖方带来更低的销售成本和交易费用,也可以为买方带来更低的采购成本,扩展了潜在供应商来源信息。

(2)拍卖式。提供一个销售和购买特殊产品的场所,卖方可以吸引更多的竞买者,获取更高的销售价和周转速度,买方则可以在卖方竞标的反向拍卖中获得更低的购买价格。

（3）交易所式。相当于按行业细分的商品交易市场，采取相对标准的合约与严格的交易管理办法进行买卖双方的交易活动。

（4）社区式。通过行业新闻、市场信息、专家服务、在线讨论等社区式服务，聚集买卖双方的目标用户。

OTA 行业历经数十年的发展，其商业模式已逐步趋于成熟，上游供应商包括酒店、航空公司和旅游景区，下游消费者需求也日渐多样化，主要分为以下三大盈利模式。

（1）代理模式。

OTA 企业作为酒店预订、交通出行、旅游服务的线上中介代理商，为上游供应商代理销售产品和出行服务，同时在交易中抽取一定比例的佣金盈利，这一模式是目前国内 OTA 行业的主流交易模式。国内知名 OTA 企业如携程、同程、艺龙，以及海外 OTA 平台——缤客均采用代理模式进行运营。携程和同程商业模式对比，如图 10.1 所示。

携程 OTA 大模型产品：携程问道

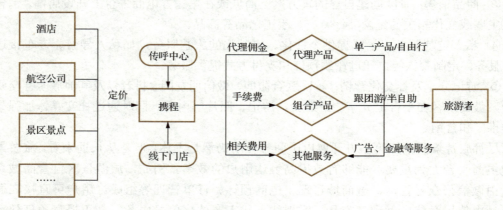

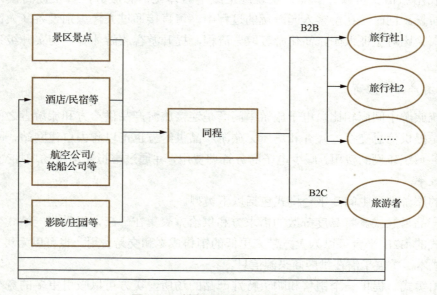

图 10.1　携程和同程商业模式对比

以携程为例,其盈利项目主要包括三个部分:自身平台上发布的价格与供应商提供的产品报价之间的差额、供应商给予平台的佣金、供应商与平台之间存在的广告费用。而同程是唯一拥有 B2B 和 B2C 两个平台的 OTA 公司,供应链管理能力相对较强,它既能把采购的酒店、机票、景区门票等卖给旅行社,也能把单一旅游产品和综合旅游产品直接卖给旅游者,主要以目的地景区的玩乐项目吸引旅游者,然后通过交通、住宿等产品创造更多的价值。

(2)批发模式。

OTA 企业以低价向上游供应商批量采购相关酒店、机票、旅游等相关服务及产品,再以更高的价格销售给下游的消费者,并以此价差作为主要的盈利来源。相较于代理模式,批发模式中的 OTA 企业更符合二手中间商的角色,虽然会带来更高的回报,也需要同时承担更高的运营成本以及经营风险。

目前全球最大的批发型 OTA 巨头是 Expedia,该公司成立于 1996 年,通过资本运作,已经拥有包括 Travelocity、Orbtiz、Hotels.com、Hotels.com 和 Hotwire 等在内的 20 个品牌,分布在全球主流旅游地区、涉及在线旅游整条产业链。Expedia 是当前少有的以批发模式为主的 OTA 平台,但近几年数据显示,其批发占比正在持续降低,业务结构也在向代理倾斜。

(3)内容模式。

在线旅游企业主要通过短视频、旅游照片、图形、声音等内容为用户提供多场景信息获取方式,为商家提供营销推广的平台;或是通过用户生成内容的形式,让用户通过网络把旅游行程中的见闻和经验发表在网站上,以内容共享、社交共享等方式聚集众多目标流量,并收取相应的广告费用,因此又称广告模式。

以全球最大的旅游社区平台 TripAdisor 为例,该平台收录了世界各地的海量旅行信息,包括逾 5.35 亿条旅游点评及建议,100 多万张用户照片,覆盖全球 190 多个国家的超过 700 万处酒店、景点和餐厅,该种模式通过内容、社交分享聚集大量流量,广告收入也成为平台最主要的营收来源。

目前,国内以内容模式为主要特点的企业包括马蜂窝、穷游、驴评网等。老牌的代理型 OTA 企业也纷纷布局线上内容营销,探索发展新模式。例如,同程借助腾讯的"社交"属性开始发展"社交旅游"的 ITA(Intelligent Travel Assistant)模式,即智能出行管家。通过"技术服务"持续优化用户的出行体验,通过微信分享等社交玩法打造用户从预订到行程结束后的闭环,以实现用户黏性的提升。

### 10.1.4 移动旅游电商

随着智能手机的普及,移动端旅游电商已成为旅游电商发展的新趋势。移动端旅游电商平台不仅可以提供更加便捷的预订服务,还可以通过移动端的社交媒体平台,实现旅游产品的推广。移动端旅游电商平台还可以通过大数据分析,提升用户的体验和提高服务质量。因此,移动旅游电商的功能集中在以下四个方面:旅游信息服务、各种旅游服务的查询和预订、旅游电子商务网站的个性化服务、为旅游爱好者提供自主性交流的平台。

（1）移动旅游电商的主要特征。

第一，突破限制。移动旅游电商交易可以随时随地发生和进行，旅游者可以在旅游全过程的任意时间、任意地点，通过移动终端设备实现旅游产品和服务的信息查询、浏览、交易，极大地提高了交易效率和旅游者满意度。

第二，开放包容。移动旅游电商因为接入方式无线化，使得任何人都可以更容易地进入网络世界，从而使网络范围延伸更广阔、更开放；同时，移动旅游电商使网络虚拟功能更具有现实性，因而其更具有包容性。

第三，即时响应。移动旅游电商的终端用户是持有手机或平板电脑等设备的旅游消费者，较之于传统旅游电商而言，具有更好的定位性，旅游需求可以得到即时响应，旅游企业能够更加充分地了解消费者的个性化需求，并随时进入旅游过程，为旅游者提供有关旅游目的地的相关信息和元素，带来更加丰富的旅游体验。

第四，个性化定制。旅游移动电商与即时通信工具的结合，更强调旅游者体验与服务质量的重要性，随着移动技术的突破，旅游移动电商能够提供具体、针对、实用、实时的个性化旅游产品信息和服务，个性化定制的旅游产业链要素趋于成熟。

传统旅游电商与移动旅游电商比较，详见表 10.3。

表 10.3 传统旅游电商与移动旅游电商比较

| 比较项目 | 传统旅游电商 | 移动旅游电商 |
| --- | --- | --- |
| 终端移动性 | 位置固定 | 可移动 |
| 地理身份 | 弱 | 可地理定位 |
| 沟通方式 | 一对一 | 多方对话，互动交流 |
| 支付服务传递 | 以信用卡为主 | 内建的支付机制 |
| 交换关系 | 买卖过程由卖方控制 | 客户自发购买 |
| 服务方式 | 公司完全服务 | 客户自助服务 |
| 服务范围 | 局限于旅游前与旅游后的服务 | 可以处理紧急情况 |
| 商业成本消减 | 减少了搜索、推广、交易等成本 | 提高了移动旅游电商企业员工的效率 |

（2）移动旅游电商的应用。

移动旅游电商的应用环节按照旅游活动的进程可以划分为旅游活动开始前、旅游活动进行中，以及旅游活动结束后。

第一，移动信息。在旅游者进行决策到旅游活动完成的全过程中，旅游者都需要不断地进行信息搜索，以消除信息不对称问题，减少旅游风险。移动信息服务具有高度契合旅游活动的流动性特点，旅游者可以随时随地获取与景区、住宿、餐饮、娱乐、生活、商务相关的信息，并进行位置查找、交通导航和支付等操作。

第二，移动预订。移动预订不仅包括旅游者在出发之前所进行的各个环节的旅游产品和服务预订，也包括在旅游过程中，旅游者根据实际情况和自身需要随时作出的预订撤销、变更或重新预订。移动旅游电商可以充分发挥信息传递的迅速、高效特点，根据旅游线路和行程所涉及的临时性变动，随时随地提供备选方案和新选择。

第三，基于位置的服务。该服务主要是通过旅游者的位置信息来针对性地提供个性化服务。移动电商基于位置的服务在旅游活动中获得日益广泛的应用，主要包括基于位置的信息查询服务、位置跟踪服务、交通和导航服务、安全救援服务、移动广告服务、移动导览服务等。此外，提供基于位置服务的旅游社交平台还能够满足旅游者，尤其是自助旅游者约伴、搭车、求助、共享等社交需求，进而促进了旅游方式的转型升级。

第四，移动社交。手机等终端的移动属性非常适合旅游者进行碎片化记录，使其可以随时随地拍摄照片、记录心情，描述和分享旅游感受。同时，旅游者可以撰写游记，并融入心情、照片、美食推荐、住宿指南、交通费用、购物开销、商家和服务点评等信息，形成全方位、立体化的旅游攻略，汇聚成最真实、最实用的目的地旅游指南，能够为其他旅游者提供有效的参考依据，尤其是移动旅游电商与社交网络的结合，通过各种自媒体频道加以传播，大大提高了旅游内容的分享频率和用户的活跃度。

第五，移动支付。移动支付在我国已经相当普遍，其安全性和易用性也得到了广泛认可。旅游移动电商接入移动支付，将旅游信息、预订与交易等功能整合，有效满足了旅游者安全、高效、快捷的支付需求，也为旅游产业链的跨行业扩展发挥了促进作用。旅游移动支付也催生了移动互联网旅游金融产品的普及，例如，银联等金融服务平台将"共享商圈"等相关产业要素融入旅游需求中，提高了旅游者服务内容的丰富度，也促进了旅游业、金融业、通信业等多个产业的跨界融合。

第六，移动救援。在旅游过程中，旅游者位置移动特性明显，运用移动定位技术，通过事故前安全宣传、警情预告，事故中定位搜救、传送急救知识、组织安全救援等服务，最高效地进行救援资源的有效配置，实现有效施救。

第七，移动CRM。利用移动电商平台对旅游者的精准定位，不仅仅是位置定位，还包括需求定位。移动旅游电商可以方便地收集旅游者信息，并在旅游过程中与旅游者及时沟通，根据其自身特点推送、推荐有关旅游产品信息，还可以实现旅游服务提供者和旅游者之间的有效互动，在维护客户关系的同时进行更有针对性的营销，提升旅游者的满意度。

第八，移动监督评价。移动旅游电商的发展大大提高了旅游行业和市场监管的难度，也带来了巨大的挑战，因此，应打造"移动互联网+旅游市场监管"的新模式，建立监管信息搜集和反馈机制，有效辅助政府的监管职能。旅游者一方面可以借助移动电商平台及时提交质量反馈及评分；另一方面也可以随时获取已有的监督评价信息，查看商家的综合信用，并据此作出消费决策，推动旅游行业的健康发展。

## 10.2 农村电商

农村电子商务（简称农村电商）作为一种新兴的商业模式，已经渗透到农村产业链的全过程，改变了我国农村的经济发展方式和农民的生产生活方式，成为解决"三农"问题的重要途径。党的二十大报告提出要"加快建设农业强国,扎实推动乡村产业、人才、文化、生态、组织振兴"。随着农村基础设施的不断完善,农村电商已经成为推动农业转型升级,促进农村经济发展,释放农村消费潜力,提高农民收入的重要手段。

### 10.2.1 农村电商的发展历程

我国农村电商起源1994年,与电子商务的发展历程基本吻合,经过30年的发展,电子商务与"三农"深度融合,不仅培育了农业农村发展的新动力,而且催生了现代农民、农村新模式与农业新业态。农村电商从点点星火发展到燎原之势,成为现代新型农业体系建设的强劲引擎。农村电商的发展经历了试点萌芽期、全面推进期和产业集群期。

（1）试点萌芽期。

自1994电子商务起步,信息技术在农业领域有所渗透,但是直接影响十分微小。直到2003年,农村电子商务一直以零星散发的状态出现。1994年12月,国家为加速和推进农业农村信息化,着手建立"农业综合管理和服务信息系统",即"金农工程",其主要任务包括:网络的控制管理和信息交换服务,建立和维护国家级农业数据库群及其应用系统,协调制定统一的信息采集、发布的标准规范,以及组织农业现代化信息服务及促进各类计算机应用系统的完善。自此,信息技术开始逐步向农村地区和农业领域渗透。1998年,全国棉花网交易市场成立,同年,第一笔互联网粮食交易完成。

这一阶段电子商务的发展主要采取政府主导、零星试点的模式,即依托官方信息平台,开展信息服务,农民借助在网上获取的信息开始销售农产品。1996年,山东省金乡县西李村农民注册了自己的域名,把村产大蒜、菠菜、胡萝卜等产品信息通过网络进行发布,成功吸引了青岛某外贸公司,并最终双方达成了交易,开启了农产品互联网营销之路。

（2）全面推进期。

2004年,中国农村电子商务试点工作正式启动,可以视作农村电商的真正兴起。我国开始实施第一轮电子信息进农村项目,全面提高农村的网络覆盖率。试点工作主要包括建设农村电商服务中心、培训农村电商人才、推广农村电商等。这一阶段,农村开始出现网站订单农业,生鲜农产品开始全面对接互联网大市场,农民开始在淘宝网上创业开店,并且逐渐形成农村电商新生态,我国农村电商发展迎来重要变革。

随着淘宝网的诞生,C2C电子商务模式在全国范围内扩散开来,也逐步影响到农村地区。2004年以后,我国很多区域的农村市场出现了农民个体利用淘宝网自主创业,并逐渐成为专职网商的案例,不仅实现了个人非农收入的增加,而且形成了示范效应,带动村庄的集体发展。

2009年,全国首个淘宝村的诞生标志着我国农村电商进入了快速成长期,也成为农村电商发展的一个重要里程碑。此后,经过十余年的发展,淘宝村在增加农民收入、带动返乡创业、促进产业兴旺等方面凸显了越来越重要的经济、社会价值。我国淘宝村发展阶段,如图10.2所示。截至2019年,"淘宝村集群"达到95个,"大型淘宝村集群"达到33个,"超大型淘宝村集群"达到7个,全国淘宝村和淘宝镇网店年销售额合计超过7 000亿元,在全国农村网络零售额中占比接近50%,活跃网店数达到244万个,带动就业机会超过683万个。

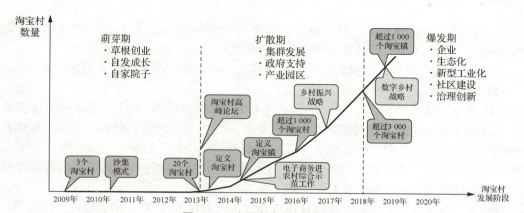

图 10.2　我国淘宝村发展阶段

（资料来源：阿里研究院《中国淘宝村研究报告（2009—2019）》。）

（3）产业集群期。

从 2014 年开始，商务部等国家部委大力开展电子商务进农村综合示范工作，力争实现 832 个国家级贫困县电子商务全覆盖。截至 2016 年，农业农村市场已经成为各大电商平台争夺的主战场，大量专注于农村电商的平台和创新的农村电商模式应运而生。2020 年，全国农村网络零售额达 1.79 万亿元，同比增长 8.9%，农产品网络零售额达 4 158.9 亿元，同比增长 26.2%，国家级贫困县网络零售额达 3 014.5 亿元，同比增长 26%。

从 2013 年起，各大电商巨头纷纷进入农村市场，开启了农村电商新时代，我国农村电商发展现状如图 10.3 所示。最初农村电商仅通过品牌宣传叠加产品销售开发农村市场，此后，各大电商巨头重视组建自己的物流配送服务网，帮助农民打造农特产品品牌，并通过策划包装提升农产品附加值。如今，农村电商已逐渐建立起本地化、社群化的生态圈，O2O 模式迅速崛起，农村电商直播正在成为新趋势。根据欧特欧咨询公司发布的《直播电商激活农资和农产品消费》数据显示，2020 年 2 月，参与直播的农产品和农资商品达 19.1 万个，直播店铺达 3.1 万家，远高于同期全国直播电商平均水平，农村直播电商有效地激发了乡村销售潜力和韧性，为乡村发展带来了新动力和新方向。

图 10.3　我国农村电商发展现状

## 10.2.2　农村电商的主要模式

农村电商的主要模式如下。

（1）电商交易主体组合模式。

农村电商的交易主体一般包括 C（消费者）、B（商家）、F（农场），可以组合构成的农产品电商模式常见以下三种。

① B2C 模式：经纪人、批发商、零售商通过网上平台将农产品卖给消费者，或是专业的垂直电子商务直接向农户进行采购再卖给消费者。

② B2B 模式：商家向农户或一级批发市场集中采购农产品，然后分发配送到中小农产品经销商，主要为中小农产品批发和零售商提供便利。

③ F2C 模式：农场直供模式，即农产品直接由农户通过网上平台卖给消费者。

（2）O2O 模式。

农产品电子商务 O2O 模式的立足点是线上平台和实体店面，线上交易平台可以实现农产品信息的流通和交易电子对接，实体店面则提供类似卖场的展示和销售功能，消费者可同步在平台上下单后选择线下店面取货，或让商家提供送货上门服务。这一模式需要因地制宜，并强化产品在线平台的服务功能和交易功能，构建并完善实体店这样的落网连通体系，利用互联网庞大的信息量优势拓展线下业务。

近年来，许多电商平台都在探索从田头到餐桌的 O2O 全供给链电商模式，比如，在产地端，京东的"京喜农场"、阿里的"盒马村"、拼多多的"多多农园"；在消费端，美团等电商平台的农产品社区团购最令人瞩目。但从目前情况看，这些平台在源头基地和供给链的组织与合作方式上的探索，似乎尚未完全定型，还存在各自需要解决的问题。

（3）农村电商直播模式。

"农产品+直播带货"是目前非常流行的农村电商经营模式，利用网络直播、短视频等形式带动农产品销售已经成为新潮流、新亮点，是农产品营销的创新方式。各路企业家、农户、自媒体博主等都纷纷深入田间地头，让直播成为"新农活"，也为农产品销售找到了新出路。目前农村电商直播平台主要包括：以电商为主的直播电商平台、以短视频为主的直播电商平台，以及以农业企业 App 为主的直播电商平台。

目前，农村电商直播发展火热。例如，开设直播电商培训班，建设直播电商配套设施，吸引电商专业的大学毕业生或高水平的电子商务人才返乡创业；各地政府通过开设直播电商培训班、建设直播电商配套设施、吸引电商专业的大学毕业生或高水平的电子商务人才返乡创业，吸引越来越多的农民加入"直播电商"的团队。

此外，数字设备在乡村中的普及应用，也将"农业物理场景"的生产过程转变成数字可视化，即通过视频、音频等传感器收集乡村活动各个环节的数据，并通过视频的形式在直播中进行二次展现，以此提高消费者的信任度。同时，数字设备的应用还能够提升用户分析效率和解决农产品可追溯问题。因此，直播电商正在转变为乡村新的商业模式，成为实施乡村振兴战略的重要动能。直播电商的三大跨越如图 10.4 所示。

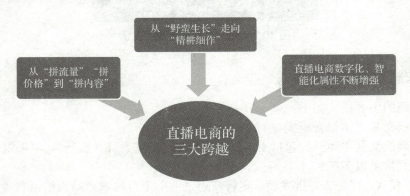

图 10.4　直播电商的三大跨越

**案例 10-2**

## 农村电商直播场景

由于乡村直播产品的不同,导致乡村直播无法形成固定的直播模式,为此乡村主播打破传统室内直播的限制,融入产品的特点,形成特有的直播模式。

**产地直播**。通过直播的方式向消费者展示农产品的生产地或制作过程,消费者通过手机可以零距离地观看到原产地的农产品,而且产地直播的即时反馈相比于纯粹的图片和短视频会让商品显得更加的真实,进而降低信任成本。产地直播可以做到"人、货、场"的统一,让观看者沉浸式享受内容的同时享受购物的乐趣。

**仓库直播**。在储货仓库进行直播,既能展示农产品的货源充足,吸引消费者观看和购买,也可以展示商品的整个出库过程,提升消费者的购物体验。

**场景直播**。通过主播、背景、房屋的再造和美化,突出农村特色气息,让消费者产生代入感,在画面呈现的同时还会伴随乡村的土特产、器皿等,以此带来沉浸式观看体验,从而勾起消费者购买欲望。

**室内直播**。室内直播主要以直播内容进行定向搭建,通过灯光、音效等设备突出直播主题,这类直播更考验服务团队的专业程度及对细节的把控。

(4)其他创新模式。

① 农产品+乡村旅游。

乡村旅游是促进农村电商发展壮大的有效途径,通过乡村旅游项目能够吸引更多消费者参与食、住、行、游、购、娱活动,并体验农业生产、加工和销售,进而提升乡村休闲农业发展活力。休闲农业与乡村旅游等农业新业态正在各地农村蓬勃兴起,许多地方正积极探索将农文旅与电商结合起来,一些新媒体平台也在积极与地方开展合作。其中,比较突出的做法,如抖音的"山里DOU是好风光"等。

② 农产品+微商。

农户通过微博、微信、直播号等自媒体平台直接展示农产品,接受订单并完成交易,利用粉丝和社群效应提高自家农产品的曝光率。微商通过组建社群,将消费者集聚在一起,并逐步形成忠实用户,同时还可以在社群平台上随时发布农产品的生长情况,提高消费者的购买力和忠诚度。

③ 农产品+定制农业。

消费者和生产者之间需要通过预付生产费用,建立一种风险共担、收益共享的生产方式,实现农田对餐桌的直接对接,根据消费者需求提供绿色、有机食品,并开展定制化生产。消费者甚至可以通过互联网远程实时了解定制产品的生长状态,实现放心消费。

### 10.2.3 农村电商运营

农村电商运营就是要通过农村电商平台配合密集的乡村连锁网点,以数字化、信息化的手段,通过集约化管理、市场化运作、成体系的跨区域跨行业联合,构筑紧凑而有序的商业联合体,降低农村商业成本、扩大农村商业领域,使农民成为平台的最大获利者。

(1) 农村电商的基础运营条件。

① 构建电商通路。

通过建立电商平台、推广App、直营店等方式在线销售农产品，降低营销成本，从而大大提高农产品的经济利润空间。根据自身特点和现实条件，选择采用不同的电商模式，此外，还需要吸引外部资金和合作伙伴，通过农产品微店、移动客户端、农资电商平台等多种方式联合开展农产品销售。

② 规范电商运营。

通过有实力的平台和中间商，应用其先进的技术，依靠其雄厚的资金实力，架起农户和消费者之间的桥梁，形成从生产到消费的快速通道。

③ 完善质量标准。

农产品质量标准体系的建立和规范，是保证农产品质量，树立电商企业品牌的基础。一方面，各级政府部门应通过政策、条例和实施办法等方式，以国际化标准体系为标杆，针对农产品质量标准统一规定，加大对农产品质量的控制力度，实现放心消费；另一方面，借助先进的信息技术手段建立档案系统和数据库，推动农产品规范化、规模化生产，并应用二维码、物联网等技术，实现信息可追溯，保障农产品质量。

④ 优化农产品物流体系。

农产品物流体系对农产品电商运营模式推行有着重要影响，我国十分重视农村物流基础设施建设，同时，支持网络大范围覆盖、冷链物流体系发展，为农产品统一调度、配送提供便利。农产品物流体系不仅能够缩短农产品的运输时间，还能大大提高配送效率，对于农产品竞争力提升和农业持续健康发展起着重要的促进作用。

⑤ 丰富消费者购物体验。

农村电商企业应不断丰富其服务功能，全面考虑消费者的购买需求，通过提供可视农业、农园采摘、现场品尝等服务获得消费者信任，增强购买黏性，并实施精准化营销，最大限度地激发消费购买潜力，充分发挥农产品电商的应用优势。

(2) 农村电商运营的主要环节。

农村电商运营的主要工作涉及多个方面，包括供应链管理、市场推广、用户体验、客户服务、数据分析等。

① 供应链管理。

供应链管理是农产品电商运营的核心工作之一。它包括农产品的采购、仓储、物流配送等环节。首先，农产品电商需要与农户建立合作关系，确保农产品的稳定供应。其次，农产品需要进行仓储管理，确保产品的质量和安全。最后，农产品的物流配送也是供应链管理的重要环节，需要确保产品能够及时、安全地送达客户手中。

② 市场推广。

市场推广是农产品电商运营中不可或缺的一环。平台需要制定合理的市场推广策略，提升品牌知名度，吸引更多的用户。平台可以通过搜索引擎优化、社交媒体营销、线下活动等多种方式进行推广。此外，平台还可以与农产品生产者合作进行，共同举办品牌推广活动，提升产品的价值和市场份额。

③ 用户体验。

用户体验是农产品电商成功的关键因素之一。电商平台需要注重用户的需求和反馈，提供便捷、安全、愉快的购物体验。平台可以通过优化网站或者应用的界面设计，提升用户的浏览和购买体验。此外，平台还可以提供多样化的支付方式和配送选项，以满足不同用户的需求。例如，平台可以与第三方认证机构合作，对销售的农产品进行安全认证，并在产品页面上展示认证结果，能够更好提高用户对产品的信任度，提升购买意愿。

④ 客户服务。

客户服务是农产品电商运营中至关重要的一环。农产品电商需要提供优质的客户服务，以提升用户的购物体验，提高用户的忠诚度。首先，农产品电商需要建立完善的售后服务体系，及时解决用户的问题和投诉。其次，农产品电商可以通过在线客服、电话咨询等方式与用户进行沟通，提供个性化的服务。此外，农产品电商还可以通过用户反馈和评价来改进产品和服务质量，不断提升用户满意度。

⑤ 数据分析。

数据分析是农产品电商运营中的重要环节。通过对用户数据、销售数据等进行分析，农产品电商可以了解用户需求，优化产品和服务。首先，农产品电商通过对用户数据进行分析，可以了解用户的购买偏好、消费习惯等，从而进行精准营销。其次，农产品电商通过对销售数据进行分析，可以了解产品的销售情况，调整供应链和市场策略。此外，农产品电商通过对竞争对手进行数据分析，可以了解市场动态，制定相应的竞争策略。

### 10.2.4 农村电商与数字乡村

数字乡村是以数据为核心，以前沿数字技术为特征的农业农村区域经济发展方案，主要实现乡村治理、智慧农业、生产经营、销售流通等的数字化。数字乡村既是乡村振兴的战略方向，也是建设数字中国的重要内容。

（1）数字乡村的相关政策。

自 2018 年以来，我国密集出台了一系列数字乡村发展的相关政策，中央一号文件每年对数字乡村建设都提出要求、明确目标，我国围绕数字农业农村发展的顶层设计与政策框架已初步形成。我国数字乡村发展的相关政策列表，如表 10.4 所示。

表 10.4 我国数字乡村发展的相关政策列表

| 类别 | 年份 | 名称或要义 |
| --- | --- | --- |
| 中央一号文件 | 2019 | 实施数字乡村战略 |
| | 2020 | 开展国家数字乡村试点 |
| | 2021 | 实施数字乡村建设发展工程 |
| | 2022 | 大力推进数字乡村建设 |
| | 2023 | 深入实施数字乡村发展行动 |
| 主要政策 | 2018 | 《中共中央 国务院关于实施乡村振兴战略的意见》 |
| | 2019 | 《数字乡村发展战略纲要》 |
| | 2020 | 《数字农业农村发展规划（2019—2025 年）》 |
| | 2021 | 《中华人民共和国乡村振兴促进法》 |
| | 2022 | 《数字乡村发展行动计划（2022—2025 年）》 |
| | 2023 | 《2023 年数字乡村发展工作要点》 |

随着我国行政村全面实现"村村通宽带"，数字乡村建设也逐渐实现"手机成为新农具，数据成为新农资"。据统计，我国农村网民规模已超过 3 亿，农村电商呈现快速扩张、农产品销售线上渗透率持续走高的发展态势。

随着我国农村电商的蓬勃发展，基于农产品电商服务的产品不断丰富，定制农业、创意农业、云农场等创新模式方兴未艾，乡村共享经济也逐步兴起，"互联网+"农业社会化服务加快推进。数据显示，2023 年，全国农村网络零售额达 2.49 万亿元，农产品网络零售额达 5 870.3 亿元。农村电商为广阔乡村搭建了农产品流通的新平台，拓宽了农民增收渠道，助推了农业现代化转型和新业态新模式迸发，农村电商在农村经济产业中，已成为农民增收创收、农业增效和农村发展创新的最有力的动力点。

（2）农村电商助力数字乡村建设。

农村电商是农村大数据应用较为广泛的领域，是数字化和网络化在农业经济发展中的应用，农村电商在数字信息传递和产销服务对接方面具有明显优势，促进了数字技术与乡村实体经济的深度融合。

农村电商的发展推动了数字技术更广泛地应用到农业领域，数字化资源与乡村实体农业不断融合，促进了农产品供给侧结构性改革；同时，数字技术的广泛应用也使更多涉农参与者的数字素养得到了提高，产业链各个环节的参与者都有意愿借助数字应用提高经济效率。

农村电商积极引领数字乡村建设，在数字赋能乡村建设方面发挥了重要作用，具体如下。

① 农村电商的发展加快了数字新基建建设，有力推动了数字乡村基础设施建设。农村电商是数字资源在农村地区的最初应用，大数据、人工智能的应用推动了农村电商的发展。农村电商的强劲发展，进一步提升了数字乡村基础设施的数字化、网络化、智能化水平，推动了信息的多向流通。

② 农村电商的发展培育了大量的数字人才，有力推动了数字乡村建设的人才积累，为数字乡村建设带来了人才方面的支撑。

③ 农村电商的发展完善了物流网络体系，有力推动了数字乡村建设共享物流的搭建。农村电商升级，推动了数字赋能物流的发展，尤其是创建了共享物流体系，极大地提高了农村的资源利用率。

④ 数字赋能农村电商提高了产业链效率，有力推动了数字乡村建设的产业振兴。通过数字赋能，农村电商发展提高了产业链效率，有效推进了农产品的精准供给和需求的精准对接。

中央网信办等 10 个部门印发了《数字乡村发展行动计划（2022—2025 年）》，特别强调要进一步挖掘农村新业态新模式的潜力，实施"数商兴农"工程，推进电子商务进乡村，借助农村电商的发展激活乡村数字化和乡村振兴潜力。"数商兴农"关键在"兴"、重点在"农"。要通过数字经济与农村传统产业的高度融合，提升乡村产业的活力和实力，通过数字赋能，全面提高农业现代化水平和农村经济效率，促进乡村振兴。

当前，"数商兴农"仍存在一些发展短板。一方面，农村电商基础设施体系仍不健全。多数农村地区电商发展还停留在农产品生产阶段，包装、保鲜、仓储、运输、售后等环节还不完善，降低了农产品出村进城的效率，限制了农产品价值实现；另一方面，农业生产组织化程度不高、品控非标准化等导致不能很好地满足市场的个性化、多样化消费需求，制约了农业产出效率的提升。此外，农村电商发展中还存在着相关专业人才短缺、服务不规范等问题。

（3）数字乡村背景下农村电商的发展趋势。

① 战略性。

"数商兴农"战略的总体思路是通过农村电商的升级引领数字商务的建设，通过数字商务服务助推乡村振兴，以"数商"为手段，以"兴农"为目的。农村电商经过多年的发展，已经为"数商兴农"打下数字化、网络化、规模化、体系化基础。同时，农村电商也遇到一些深层次的挑战。因此，只有吸取农村电商多年发展的经验，升级解决前期发展中的问题，才能进一步开展"数商兴农"。

② 引领性。

电商打破了传统商业的时空界限，让农户和农企足不出户就可以对接广域大市场，极大地拓展了市场空间。电商具备数据优势，用好数据，有助于实现精准对接、智能决策、高效运营。把握和发挥好电商的渠道优势和数据优势，可以促进供给侧结构性改革，对推动县域乡村产业数字化转型升级十分重要。

③ 广域性。

从助力限期脱贫到稳定致富、从聚焦精准到全面助力、从产品电商到服务叠加、从注重农产品上行到促进农村消费、从增量创新到存量转型，农村电商的业务领域将不断拓宽。

④ 纵深性。

农村电商不仅停留在交易端，未来会越来越多地向供给侧纵深延展。消费电商向产业电商延展、B2C 向 B2B 延展，是未来农村电商的重要看点和特点。此前电商扶贫，要求聚焦建档、立卡贫困主体，帮他们解决"卖得掉"的问题，而未来要越来越多地解决"卖得好"和"卖得久"的问题，这就要求电商从交易端向供应链、产业链纵深化发展。

⑤ 长效性。

政府主推的"电商进农村综合示范"是一项阶段性的工作，而农村电商是没有终点的"马拉松"。农村电商现已转入高质量发展的新阶段，增强市场主体的自我"造血"能力，长效高效发展成为必然要求。

### 案例 10-3

## 浙江建设数字乡村引领区

2023 年 2 月，中央网信办、农业农村部与浙江省人民政府签署共建数字乡村引领区合作备忘录，支持浙江建设全国首个数字乡村引领区，力争到 2027 年建成数字农业工厂 1 000 家、未来农场 100 家、和美乡村示范村 1 000 个，农产品网络零售额达到 1 800 亿元。浙江的数字农业农村发展水平去年已达 68.3%，

浙江农产品电商模式

连续四年居全国首位。根据备忘录,有关部门将支持浙江以数字化改革为牵引,进一步释放数字红利,催生乡村发展内生动力,提升乡村居民生活幸福指数,探索形成浙江创新、全国共享的数字乡村建设模式。浙江也提出实施农业农村数字化改革、乡村产业数字化增效、乡村数字服务提质、乡村网络文化振兴、乡村"四治融合"推进、乡村数字基础提升六大行动,培育村播电商等农业农村新业态,加快数字公共服务贯通应用和乡村5G基站建设,推进农田、水利、公路和仓储保鲜、冷链物流等生产生活设施的数字化改造,加强新技术推广、电子商务销售、新媒体应用、农民手机应用技能等培训,提升农民数字素养。

作为中国数字经济发展的前沿省份之一,近年来浙江不断夯实乡村数字经济底座。目前,浙江全省行政村已实现4G和光纤全覆盖,重点乡镇实现5G全覆盖,城乡间数字基础差距不断缩小。截至2023年,全省已培育网络零售额超千万元的电子商务专业村2 643个,电商镇367个;累计建成数字农业工厂417家、未来农场33家;全省农村网络零售额达12 212亿元,占全省网络零售额的39.95%,农村电商发展区域集聚效应、规模效应和协同效应明显。

(资料来源:网络资料整理。)

## 10.3 社交电商

社交电商

社交电商行业是基于人际关系网络,利用互联网社交工具,从事商品或服务销售的经营行为,是新型电子商务的重要表现形式之一。简单来说,社交电商就是在互联网上通过社交关系进行的电子商务活动。根据Statista的数据,2024年全球社交电商市场规模达到6 880亿美元,预计到2028年,这一数字将达到1万亿美元。中国目前是全球最大的社交电商市场,预计到2028年,中国社交电商市场规模将达到8 240亿美元,占全球市场总额的三分之二。随着人们对社交媒体的依赖程度不断增加,以及购物行为的不断演变,社交电商市场还将继续保持高速增长。社交电商供应链的精细化运营与管理,如图10.5所示。与传统的电商相比,社交电商以人为中心,是社交关系形成的电商形态,不以产品搜索、展示为销售模式,而是通过社交、用户分享进行传播,形成口碑效应,从而激发消费需求。

- 精准需求预测与反向定制
- 动态协同与快速响应
- 分布式仓储与物流网络
- 社交数据驱动的供应链优化
- 社群参与式供应链管理
- 信任机制与透明化管理

图10.5 社交电商供应链的精细化运营与管理

### 10.3.1 社交电商的优势

社交电商是在传统电商的基础上衍生出来的一种新型电商模式,相较于传统电商增加了更多社交化元素和互动形式,流量来源更依赖于各种社交应用,包括微博、微信、抖音等,用户可以在平台上自主生产内容和分享商品,从而辅助商品实现曝光展现和交易行为。图 10.6 展示了传统电商与社交电商的流量模型对比。

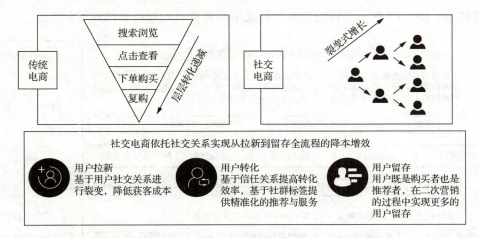

图 10.6 传统电商与社交电商的流量模型对比

社交电商的优势表现为以下几个方面。

(1) 极强用户黏性。

社交电商不只是一次性交易行为,而是通过培养大量的忠实粉丝和营销活动打造强链接关系,从而形成长久且稳定的商业行为。社交电商搭建"以用户为中心"的购物生态,通过社交行为提升买卖双方的信任感,利用熟人信任、从众心理、领袖意见等形成购物惯性。社交电商构建了一个分享推荐平台,使得用户可以自由地分享购物体验和商品信息,从而形成了一个互动性强、用户参与度高的社区。

(2) 精准用户营销。

社交电子商务会形成细分群组,通过群组划分,商家可以更容易地触达用户,并对用户的兴趣爱好和习惯数据进行收集和分析,精准锁定目标群体,进而制订更为精准的营销计划。同时,相比于传统电商的单项搜索,社交电商主要通过社群互动,有效地指导用户选择购买个性化、非标准化的商品,使用户更加享受购物的过程。这种营销方式既降低了电商平台的拉新成本,又提升了转化率和留存率。

(3) 广泛社交互动。

从用户角度来看,社交电商的互动环节既体现在购买前的选择比较中,也体现在购物过程中通过即时通信软件、论坛等与商家之间的交流和互动,还体现在购买商品后的消费评价和购物分享。从电商企业或商家的角度来看,通过多种社交化工具的应用,可以更好地完成营销、推广和商品销售，使得电商交易不再是冷冰冰、单方面的一种商业行为。

（4）潜在导购行为。

社交网络汇集的丰富的人脉资源和潜在用户具有巨大的商业潜力。这些用户不仅全程参与网络购物，而且还会进行购物体验的分享和发布，甚至担当"导购员"的角色，不自觉地向其他潜在用户解答"买什么""在哪儿买""怎么样"等问题，使得购物自然且随时随地可以发送，"购物—分享"链条更加紧密，从而产生重要的消费激发作用，提高社交电商的转化率。图 10.7 展示了传统电商与社交电商消费者购物路径的对比。

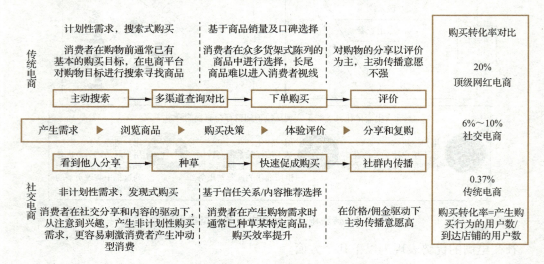

图 10.7　传统电商与社交电商消费者购物路径的对比

### 10.3.2　社交电商的主要模式

社交电商的主要模式包括：拼购式、会员制、社区团购式和内容社交电商。

（1）拼购式。

拼购式社交电商是指聚集 2 人及以上用户，以社交分享的方式进行组团，组团成功后可享受低于单人购买时的优惠价格。拼购平台只需要花费一次引流成本即可吸引用户主动开团，用户为了尽快达成订单会自主将其分享至自己的社交关系链中，拼团信息在传播的过程中也有可能吸引其他用户再次开团，从而使传播次数和订单数实现裂变式增长。

拼多多就是拼购式社交电商的代表，并成长为国内电商巨头之一。2022 年，拼多多全年营收达 1 305.575 亿元，同比增长 39%，净利润 315.381 亿元，同比增长 306%。拼购类社交电商主要定位为低线城市价格敏感型消费者，通过拼购式提升用户黏性，并具有直连工厂打造低价爆款、简化购物流程、扶持中小商家等优势。拼多多电商业务流程如图 10.8 所示。

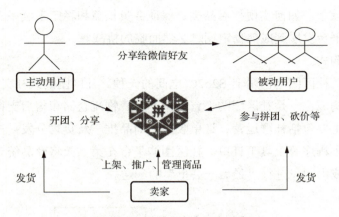

图 10.8　拼多多电商业务流程

（2）会员制。

会员制社交电商是指在社交的基础上，以 S2b2C 的模式连接供应商与消费者实现商品流通的商业模式，如图 10.9 所示。会员制电商是个人微商的升级版。在早期个人微商模式下，个人店主需要自己完成商品采购、定价、销售、售后全流程。而在会员制电商模式下，分销平台（S 端）上游连接商品供应方，为店主（b 端）提供供应链、物流、IT 系统、培训、售后等一系列服务，再由店主负责消费者（C 端）的商品销售及用户维护。用户通过缴纳会员费或完成任务等方式成为会员，店主只需要利用社交关系进行分享和推荐就可以获得收入。

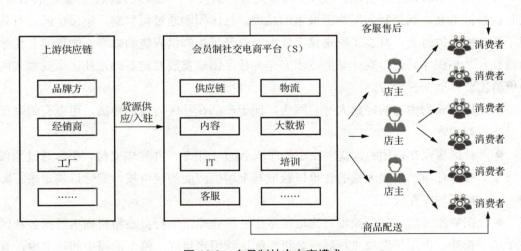

图 10.9　会员制社交电商模式

会员制社交电商的优势为分销裂变带来了获客红利。平台通过有吸引力的晋升及激励机制让店主获益，推动店主进行拉新和商品推广，有效降低了平台的获客与维护成本。另外，店主在平台消费购买商品时也会享受优惠，有效地提升了平台会员的活跃度和忠诚度。较高的佣金比例是激励店主分销热情的核心手段，但高额的分销渠道费用将提高售价、降低消费者的购买欲望。如何实现扩展品类、保证会员权益和稳定毛利率三者之间的平衡，成为会员制电商平台发展到成熟稳定期时必然面临的挑战。

（3）社区团购式。

从模式上看，社区团购也属于 S2b2C 电商的一种。社区团购式社交电商（图 10.10）主要由三方参与构成：一是社区团购平台提供产品、物流仓储和售后支持；二是社区团长负责社区运营，主要包括社群运营、订单收集、商品推广及货物分发；三是社区居民加入社群后通过微信小程序等工具下订单，社区团购平台在第二天将商品统一配送至团长处，消费者上门自取或由团长进行"最后一公里"的配送。

图 10.10　社区团购模式

社区团购平台以生鲜引流，切入社区居民日常消费中，生鲜是高频、高复购的消费品，同时也是低毛利、高损耗、高物流成本的品类。社区团购通过预售制，集采集配，有效缩短了资金周转的时间，减少了配送储存成本，提升了生鲜供应链的效率。微信商业化带来电商红利，小程序兴起，商业功能逐步完善为社区团购发展奠定基础，社区团购模式的核心价值主要体现在三个方面：

- 以团长为中心的轻熟人社交网络，便于产品在社区内自然传播，可以有效降低获客成本；
- 社区居民在拼团时需提前在小程序或 App 上下单，并完成支付。平台通过预付制锁定订单，汇集大量的订单以获取与上游供应商的议价权，同时以销定采，降低损耗与库存成本；
- 在物流阶段，供应商将货物运送至平台的仓库，平台负责将货物运送到各社区团长处，由团长完成"最后一公里"配送或用户自取。整个流程中间环节少，且有效地控制了终端配送成本。

（4）内容社交电商。

内容社交电商是指通过形式多样的内容引导消费者进行购物，实现商品与内容的协同，从而提升电商营销效果的一种电商模式。市场调查数据显示，目前有近一半的消费者主要通过 KOL、品牌自有广告和社交广告为代表的社交媒体和其他数字媒体关注到品牌动态，30岁以下的年轻人中有70%以上容易受到不同类型KOL的影响。由于社交、内容类应用受到年轻一代消费者的喜爱，并占领了其大部分闲暇时间，因此，电商与内容产业链开始协同化发展，通过内容来连接消费者，影响价值决策体系，进一步引导消费者购物。

对于电商平台而言，由于流量红利将尽，亟须新的流量入口，因此，优质内容作为介质在提升电商用户黏性和消费者体验上发挥了明显的正向作用，高质量的内容对电商平台吸引用户、提高转化率发挥越来越重要的作用。在内容社区中平台可通过帖子、直播、短视频等丰富的形式吸引用户，部分用户在购买后还会将自己的使用情况制作成内容再次分享到平台上，进一步丰富平台内容，形成"发现—购买—分享—发现"的完整闭环，大大提高了用户的黏性与转换率。内容社交电商供应链如图10.11所示。

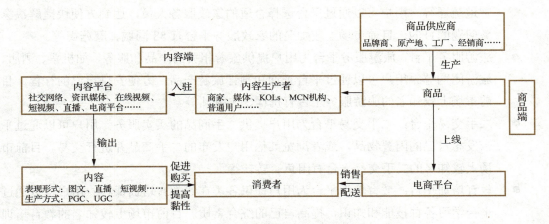

图 10.11　内容类社交电商供应链

在众多的内容形式中，短视频凭借其适应性广、承载量大、传播力强的突出特点，受到越来越多的关注。短视频观看、分享与附加直播消费等形式交互融合，"短、平、快"的内容特点迅速增强了用户的黏性，网络用户对短视频的使用也呈现出较高期待。

## 10.4　生活服务类电商

生活服务类电商平台是指通过互联网技术提供各种生活服务的电子商务平台。随着互联网的发展，人们的生活方式也在不断改变，越来越多的人选择通过电商平台来解决日常生活中的各种需求。

### 10.4.1　生活服务类电商的主要模式

从商业模式来看，生活服务类电商可以分为：平台商、垂直运营商、自主运营商。目前以平台商为主流。但是由于生活服务的非标准化、差异性和体验特性非常突出，针对细分市场垂直化深挖价值将成为今后生活服务类电商的发展方向,因此,聚焦某一细分行业的垂直运营商将有巨大的发展前景,也将形成少数平台电商巨头和大量细分垂直运营商和品牌运营商共同参与的新格局。常见的生活服务类电商平台包括如下几种。

- 外卖平台:外卖平台是生活服务类电商平台中最受欢迎的一类。用户可以通过外卖平台点餐,商家接单后将食物送到用户指定的地点。目前市场上比较知名的外卖平台有美团、饿了么等。
- 社区团购平台:社区团购平台是近年来兴起的一种生活服务类电商平台。它通过聚集社区内的购物需求,与供应商进行集中采购,从而以更低的价格向社区居民提供商品和服务。目前市场上较知名的社区团购平台有拼多多、喜团等。
- 家政服务平台:家政服务平台为用户提供家政服务,如保洁、育儿、照顾老人、管道疏通等。用户可以通过平台选择合适的家政服务人员,达到方便快捷解决家务问题的目的。目前市场上较知名的家政服务平台有58同城、蘑菇街等。
- 旅游服务平台:旅游服务平台为用户提供旅游相关的产品和服务,如机票、酒店、旅游团购等。用户可以通过平台查询和预订旅游产品,方便安排自己的行程。目前市场上较知名的旅游服务平台有携程、去哪儿等。
- 二手交易平台:二手交易平台为用户提供二手商品的买卖服务。用户可以通过平台发布自己的闲置物品,或者浏览其他用户发布的二手商品并进行交易。目前市场上较知名的二手交易平台有闲鱼、转转等。
- 教育培训平台:教育培训平台为用户提供各类在线教育培训课程。用户可以通过平台学习各种技能和知识,提高自己的综合素质。目前市场上较知名的教育培训平台有网易云课堂、腾讯课堂等。
- 医疗健康平台:医疗健康平台为用户提供在线医疗咨询、挂号、购药等服务。用户可以通过平台咨询医生、预约医院就诊、购买药品等。目前市场上较知名的医疗健康平台有好大夫在线、医糖通等。

### 10.4.2 生活服务消费新趋势

生活服务行业是与人们衣、食、住、行关系最为密切的传统行业,也是发展本地O2O模式的重要载体。本地生活服务O2O模式,指的是满足处在同一城市或者地区内人们日常生活需求的互联网服务模式。该模式在本地生活服务中的运用,能够有效地帮助传统实体零售行业进行数字化的转型。但其与传统电商又有所不同,具有更为显著的地域化特色。

1. 基于即时配送的"万物到家"消费快速增长

即时配送实现的"即时零售"购物方式成为一种新型消费潮流,一方面更好地满足了广大居民的消费需求,居民可以足不出户在短时间内获取急需商品;另一方面也实现了仓店融合，促进传统零售使用在线销售方式提高经营效率，并实现数字化转型。例如，到家餐饮、植物花卉消费、药品消费等需求的增长率都持续上升。

2. 主要城市群服务消费增速快、占比高

我国主要城市群是国内服务消费的主阵地和中流砥柱。一方面，高线城市消费规模增长仍然十分强劲，新一线城市的到店餐饮、外卖餐饮、住宿业、休闲娱乐业、旅游业消费增速明显；另一方面，我国主要城市群是支撑中国经济高质量发展的主要平台，其中京津冀、长三角、珠三角、成渝、长江中游五大城市群以12%的土地、聚集45.7%的人口、创造56.5%的GDP，消费实力强劲。

3. 低线城市线上用户数量快速增长

2021年以来，各个线级城市的线上消费用户数量大幅增加，其中，相比于高线城市，低线城市线上生活服务类消费用户数量的同比增速更快，低线城市居民的健康消费意识和消费方式也在悄然发生改变。

4. 生活服务的节假日消费带动效应显著

全年主要节假日的消费对居民的生活服务消费产生显著的带动效果，同时节假日消费对于异地生活消费也有着显著的促进作用，例如，情人节、清明节、"五一"小长假，"十一"黄金周等假期，全国线上生活服务异地消费占比均出现大幅提升。

# 本章小结

电子商务与其他行业的不断融合与创新发展是必然趋势，也是商业发展的新机遇。只有不断创新，积极适应变化，企业才能在激烈的竞争中立于不败之地。对于消费者而言，不同类型和深度的跨界融合不仅意味着更多的购物选择和更好的购物体验，也能为消费者的生活带来更多的便利和乐趣。本章选择了旅游电商、农村电商、社交电商和生活服务电商，对电子商务在新时代新形势下的融合及创新发展进行了阐述。通过本章学习，将能对电子商务的发展特点与趋势有较为深入的认识。

# 思考与练习

一、选择题（多选）

1. 旅游电商产业链主要包括（　　）。
   A. 旅游产品供应商　　　　　　　　B. 旅游产品中间商
   C. 旅游产品开发方　　　　　　　　D. 旅游产品策划方

2. 社交电商的主要模式包括（　　）。
   A. 拼购式　　　　　　　　　B. 会员制
   C. 社区团购式　　　　　　　D. 内容社交电商
3. 在数字乡村背景下，农村电商发展的主要特点为（　　）。
   A. 战略性　　　　　　　　　B. 引领性
   C. 广域性　　　　　　　　　D. 纵深性
   E. 长效性

## 二、简答题

1. 分析传统旅游电商与移动旅游电商的主要不同。
2. 简述当前生活服务消费的新趋势、新特点。

## 三、实践题

1. 选择某一农村直播带货案例，分析"农产品+直播带货"这一电商模式的主要特点、现存问题和发展前景。
2. 结合浙江省乡村振兴和数字经济发展背景，分析"数商兴农"战略的主要内容和实践应用。
3. 结合自身消费经验，分析社交电商运营中私域流量的开发与利用。

**拓展案例**

## 美团：生活服务的超级电商平台

美团是一家O2O超级平台。O2O可以将线下的服务与互联网结合，让互联网成为线下交易的平台。以美团的业务为例，团购是把线上的用户引导到线下消费，而外卖则是把线下的消费者带到线上，既有线上到线下，也有线下到线上。当然，就团购和外卖本身来说，团购强调"折扣"，会打乱商户的价格体系；外卖落地强调"服务"，照顾商户利益，是更好的商业模式。

在O2O领域，可以说美团抢占了用户心智、占据了非常好的战略位置。今日资本创始人兼总裁徐新女士就不止一次公开表示很看好美团的"超级平台"。简单来说，就是聚焦餐饮这样一个高频的核心品类，在餐饮领域做深做强，同时带动其他品类的发展。如果用户通过外卖、点餐、买菜养成了每天打开美团的习惯，将会为美团的新业务打下良好的基础。所以，美团提出了"Food+超级平台"战略，做中国最大的"互联网+生活服务"平台。

为了更好地服务用户，美团内部实行的是"三高三低"战略，即为消费者提供高品质、低价格的服务；为此，公司做到了高效率、低成本；高科技、低毛利。当然，这一方面是以消费者为中心的战略，另一方面，也是通过这几点阻止竞争对手进入自己的领域。美团在消费者的日常生活中扮演着重要的角色。不仅帮助消费者获取商家信息、做出知情决策、完成线上线下交易，并享受即时配送服务；而且聚焦于大众、刚需、高频的生活服务品类，并在这些核心品类中确立了市场领先地位。在核心品类的领先地位，美团成功地吸引了规模庞大且不断增长的用户群体，提升了用户的黏性，同时不断适应消费者持续演变的消费习惯。

美团是全球服务业电商模式的创新先锋。从单一品类服务提供商发展为一家多品类服务业电商平台，从大城市扩张至全国中小城镇，创建了真正覆盖全国的"线上+线下"的业务模式。美团将平台的服务对象由需求端扩展至供应端，提高了整体服务行业的互联网渗透率。

美团关注到当前中国生活服务的主要发展趋势，即消费者对生活服务类电商的需求日益增加，以及生活服务商家的线上化比率大幅提高，构建了到店事业群和到家事业群组成的组织架构，旨在成为生活服务类电商行业的领导者，打造覆盖消费者生命周期价值的一站式平台。

（资料来源：https://zhuanlan.zhihu.com/p/656096342. (2023-09-13)[2024-11-11].）

# 参 考 文 献

陈虎东，2017．互联网+农村：农村电商的现状、发展和未来[M]．北京：清华大学出版社．
程絮森，杨波，王刊良，等，2022．电子商务商业模式及案例[M]．北京：清华大学出版社．
崔勇，张鹏，2023．移动互联网：原理、技术与应用[M]．3版．北京：机械工业出版社．
董志良，2014．电子商务概论[M]．北京：清华大学出版社．
郭海玲，2023．数字经济时代的电子商务[M]．北京：科学出版社．
贺晓敏，2021．基于移动电商的我国旅游电子商务发展研究[M]．西安：西北工业大学出版社．
李芳，刘新民，王松，2019．社会化电子商务模式价值共创问题研究[M]．北京：经济管理出版社．
刘峰，殷蓓蕾，2020．旅游电子商务的发展与创新研究[M]．长春：吉林科学技术出版社．
刘业政，何建民，姜元春，等，2020．电子商务概论[M]．4版．北京：高等教育出版社．
史雁军，2018．数字化客户管理：数据智能时代如何洞察、连接、转化和赢得价值客户[M]．北京：清华大学出版社．
舒建武，杨莉，2023．数字营销[M]．北京：中国商务出版社．
孙文远，刘玉，李卫红，2021．跨境电子商务概论[M]．北京：高等教育出版社．
唐春林，2022．电子商务概论[M]．5版．北京：科学出版社．
王纪奎，2023．数字化转型战略[M]．北京：电子工业出版社．
王民，扈健丽，王静，2017．电子商务概论[M]．2版．北京：北京理工大学出版社．
吴群，2022．物流与供应链前沿案例[M]．上海：复旦大学出版社．
吴卫芬，2019．客户关系管理[M]．杭州：浙江大学出版社．
阳翼，2022．数字营销[M]．3版．北京：中国人民大学出版社．
张铎，2019．电子商务物流管理[M]．4版．北京：高等教育出版社．
张润彤，朱晓敏，2018．电子商务概论[M]．3版．北京：中国人民大学出版社．
张万民，孙俊国，2012．新编电子商务概论[M]．北京：北京大学出版社．
郑佳宁，于淼，2023．电子商务与法律导论[M]．北京：中国政法大学出版社．
郑少峰，2016．现代物流信息管理与技术[M]．北京：机械工业出版社．